高等职业教育会计专业富媒体智能型
精品系列教材

Primary Accounting Practice

初级会计实务

陈强　严瑾 / 主编
周杰 / 副主编

东北财经大学出版社
Dongbei University of Finance & Economics Press
大连

图书在版编目（CIP）数据

初级会计实务 / 陈强，严瑾主编．—大连：东北财经大学出版社，2017.9
（高等职业教育会计专业富媒体智能型·精品系列教材）
ISBN 978-7-5654-2775-6

Ⅰ．初…　Ⅱ．①陈…②严…　Ⅲ．会计实务-高等职业教育-教材
Ⅳ.F233

中国版本图书馆CIP数据核字（2017）第113317号

东北财经大学出版社出版
（大连市黑石礁尖山街217号　邮政编码　116025）
网　　址：http：//www.dufep.cn
读者信箱：dufep@dufe.edu.cn
大连住友彩色印刷有限公司印刷　东北财经大学出版社发行

幅面尺寸：185mm×260mm　字数：524千字　印张：22.5　插页：1
2017年9月第1版　2017年9月第1次印刷

责任编辑：王天华　责任校对：王　荔
封面设计：冀贵收　版式设计：钟福建

定价：45.00元

教学支持　售后服务　联系电话：（0411）84710309

如有印装质量问题，请联系营销部：（0411）84710711

高等职业教育会计专业富媒体智能型·精品系列教材
编委会

总　序

教育工作者对教材历来是情有独钟的，但究竟什么是职业化教材，教育界迄今为止依然是仁者见仁、智者见智。不过有一点人们还是取得了比较一致的共识：教材是课程内容的载体，是课程与教学体系的重要组成部分。从一般意义上讲，教材是根据课程标准或大纲的规定，对每个教学活动的内容进行选择，并按一定的逻辑顺序加以组织的教学媒体。国内著名职业教育专家姜大源教授认为，“教材是课程的记录，更应该是课程的设计，体现教学设计思想”。它更多地表现为一种媒介、一种工具、一种资源。人们常讲，教材是教学相长的纽带，是教师授课取材之源，也是学生求知解惑之本。现代高校有四大功能，即人才培养、科学研究、社会服务、文化传承与创新。《中华人民共和国高等教育法》明确规定，人才培养是高等学校的第一要务，而教材在人才培养过程中则扮演着十分重要的角色，其地位是由教材本身所具有的特性决定的。正因如此，教育部长期以来高度重视教材建设，这可从教育部定期组织开展的国家规划教材遴选与立项、国家精品课程、国家专业教学资源库、国家精品开放课程——资源共享课等配套教材建设，以及下发的《关于“十二五”职业教育教材建设的若干意见》《关于深化职业教育教学改革全面提高人才培养质量的若干意见》《关于建立职业院校教学工作诊断与改进制度的通知》《高等职业教育创新发展行动计划（2015—2018）》等文件中得到进一步印证。

随着大数据、“互联网+”时代的到来，各种信息化手段正在改变传统课堂教学和学习方式，这给高等职业教育改革与发展带来重大机遇和挑战。翻转式学习、混合式教学、合作学习、微课、慕课、SPOC、智慧课堂等已经深深影响着教育领域，“一场颠覆性的教育革命正在上演”，当然也包括我们的职业教育。未来的教材是什么样子？这是摆在每一位高等职业教育工作者面前亟待解决的一项非常重要的课题。显然，正确的态度应该是直面挑战、担当有为，积极拥抱教育新时代的变化并融入其中。有鉴于此，如何创新会计人才培养模式，构建科学的会计课程体系，保证高职会计教育质量，这对会计教材建设无疑提出了新的更高的要求。做好教材建设，不外乎要解决以下问题：什么是职业化教材？教材与一般类图书有什么区别？教材有哪些功能？当前教材建设需要考量哪些影响因素？遵循哪些路径和方法？面对大众创业、万众创新，如何弘扬“工匠”精神、打造智慧教育平台、构建中高职内容衔接的教材？文化育人如何走进教材？教材能否割断历史？大数据、“互联网+”及线上线下教育、慕课、翻转课堂等，以其前所未有的开放性和透明度，提供了一种全新的知识传播和学习方式，传统的纸质教材还有无用武之地？碎片化和颗粒化资源的开发与广泛应用，从悄然无声发展到“井喷”阶段，职业化教材如何实现新常态？面对诸如此类的问题，应秉承什么样的理念并采取什么样的方法加以解决，确实是一件颇费脑筋的事，但又不得不面对。科学研究的基本规律告诉我们，干任何事，都要做好顶层设计，教材建设也不例外。做好顶层设计，确定科学的方法和路径，是探究事物本质的唯一选择。从“知其然”到“知其所以然”，既是认知一切事物的合理路径，也是精准开发职业化特色教材的有效途径。事实上，上述问题在很大程度上反映了职业教育界尤其是一线广大教师对教材建设认识不到位，也从另一个侧面印证了当前职业化教材存在的诸多问题，也就不足为奇了。很显然，一场教育革命正在悄悄发生。谁会意识到一种全新的商业教材模式正在形成？谁会意识到互联网的力量会改变教材的呈现方式？谁会意识到多媒体资源会逐步取代传统的纸质教材？谁会拥有如此敏锐的先见之明呢？

令人可喜的是，国内不少出版社高屋建瓴、审时度势，已经快速行动起来去应对这种变化，东北财经大学出版社就是其中杰出的代表。东北财经大学出版社早在2015年1月就向国家教育部申报了一项课题，即“财经高等职业教育富媒体智能型教材开发系统工程——‘纸媒与数字、产与教、教与学、学与训、训与评’融合型智能教材及个性化学习解决方案”，随后开始策划组织开发一套高等职业教育会计专业富媒体智能型·精品系列教材，包括：会计基础、初级会计实务、成本会计实务、财务管理、会计信息化操作、审计实务、纳税实务、财务报表分析、会计综合实训、管理会计、财经法规与会计职业道德、中小企业内部控制与风险管理等，先后参加研讨的院校有江苏财经职业技术学院、北京财贸职业学院、浙江金融职业学院、北京经济管理职业学院、江苏经贸职业技术学院、济宁职业技术学院、浙江商业职业技术学院、顺德职业技术学院、长沙民政职业技术学院、江西财经职业技术学院、天津职业大学、淄博职业学院、长春金融高等专科学校、重庆城市管理职业学院、四川财经职业学院、内蒙古财经大学职业学院等。

也许有人会问，富媒体智能型教材是不是近几年悄然流行的电子教科书呢？针对这个问题，国内学者杨九诠如是说：对新生中的教科书来说，教育“语法”与信息“语法”之间紧密的共同构成、流畅的相互表达，才是它的“BASIC语言”。持续的教育教学改革和学习技术进步，多少让人联想到“空中加油”。从信息技术的角度看，电子教科书包括软件和硬件两部分。硬件实施可以通过投入慢慢实现，但对于软件部分，要防止技术至上倾向，这一倾向可能慢工出细活，更可能是慢工出错活。电子教科书的软件设计是一项“灵魂工程”，是“以人为本，全面实施素质教育”理念统领下的更先进的教育、更先进的学习。我们发现有些软件还是按照传统教学模式开发的，长的是钛合金的心脏，流的是应试教育的血液。这一方面需要制定符合国家教育改革和课程改革精神的电子教科书相关标准，另一方面有赖于区域和学校的体现先进教育教学理念的数字化教学实践的积累。如此看来，与传统纸质教材不一样，电子教材应用还面临哪些困难？还有哪些坎要迈过？还有哪些理念需要更新？这些问题，在做好开发新的职业化教材顶层设计时是无论如何不能熟视无睹的。

富媒体智能型教材是传统媒体与新媒体融合的教材产品，它是基于多年纸媒教材的开发与教学实践，以及交互式网络课件开发经验，结合对PC、APP应用特征和移动学习的深入研究、应用实践，按照“纸质教材+数字课程”的一体化设计思路，将传统E-Learning“网络课件”的开发技术与立体化、交互式“电子书”——线上互动内容与纸质书本通过二维码嵌入微课、慕课的开发技术相融合。富媒体智能型教材具有六大特征：教材研发以体现未来岗位需求为导向；教材本质体现“真实应用”；教材支撑以信息化、数字化为依托；教材架构以“翻转课堂”为核心；教材精髓体现“因地制宜”“因材施教”；教材形式是“纸媒”与“数字媒体”的融合体等。在我们的教育教学模式发生深刻变革的今天，能真正实现“融合式”教学和个性化学习。

千锤百炼出真知。本套教材由国内示范高职院校直接从事会计教学的领军人才担任主编，教材特色较为明显，既方便教师如何教，又解决学生怎样学；既要让学生学知识、学技能，更要让学生学会做人。现在呈现给读者的是一套“暂时”让我们满意的教材，因为它凝聚了近几年高职会计教学改革的最新成果，问题导向、案例分析、碎片化资源和二维码技术贯穿于教材的始终，为学习者提供完美的学习体验；版面设计精致、双色印刷，提高了教材的品质和阅读的愉悦感。当然，教材开发绝不是一蹴而就、一朝一夕之事，而是一项复杂的系统工程，需要政策导向、校企联动、多方参与，实现螺旋上升，品牌辈出。建设一套好的并富有创新型的教材，需要不断地吸取营养、去伪存真、精雕细琢、精心打磨、团队合作。应该说，这种探索与合作精神是值得赞赏的，但教材建设只有起点，没有终点，永远在路上。我们真诚地期待由东北财经大学出版社出版的高等职业教育会计专业富媒体智能型·精品系列教材，能为我国高职会计专业新一轮改革提供一个范式。本系列教材的作者们是否在建设职业化会计教材升级版方面开了个好头，应留给专家、学者和广大师生去评判。

程淮中

前　言

我国经济发展水平的迅速提升，使会计成为一个规模庞大、需求旺盛的“体面职业”，会计高等教育也得益于此而欣欣向荣。在取得巨大成就的同时，我国会计教育也面临着诸多变化，如信息技术化、知识经济化、经济全球化、风险复杂化及会计国际化等。随着互联网、云计算等信息技术的高速发展和社会经济活动的日趋复杂，财务领域的转型与升级是企业在激烈的市场竞争中立于不败之地的必然选择。而我们的人才培养机制却与市场需求结构相背离，会计教学面临着重大的考验，需要在各方面进行改革。近年来，会计经济法规、税法等均有较大变化，特别是2016年5月全面推开“营改增”试点，教材的改革与变化已迫在眉睫。

为了满足高等职业教育会计专业课程教学和职称考试的需求，培养学生良好的职业素质和较强的实际操作能力，编者以2017年初级会计专业技术资格考试“初级会计实务”科目大纲、最新企业会计准则及2016年5月1日起全面施行的“营改增”等最新财税法规为依据，精心编写了“课证融合”的一体化教材。本书既能满足学校财务会计课程的教学需要，又有助于学生通过“初级会计实务”科目的考试，实现了“课证融合”。

本书具有以下特点：

（1）财务业务一体化。打破传统财务会计下自成一体形成的“信息孤岛”，将企业的业务流程、财务会计流程、管理流程有机整合，通过“任务布置”进行“信息驱动”，通过“任务实施”让学生了解该笔业务是如何产生的，财务需要什么原始凭证，具体业务流程又是如何实施的，增强学生的职业体验。

（2）内容取舍证书化。初级会计职称考试相对难度较大、考点较多，本书在满足教学需求的同时，关注学生考证的需要及会计实务操作技能的培养，通过“做中学”培养学生分析问题及解决问题的能力。

（3）职业判断趣味化。每个项目均设有“案例分析”板块，选取反映当前经济和社会热点问题的真实案例；前置的“请思考”栏目，让学生带着问题边读边思考。此外，在本书配套的实训教材中，每个单项实训均以审核原始单据真伪为起点，以生产业务为主线，提高学生的职业判断能力。

（4）教学服务数字化。考虑到不同学生对知识点的需求不同，我们在书中添加了二维码。学生在学习之余，如果想细化学习内容，可以通过手机微信扫描相应的二维码查看详细的教材知识点，进一步巩固学习。

本书既可作为高等职业教育财务会计课程的教学用书，也可作为初级会计师资格考试的培训用书，还可作为财会工作者和经营管理人员的参考用书。

本书由浙江商业职业技术学院陈强教授总负责。陈强教授和温州科技职业学院严瑾副教授担任主编，浙江省会计领军人物、浙江晨龙锯床股份有限公司周杰高级会计师担任副主编，浙江经贸职业技术学院朱明副教授、浙江商业职业技术学院吴晔老师、杭州领航商务服务有限公司谢益参与编写。本书在编写过程中得到了诸多企业、银行界专业人士的指导和帮助，以及东北财经大学出版社的大力支持，并借鉴了财务会计方面的图书、报纸和杂志的有关观点，在此一并表示感谢。

由于编者水平有限，书中疏漏之处在所难免，敬请广大读者提出宝贵意见，以便今后修改和完善。

编　者

2017年7月

目 录

项目一

财务会计认知

项目导读

2017年6月8日，阿里巴巴远超市场预期的收入增长预期令投资者兴奋。阿里巴巴预期，始于2017年4月的2018财年营收增长将达到45%~49%。这明显好于市场预期的增速35%，也显示了阿里对网购这一主业务之外领域大力投资带来的回报。2017年6月8日，阿里股价盘中和收盘均创新高，市值一日增加430亿美元，总市值突破3 600亿美元，超越腾讯，荣升亚洲最高市值公司。这一利好消息来源于2017财年阿里巴巴全年收入同比增长56%，达到1 582.73亿元人民币，移动电商平台贡献了中国零售平台季度收入的85%，中国零售平台年度活跃买家增至4.54亿户，移动端月度活跃用户高达5.07亿户。如今，阿里巴巴平台的交易总额占中国零售总额的11%。上述各种数据除了来源于股市、销售部门的统计外，供投资者投资决策的信息主要来源于财务会计。财务会计用一种商业语言为商业决策提供了经济决策信息。

学习目标

1.了解财务会计是怎样一种商业语言；
2.了解财务会计对商业决策的影响；
3.掌握财务会计这一商业语言的基本元素和语言规则；
4.掌握会计信息使用者及会计信息质量要求；
5.能够根据会计信息质量要求判断会计信息的有用性。

政策依据

《中华人民共和国会计法》
《企业会计准则——基本准则》
《企业会计准则——应用指南》
《会计基础工作规范》

任务1　会计语言认知

一、会计是什么

在商品经济社会，会计与商业活动及其管理是密不可分的。会计围绕企业管理者和投资者的商业管理和商业决策提供信息服务。

（一）商业活动与决策

商业活动，即供求双方以买卖方式使商品流通的经济活动。商业活动使资源能够在生产和消费之间进行转换，从而使企业通过对资源的生产加工、销售来获取利润成为可能。例如，纺织企业将棉花加工成线，用线生产出布匹销售给服装厂，服装厂将布匹加工成服装销售给消费者，这个过程就是商业活动。商业活动的目的是获取最大化的收益。商业活动的主体可以是企业，也可以是政府、社会组织或机构。本书涉及的是以企业为主体的商业活动，即企业的购买、销售和交换等活动。企业进行商业活动目的是使股东权益最大化。为了实现这一目的，企业必须进行大量的商业决策。

商业决策，是指企业依据当前市场信息和对未来市场发展的预测，为了达到一定的经营目标，运用科学理论和方法，系统地分析主客观条件，从两种以上可供选择的方案中选出最佳方案的决策过程。决策有狭义与广义之分：狭义的决策指在若干可供选择的方案中选出最佳方案；广义的决策既包括做出抉择之前的必要准备，又包括选取最佳方案以后制订实施计划和检查决策实施情况。商业决策具有目的性、实践性、优选性和动态反馈性等特性。在新技术飞速发展的时代，企业经营管理的中心就是决策。由于商品供需纵横交错，市场瞬息万变，在商品购、销、存的流通过程中，经常存在着市场需求、商品质量、商品流通等方面的大量问题，需运用逻辑推理和统计方法进行对比分析、权衡利弊，做出科学决策。这是提高经营管理水平、取得最佳经济效益的重要条件。企业商业决策不仅仅表现在对资源的生产与销售环节，它贯穿企业所有商业活动（包括融资活动、投资活动、经营活动）的始终。例如，阿里巴巴在美国上市，每个季度的销售额目标如何、财务业绩目标，是否推出淘宝网、天猫、聚划算，之后又是否对其进行统一规划管理，整合为“阿里巴巴中国零售平台”等等，就是经过周密的商业决策的结果。在商品经济社会，任何商业决策都离不开资金筹集与运用的问题，只要涉及资金问题，必然离不开会计工作，离不开用会计语言进行商业活动。

会计是以货币为主要计量单位，以提高经济效益为主要目标，运用专门方法对企业、机关、事业单位和其他组织的经济活动进行全面、综合、连续、系统的核算和监督，并随着经济的日益发展，逐步开展预测、决策、控制和分析的一种经济管理活动。会计的古义是集会议事。我国从周代就有了专设的会计官职，掌管赋税收入、钱银支出等财务工作，进行月计、岁会。亦即，每月零星盘算为“计”，一年总盘算为“会”，两者合在一起即“会计”。

（二）会计是一门商业语言

会计作为企业管理信息系统的子系统，主要负责提供企业的财务状况、经营业务以及现金流量等方面的重要信息，从而协助信息使用者进行商业决策。在商品经济和信息技术高度发达的当今社会，会计被人们认为是一种必须具备的三大语言素质之一（会计、外语和计算机）。会计信息被广泛运用于各种商业行为，从而使会计成为一门商业语言。会计通过对商业活动的记录、计量、分析，形成报告，将企业经营成果传递给决策者进行商业决策。对会计这门商业语言理解得越深，你的个人理财和企业管理水平就会越高。

什么是语言？什么是商业语言？

作为一名经营管理者，你需要懂会计，因为所有经营活动的结果最后都会反映到“账”上。可以说，不懂会计，管理是做不好的。会计信息作为一种通用的“商业语言”，它是运用特定的规则对企业的经营活动进行描述；会计报表充分表达各类经济信息，以利于管理者发现问题，采取行动，发挥重点管理的效应。企业管理者常常通过财务报表了解企业经营活动的真实状况和成果。具有阅读和分析财务报表的技术和能力，是企业管理者的一项基本功。

作为一名个体投资者，你必须了解会计，只有了解会计，才能读懂会计报表，才能对公司经营状况和业绩做出更加理性的判断。

企业与企业、银行、政府等单位打交道时，通过会计报表，对自己的资产实力、经营能力等进行展示与说明。

会计语言，是企业通用的语言，在企业内部各部门之间是通用的，在一个国家里是通用的，甚至在国际上也是通用的。

【做中学1-1】2017年1月1日，顺风快递公司为了满足“双十一”期间的快递业务以及目前不断扩大业务的需要，购入了厢式货车50辆，价值475万元，增值税税额为80.75万元，货款已通过银行转账支付，当日投入使用。用会计的语言描述则为：

借：固定资产——生产用固定资产（厢式货车）　　4 750 000
　　应交税费——应交增值税（进项税额）　　807 500
　　贷：银行存款　　5 557 500

会计语言清楚地表达了这一业务的具体内容：顺风公司花费了银行存款555.75万元（银行存款减少了），换来了固定资产475万元（固定资产增加了），同时在缴纳增值税时可以抵扣80.75万元的进项税额（应交税费减少了）。

（三）会计语言要素

学习会计语言，首先要对会计语言要素有一个基本的理解。会计语言所要描述的内容就是用货币表现的经济活动。其载体就是会计凭证、会计账簿和财务会计报告。

会计语言主要由反映企业某一时点财务状况的会计语言词汇和反映企业在一定期间经营成果的会计语言词汇组成。其中，反映企业某一时点财务状况的会计语言词汇又由资产、负债和所有者权益构成；反映企业在一定期间经营成果的会计语言词汇则由收入、费用、利润构成。在会计基础课程中大家已经学习过会计的六大要素、会计凭证、会计账簿和财务会计报告的基本内容，本书在此不再赘述。

（四）会计语言规则

为了向人们描述真实的、完整的、可靠的会计信息，会计必须遵循自己的语言规则。在我国，会计语言的规则主要有以下四个层次：

第一个层次是会计法律，指由国家最高权力机关——全国人民代表大会及其常委会经过一定立法程序制定的有关会计工作的法律，包括《中华人民共和国会计法》（以下简称

《会计法》）和《仲裁会计师法》。《会计法》是我国会计工作的根本大法，也是我国进行会计工作的基本依据。它在我国会计法规体系中处于最高层次，居于核心地位，是制定其他会计法规的基本依据。其他会计法规都必须遵循和符合《会计法》的规定。

第二个层次是会计的行政法规，指由国家最高行政管理机关——国务院制定并发布，或者国务院有关部门拟定并经国务院批准发布，用于调整经济生活中某些方面会计关系的法律规范。其制定的依据是《会计法》，它通常以条例、办法、规定等具体名称出现。目前，会计的行政法规主要是1990年发布的《总会计师条例》，在新的形势下，对于总会计师、财务总监的地位，以及人员要求等内容需要补充。另外，2000年发布、2001年实行的《企业财务会计报告条例》，作为《会计法》的配套法律，对企业会计的六大会计要素进行了重新定义。

第三个层次是国家统一会计制度，指由国务院财政部根据《会计法》制定的关于会计核算、会计监督、会计机构和会计人员，以及会计工作管理的制度，包括规章和规范性文件。会计规章如《财政部门实施会计监督办法》《代理记账管理办法》《企业会计准则——基本会计准则》等。会计规范性文件如《企业会计制度》《金融企业会计制度》《小企业会计制度》《民营非营利组织会计制度》《会计基础工作规范》《会计档案管理办法》《企业会计准则——具体准则》《企业会计准则——应用指南》等。

请注意 现行企业会计准则正不断地修订完善，其改革的指导思想是：尽力趋同、允许差异和积极创新。这标志着我国构建了一套涵盖各类在中华人民共和国境内设立的企业（小企业除外）的各项经济业务、独立实施的会计准则体系；标志着适应我国市场经济发展要求、与国际惯例趋同的新企业会计准则体系正式建立，是我国会计发展史上新的里程碑。

第四个层次是地方性会计法规，指由各省、自治区、直辖市人民代表大会及其常委会在与宪法和会计法律、行政法规不相抵触的前提下制定发布的会计规范性文件，也是我国会计法律制度的重要组成部分。如计划单列市、经济特区的人民代表大会及其常委会制定的会计法规，如《深圳市会计条例》。

无论做会计工作，还是做企业管理工作，都应该学好会计语言，懂得会计语言。会计信息这种“商业语言”是很重要的企业管理决策工具。

请注意 会计的语言是借助记账符号、会计科目、记账方向和金额，遵循复式记账规则，以记账凭证、账簿、会计报表为载体来记录、加工和报告向决策者传递商业活动信息的。在学习中请注意牢记会计的语言要素，并严格遵循会计的语言规则。

二、会计如何帮助商业决策

对于任何需要做出具有影响力的经济决策的人而言，会计信息都是十分重要的。这些人包括企业管理者、企业股东、投资者，甚至政治家。例如：

比亚迪新能源车欲向国内市场各大城市投入电动大巴K9作为城市公共交通汽车时，就需要会计师对该汽车的预期销售收入、销售成本、销售费用、政府补贴等进行计算分析，最终对该产品的逾期收益能力做出报告，以便于管理者根据该报告做出是否生产并销售电动大巴K9这一产品的决策。

作为阿里巴巴的股东，马云很关注他的所有者权益每年是否能够得到保值增值，他需要对比公司每年经注册会计师审计的财务报告，从而了解他的所有者权益是否增加、增幅是多少。

作为一名正在考虑是购买阿里巴巴的股票还是特拉斯的股票的投资者，他需要对比两家上市公司经过注册会计师审计的财务报告，然后才能做出决策。

奥巴马在参与总统竞选时，除必须考虑到"总统竞选基金"的支持外，还需要会计为其提供总统竞选所需经费预算，从而决定采用什么策略才能争取到更多的捐款，以帮助他赢得美国总统的竞选。

一家经营多年的公司，欲给员工增加薪酬的时候，需要会计提供加薪后员工工资需要多少资金给付、加薪后员工的工作效率是否能够得到提高、可以提高多少等信息，并根据这些信息做出是否给员工加薪的决策。

会计工作主要通过以下方式帮助决策：

（1）记录并说明在何时何地以何种形式支付了资金或承诺了何种义务；

（2）用会计的指标评价业绩；

（3）给出不同方案的财务结果；

（4）预测决策给未来带来的影响；

（5）分析目前存在的问题和原因；

（6）提出改进措施等。

会计帮助商业决策流程图如图1-1所示。

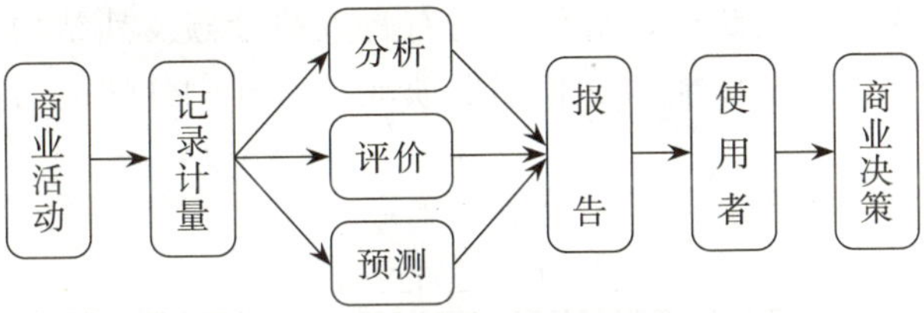

图1-1 会计帮助商业决策流程图

【做中学1-2】沿用【做中学1-1】的资料，在购买50辆厢式货车前，顺风公司高层让会计对投资方案的现金流量进行估计，从现金流量的角度判断该项投资的可行性。该公司会计从财务报表和账簿中找来同类货车的年行驶费用、维修费用、折旧费、报废时的变价收入，以及该类货车年营运收入等数据，进行了这50辆厢式货车初始购入现金流量、营运期间的现金流量和终结现金流量的估计。计算结果表明，该项投资从投入使用的第二年起，现金流量均远远大于0。最终顺风公司高层结合其他财务会计指标分析结果，决定在"双十一"前投资购买50辆厢式货车，这样不仅可以通过"双十一"的快递业务争取到更多客户，也能为公司未来业务的扩张打下基础。由于会计师们在投资项目方面提供了全面、精确的数据，顺风公司的这项投资在后来的业务中得到进一步证明是一项英明、果断的决策，公司不仅在快递业争得一席之地，并且得以稳健发展。

请注意 会计不仅是一门商业语言，还是一种有生命力的语言、一种有操纵空间的语言。这是因为，企业的商业活动随着时间的变化而变化，会计要反映的内容是有生命力、不断变化的，因此，会计语言必须是强有力的、具有灵活性的，即基于会计准则的要求，紧随企业商业活动的变化进行灵活的会计处理并报告信息。由于企业商业活动的多样性和动态性，对于统一经济现象，针对不同的商业主体会有不同的合法理解和描述，这是一个“会计战略”问题，它使会计成为一门具有可操纵空间的语言，为了公平、有效地对外公布企业创造的价值和企业创造价值的潜力，会计操纵的空间被严格监管。因此，在财务会计的学习过程中，既要掌握好会计要素的内容，也要熟练掌握好会计语言的规则。

三、会计信息——财务报告

会计为商业决策所提供的信息，往往采用财务报告的形式进行传递。

财务报告，是指企业对外提供的反映企业某一特定日期的财务状况和某一会计期间的经营成果、现金流量等会计信息的文件。财务报告包括财务报表和其他应当在财务报告中披露的相关信息和资料。财务报告是按照一定的要求全面、综合、详细描述企业商业活动的一套系统性文件，是向投资者、债权人等外部信息使用者提供决策有用信息的重要媒介和渠道，为投资者和债权人与企业管理层之间的信息沟通起到了桥梁及纽带作用。股神巴菲特曾半开玩笑地说过：“别人喜欢看《花花公子》杂志，但是我喜欢看公司的财务报告。”财务报表是财务报告的核心。

财务报表是对企业财务状况、经营成果和现金流量的结构性表述。一套完整的财务报表至少应当包括“四表一注”，即资产负债表、利润表、现金流量表、所有者权益（股东权益）变动表以及附注。

（一）资产负债表反映企业的财务状况

资产负债表是反映企业在某一特定日期的财务状况的财务报表。企业编制资产负债表的目的是通过如实反映企业的资产、负债和所有者权益金额及其结构情况，帮助使用者评价企业资产的质量以及短期偿债能力、长期偿债能力、利润分配能力等。资产负债表的格式和内容见表1-1。

表1-1　　资产负债表　　会企01表

编制单位：　　____年____月____日　　单位：元

资　产	期末余额	年初余额	负债和所有者权益（或股东权益）	期末余额	年初余额
流动资产：			流动负债：		
货币资金			短期借款		
以公允价值计量且其变动计入当期损益的金融资产			以公允价值计量且其变动计入当期损益的金融负债		
应收票据			应付票据		
应收账款			应付账款		
预付款项			预收款项		
应收利息			应付职工薪酬		
应收股利			应交税费		
其他应收款			应付利息		

续表

资 产	期末余额	年初余额	负债和所有者权益（或股东权益）	期末余额	年初余额
存货			应付股利		
一年内到期的非流动资产			其他应付款		
其他流动资产			一年内到期的非流动负债		
流动资产合计			其他流动负债		
非流动资产：			流动负债合计		
可供出售的金融资产			非流动负债：		
持有至到期投资			长期借款		
长期应收款			应付债券		
长期股权投资			长期应付款		
投资性房地产			专项应付款		
固定资产			预计负债		
在建工程			递延收益		
工程物资			递延所得税负债		
固定资产清理			其他非流动负债		
生产性生物资产			非流动负债合计		
油气资产			负债合计		
无形资产			所有者权益（或股东权益）：		
开发支出			实收资本（或股本）		
商誉			资本公积		
长期待摊费用			减：库存股		
递延所得税资产			其他综合收益		
其他非流动资产			盈余公积		
非流动资产合计			未分配利润		
			所有者权益（或股东权益）合计		
资产总计			负债和所有者权益（或股东权益）总计		

请注意 在上市公司的会计报告中，资产负债表往往有年初数和年末数，我们通过这两个数据的比较，可以了解上市公司财务状况一年的变化情况，还可以将上市公司多年的会计报告进行比较，从而了解更多的财务状况信息。

【做中学1–3】2017年3月31日，中国石油化工股份有限公司（以下简称中石化公司）的合并资产负债表（部分内容）见表1–2。

表1–2 合并资产负债表

2017年3月31日

编制单位：中国石油化工股份有限公司　　单位：百万元　币种：人民币　审计类型：未经审计

项目	期末余额	年初余额
流动资产：		
货币货金	135 050	142 497
应收票据	13 425	13 197
应收账款	56 256	50 289
预付款项	4 915	3 749
其他应收款	23 408	25 596
存货	159 934	156 511
其他流动资产	19 702	20 422
流动资产合计	412 699	412 261
非流动资产：		
可供出售金融资产	11 521	11 408
长期股权投资	120 161	116 812
固定资产	671 709	690 594
在建工程	123 242	129 581
无形资产	86 246	85 023
商誉	6 346	6 353
长期待摊费用	13 274	13 537
递延所得税资产	8 112	7 214
其他非流动资产	25 607	25 826
非流动资产合计	1 066 218	1 086 348
资产总计	1 478 917	1 498 609

通过表1–2，我们可以了解到，中石化截至2017年3月31日的资产总额是1 478 917百万元，与期初余额相比，资产缩水了19 692百万元。按照资产流动性的高低，我们从资产负债表中还可以了解到，中石化公司的流动资产、非流动资产的有关情况如下：

1. 中石化公司拥有流动资产412 699百万元，其中：

（1）货币资金135 050百万元，是该公司可随时用于付现的资金。

（2）应收票据13 425百万元，应收账款56 265百万元，是该公司可以从债务人处收回的款项。这些款项是该公司赊销给客户的货款，客户承担着偿还的义务。但是如果客户无力偿还，则中石化公司存在损失这些款项的风险。

（3）存货159 934百万元，是中石化公司比重最大的流动资产，表明了该公司的生产和流通能力。

2. 中石化公司拥有非流动资产1 066 218百万元，其中：固定资产671 709百万元，是中石化公司占比最大的资产，也是中石化公司资产实力的代表。

上述会计信息为信息使用者提供了中石化公司2017年3月31日资产方面的信息，通过对这些信息进行阅读和理解，以及与上年同期、国内外其他同类公司同期进行比较，能够更多地了解中石化公司在同行业、国内、国外的市场地位和经济实力，若再结合负债、所有者权益，以及其他财务报表信息就可以做出商业决策了。有关中石化公司2017年3月31日负债和所有者权益情况，因篇幅有限，本书不再赘述。

财务报告的目标

（二）利润表反映公司的财务业绩

利润表是反映企业在一定会计期间的经营成果和综合收益的财务报表。企业编制利润表的目的是通过如实反映企业实现的收入、发生的费用以及应当计入当期利润的利得和损失、其他综合收益、综合收益等金额及其结构情况，帮助使用者分析评价企业的盈利能力及其构成与质量。利润表的格式和内容见表1-3。

表1-3 利润表 会企02表

编制单位： ______年度 单位：元

项目	本期金额	上期金额
一、营业收入		
减：营业成本		
税金及附加		
销售费用		
管理费用		
财务费用		
资产减值损失		
加：公允价值变动收益（损失以“-”号填列）		
投资收益（损失以“-”号填列）		
其他收益		
二、营业利润（损失以“-”号填列）		
加：营业外收入		
其中：非流动资产处置利得		
减：营业外支出		
其中：非流动资产处置损失		
三、利润总额（亏损总额以“-”号填列）		
减：所得税费用		
四、净利润（净亏损以“-”号填列）		
五、其他综合收益的税后净额		
（一）以后不能重分类进损益的其他综合收益		
1.重新计量设定受益计划净负债或净资产的变动		
2.权益法下在被投资单位不能重分类进损益的其他综合收益中享有的份额		
……		
（二）以后将重分类进损益的其他综合收益		
1.权益法下在被投资单位以后将重分类进损益的其他综合收益中享有的份额		
2.可供出售金融资产公允价值变动损益		
3.持有至到期投资重分类为可供出售金融资产损益		
4.现金流量套期损益的有效部分		
5.外币财务报表折算差额		
……		
六、综合收益总额		
七、每股收益：		
（一）基本每股收益		
（二）稀释每股收益		

【做中学1-4】中石化公司2017年1—3月份利润表的部分内容见表1-4。

表1-4 合并利润表

2017年1—3月

编制单位：中国石油化工股份有限公司　　单位：百万元　币种：人民币　审计类型：未经审计

项目	本期金额	上期金额
一、营业收入	582 185	414 061
二、营业总成本	558 233	403 110
其中：营业成本	466 318	313 495
税金及附加	58 169	55 101
销售费用	12 429	11 869
管理费用	17 911	18 621
财务费用	827	1 825
勘探费用（包括干井成本）	2 276	2 152
资产减值损失	303	47
加：公允价值变动损失	—	(2)
投资收益	3 944	1 375
三、营业利润	27 896	12 324
加：营业外收入	416	371
减：营业外支出	332	479
四、利润总额	27 980	12 216
减：所得税费用	6 297	3 181
五、净利润	21 683	9 035

通过表1-4我们可以了解到，中石化2017年1—3月份利润形成的详细信息。

上述利润表中的主要数据向使用者提供了中石化公司2017年1—3月份总的销售收入、销售成本、期间费用以及营业利润的情况。其中，营业总成本冲减了营业收入的95.9%。在2017年1—3月份的利润表中，中石化公司还提供了2016年第四季度的利润表，通过对两个季度利润相关数据的比较，使用者还可以了解2016年第四季度、2017年第一季度中石化公司经营的动态情况。但是利润表没有提供营业收入的主要来源、营业成本的形成情况等信息，这些内容可以在附注中得到解释。

提示 无论投资者还是债权人，都非常关心企业的盈利能力。他们除了利用利润表中的数据来了解企业的营业利润、利润总额和净利润等盈利能力信息外，还通过计算企业的销售毛利率、销售净利率、销售成本率、销售费用率，结合资产负债表信息计算资产净利率、净资产收益率来分析企业盈利能力和趋势，从而进行商业决策。

（三）现金流量表反映企业的现金收付情况

现金流量表是反映企业在一定会计期间的现金和现金等价物流入和流出的财务报表。企业编制现金流量表的目的是通过如实反映企业各项活动的现金流入和现金流出，从而有助于使用者评价企业生产经营过程特别是经营活动中所形成的现金流量和资金周转情况。现金流量表的格式和内容见表1-5。

表 1-5　　**现金流量表**　　会企03表

编制单位：　　______年度　　单位：元

项　　目	本期金额	上期金额
一、经营活动产生的现金流量：		
销售商品、提供劳务收到的现金		
收到的税费返还		
收到其他与经营活动有关的现金		
经营活动现金流入小计		
购买商品、接受劳务支付的现金		
支付给职工以及为职工支付的现金		
支付的各项税费		
支付其他与经营活动有关的现金		
经营活动现金流出小计		
经营活动产生的现金流量净额		
二、投资活动产生的现金流量：		
收回投资收到的现金		
取得投资收益收到的现金		
处置固定资产、无形资产和其他长期资产收回的现金净额		
处置子公司及其他营业单位收到的现金净额		
收到其他与投资活动有关的现金		
投资活动现金流入小计		
购建固定资产、无形资产和其他长期资产支付的现金		
投资支付的现金		
取得子公司及其他营业单位支付的现金净额		
支付其他与投资活动有关的现金		
投资活动现金流出小计		
投资活动产生的现金流量净额		
三、筹资活动产生的现金流量：		
吸收投资收到的现金		
取得借款收到的现金		
收到其他与筹资活动有关的现金		
筹资活动现金流入小计		
偿还债务支付的现金		
分配股利、利润或偿付利息支付的现金		
支付其他与筹资活动有关的现金		
筹资活动现金流出小计		
筹资活动产生的现金流量净额		
四、汇率变动对现金及现金等价物的影响		
五、现金及现金等价物增加额		
加：期初现金及现金等价物余额		
六、期末现金及现金等价物余额		

现金流量表补充资料的具体格式见表1-6。

表1-6　　现金流量表补充资料

补充资料	本期金额	上期金额
1.将净利润调节为经营活动现金流量：		
净利润		
加：资产减值准备		
固定资产折旧、油气资产折耗、生产性生物资产折旧		—
无形资产摊销		
长期待摊费用摊销		
处置固定资产、无形资产和其他长期资产的损失（收益以“-”号填列）		—
固定资产报废损失（收益以“-”号填列）		
公允价值变动损失（收益以“-”号填列）		
财务费用（收益以“-”号填列）		
投资损失（收益以“-”号填列）		—
递延所得税资产的减少（增加以“-”号填列）		
递延所得税负债的增加（减少以“-”号填列）		—
存货的减少（增加以“-”号填列）		
经营性应收项目的减少（增加以“-”号填列）		
经营性应付项目的增加（减少以“-”号填列）		
其他		
经营活动产生的现金流量净额		
2.不涉及现金收支的重大投资和筹资活动：		
债务转为资本		
一年内到期的可转换公司债券		
融资租入固定资产		
3.现金及现金等价物净变动情况：		
现金的期末余额		
减：现金的期初余额		
加：现金等价物的期末余额		
减：现金等价物的期初余额		
现金及现金等价物净增加额		

【做中学1-5】中石化公司2017年1—3月份合并现金流量表的部分内容见表1-7。

表1-7　合并现金流量表

2017年1—3月

编制单位：中国石油化工股份有限公司　　单位：百万元　币种：人民币　审计类型：未经审计

项目	本期金额	上期金额
一、经营活动产生的现金流量		
销售商品、提供劳务收到的现金	662 996	493 696
收到的税费返还	228	405
收到其他与经营活动有关的现金	16 280	17 867
经营活动现金流入小计	679 504	511 968
购买商品、接受劳务支付的现金	532 989	355 202
支付给职工以及为职工支付的现金	13 802	13 376
支付的各项税费	95 096	84 477
支付其他与经营活动有关的现金	24 341	24 628
经营活动现金流出小计	666 228	477 683
经营活动产生的现金流量净额	13 276	34 285

通过表1-7我们可以了解到，中石化2017年第一季度经营活动产生的现金净流入量为13 276百万元。此外，我们还可以了解到本季度经营活动收入和付出现金的详细情况。

众所周知，企业的资金只有流动、周转起来，才能像“雪球”一样越滚越大。经营活动成果反映为净利润或净亏损，并导致现金增加或减少。利润表反映了企业的盈亏情况，但是盈利并不代表企业的经营活动能够带来现金的流入。企业的经营活动只有带来现金的流入才算是取得成功。那么，生产经营活动、投资活动、筹资活动哪项能够为企业带来更多的现金流入呢？企业需要对现金流量表进行分析才能得出结论。

（四）所有者权益变动表反映企业与所有者之间的交易

所有者权益变动表是反映构成企业所有者权益的各组成部分当期的增减变动情况的财务报表。所有者权益变动表应当全面反映一定时期所有者权益变动的情况，不仅包括所有者权益总量的增减变动，还包括所有者权益增减变动的重要结构性信息，特别是要反映直接计入所有者权益的利得和损失，以帮助使用者准确理解所有者权益增减变动的根源。所有者权益变动表的格式见表1-8。

表1-8

所有者权益变动表

会企04表

编制单位：　　　　　　　　　　　　　　　　　　　_______年度　　　　　　　　　　　　　　　　　　　单位：元

项目	本年金额							上年金额（略）						
	实收资本（或股本）	资本公积	减：库存股	其他综合收益	盈余公积	未分配利润	所有者权益合计	实收资本（或股本）	资本公积	减：库存股	其他综合收益	盈余公积	未分配利润	所有者权益合计
一、上年年末余额														
加：会计政策变更														
前期差错更正														
二、本年年初余额														
三、本年增减变动金额（减少以“-”号填列）														
（一）综合收益总额														
（二）所有者投入和减少资本														
1.所有者投入资本														
2.股份支付计入所有者权益的余额														
3.其他														
（三）利润分配														
1.提取盈余公积														
2.对所有者（或股东）的分配														
3.其他														
（四）所有者权益的内部结转														
1.资本公积转增资本（或股本）														
2.盈余公积转增资本（或股本）														
3.盈余公积弥补亏损														
4.其他														
四、本年年末余额														

我们知道所有者权益是所有者对扣除负债后企业净资产所享受的剩余权益。公司创造的利润最终都属于企业的所有者。股东们总是希望看到自己企业的财富不断增长，因为那将是他们投资的最好回报。企业财富增长后，企业会继续将其用于投资扩大再生产或发放股利增加股东个人财富。在企业发展的不同阶段，企业分红的方案也是不同的。另外，由于生产经营目标的变换，企业还有可能发行新的股票或回购发行在外的股票。

【做中学1-6】中石化公司2016年12月31日的股东权益表（部分内容）见表1-9。

表1-9 股东权益变动表

编制单位：中国石油化工股份有限公司 2016年度 单位：百万元人民币

项目	股本	资本公积	其他综合收益	专项储备	盈余公积	未分配利润	股东权益合计
2015年1月1日余额	118 280	54 690	(206)	232	193 552	172 101	538 649
本年增减变动金额							
1.净利润	—	—	—	—	—	30 880	30 880
2.其他综合收益	—	—	61	—	—	—	61
综合收益总额	—	—	61	—	—	30 880	30 941
直接计入股东权益的与所有者的交易：							
3.利润分配：							
——提取盈余公积	—	—	—	—	3 088	(3 088)	—
——分配现金股利（附注49）	—	—	—	—	—	(24 214)	(24 214)
4.2011年可转换债券行权（附注33）	2 791	14 026	—	—	—	—	16 817
直接计入股东权益的与所有者的交易总额	2 791	14 026	—	—	3 088	(27 302)	(7 397)
5.专项储备变动净额	—	—	—	81	—	—	81
2015年12月31日余额	121 071	68 716	(145)	313	196 640	175 679	562 274
2016年1月1日余额	121 071	68 716	(145)	313	196 640	175 679	562 274
本年增减变动金额							
1.净利润	—	—	—	—	—	23 590	23 590
2.其他综合收益	—	—	408	—	—	—	408
综合收益总额	—	—	408	—	—	23 590	23 998
直接计入股东权益的与所有者的交易：							
3.利润分配：							
——提取盈余公积	—	—	—	—	—	—	—
——分配现金股利（附注49）	—	—	—	—	—	(16 829)	(16 829)
直接计入股东权益的与所有者的交易总额	—	—	—	—	—	(16 829)	(16 829)
4.专项储备变动净额	—	—	—	80	—	—	80
5.其他	—	53	—	—	—	—	53
2016年12月31日余额	121 071	68 769	263	393	196 640	182 440	569 576

通过表1-9，我们可以了解到中石化公司2015年1月1日到2016年12月31日股东权益各构成内容的变化情况。

请注意 企业实现利润后，董事会将决定股利分配方案。公司并没有发放股利的义务，除非董事会做出了发放的决定。处于发展阶段或成长阶段的企业通常选择不发放股利，而是将资金继续用于扩大生产经营规模或购置新的固定资产。成熟的企业通常拥有稳定的利润（和现金）可供股利的发放。发放股利会减少企业的留存收益和现金。

（五）附注对财务报告作进一步说明

附注是对财务报表中列示项目所作的进一步说明，以及对未能在这些报表中列示项目的说明等。附注由若干附表和对有关项目的文字性说明组成。企业编制附注的目的是通过对报表本身作补充说明，以更加全面、系统地反映企业财务状况、经营成果和现金流量的全貌，从而有助于向使用者提供更为有用的决策信息，帮助其做出更加科学合理的决策。

财务报告四大报表中的数据存在一定的钩稽关系，可以相互印证，如果有一张报表数据有误，就会影响其他所有报表的正确性。例如，资产负债表中的未分配利润与利润表中的未分配利润是相等的。

（六）网络会计语言——可扩展商业报告语言（XBRL）

随着信息技术的发展，传统财务报告的局限性日益突出。传统财务报告固定的格式、高度汇总的财务数据，已无法满足信息使用者多样化、多层次的信息需求；同时，由于传统报告在生成过程中可能会出现人工差错或恶意篡改，从而降低财务报告的真实性等问题，已远远不能满足“互联网+”、大数据、云时代对会计信息的需求。

信息技术的发展对会计信息提供模式提出新的要求，会计信息服务在经历了传统报告和网络财务报告之后，1998年美国的查尔斯·霍夫曼（Charles Hoffman）第一次向美国注册会计师协会（AICPA）提出了XBRL。XBRL是基于互联网、跨平台操作，专门用于财务报告编制、披露和使用的计算机语言，基本实现了数据的集成与最大化利用，会计信息数出一门、资料共享，将会计准则与计算机语言相结合，用于非结构化数据，尤其是财务信息交换的最新公认标准和技术。通过对数据统一进行特定的识别和分类，可直接为使用者或其他软件所读取及进一步处理，实现一次录入、多次使用。XBRL的特点在于它根据财务信息披露规则，将财务报告内容分解成不同的数据元，再根据信息技术规则对数据元赋予唯一的数据标记，从而形成标准化规范。以这种语言为基础，通过对网络财务报告信息的标准化处理，可以编制出比网络财务报告更加先进的报告。XBRL可以将网络财务报告不能自动读取的信息转换为一种可以自动读取的信息，大大方便了信息使用者对信息的批量需要和批量利用。同网络财务报告相比，以XBRL为基础的网络财务报告具有以下一些特点：

（1）降低信息交换成本，提高财务信息的可获得性，间接增加了财务信息可比性；

（2）通过互联网提供具有时效性的信息，提高了信息的相关性，增强了财务信息的利用效率；

（3）可自动交换并摘录财务信息而不受个别公司软件和信息系统的限制，为投资者或分析者使用财务信息提供方便；

（4）可以减少为了获得不同格式的资料而重复输入的问题；

（5）降低了信息供给成本，有利于信息供给者提高财务报表编制效率。

尽管XBRL的历史并不长，从1998年概念被提出至今不到20年，但其在全球得以迅速推广。许多国家的政府监管机构、商业机构以及国际组织都启动实施了XBRL应用项目。XBRL将毫无悬念地成为未来电子财务报告的国际通行标准。

四、会计信息使用者及其需求

企业作为构成社会的单元，必然与社会各种组织、人员有着不同的关系，这些组织和人员对企业的信息也有着不同的需求，这也导致了会计信息有着不同的使用者和需求，他们需要根据企业的会计信息进行商业决策。企业会计信息使用者及其需求情况见表1-10。

表1-10　会计信息使用者及其需求情况

会计信息使用者	对会计信息的需求	会计信息
股东（所有者）	管理人员经营绩效的评价、投资风险与回报	财务报表
管理人员	计划、决策的信息依据	交易文件、财务报表
投资者	投资风险与回报	近3~5年的财务报表
银行	企业信用能力评价，贷款方案决策的信息依据	近3~5年的财务报表
供应商	企业信用能力评价，赊销方案决策的信息依据	近1~3年的财务报表
经销商、顾客	企业持续经营能力，产品持续供应和售后服务能力	近1~3年的财务报表
竞争者	企业市场份额和利润率，竞争方案决策信息依据	近1~3年的财务报表
雇员	企业持续经营能力，提供工薪、福利和就业机会的能力	近1~3年的财务报表
政府	企业商业活动情况、纳税情况，政策制定信息依据	财务报表、纳税申报表
社区	与社区资源进行交换的能力	财务报表
公益组织	支持社会公益的能力	财务报表

由表1-10可知，会计信息的使用者包括企业内部使用者和企业外部使用者，因此，我们将会计分为对内的管理会计和对外的财务会计两大分支。财务会计为企业之外的信息使用者提供商业决策的信息；管理会计为企业内部的管理者提供预算、预测、规划等制定企业战略决策的信息。本书着重介绍的是对外的财务会计。

提示　财务会计反映了一个企业的商业活动，它的目的是帮助使用者全面、综合地了解企业，它既为企业管理者也为利益相关者提供信息。但是财务信息的第一使用者是企业管理者。

五、会计信息质量要求

只有有质量保证的信息才是有用的信息。我国《企业会计准则——基本准则》第二章对会计信息的有用性进行了明确规定。会计信息质量要求，亦称为会计信息质量特征，是对企业财务报告中所提供会计信息质量的基本要求，是使财务报告提供的会计信息对投资者等使用者决策有用应具备的基本特征。它主要包括可靠性、相关性、可理解性、可比性、实质重于形式、重要性、谨慎性和及时性等。

（一）可靠性

可靠性要求企业应当以实际发生的交易或者事项为依据进行确认、计量和报告，如实反映符合确认和计量要求的各项会计要素及其他相关信息，保证会计信息真实可靠、内容完整。会计信息要有用，首先必须可靠。满足以下具体要求的会计信息，可以认为是可靠的会计信息：

（1）以实际发生的交易或者事项为依据进行确认和计量，将符合会计要素定义及其确认条件的资产、负债、所有者权益、收入、费用和利润如实地反映在财务报表中。

（2）在符合重要性和成本效益平衡原则的前提下，保证会计信息的完整性，包括应当编报的报表及其附注内容等应当保持完整，不能随意遗漏或减少应予以披露的信息。

（3）包括在财务报告中的会计信息应当是中立的、无偏的。若企业为了达到事先预定的结果或效果，而通过选择在财务报告中列示有关会计信息以影响决策和判断，这样的财务报告信息就不是中立的。

提示 可靠性是会计信息质量最基本的要求。

【做中学1-7】广厦（银川）实业股份有限公司（简称银广厦），1994年6月上市，曾以骄人的业绩和诱人的前景而被称为“中国第一蓝筹股”。2001年8月《财经》杂志发表《银广厦陷阱》一文，银广厦虚构财务报表事件被曝光。专家认为，银广厦向德国诚信贸易公司出口的为“不可能的产量、不可能的价格、不可能的产品”。以银广厦萃取设备的产能，即使是通宵达旦地运转，也生产不出所宣称的数量；银广厦萃取产品出口价格高得近乎荒谬；对德国出口合同中的某些产品，根本不能用二氧化碳超临界萃取设备提取。

在上述资料中，我们可以看到，银广厦事件严重违背了会计信息质量的“可靠性”要求，即没有根据企业实际发生的交易进行确认、计量和报告，纯属伪造的虚假会计信息。

（二）相关性

相关性要求企业提供的会计信息应当与财务报告使用者（尤其是投资者）的经济决策需要相关，有助于财务报告使用者对企业过去、现在或者未来的情况做出评价或者预测。

会计信息是否有用、是否具有价值，取决于报表的内容与使用者决策需要关系的相关程度。相关的会计信息有助于使用者评价企业过去的决策，正式或修正过去的有关预测，具有反馈价值；相关的会计信息具有预测价值，能够帮助使用者预测企业未来的财务状况、经营成果和现金流量。

会计信息的相关性要求，需要企业在确认、计量和报告会计信息的过程中，充分考虑使用者的决策模式和信息需要。

请注意 相关性是以可靠性为基础的，两者之间并不矛盾，不应将两者对立起来，也就是说，会计信息在可靠性的前提下应尽可能做到相关，以满足使用者的决策需要。

（三）可理解性

如前所述，会计是一门商业语言。作为一门语言，会计报告必须做到让人容易知晓其所述各种商业活动的情况。可理解性要求企业提供的会计信息不能模糊不清，不能晦涩难懂，应当清晰明了，便于财务报告使用者理解和使用。

请注意 会计信息具有一定的专业性，可理解性是以“使用者具有一定的有关企业经营活动和会计方面的知识，并且愿意付出努力去研究这些信息”为前提的。如果企业的交易较为复杂或其会计处理较为复杂，且与使用者的商业决策相关，则企业应当在财务报告中进行充分披露。这是一个企业与会计信息使用者之间的互动话题。

（四）可比性

可比性要求企业提供的会计信息应当具有可比性。报表使用者通常通过比较一家企业前后不同时期的财务报表，或比较企业与其他企业的财务报表，来寻找财务状况或业绩的变化趋势，因此，财务报表编制和列报的基础随时间推移保持可比性相当重要。

当投资者对中石化公司进行投资决策时，必然会将其财务报表与同行业的其他公司做比较，来进行投资决策。如果两家或多家公司的数据在编制方法、内容等方面有所不同，则这些公司之间是无法进行比较的。可比性具有以下两个层次的含义：

（1）纵向比较：同一企业不同时期的会计信息要具有可比性。

（2）横向比较：不同企业的会计信息要具有可比性。

阿里巴巴集团公司2014年9月19日在美国纽交所上市，其财务报表首先需要按照美国的会计准则和证监会要求编制并报告，同时财务报告周期也将按照美国的习惯于每年的4月1日至次年的3月31日来执行。

请注意　关于会计信息的可比性：

（1）要使同一企业不同时期的财务报表可比，则企业的交易或事项应在不同时期保持相同或相似，会计政策要保持一致，不能随意变更。如果必须变更会计政策，则需在财务报表附注中加以说明。

（2）要使不同的企业在相同的会计期间的会计信息可比，除了保持企业会计政策不变外，还要保持会计信息的口径一致，以使不同的企业能够按照一致的确认、计量和报告的要求提供会计信息。

（五）实质重于形式

实质重于形式要求企业应当按照交易或者事项的经济实质进行会计确认、计量和报告，不仅仅以交易或者事项的法律形式为依据。

在大多数情况下，企业业务交易的法律形式反映了经济实质，即经济实质与法律形式是一致的；但是，在有些情况下，法律形式没有反映经济实质，即经济实质与法律形式是不一致的。会计核算时以经济实质为依据进行，即经济实质重于法律形式。这就要求会计人员做出职业判断，按照业务的经济实质进行账务处理。

【做中学1-8】时达公司以750万元的总价款从华美租赁公司租入生产线一条，租期为6年，租赁费于每年年初分次支付，该生产线的使用寿命是7年，使用期限结束时，时达公司可以1万元的价格买下该生产线的所有权。时达公司将每年的租赁费直接计入制造费用。

按照实质重于形式的要求，时达公司的会计处理是错误的。首先，虽然在租赁初期时达公司所租赁的生产线从法律形式上看不归其所有，但是其租期为6年，接近该生产线的使用寿命；其次，租赁期结束时，时达公司有优先购买该生产线的选择权。在租赁期，时达公司有权支配该生产线并从中受益，从经济实质上来看，时达公司能够控制融资租入资产所带来的经济利益，应将该生产线视为自有资产，列入企业的财务报告，而不是作为费用处理。

（六）重要性

重要性要求企业提供的会计信息应当完整反映与企业财务状况、经营成果和现金流量有关的所有重要交易和事项，即要将所有重要的交易或事项进行完整、全面的计量、报告。

重要性的判断取决于性质和金额两个方面，相同的金额对于规模不同的企业，可能存在不同的理解。如企业与客户因产品质量问题导致的50万元赔款，对月销售额在100万元及以上、50万元、10万元及以下的不同企业是否需要在财务报表中列示、怎样列示有着不同的决策；现金、银行存款、固定资产均属于企业的资产，但是由于现金和银行存款在企业资产中占有的份额和报表使用者的信息需求相比固定资产来说要小很多，因此，现金和银行存款在财务报表中合并为货币资金进行披露，而固定资产则需单独披露。

提示　重要性的特点：

（1）对资产、负债、所有者权益等有较大影响的交易或事项，必须按规定的会计方法和程序进行处理，并在财务报告中单独列示。

（2）对次要的会计事项，在不影响会计信息的真实性和不致于误导使用者做出正确判断的前提下，可以适当合并信息、简化处理。

（七）谨慎性

谨慎性要求企业对（不确定的）交易或者事项进行会计确认、计量和报告时应当保持应有的谨慎，不应高估资产或者收益，低估负债或费用和损失。

在竞争激烈的市场环境下，企业的经营活动面临着许多风险和不确定性。赊销可能带来坏账损失，购入的存货也许有朝一日不能盈利或保本，产品的“三包”承诺也许会导致企业巨额亏损，等等。因此，会计面对诸多不确定因素、风险，要做出准确的职业判断，对会计信息的处理要保持谨慎的态度。各种资产跌价、减值准备的计提，产品“三包”的预计负债等，都是会计信息处理谨慎性的体现。

【做中学1-9】时达公司在销售产品时对客户承诺，6个月内产品发生质量问题免费包退包换。根据销售经验估计，所出售产品退换的概率为销售价款的0.5%。该公司2016年下半年销售了5 000万元的产品。估计2017年将有25万元退换货损失。时达公司认为这是一笔不确定的费用，会给企业带来一定的损失，因此，于2016年12月31日将其计入了预计负债，并在财务报表中加以披露。

按照谨慎性的要求，企业对（不确定的）交易或者事项进行会计确认、计量和报告时应当保持应有的谨慎，不应高估资产或者收益，低估负债或费用和损失。时达公司没有低估包退包换可能带来的损失，做出了正确的信息披露。

（八）及时性

及时性要求企业对于已经发生的交易或者事项，应当及时进行确认、计量和报告，不得提前或者延后。滞后的信息不利于决策。因此，会计信息的提供一定要做到及时。及时性要求体现在会计信息的收集、加工、披露、报告等各个环节。

请注意　及时性对相关性和可靠性起着制约作用。及时性要求企业在时效内尽快提供相关信息，但是要使信息高相关和高可靠，可能常常需要更长时间的筛选和验证。因此，要做到及时可能就无法做到更高的相关性和可靠性，及时性对相关性和可靠性起着制约作用。不能为了及时性完全不顾可靠性等，也不能为了可靠性等过长时间报出信息而影响及时性，而需要会计用职业判断来寻求一种恰当的平衡，以确定信息及披露的时间。

提示　从以上会计信息质量要求的学习中，我们可以看出，要做好会计工作，必须具备较好的职业判断能力。职业判断是会计人员一项重要而富于挑战的工作。职业判断能力的强弱是一个会计人员综合素质高低的反映，它不仅需要会计人员对会计理论知识和会计方法的全面理解与准确把握，也需要对企业客观经济环境与经营管理目标进行透彻的了解。因此，我们不仅要认真学习财务会计知识，还要多参与社会实践活动，以增强我们的会计职业判断能力。

企业会计准则——基本准则（2014）

任务2　熟知会计职业及其工作

一、会计职业

（一）会计职业的含义

根据中国职业规划师协会对职业的定义：职业是性质相近的工作的总称，通常指个人服务社会并作为主要生活来源的工作。在特定的组织内，它表现为职位（即岗位），每一个职位都会对应着一组任务，作为任职者的岗位职责。而任职者要完成这些任务，则需具备相应的知识、技能、态度等。

会计职业是以货币为主要计量单位，运用专门的方法，核算和监督一个单位经济活动的一种经济管理工作。这些工作在特定的组织（如企业、事业单位等）内表现为各种会计岗位。传统的会计岗位主要有：出纳、成本会计、费用会计、应收账会计、应付账会计、资产会计、总账会计、会计主管、财务经理、财务总监等。在当今会计电算化广泛应用的时代，会计岗位又出现了电算主管、软件操作、审核记账、电算维护、电算审查、数据分析、会计档案保管等岗位。如今，RPA和AI技术的使用、“互联网+财务”的推广，财务通、财务云、财务机器人的出现，都向传统会计提出了巨大的挑战，会计的岗位也在不断地调整中。

（二）会计的种类

要做好会计工作，首先必须了解会计的种类，以清楚所在岗位的职责和工作内容。会计按不同的标准主要有如下分类：

1.按核算主体及目的分类

按核算主体及目的的不同，会计可分为预算会计、非营利组织会计和财务会计。

2.按报告对象分类

按报告对象的不同，会计可分为对内报告的财务会计和对外报告的管理会计。

财务会计负责编制财务报表，为企业内部和外部使用者提供信息。财务会计的信息提供给广泛的用户，其重点在于报告财务状况和营运状况，主要是对外部提供参考。而管理会计主要为企业的管理层提供信息，作为企业内部各部门进行决策的依据。

3.按工作内容分类

按工作内容的不同，会计可分为总账会计、往来会计、成本会计、材料会计等。

4.按工作范围分类

按工作范围的不同，会计可分为公共会计、私用会计、政府会计等。

会计还可以按所服务的行业进行分类，如工业企业会计、商品流通会计、金融证券会计、保险企业会计、施工企业会计等，因篇幅所限，在此不一一列举。

随着社会经济形势的发展，企业经营管理水平的提高，会计工作的重心逐步向财务转化，从而出现了对外报告的财务会计和对内报告的管理会计，以及专门与税务部门对接、负责企业涉税业务管理与申报的税务会计。

在会计软件、管理软件、网络会计、代理记账日益发达的今天，会计工作的重心也在发生重大变化。目前，一些大型公司会计核算岗位已经严重压缩，甚至直接外包代理记账，财务数据整理、分析、预算、风险预警等财务岗位以及管理会计岗位逐渐增加。未来，会计工作将更多地参与企业生产经营管理的预测、决策和风险管理，这就需要会计人员学习和掌握更多、更广的知识。

请注意 与财务会计不同，管理会计信息的标准是“决策有用性”，即凡是有利于管理层进行决策的信息都属于管理会计的范畴。例如，对未来天气状况的预测信息，于财务会计而言不属于应提供服务的范畴，但是对于交通运输、旅游服务等企业来说，未来的天气情况左右着营运决策，属于企业管理会计信息，且这些信息要求具有及时性、提前性。财务会计和管理会计构成图如图1-2所示。

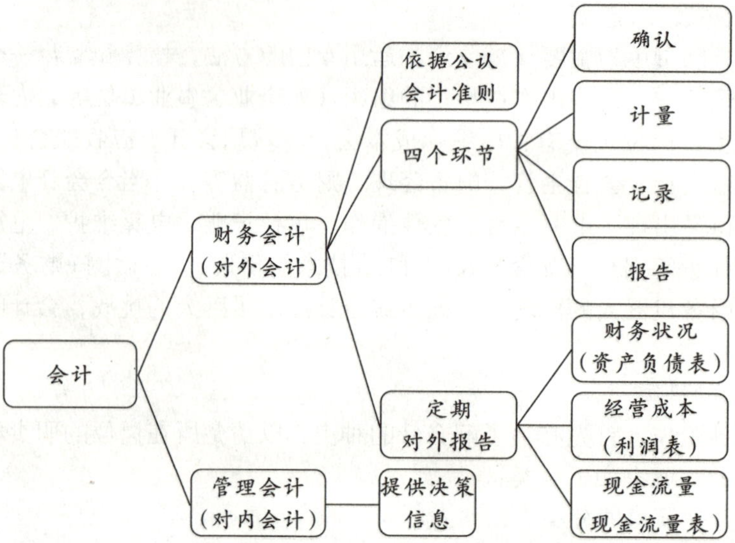

图1-2 财务会计和管理会计构成图

（三）会计职业资格体系

我国会计职业资格体系由会计专业技术资格体系和注册会计师执业资格体系构成。

1.会计专业技术资格体系

（1）会计专业技术资格与职务。

会计专业技术资格，是指担任会计专业职务的任职资格，分为初级资格、中级资格和高级资格。初级职称有助理会计师，中级职称有会计师，高级职称有正高级会计师和副高级会计师。副高级会计师相当于副研究员或副教授，正高级会计师相当于研究员或教授。会计职称是衡量一个人会计业务水平高低的标准，会计职称越高，表明会计业务水平越高。

会计专业职务是区别会计人员业务技能的技术等级，会计专业职务分为高级会计师、会计师、助理会计师。高级会计师为高级职务，会计师为中级职务，助理会计师为初级职务。

什么是管理会计？管理会计与财务会计的六大区别

初级、中级会计资格的取得实行全国统一考试制度；高级会计师资格实行考试与评审相结合制度。

（2）会计职业资格的取得。

①初级会计师。

初级会计职称即助理会计师。担任助理会计师的基本条件是：掌握一般的财务会计基础理论和专业知识；熟悉并能正确执行有关的财经方针、政策和财务会计法规、制度；能担负一个方面或某个重要岗位的财务会计工作；报名参加会计专业技术初级资格考试的人员，除了要具备以上基本条件外，还必须具备教育部门认可的高中毕业以上学历。

初级会计专业技术资格考试，又称初级会计职称考试、助理会计师考试，是全国统一组织、统一考试时间、统一命题、统一合格标准的考试，对考试合格者颁发人事部统一印制，人事部、财政部用印的《会计专业技术资格证书》，该证书在全国范围内有效。在国家机关、社会团体、企业、事业单位和其他组织中从事会计工作，并符合报名条件的人员，均可报考。

该考试涉及的知识基础、实用，是出纳、会计助理、会计等初级财务人员的必备知识。

符合以下条件的会计从业人员均可报名参加考试：

A.坚持原则，具备良好的职业道德品质。

B.认真执行《会计法》和国家统一的会计制度，以及有关财经法律、法规、规章制度，无严重违反财经纪律的行为。

C.履行岗位职责，热爱本职工作。

D.具备教育部门认可的高中（或中专）或以上学历证件。

考试科目为《初级会计实务》《经济法基础》两个科目。一天考完，并要求两科考试一次通过，才能取得初级会计师资格证书。

②中级会计师。

中级会计师亦称会计师，担任会计师的基本条件是：

A.较系统地掌握财务会计基础理论和专业知识。

B.掌握并能正确贯彻执行有关的财经方针、政策和财务会计法规、制度。

C.具有一定的财务会计工作经验，能担负一个单位或管理一个地区、一个部门、一个系统某个方面的财务会计工作。

D.取得博士学位并具有履行会计师职责的能力，或者取得硕士学位并担任助理会计师职务两年左右，或者取得第二学士学位或研究生班结业证书并担任助理会计师职务2～3年，或者大学本科或专科毕业并担任助理会计师职务四年以上。

中级会计师资格考试实行全国统一考试制度，每年考试一次，由全国统一组织、统一大纲、统一试题，统一评分标准，是全国统一组织、统一考试时间、统一命题、统一合格标准的考试，对考试合格者颁发人事部统一印制，人事部、财政部用印的《会计专业技术资格证书》，该证书在全国范围内有效。在国家机关、社会团体、企业、事业单位和其他组织中从事会计工作，并符合报名条件的人员，均可报考。

符合以下条件的会计从业人员均可报名参加考试：

A.坚持原则，具备良好的职业道德品质。

B.认真执行《会计法》和国家统一的会计制度，以及有关财经法律、法规、规章制度，无严重违反财经纪律的行为。

C.履行岗位职责，热爱本职工作。

D.除具备以上基本条件外，还必须具备下列条件之一：

a.取得大学专科学历，从事会计工作满五年。

b.取得大学本科学历，从事会计工作满四年。

c.取得双学士学位或研究生班毕业，从事会计工作满二年。

d.取得硕士学位，从事会计工作满一年。

e.取得博士学位。

另外，对通过全国统一考试，取得经济、统计、审计专业技术中、初级资格，并具备以上基本条件的人员，均可报名参加相应级别的会计专业技术资格考试。

报名条件中所规定的从事会计工作年限是指取得规定学历前、后从事会计工作的合计年限，其截止日期为考试报名年度当年年底前。会计专业技术中级资格考试设《财务管理》《经济法》《中级会计实务》三个科目，成绩两年内有效。两年内成绩合格者可获得中级会计师职业资格证书。

③高级会计师。

高级会计师，是指我国会计专业技术职称中的高级会计专业技术资格。高级会计师必须遵守中华人民共和国宪法和法律，具有良好的职业道德，应具有扎实的专业理论知识，掌握国内外现代的经济管理科学方法并了解发展趋势，有较高的政策理论水平和丰富的经济工作实践经验，能够解决重要经济活动中的实际问题，提出有价值的政策性意见，在加强经济管理和提高经济效益、社会效益上发挥重大作用。

高级会计师的任职条件，除必须拥护中国共产党的领导、热爱祖国、坚持四项基本原则、遵守和执行《中华人民共和国会计法》外，还要具备四个基本条件：

A.较系统地掌握经济、财务会计理论和相关专业知识。

B.具有较高的政策水平和丰富的财务会计工作经验，能担负一个地区、一个部门或一个系统的财务会计管理工作。

C.取得博士学位，并担任会计师职务2~3年，或取得硕士学位、第二学士学位或研究生班结业证书，或大学本科毕业并担任会计师职务五年以上。

D.较熟练地掌握一门外语。

考试科目为《高级会计实务》，采取开卷笔答方式进行。主要考核应试者运用会计、财务、税收等相关的理论知识、政策法规，分析、判断、处理会计业务的能力和解决会计工作实际问题的综合能力。参加考试并达到国家合格标准的人员，由全国会计考办核发高级会计师资格考试成绩合格证，该证在全国范围内三年有效。要求在通过考试后三年内通过评审，假如通过了，就是高级会计师，永久有效；假如没有通过，那么第四年要重新考试，然后继续参加评审。

2.注册会计师执业资格体系

（1）注册会计师及注册会计师协会。

注册会计师，是指取得注册会计师证书并在会计师事务所执业的人员，英文全称为Certified Public Accountant，简称CPA，指的是从事社会审计（中介审计、独立审计）的专业人士。其他一些国家的会计师公会（如加拿大的CGA、美国的AICPA、澳大利亚的澳洲会计师公会、英国特许公认会计师公会ACCA）所说的会计师一般是指注册会计师，而不是我国的中级职称概念的会计师。

注册会计师协会是由注册会计师组成的社会团体。中国注册会计师协会是注册会计师的全国组织，省、自治区和直辖市注册会计师协会是注册会计师的地方组织。

注册会计师协会的会员主要包括执业会员（即注册会计师）和非执业会员。此外，还可能包括荣誉会员。通过注册会计师考试，并在会计师事务所工作一段时间后，在注册会计师协会注册方可成为执业注册会计师。只是通过考试，只可以申请成为非执业会员，只有注册登记后才能成为执业会员。注册会计师考试分为专业阶段和综合阶段，专业阶段的考试科目为《会计》《审计》《财务成本管理》《经济法》《税法》《公司战略与风险管理》，综合阶段的考试科目为职业能力综合测试（试卷一、试卷二）。

（2）注册会计师资格的取得。

①报名条件。

A.同时符合下列条件的中国公民，可以申请参加注册会计师全国统一考试专业阶段考试：

a.具有完全民事行为能力。

b.具有高等专科以上学校毕业学历，或者具有会计或者相关专业中级以上技术职称。

B.同时符合下列条件的中国公民，可以申请参加注册会计师全国统一考试综合阶段考试：

a.具有完全民事行为能力。

b.已取得财政部注册会计师考试委员会（简称财政部考委会）颁发的注册会计师全国统一考试专业阶段考试合格证。

C.有下列情形之一的人员，不得报名参加注册会计师全国统一考试：

a.因被吊销注册会计师证书，自处罚决定之日起至申请报名之日止不满五年者。

b.以前年度参加注册会计师全国统一考试因违规而受到停考处理期限未满者。

②成绩管理和证书的取得。

A.专业阶段合格证管理。

参加注册会计师全国统一考试的应考人员，专业阶段考试的单科考试合格成绩五年内有效。对在连续五个年度考试中取得专业阶段全部科目考试合格成绩的应考人员，财政部考委会颁发专业阶段考试合格证书。

注册会计师全国统一考试专业阶段考试合格证由考生到参加专业阶段考试最后一科考试报名地的地方考办领取。

B.综合阶段合格证管理。

综合阶段考试科目应在取得注册会计师全国统一考试专业阶段考试合格证书后五个年度考试中完成（现已取消“在五个年度中完成”这一规定）。对取得综合阶段考试科目考试合格成绩的考生，财政部考委会颁发注册会计师全国统一考试全科合格证。

注册会计师全国统一考试全科合格证由考生到综合阶段考试报名地的地方考办领取。

C.全科合格证管理。

根据《注册会计师全国统一考试管理工作指南》的规定，取得综合阶段职业能力综合测试成绩合格的申请人，应持综合阶段职业能力综合测试成绩合格凭证向参加综合阶段职业能力综合测试所在地的地方考办申请换发全科合格证。全科合格证上的发放日期为财政部考办下发的批复文件日期。

地方考办在发放全科合格证时，应同时向全科合格证申请人发放《中国注册会计师协会非执业会员登记表》，督促其申请成为中注协非执业会员。应考人员取得全科合格证后，若在国内会计师事务所工作两年，可持有关资料前往所在地省级注册会计师协会申请成为正式的执业会员。

二、会计工作

会计工作是在会计工作目标的指引下，以会计主体、持续经营、会计分期和货币计量四大假设为基础，采用会计核算方法，对企业经济业务或会计事项进行确认、计量、记录和报告的过程。会计核算方法使用是否得当、会计工作过程操作是否规范，对会计信息质量的高低有着重大影响。因此，要做好会计工作，必须熟练掌握会计核算方法并规范操作会计工作。

（一）会计工作的基本程序

会计工作的基本程序包括确认、计量、记录和报告四个内容。

1.会计确认

会计确认，是指按照规定的标准和方法，辨认和确定经济信息是否作为会计信息、何时作为会计信息以及列入什么会计信息的过程。确认标准和时间选择是会计确认的核心。

请注意 **会计确认主要是确认经济业务入账的时间、使用的科目和方向。如果经济业务入账时间错误或核算科目使用错误，都会使会计信息失真，从而导致报表使用者做出错误的决策。**

会计确认的目的在于排除不属于会计核算的经济信息，确定会计的核算内容。

会计确认的基础有现金收付基础（收付实现制）和应计基础（权责发生制）两种。对收入、成本费用的确认还要遵循配比原则。会计确认的过程分为初始确认、后续确认和终止确认三个阶段，如图1-3所示。

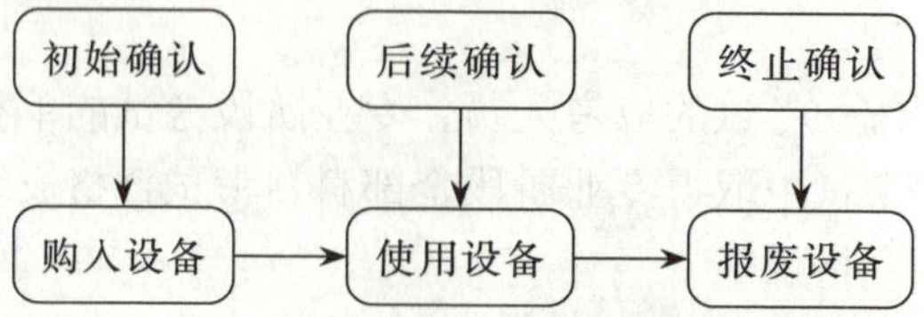

图1-3　会计确认过程示意图

2.会计计量

会计计量，是指根据一定的计量标准和方法，确定经济业务或会计事项金额的过程。会计计量以货币单位为主，辅以物理单位。

会计计量的属性包括历史成本（实际成本）、重置成本、可变现净值、现值、公允价值等。历史成本是会计计量中最重要和最基本的计量属性，也一直是国际和我国惯例中的基础性计价标准。历史成本具有客观性、可验证性，但是其真实性可能会随着时间的推移而发生变化，需要配合其他计量属性来反映会计要素在报表中的列示金额。

请注意　**会计计量主要是对会计要素入账价值的确定。会计计量出现错误，即使会计确认是正确的，会计信息一样失真，对报表使用者都将产生不利影响。**

3.会计记录

会计记录，是指将经过确认和计量的各项经济业务或会计事项，采用一定的方法在账户中进行记录的过程。它包括以原始凭证为依据编制记账凭证，再以记账凭证为依据登记账簿。目前，我国会计记录均按照借贷记账法的原理，采用文字和数字叙述的形式在预先设置的账户中记录、反映经济业务和会计事项，会计记录是会计核算的重要环节。会计记录的过程与方法如图1-4所示。

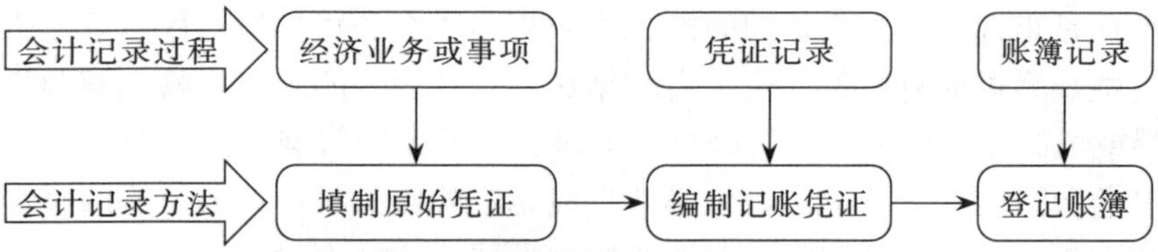

图1-4　会计记录的过程与方法

会计记录是一个系统、连续、完整的过程，不能多记、少记、错记。

在当今计算机、网络和会计软件广泛使用的时代，会计记录的方法也正在发生着日新月异的变化，自2017年7月1日起新税务发票的推广使用，为会计记录的人工智能带来了更多便利。

4.会计报告

会计报告又称为财务会计报告，是指以账簿记录为依据，采用表格和文字的形式，将会计数据提供给信息使用者的书面报告。会计报表是会计报告的主要构成内容。

会计电算化和“互联网+财务”不仅使会计报告的编制及计算智能化，而且使财务数据的共享得到推广和使用，这也为会计信息使用者提供了更加快捷、及时、准确的信息。

会计确认、计量、记录和报告只有严格遵守《会计法》、企业会计准则、《企业会计制度》等的规定，才能确保会计信息的质量。

（二）会计核算方法

会计核算方法是指会计对已发生的经济活动进行连续、系统、全面反映和监督所采用的方法。我们在基础会计的学习中已经了解到会计核算方法包括以下七个方面，具体内容本书在此不再赘述：

（1）设置会计科目和账户；

（2）复式记账；

（3）填制和审核会计凭证；

（4）登记账簿；

（5）成本计算；

（6）财产清查；

（7）编制会计报表。

会计核算的各种方法是相互联系、密切配合的，现代会计只有综合运用这七种方法才能顺利进行。在实际会计业务处理过程中，复式记账是处理经济业务的基本方法，设置账户和填制凭证是会计工作的开始，登记账簿是会计工作的中间过程，成本计算和财产清查诸方法是保证会计信息准确的科学手段，而编制会计报表是一个会计期间工作的终结。

（三）会计循环

会计是一种“商业语言”，而语言的主要功能就是传递信息。在生产经营过程中，会计首先确定所服务的会计主体及其有关经济业务和会计事项，然后按照会计准则、会计制度的规定，以货币为计量单位来衡量这些经济业务和会计事项对资产、负债和所有者权益的影响，并进行相应的会计记录和报告。由于企业经济业务和会计事项的种类和数量繁多，对会计记录需进行整理、加工和汇总，形成会计报告，从而将会计信息传递给信息使用者。这一系列活动的过程，称为会计账务处理程序（基础会计中已作介绍，本书不再赘述）。

会计循环是指在每一个会计期间内，依照相同的会计账务处理程序重复进行的会计工作步骤。这些步骤周而复始就形成了会计循环。会计循环的基本步骤主要包括以下内容：

1.取得或填制原始凭证，分析经济业务对会计要素的影响

当经济业务或会计事项发生时，必然形成相应的原始凭证，如外购原材料将从供应商处取得采购发票，销售商品则需企业填制销售发票。会计要对这些原始单据对会计要素的影响进行会计确认，确定入账时间和会计科目，以及记账方向、金额，从而构成会计记录的基础。

2.编制记账凭证

经过会计确认和计量，会计人员就可以根据原始凭证编制相应的记账凭证，从而为登记账簿奠定基础。会计人员可以根据预先确定的会计账务处理程序来选择记账凭证的种类。在电算化状态下，许多企业一般都采用机打的通用记账凭证。

3.登记账簿

会计在日常工作中登记的账簿主要是日记账、明细账和总账。一般收付款业务发生时，由出纳及时登记库存现金和银行存款日记账，然后各明细账会计登记相关明细账，总账会计则根据汇总记账凭证登记总账。在电算化状态下，所有账簿登记工作由电算化软件自动完成。

4.调整会计事项

按照权责发生制原则，会计在期末对一些应计项目和递延项目进行适当的会计处理，并登记入账。

5.编制试算平衡表

所有账簿登记完成后，应编制试算平衡表，以验证账簿记录中借贷方金额是否相等。在电算化状态下，该工作也由电算化软件自动完成。

6.结账

每当会计期间终了，会计都应按规定方法结计出各账户本期借方、贷方发生额和期末余额，并将期末余额结转至下期，同时结平各收入、成本、费用类账户。在电算化状态

下，该工作也由电算化软件自动完成。

7.结账后试算平衡

会计期末，所有账户结账后，会计还要进行一次试算平衡，以验证结账后各账户借贷方金额是否相等，从而为编制会计报表做好准备。在电算化状态下，该工作也由电算化软件自动完成。

8.编制财务报表

结账后试算平衡，根据财务报表编制的有关规定，编制各种财务报表。在电算化状态下，该工作也由电算化软件自动完成。在财务共享状态下，财务报表将很快共享给相关信息使用者。

会计在每一个会计期间都按顺序完成上述会计工作，周而复始，不断循环。会计循环如图1-5所示。

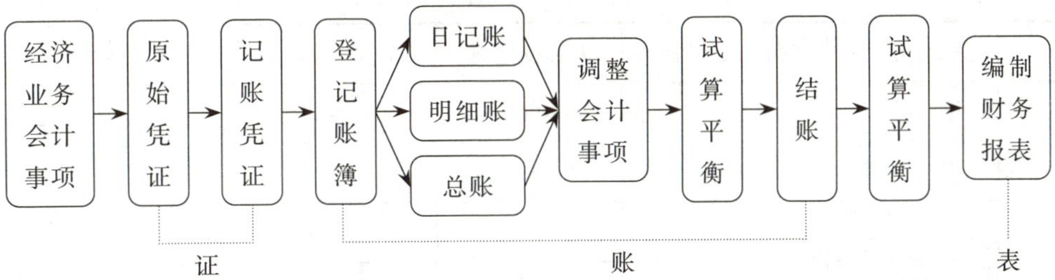

图1-5 会计循环示意图

总之，作为一名会计人员不仅要对会计职业有深刻的认识，对会计工作的内容、工作过程、工作方法也要熟练掌握，还应严格遵循会计语言规则，坚守会计职业道德，不做假账，为社会经济发展提供真实可靠、客观公允的会计信息。

案例分析

请思考

如果你是一位投资者，下列哪些信息能够帮助你进行投资决策？

912亿！2015天猫“双十一”收官，阿里股价不领情

2014年9月19日，阿里巴巴集团于纽约证券交易所正式挂牌上市，股票代码“BABA”，成为仅次于谷歌的全球第二大互联网公司。发行价为每股68美元，开盘价达到92.70美元，较发行价大涨36.32%。

2015年“双十一”成交火爆。天猫只花了不到12个小时便突破了2014年“双十一”全天的交易额571亿元。11日全天结束后，天猫“双十一”交易额达912.17亿元，其中无线成交占68%，参与交易国家和地区232个。阿里巴巴再次刷新单一电商平台单天交易的世界纪录。2015年天猫“双十一”交易额同比增长近60%，接近2014年63%的同比增幅。摩根大通此前预计，2015年“双十一”阿里巴巴商品交易额将达750亿～800亿元。上述结果大大好于摩根大通的预期。

案例分析参考答案

11月11日，尽管更多数据确认了“双十一”的喜人交易额，但资本市

场投资者并不领情。阿里巴巴、京东等股价高开低走，表明投资者依然谨慎。阿里巴巴一度跌至接近78美元，京东跌破27美元。聚美优品、唯品会股价也表现低迷。尽管“双十一”交易额高涨，但并未对电商股价有所提振。阿里巴巴集团在美国上市后的财务业绩和销售业绩分别见表1-11和表1-12。

表1-11　阿里巴巴集团在美国上市后的财务业绩　金额单位：亿元人民币

年度	第一季度		第二季度		第三季度		第四季度		全年	
	总营收	净盈利	总营收	净盈利	总营收	净盈利	总营收	净盈利	总营收	净盈利
2015	174.25	28.69	202.45	308.16	221.71	227.03				
2014	9月19日上市				168.29	30.30	261.79	59.83	762.04	243.20

表1-12　阿里巴巴集团在美国上市后的销售业绩　金额单位：亿元人民币

年度	季度	淘宝交易额	天猫交易额	年活跃买家（户）	移动月活跃用户（户）
2015	第三季度	4 380	2 750	3.86亿	3.46亿
	第二季度	4 270	2 460	3.67亿	3.07亿
	第一季度	3 810	2 190	3.5亿	2.89亿
2014	第四季度	4 940	2 930	3.34亿	2.65亿
	第三季度	3 798.32	1 758.34	3.07亿	2.17亿

思维导图

请根据本项目内在知识点的逻辑关系，制作本项目思维导图。

项目二

货币资金核算

项目导读

货币资金，是指企业生产经营过程中处于货币形态的资金，包括库存现金、银行存款和其他货币资金。在流动资产中，货币资金的流动性最强，并且是唯一能直接转化为其他任何资产形态的流动性资产，也是唯一能代表企业现实购买力水平的资产。

3分钟弄懂中国金融体系——钱是如何流动的?

为了确保生产经营活动的正常进行，企业必须拥有一定数量的货币资金，以便购买材料、缴纳税金、发放工资、支付利息及股利或进行投资等。企业的货币资金流量和拥有量，标志着其经营能力、偿债能力与支付能力，也是投资者分析判断企业财务状况的重要指标。

因此，企业应当根据国家有关法律和货币资金管理规定，重视货币资金的核算与监督。结合本企业实际情况，建立适合本企业业务特点和管理需要的货币资金内部控制制度，认真做好货币资金的核算工作，加强货币资金管理。

从内容上看，货币资金包括库存现金、银行存款和其他货币资金，具体如图2-1所示。

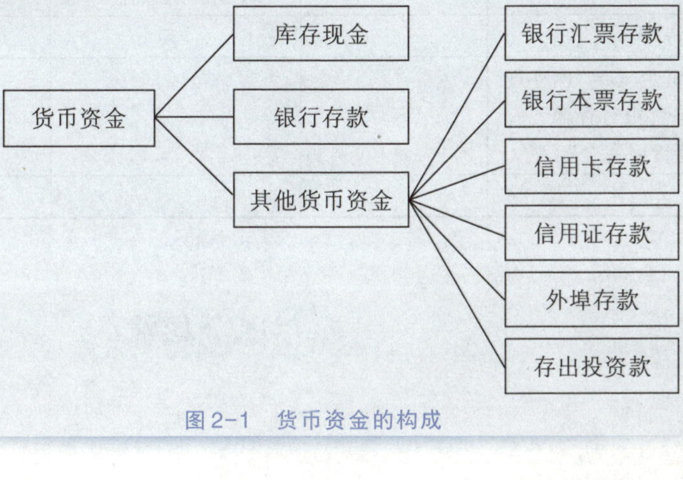

图2-1　货币资金的构成

学习目标

1. 掌握现金管理的主要内容和现金核算、现金清查；
2. 掌握银行结算制度的主要内容、银行存款核算与核对；
3. 掌握银行汇票、银行本票等其他货币资金业务的核算。

政策依据

《中华人民共和国现金管理暂行条例》
《人民币银行结算账户管理办法》
《支付结算办法》
《国内信用证结算办法》
《中华人民共和国票据法》
《票据管理实施办法》
《银行卡业务管理办法》
《企业会计准则——基本准则》
《企业会计准则第22号——金融工具确认和计量》
《企业内部控制应用指引第6号——资金活动》

项目列报

本项目在财务报表中的列示信息见表2-1。

表2-1　　本项目在财务报表中的列示信息

资产	期末余额	负债和所有者权益（或股东权益）	期末余额
流动资产：			
货币资金（="库存现金"+"银行存款"+"其他货币资金"）			
⋮			

任务1　库存现金核算

任务布置

浙江省华盛股份有限公司（以下简称华盛公司）为增值税一般纳税人，主要生产圆钢、螺纹钢和线材等钢材，适用的增值税税率为17%。公司开户银行是中国工商银行江城市新桥支行，基本账户账号为330118090325918。2017年1月3日，企业销售部王成出差，预借差旅费5 000元，经审核出纳李胜以现金支付。出纳李胜应如何按规定进行现金支付业务的处理？

请会计张红做出相关账务处理。

相关原始凭证：借款单。

业务产生：销售部王成出差，向公司借支差旅备用现金而产生的借款。

知识准备

一、库存现金概述

库存现金，是指存放在单位财会部门，由出纳人员经管的货币，包括人民币和外币。现金管理就是对现金的收、付、存等各环节进行的管理。

视频：揭秘人民币印制过程

根据《现金管理暂行条例》、《现金管理暂行条例实施细则》及《内部会计控制规范——货币资金》的规定，现金管理的主要规定如下：

（一）现金的使用范围

各单位可以在下列范围内使用现金：

（1）职工工资、津贴。

（2）个人劳务报酬。这包括稿酬、讲课费、设计费、装潢费、安装费、制图费、化验费、测试费、医疗费、法律服务费、各种演出与表演费、技术服务费、介绍服务费、经纪服务费、代办服务费及其他劳务费用等。

（3）支付给个人的各种奖金。这包括根据国家规定颁发给个人的科学技术、文化艺术、体育等各种奖金。

（4）各种劳保、福利费用以及国家规定的对个人的其他支出。这包括退休金、抚恤金、学生助学金、职工生活困难补助等。

（5）向个人收购农副产品和其他物资如金银、工艺品、废旧物资等的价款。

（6）出差人员必须随身携带的差旅费。

（7）结算起点（1 000元）以下的零星支出。

（8）中国人民银行规定需要支付现金的其他支出。如因采购地点不确定、交通不便、抢险救灾以及其他特殊情况，办理转账结算不方便，必须使用现金的支出。对于这类支出，开户单位应向开户银行提出书面申请，由本单位财务负责人签字盖章，开户银行审查批准后，予以支付现金。

除上述第（5）、第（6）项外，开户单位支付给个人的款项，超过使用现金限额的部分，应当以支票或者银行本票支付；确需全额支付现金的，经开户银行审核后，予以支付现金。

（二）库存现金限额

库存现金限额，是指为了保证单位日常零星支出的需要，允许单位留存现金的最高数额。这一限额由开户银行根据单位的实际需要核定，一般按照单位3~5天日常零星开支所需确定。边远地区和交通不便地区的开户单位的库存现金限额，可按多于5天但不得超过

15天的日常零星开支的需要确定。经核定的库存现金限额，开户单位必须严格遵守，超过部分应于当日终了前存入银行。需要增加或者减少库存现金限额的，应当向开户银行提出申请，由开户银行核定。

请注意 **日常零星开支不包括：企业每月发放的薪酬、不定期差旅费、向个人收购农副产品等大额现金支出。**

（三）现金收支的规定

开户单位现金收支应当依照下列规定办理：

（1）开户单位现金收入应当于当日送存开户银行，当日送存确有困难的，由开户银行确定送存时间。

（2）开户单位支付现金，可以从本单位库存现金限额中支付或从开户银行提取，不得从本单位的现金收入中直接支付（即坐支）。因特殊情况需要坐支现金的，应当事先报经开户银行审查批准，由开户银行核定坐支范围和限额。坐支单位应当定期向开户银行报送坐支金额和使用情况。

（3）开户单位从开户银行提取现金时，应当写明用途，由本单位财会部门负责人签字盖章，经开户银行审核后，予以支付。

（4）因采购地点不确定、交通不便、生产或市场急需、抢险救灾以及其他特殊情况必须使用现金的，开户单位应向开户银行提出申请，由本单位财会部门负责人签字盖章，经开户银行审核后，予以支付现金。

（5）不准用不符合财务制度的凭证顶替库存现金，即不得“白条抵库”；不准谎报用途套取现金；不准用银行账户代其他单位和个人存入或支取现金；不准将单位收入的现金以个人名义存入储蓄，不准保留账外公款，即不得“公款私存”，不得设置“小金库”等。

提示 **白条，是指不符合财务制度和会计凭证手续的字条或单据，一般因报销者在白纸上填制，无红、蓝色印章，故称为白条。**

（四）现金管理的四个原则

1.收付合法性原则

收付合法是指各单位在收付现金时必须符合国家有关现金管理的方针、政策和规章制度的规定。合法性包含两层含义：一是现金的来源和使用必须合法；二是现金收付必须在合法的范围内进行。

2.钱账分管原则

钱账分管即管钱的不管账、管账的不管钱，是指经管现金的出纳人员不得兼任稽核、会计档案保管和收入、支出、费用、债权债务账目的登记工作，经管收入、支出、费用、债权债务等账目的登记工作的会计人员不得兼管出纳账目登记工作、现金的收付工作和现金的保管工作。

3.收付两清原则

收付两清原则是指在现金收付过程中的收付款项当面点清的原则。它要求出纳人员不论工作多忙、金额大小或对象熟生，对收付的现金都要进行复核或由另外一名会计人员复核，切实做到现金收付不出差错，防止长、短款的发生；同时出纳人员对于来财会部门交取现金的人员，要督促他们当面点清，如有差错当面解决，以保证收付两清。

4. 日清月结原则

日清月结是出纳人员办理现金出纳工作的基本原则和要求，也是避免长款和短款的重要措施。所谓日清月结，就是出纳人员办理现金收支业务时，必须做到按日清理、按月结账，即对每天发生的现金收支业务要逐笔登记到库存现金日记账，逐日结出库存现金余额，并将库存现金日记账余额与库存现金实际余额核对，保证账实相符。月末将库存现金日记账本月收付发生额及月末余额与现金总账核对，保证账账相符。

提示 企业库存现金收支与保管应由出纳人员负责，经营现金的出纳人员不得兼管收入、费用、债权、债务等账簿的登记工作，以及会计档案保管工作。企业的出纳人员应定期进行轮换，不得一人长期从事出纳人员工作。

二、库存现金核算的账户设置

为了反映和监督企业库存现金的收入、支出和结存情况，企业应当设置“库存现金”账户，分别进行企业库存现金的总分类账和明细分类账核算。同时，企业还必须设置库存现金日记账进行序时记录。该账户属于资产类账户，具体账户结构如下：

借方　　**库存现金**　　贷方

借方	贷方
企业库存现金的增加	企业库存现金的减少
期末企业实际持有的库存现金的金额	

请注意 企业内部各部门周转使用的备用金，通过“其他应收款”账户核算，或者单独设置“备用金”账户核算，不在“库存现金”账户中核算。

三、库存现金业务的账务处理

现金收入的内容主要有：从银行提取现金，职工出差报销时交回的剩余借款，收取结算起点以下的零星收入款，收到对个人的罚款，无法查明原因的现金溢余等。收取现金时，借记“库存现金”账户，贷记相关账户。

库存现金业务账务处理

企业应当严格按照国家有关现金管理制度的规定，在允许的范围内办理现金支出业务。企业按照现金开支范围的规定支付现金时，借记相关账户，贷记“库存现金”账户。

【做中学2-1】时达有限责任公司（以下简称时达公司）为增值税一般纳税人，增值税税率为17%。2017年1月1日，时达公司出纳人员李晓收到销售部门的产品零售收入702元。

库存现金收支业务流程图

借：库存现金　　702

　贷：主营业务收入　　600

　　　应交税费——应交增值税（销项税额）　　102

为了全面、连续地反映和监督库存现金的收支和结存情况，企业应当设置库存现金总账和库存现金日记账，分别进行库存现金的总分类核算和明细分类核算。库存现金总账由负责总账的会计人员进行总分类核算，可以根据

库存现金清查账务处理

库存现金收付款凭证和银行存款付款凭证直接登记。库存现金日记账由出纳人员根据库存现金收付款凭证，按照业务发生顺序逐笔登记。每日终了，应当在库存现金日记账上计算当日的现金收入合计额、现金支出合计额和结余额，并将库存现金日记账的余额与实际库存现金余额核对，保证账款相符。月度终了，库存现金日记账的余额应当与库存现金总账的余额核对，做到账账相符。

四、库存现金的清查

企业应当按规定对库存现金进行定期和不定期的清查，确保库存现金的安全、完整。库存现金的清查工作应由内部审计人员或稽核人员进行。一般采用实地盘点法，对于清查的结果应当编制库存现金盘点报告单。如果发现挪用现金、白条抵库的情况，应及时予以纠正；对于超限额留存的现金应及时送存银行。如果账款不符，发现有待查明原因的现金短缺或溢余，应先通过“待处理财产损溢”账户核算，属于现金短缺，应按实际短缺的金额，借记“待处理财产损溢——待处理流动资产损溢”账户，贷记“库存现金”账户；属于现金溢余的金额，借记“库存现金”账户，贷记“待处理财产损溢——待处理流动资产损溢”账户。待查明原因后作如下处理：

（1）如为现金短缺，属于应由责任人赔偿或保险公司赔偿的部分，计入其他应收款；属于无法查明原因的，计入管理费用。

（2）如为现金溢余，属于应支付给有关人员或单位的，计入其他应付款；属于无法查明原因的，计入营业外收入。

【做中学2-2】2017年1月1日，时达公司在现金清查中发现库存现金短缺900元。

借：待处理财产损溢——待处理流动资产损溢	900	
贷：库存现金		900

【做中学2-3】沿用【做中学2-2】的资料，2017年1月4日，经查明，出纳李晓对上述现金短缺有管理上的责任，应由其赔偿500元，其余400元由公司承担。

借：其他应收款——李晓	500	
管理费用	400	
贷：待处理财产损溢——待处理流动资产损溢		900

收到赔偿款时：

借：库存现金	500	
贷：其他应收款——李晓		500

任务实施

针对“任务布置”中的经济业务，相关处理程序如下：

第一步：审核借款单。

出纳李胜仔细审核经办人员填写的借款单（如图2-2所示）：借款事由是否符合现金支付的范围；审核借款单是否按照企业相关财务会计制度的规定，依次经部门主管审核、财务主管等有关领导审批。在审核无误后，在一式三联的借款单上加盖“现金付讫”章。

借 款 单

2017年1月3日

部 门	销售部	姓 名	王成	职 务	科长
借款原因	出差		领导审批	同意借款 李晶	
借款金额	人民币（大写）伍仟元整		现金付讫	¥5 000.00	
借款人签名	王 成				

财务主管：王红　　出纳：李胜

图2-2 借款单

第二步：支付现金。

出纳李胜按照借款单上填列的借款金额，支付现金并进行复点；同时将借款金额和借款单的第二联交于经办人王成，要求其当面点清。

第三步：编制记账凭证。

出纳李胜将审核无误的借款单第三联交会计张红审核，用于编制记账凭证（如图2-3所示）。

记 账 凭 证

2017年1月3日　　记字 第1号

摘 要	会计科目		借方金额									贷方金额									√
	总账账户	明细账户	百	十	万	千	百	十	元	角	分	百	十	万	千	百	十	元	角	分	
借支差旅费	其他应收款	王成				5	0	0	0	0	0										
	库存现金														5	0	0	0	0	0	√
合　计					¥	5	0	0	0	0	0			¥	5	0	0	0	0	0	

附件1张

财务主管：王红　记账：陈艳　出纳：李胜　审核：王红　制单：张红

图2-3 记账凭证

注：以下所有记账凭证以会计分录代替。

第四步：登记库存现金日记账。

出纳李胜根据上述审核无误的记账凭证登记库存现金日记账（如图2-4所示）。

库存现金日记账

2017年		凭证		票据号数	摘要	借方								贷方								余额								√
月	日	字	号			十	万	千	百	十	元	角	分	十	万	千	百	十	元	角	分	十	万	千	百	十	元	角	分	
1	1				期初余额																			8	5	0	0	0	0	
1	3	记	1		借支差旅费											5	0	0	0	0	0			3	5	0	0	0	0	

图2-4　库存现金日记账

注：以下所有登记账簿省略。

任务2　银行存款核算

任务布置

2017年1月3日，华盛公司与上海机械公司签订购销合同，合同约定采用托收承付验单付款方式结算。1月5日，华盛公司根据合同将线材1 000吨托运，价款为3 600 000元，增值税税款为612 000元，当日向银行办妥托收手续。上海机械公司账号为2003301144072358223，开户银行为工行上海市武昌支行。

请会计张红做出相关账务处理。

相关原始凭证：

（1）经销售部门确认后仓库开具的发货单。

（2）给上海机械公司开具的增值税专用发票两联。

（3）托收承付的银行收款单据。

业务产生：公司将所生产的产品线材1 000吨销售给客户，形成一笔销售业务，财务按合同条款进行收款，收款方式为银行存款。

知识准备

一、银行存款概述

银行存款，是指企业存放在银行或其他金融机构的货币资金。企业应当根据业务需要，按照规定在其所在地银行开设账户，运用所开设的账户，进行贷款、取款以及各种收支转账业务的结算。银行存款的收付应严格执行银行结算制度的规定。《人民币银行结算账户管理办法》将企业银行结算户分为基本存款账户、一般存款账户、临时存款账户和专用存款账户。基本存款账户是指存款人办理日常结算和现金收付的账户。企业的工资、奖金等现金的支取，只能通过本账户办理。一般存款账户是指企业在基本存款账户以外的银行借款转存、与基本存款账户的企业不在同一地点的附属非独立核算单位开立的账户。企业可以通过本账户办理转账结算和现金缴存，但不能办理现金支取。临时存款账户是指企业因临时经营活动需要开立的账户。企业可以通过该账户办理转账结算和根据国家现金管理规定办理现金收付。专用存款账户是指企业因特定用途需要开立的账户，企业通过本账户只能办理具有特定用途的款项存取和转账。

一个企业只能选择一家银行的一个营业机构开立一个基本存款账户，不得在多家银行机构开立基本存款账户。企业在银行开立账户后，可到开户银行购买各种银行往来使用的凭证（如送款单、进账单、现金支票、转账支票等），用以办理银行存款的收付款项。

结算方式，是指用一定的形式和条件来实现企业间或企业与其他单位和个人间货币收付的程序和方法。它分为现金结算和支付结算两种。企业除按规定的范围使用现金结算外，大部分货币收付业务应使用支付结算。支付结算是指单位、个人在社会经济活动中使用票据、信用卡和汇兑、托收承付、委托收款等结算方式进行货币收付及其资金清算的行为。按结算涉及的地区不同，分为同城结算和异地结算。

银行到底怎么靠信用卡赚钱？

银行存款收支业务流程图

提示　具体办理支付结算业务时，必须根据不同性质的款项收支，考虑结算金额的大小、结算距离的远近、利息支出和对方信用等因素，进行综合分析，选择适当的支付结算办法，以缩短结算时间，减少结算资金占用，加强资金周转。

二、银行存款核算的账户设置

为了总括反映和监督企业银行存款的收入、支出和结存情况，企业应当设置“银行存款”账户。该账户属于资产类账户，具体账户结构如下：

借方　　**银行存款**　　贷方

企业银行存款的增加	企业银行存款的减少
期末企业实际持有的银行存款的金额	

请注意　企业在银行的其他存款，如外埠存款、银行本票存款、银行汇票存款等，在“其他货币资金”账户核算，不通过“银行存款”账户核算。

三、银行存款业务的账务处理

企业应当设置银行存款总账和银行存款日记账，分别进行银行存款的总分类核算和明细分类核算。企业可按开户银行和其他金融机构、存款种类等设置银行存款日记账，根据收付款凭证，按照业务的发生顺序逐笔登记。每日终了，应结出余额。企业将款项存入银行或其他金融机构时，借记“银行存款”账户，贷记“库存现金”或有关账户；提取或支付存款时，借记“库存现金”或有关账户，贷记“银行存款”账户。

【做中学2-4】2017年1月6日，时达公司签发面额为35 000元的转账支票一张，支付前欠华盛公司购货款。

借：应付账款——华盛公司　　35 000

　贷：银行存款　　35 000

四、银行存款的核对

银行存款日记账应定期与银行对账单核对，至少每月核对一次。企业银行存款账面余额与银行对账单余额之间如有差额，如没有记账错误，则主要原因是存在未达账项。所谓未达账项，是由于结算凭证在企业与银行之间或收付款银行之间传递需要时间，造成企业与银行之间入账的时间差，一方收到凭证并已入账，另一方未收到凭证因而未能入账而形成的款项。发生未达账项的具体情况有四种：一是企业已收款入账，银行尚未收款入账；二是企业已付款入账，银行尚未付款入账；三是银行已收款入账，企业尚未收款入账；四是银行已付款入账，企业尚未付款入账。对于未达账项应通过编制“银行存款余额调节表”进行调节，调节后的双方余额应相等。

提示 银行存款余额调节表只是为了核对账目，不能作为调整银行存款账面余额的记账依据。对于银行已入账而本单位尚未入账的业务和本单位已经入账而银行尚未入账的业务，均不做账务处理，待以后有关结算凭证到达企业，未达账项变成已达账项后，才能进行相应的账务处理。对于长期搁置的未达账项，应及时查阅凭证和有关资料，及时和银行联系，查明原因，予以解决。

【做中学2-5】2017年1月30日，时达公司银行存款日记账的余额为5 400 000元，银行转来对账单的余额为8 300 000元。经逐笔核对，发现以下未达账项：

（1）公司送存转账支票6 000 000元，并已登记银行存款增加，但银行尚未记账。

（2）公司开出转账支票4 500 000元，并已登记银行存款减少，但持票单位尚未到银行办理转账，银行尚未记账。

（3）公司委托银行代收某公司购货款4 800 000元，银行已收妥并登记入账，但企业未收到收款通知，尚未记账。

（4）银行代公司支付电话费400 000元，银行已登记减少公司银行存款，但公司未收到银行付款通知，尚未记账。

银行存款余额调节表见表2-2。

表2-2 银行存款余额调节表 单位：元

项目	金额	项目	金额
企业银行存款日记账余额	5 400 000	银行对账单余额	8 300 000
加：银行已收、企业未收款	4 800 000	加：企业已收、银行未收款	6 000 000
减：银行已付、企业未付款	400 000	减：企业已付、银行未付款	4 500 000
调节后的存款余额	9 800 000	调节后的存款余额	9 800 000

在【做中学2-5】中，企业银行存款账面余额与银行对账单余额之间不一致的原因，即存在未达账项。对于因存在未达账项而导致的银行和企业账面出现的差异，一般无须做账面调整，待结算凭证到达后再进行账务处理，登记入账。

任务实施

针对“任务布置”中的经济业务，相关处理程序如下：

第一步：会计审核销售合同及发货单，开具增值税专用发票。

会计仔细审核销售部门与仓库人员所提供的销售合同及发货单，根据审核无误的单据开具增值税专用发票，并加盖发票专用章。

第二步：出纳填写托收承付凭证。

华盛公司出纳李胜根据销售合同、开出的增值税专用发票、发运单据等，填写一式五联的托收承付凭证，连同开出的增值税专用发票、发运单据等向开户银行申请托收。

第三步：银行受理托收承付凭证。

华盛公司开户银行审查受理后，将托收凭证第一联回单加盖银行业务受理章后退回出纳李胜（如图2-5所示）。

中国工商银行托收凭证（受理回单）1

No：34709022　　　委托日期：2017年1月5日

业务类型	委托收款（□邮划 □电划）　托收承付（□邮划 □电划）						
付款人	全称	上海机械公司		收款人	全称	华盛股份有限公司	
	账号	2003301144072358223			账号	3000298222288015698	
	地址	上海市 开户行	工行上海市武昌支行		地址	浙江省 开户行	工行新桥支行
金额	人民币（大写）叁万捌仟玖佰元整			亿 千 百 十 万 千 百 十 元 角 分		¥ 3 8 9 0 0 0 0	
款项内容	货款	托收凭证名称	销售发票、运费单等	附寄单据张数	3		
商品发送情况	已发送	合同名称号码					
备注： 复核　记账	款项收妥日期 年　月　日		收款人开户银行签章 年　月　日				

（印章：中国工商银行新桥支行 2017.01.05 业务受理章 转讫（1））

此联作收款人开户银行给收款人的受理回单

图2-5　中国工商银行托收凭证（受理回单）1

第四步：编制记账凭证。

华盛公司会计张红根据销售发票、代垫运费支付凭证、托收凭证回单等编制记账凭证（如图2-6所示）。

记 账 凭 证

2017年1月5日　　　记字 第2号

摘要	总账账户	明细账户	借百	借十	借万	借千	借百	借十	借元	借角	借分	贷百	贷十	贷万	贷千	贷百	贷十	贷元	贷角	贷分	√
销售产品	应收账款				3	8	9	0	0	0	0										
	主营业务收入													3	0	0	0	0	0	0	
	应交税费	应交增值税													5	1	0	0	0	0	
	银行存款														3	8	0	0	0	0	√
合计				¥	3	8	9	0	0	0	0		¥	3	8	9	0	0	0	0	

附件3张

财务主管：王红　记账：陈艳　出纳：李胜　审核：王红　制单：张红　收款人：

图2-6　记账凭证

任务3 其他货币资金核算

任务布置

2017年1月6日，华盛公司出纳李胜收到采购部业务员递交的一份关于企业采购部拟到上海机械公司采购合金300吨的申请，申请用款1 500 000元。考虑到异地采购资金的安全等问题，李胜建议采购员持银行汇票前往上海采购。

李胜如何按规定到开户银行取得银行汇票，请会计张红做出相关账务处理。

相关原始凭证：

（1）经公司领导审批后的用款申请单，明确以银行汇票支付。

（2）向银行办理填写银行汇票申请单后取得的银行汇票。

（3）公司与上海机械公司采购合金的采购合同。

（4）仓库验收入库的入库单。

（5）上海机械公司开具的增值税专用发票。

（6）余款退回时的银行入账单凭据。

业务产生：公司向供应商采购材料或商品，由于是异地采购，采购人员不方便带大额现金，并且具体支付的金额也确定不了，因此使用银行汇票作为支付手段。

知识准备

一、其他货币资金概述

其他货币资金，是指企业除库存现金、银行存款以外的各种货币资金。这主要包括银行汇票存款、银行本票存款、信用卡存款、信用证保证金存款、存出投资款和外埠存款等。

（一）银行汇票存款

银行汇票，是指由出票银行签发的，由其在见票时按照实际结算金额无条件支付给收款人或者持票人的票据。银行汇票的出票银行为银行汇票的付款人。银行汇票适用于单位和个人之间的商品交易和劳务供应以及其他异地款项的结算。银行汇票可以用于转账，填明“现金”字样的银行汇票也可以用于支取现金。

（二）银行本票存款

银行本票，是指由银行签发，并承诺在见票时无条件支付确定的金额给收款人或持票人的票据。银行本票适用于单位和个人在同城范围内的商品交易和劳务供应以及其他异地款项的结算。银行本票可以用于转账，注明“现金”字样的银行本票可以用于支取现金。

（三）信用卡存款

信用卡，是指商业银行向个人和单位发行的，凭以向特约单位购物、消费和向银行存取现金，且具有消费信用的特制载体卡片。信用卡是银行卡的一种，凡在中国境内金融机构开立基本存款账户的单位都可申领单位卡，单位卡账户的资金一律从其基本存款账户转账存入。单位卡一律不得用于10万元以上的商品交易、劳务供应款项结算，不得支取现金。

（四）信用证保证金存款

信用证保证金存款，是指采用信用证结算方式的企业为取得信用证而按规定存入银行信用证保证金专户的款项，是国际结算的一种主要方式。企业向银行申请开立信用证，应按规定向银行提交开证申请书、信用证申请人承诺书和购销合同。信用证保证金存款只限于转账结算，不能支取现金。

（五）存出投资款

存出投资款，是指企业为购买股票、债券、基金等根据有关规定存入在证券公司指定银行开立的投资款专户，但尚未进行短期投资的款项。

（六）外埠存款

外埠存款，是指企业到外地进行临时或零星采购时，汇往采购地银行开立采购专户的款项。该账户的存款不计利息、只付不收、付完清户，除了采购人员可从中提取少量现金外，一律采用转账结算。

二、其他货币资金核算的账户设置

为了反映和监督其他货币资金的收支和结存情况，企业应当设置“其他货币资金”账户，该账户属于资产类账户，具体账户结构如下：

借方 **其他货币资金** 贷方

其他货币资金的增加	其他货币资金的减少
期末企业实际持有的其他货币资金金额	

请注意 企业应当按照其他货币资金的种类设置明细账进行核算。

三、其他货币资金业务的账务处理

（一）银行汇票存款业务的账务处理

（1）企业填送银行汇票申请书并将款项交存银行，取得银行汇票后，根据银行盖章退回的申请书存根联，借记“其他货币资金——银行汇票”账户，贷记“银行存款”账户。

（2）企业使用银行汇票后，根据发票、账单等有关凭证，借记“材料采购”“库存商品”“应交税费——应交增值税（进项税额）”等账户，贷记“其他货币资金——银行汇票”账户。

（3）如有多余或因汇票超过付款期等原因而退回款项，根据开户银行转来的银行汇票第四联（多余款收账单），借记“银行存款”账户，贷记“其他货币资金——银行汇票”账户。

【做中学2-6】2017年1月4日，时达公司向银行申请办理银行汇票用以购买原材料，将款项250 000元交存银行转作银行汇票存款。根据银行盖章退回的申请书存根联，时达公司编制如下会计分录：

借：其他货币资金——银行汇票　　250 000

　　贷：银行存款　　250 000

【做中学2-7】2017年1月7日，时达公司购入原材料一批，已验收入库，取得的增值税专用发票上的价款为200 000元，增值税税额为34 000元，已用银行汇票办理结算，多余款项16 000元退回开户银行，公司已收到开户银行转来的银行汇票第四联（多余款收账单）。时达公司应编制如下会计分录：

（1）用银行汇票结算材料价款和增值税税款时：

借：原材料　200 000

　　应交税费——应交增值税（进项税额）　34 000

　贷：其他货币资金——银行汇票　234 000

（2）收回退回的银行汇票多余款项时：

借：银行存款　16 000

　贷：其他货币资金——银行汇票　16 000

（二）银行本票存款业务的账务处理

（1）企业向银行提交银行本票申请书并将款项交存银行，取得银行本票后，应根据银行盖章退回的申请书存根联，借记“其他货币资金——银行本票”账户，贷记“银行存款”账户。

（2）企业使用本票后，根据发票账单等有关凭证，借记“材料采购”“库存商品”“应交税费——应交增值税（进项税额）”等账户，贷记“其他货币资金——银行本票”账户。

（3）因本票超过付款期等原因要求退款时，应当填制进账单，连同本票一并送交银行，根据银行盖章退回的进账单第一联，借记“银行存款”账户，贷记“其他货币资金——银行本票”账户。

提示　企业取得的银行本票只办理全额结算，不退回多余款项，结算后仍有多余款项的，可采用支票、现金等其他方式退回企业。

【做中学2-8】2017年1月5日，时达公司为取得银行本票，向银行填交银行本票申请书，并将10 000元银行存款转作银行本票存款。公司取得银行本票后，应根据银行盖章退回的银行本票申请书存根联填制银行付款凭证。时达公司应编制如下会计分录：

借：其他货币资金——银行本票　10 000

　贷：银行存款　10 000

【做中学2-9】2017年1月7日，时达公司用银行本票购买办公用品支付10 000元。根据发票账单等有关凭证，时达公司应编制如下会计分录：

借：管理费用　10 000

　贷：其他货币资金——银行本票　10 000

（三）信用卡存款业务的账务处理

（1）企业应按规定填制信用卡申请表，连同支票和有关资料一并送交发卡银行，根据银行盖章退回的进账单第一联，借记“其他货币资金——信用卡”账户，贷记“银行存款”账户。

（2）企业用信用卡购物或支付有关费用的，收到开户银行转来的信用卡存款的付款凭证及所附发票账单时，借记“管理费用”账户，贷记“其他货币资金——信用卡”账户。

（3）企业信用卡在使用过程中，需要向其账户续存资金的，借记“其他货币资金——

信用卡”账户，贷记“银行存款”账户；企业的持卡人如不需要继续使用信用卡，应持信用卡主动到发卡银行办理销户。销户时，信用卡余额转入企业基本存款户，不得提取现金，借记“银行存款”账户，贷记“其他货币资金——信用卡”账户。

【做中学2-10】2017年1月5日，时达公司向银行申请信用卡，向银行交存50 000元。1月10日，该公司用信用卡向新华书店支付购书款3 000元。时达公司应编制如下会计分录：

借：其他货币资金——信用卡　　50 000
　　贷：银行存款　　50 000
借：管理费用　　3 000
　　贷：其他货币资金——信用卡　　3 000

（四）信用证保证金存款业务的账务处理

（1）企业填写信用证申请书将信用证保证金交存银行时，应根据银行盖章退回的信用证申请书回单，借记“其他货币资金——信用证保证金”账户，贷记“银行存款”账户。

（2）企业接到开证行通知，根据供货单位信用证结算凭证及所附发票账单，借记“材料采购”或“原材料”、“库存商品”、“应交税费——应交增值税（进项税额）”等账户，贷记“其他货币资金——信用证保证金”账户。

（3）将未用完的信用证保证金存款余额转回开户银行时，借记“银行存款”账户，贷记“其他货币资金——信用证保证金”账户。

【做中学2-11】2017年1月10日，时达公司向银行申请开具信用证2 000 000元，用于支付境外采购材料价款，公司已向银行缴纳保证金，并收到银行盖章退回的进账单第一联。时达公司采用计划成本核算材料。时达公司应编制如下会计分录：

借：其他货币资金——信用证保证金　　2 000 000
　　贷：银行存款　　2 000 000

时达公司收到银行转来的境外销货单位信用证结算凭证以及所附发票账单、海关进口增值税专用缴款书等有关凭证，材料价款为1 500 000元，增值税税额为255 000元。时达公司应编制如下会计分录：

借：材料采购　　1 500 000
　　应交税费——应交增值税（进项税额）　　255 000
　　贷：其他货币资金——信用证保证金　　1 755 000

时达公司收到银行收款通知，对该境外销货单位开出的信用证余额245 000元已经转回银行账户。时达公司应编制如下会计分录：

借：银行存款　　245 000
　　贷：其他货币资金——信用证保证金　　245 000

（五）存出投资款业务的账务处理

（1）企业向证券公司划出资金时，应按实际划出的金额，借记“其他货币资金——存出投资款”账户，贷记“银行存款”账户。

（2）购买股票、债券、基金等时，借记“交易性金融资产”等账户，贷记“其他货币资金——存出投资款”账户。具体账务处理详见本书项目五。

（六）外埠存款业务的账务处理

（1）企业将款项汇往外地时，应填写汇款委托书，委托银行办理汇款。企业将款项汇往外地开立采购专户时，借记“其他货币资金——外埠存款”账户，贷记“银行存款”账户。

（2）企业收到采购人员转来供应单位发票账单等报销凭证时，借记“材料采购”或“原材料”、“库存商品”、“应交税费——应交增值税（进项税额）”等账户，贷记“其他货币资金——外埠存款”账户。

（3）完成采购任务，将多余的外埠存款转回当地银行时，应根据银行的收款通知，借记“银行存款”账户，贷记“其他货币资金——外埠存款”账户。

【做中学2–12】时达公司派采购员到异地采购原材料，2017年1月20日，委托开户银行汇款100 000元到采购地设立采购专户。根据收到的银行汇款凭证回单联，时达公司应编制如下会计分录：

借：其他货币资金——外埠存款	100 000	
贷：银行存款		100 000

2017年1月21日，采购员交来通过采购专户付款购入材料的有关凭证，增值税专用发票上注明的原材料价款为80 000元，增值税税额为13 600元，时达公司应编制如下会计分录：

借：材料采购	80 000	
应交税费——应交增值税（进项税额）	13 600	
贷：其他货币资金——外埠存款		93 600

2017年1月30日，时达公司收到开户银行的收款通知，该采购专户中的结余款项已经转回。根据收款通知，时达公司应编制如下会计分录：

借：银行存款	6 400	
贷：其他货币资金——外埠存款		6 400

任务实施

针对“任务布置”中的经济业务，相关处理程序如下：

第一步：会计审核采购合同及用款申请单。

会计仔细审核采购部门提供的已签订的采购合同，以及经公司领导审批后的用款申请单，确定支付条件为银行汇票。

第二步：办理银行汇票。

向银行提供采购合同，填写银行汇票申请单，办理成功后，银行给出纳一张银行汇票，并支付相应手续费。

第三步：仓库验收。

公司仓库收到上海机械公司发来的300吨合金，经管理人员验收入库后，开具入库单。

第四步：收到发票。

财务人员按采购合同及仓库验收的入库单数量收取上海机械公司开具的增值税专用发票。

第五步：收到余款。

根据实际采购的发票金额与银行汇票支付的金额，入账时上海机械公司在银行汇票上填写实际结算金额1 404 000元，余款96 000元银行自动返还公司开户行。

请写出相关经济业务的会计分录。

案例分析

请思考

（1）你知道什么是整存整取、零存整取、整存零取、存本取息和定活两便吗？

（2）怎样存钱最划算呢？如何选择存款方式？

银行存款里的学问：怎样存钱最划算？

理财方式多样化已经让你应接不暇了吗？投资理财方法千千万，银行存款可能是大家认为最原始也最熟悉的理财方式。对于保守型的人来说，银行存款有时也是一个不错的选择。不过，大家可不要小看银行存款，不同的存款方式有很大差别，你存在银行的钱存对了吗？

首先我们来看看银行存款都有哪些方式。总的来说，银行存款分为定期存款、活期存款和通知存款三类。其中，活期储蓄存款是不提倡的，不建议把钱大量放在活期存款里，因为利率非常低，够用于平时手头现金使用即可。定期存款则包括整存整取、整存零取、存本取息和定活两便等。通知存款则是一种不约定存期、一次性存入、可多次支取、支取时需提前通知银行、约定支取日期和金额方能支取的存款。一般比较普遍的是7天通知存款，5万元起存，适用于大额资金短期储蓄周转。

案例分析
参考答案

资料来源：腾讯财经．银行存款里的学问：怎样存钱最划算？[EB/OL]．[2016-10-24]．http://finance.qq.com/original/MissMoney/mm00337.html．

思维导图

请根据本项目内在知识点的逻辑关系，制作本项目思维导图。

项目三

应收及预付款项核算

项目导读

应收款项泛指企业拥有的将来获取现款、商品或劳动的权利。它是企业在日常生产经营过程中发生的各种债权，是企业重要的流动资产。应收款项主要包括：应收账款、应收票据、预付款项、应收股利、应收利息、应收补贴款、其他应收款等。随着市场经济的发展，企业为了扩大市场占有率，会越来越多地运用商业信用进行促销。由于应收款项具有应收而未收的特点，它既在一定程度上反映了企业的经营业绩，也可能因日后无法收回造成坏账损失，上市公司被应收款项推入悬崖的例子很多。因此，为了防止差错、降低风险、消除营私舞弊，企业必须建立一个良好的应收及预付款项的内部控制制度，其主要内容包括：

（1）职责分工制度。例如，记账人员、开具销售发票人员不应兼任出纳员；票据保管人员不得经办会计记录；各级人员都应有严密的办事程序。

（2）严格的审批制度。例如，各种赊销预付、接受顾客票据或票据的贴现换新，都应按规定的程序批准。

（3）健全的凭证保管、记录和审核制度。客户的借款凭证必须妥善地审查保管，做好明细记录并及时登记入账，凭证的收入和支出必须经过审查。

（4）及时的货款对账、清算和催收制度。对应收及预付账款应及时进行排队分析，针对逾期账款采取不同措施，努力促使账款及时、足额清算和回收。对经办人员建立责任制度，加强各项账款的催收工作。

（5）严格的审查和管理制度。对预付账款的协议、合同应严格审查，对销货退回和折让、票据贴现和坏账转销应加强审核和管理。

学习目标

1. 掌握应收票据、应收账款、预付账款和其他应收款的核算；
2. 掌握坏账准备的计提及其会计处理。

政策依据

《企业会计准则——基本准则》
《企业会计准则第22号——金融工具确认和计量》
《企业内部控制应用指引第9号——销售业务》
《企业会计准则——应用指南》

项目列报

本项目在资产负债表中的列示信息见表3-1。

表3-1　本项目在资产负债表中的列示信息

资产	期末余额	负债和所有者权益（或股东权益）	期末余额
流动资产：		流动负债：	
⋮		⋮	
应收票据（=“应收票据”－“坏账准备”之对应部分）			
应收账款（=“应收账款”or“预收账款”明细账借方余额－“坏账准备”之对应部分）		应付账款（=“应付账款”or“预付账款”明细账贷方余额）	
预付款项（=“应付账款”or“预付账款”明细账借方余额－“坏账准备”之对应部分）		预收款项（=“应收账款”or“预收账款”明细账贷方余额）	
⋮		⋮	
其他应收款（=“其他应收款”－“坏账准备”之对应部分）			
⋮			

任务1　应收票据核算

任务布置

2017年1月1日，华盛公司销售给湘中公司螺纹钢3 000吨，货已发出，开出的增值税专用发票上注明的价款为10 500 000元，增值税税额为1 785 000元，收到湘中公司交来的不带息银行承兑汇票一张，期限为6个月。票据到期时收到款项。汇票到期后，华盛公司向开户行申请票据托收，款项收到存入银行。

请会计张红做出相关账务处理。

相关原始凭证：

(1) 经销售部门确认后的发货单。

(2) 给湘中公司开具的增值税专用发票两联。

(3) 收到的湘中公司的银行承兑汇票。

(4) 给湘中公司开具的收款收据。

(5) 银行承兑汇票到期时，出纳填制的托收凭证。

(6) 银行收到款项时的收款回执单。

业务产生：公司将所生产的产品螺纹钢3 000吨销售给客户湘中公司，形成一笔销售业务，财务按合同条款进行收款，收款方式为银行承兑汇票。

知识准备

一、应收票据概述

应收票据，是指企业因销售商品、提供劳务等而收到的还没有到期的尚未兑现的商业汇票。商业汇票是一种由出票人签发的，委托付款人在指定日期无条件支付确定金额给收款人或者持票人的票据。

商业汇票的付款期限，最长不得超过6个月。定日付款的汇票款期限自出票日起计算，并在汇票上记载到期日；出票后定期付款的汇票付款期限自出票日起按月计算，并在汇票上记载；见票后定期付款的汇票的提示股款期限自承兑或拒绝承兑日起按月计算，并在汇票上记载。商业汇票提示的付款期限，自汇票到期日起10日。符合条件的商业汇票的持票人，可以持未到期的商业汇票连同贴现凭证向银行申请贴现。

商业汇票可以按不同的标准进行分类。根据票据本身是否附有利息，商业汇票可以分为带息票据和不带息票据。带息票据是指票据上载明规定的利率，在汇票到期日收取票款与利息的票据；不带息票据是指汇票到期日只收取票款而不计收利息的票据。

根据承兑人不同，商业汇票可以分为商业承兑汇票和银行承兑汇票。商业承兑汇票是指由付款人签发并承兑，或由收款人签发交由付款人承兑的汇票。银行承兑汇票是指由在承兑银行开立存款账户的存款人（这里也是出票人）签发、由银行承兑的票据。

根据是否带有追索权，商业汇票可以分为带追索权和不带追索权两种。带追索权票据是指已向银行贴现后，贴现银行在票据到期日不能从付款人处收到账款时，贴现银行可以向贴现人追索票款的票据，商业承兑汇票属于带追索权票据。不带追索权票据是指票据贴现后，无论付款人能否偿付票据款，贴现银行均不得再向贴现人追偿票款的票据。银行承兑汇票属于不带追索权票据。

二、应收票据核算的账户设置

为了反映和监督应收票据的取得、票款收回等情况，企业应当设置“应收票据”账户。“应收票据”账户可按照开出、承兑商业汇票的单位进行明细核算，该账户属于资产类账户，具体账户结构如下：

借方	应收票据 贷方
取得的应收票据的面值	到期收回票款或到期前向银行贴现的应收票据的票面余额
期末企业持有的商业汇票的票面余额	

请注意　为便于管理和分析票据情况，企业应设置“应收票据备查簿”，逐笔登记商业汇票的种类、号数和出票日、票面金额、交易合同号和付款人、承兑人、背书人的姓名和单位名称、到期日、背书转让日、贴现日、贴现率和贴现金额以及收款日和收回金额、退票情况等资料。商业汇票到期结清票款或退票后，在备查账簿中应予注销。

三、应收票据业务的账务处理

（一）取得、持有和收回到期票款

应收票据取得的原因不同，其账户处理也有所区别。企业取得商业汇票时，应按票据面值入账。

（1）因企业销售商品、提供劳务等而收到开出、承兑的商业汇票，根据收到的商业承兑汇票第二联和增值税专用发票第一联记账联，借记“应收票据”账户，贷记“主营业务收入”“应交税费——应交增值税（销项税额）”等账户。因债务人抵偿前货款而取得的应收票据，借记“应收票据”账户，贷记“应收账款”账户。

（2）对于持有的带息应收票据，应当计提票据利息。企业应于中期期末和年度终了时，按规定计提票据利息，并增加应收票据的账面价值；同时，冲减财务费用，借记“应收票据”账户，贷记“财务费用”账户。

（3）商业汇票到期收回款项时，对于不带息应收票据，应按实际收到的票面金额，根据银行托收凭证第一联受理回单和第四联收账通知，借记“银行存款”账户，贷记“应收票据”账户。带息应收票据到期收回时，应按收到的本息，借记“银行存款”账户，贷记“应收票据”“财务费用”账户。若到期承兑人违约拒付或无力偿还票款，收款企业应将到期票据的账面价值转入应收账款，尚未计提的利息在实际收到时计入当期损益，借记“应收账款”账户，贷记“应收票据”账户。

【做中学3-1】2017年1月1日，时达公司向中天公司销售一批产品。发票上注明的销售款为100 000元，增值税为17 000元。收到中天公司交来的商业承兑汇票一张，期限为6个月，票面利率为10%。时达公司应编制如下会计分录：

借：应收票据——中天公司　　117 000
　　贷：主营业务收入　　100 000
　　　　应交税费——应交增值税（销项税额）　　17 000

2017年4月30日，时达公司计提票据利息时应编制如下会计分录：

应计提的票据利息=117 000×10%÷12×4=3 900（元）

借：应收票据　　3 900
　　贷：财务费用　　3 900

时达公司上述应收票据到期，应编制如下会计分录：

收款金额=117 000×（1+10%÷12×6）=122 850（元）

尚未计提的票据利息=117 000×10%÷12×2=1 950（元）

借：银行存款　　122 850

　　贷：应收票据——中天公司　　120 900

　　　　财务费用　　1 950

若到期中天公司无力付款，时达公司的会计处理如下：

借：应收账款——中天公司　　120 900

　　贷：应收票据——中天公司　　120 900

（二）应收票据转让

在实务中，企业可以将自己持有的商业汇票背书转让。背书，是指在票据背面或者粘单上记载有关事项并签章的票据行为。背书转让的，背书人应当承担票据责任。通常情况下，企业将持有的商业汇票背书转让以取得所需物资时，按应计入取得物资成本的金额，借记“材料采购”或“原材料”、“库存商品”等账户，按照增值税专用发票上注明的可抵扣的增值税税额，借记“应交税费——应交增值税（进项税额）”账户，按商业汇票的票面金额，贷记“应收票据”账户，如有差额，借记或贷记“银行存款”等账户。

取得、到期及转让应收票据图

【做中学3-2】沿用【做中学3-1】的资料，时达公司于2017年2月15日将上述应收票据背书转让，以取得生产经营所需的A种材料，该材料价款为100 000元，适用的增值税税率为17%。时达公司应编制如下会计分录：

借：原材料　　100 000

　　应交税费——应交增值税（进项税额）　　17 000

　　贷：应收票据　　117 000

（三）应收票据贴现

应收票据贴现，是指企业以未到期应收票据向银行融通资金，银行按票据的应收金额扣除一定期间的贴现利息后，将余额付给企业的筹资行为。按照中国人民银行《支付结算办法》的规定，实付贴现金额按票面金额扣除贴现日至汇票到期前一日的利息计算。承兑人在异地的，贴现利息的计算应另加3天的划款日期。

请注意　对于票据贴现，企业通常应按实际收到的金额，借记“银行存款”账户，按贴现息部分借记“财务费用”账户，按应收票据的票面金额贷记“应收票据”账户。按月计算：按月表示的期限以到期月的同一天作为到期日；不管月大月小，月底开出的票据都是以到期月的月底作为到期日。按日计算：要按照实际经过的天数来计算，算头不算尾，算尾不算头。

票据贴现时可按以下有关公式计算：

票据到期值=票据面值×（1+票据的年利率×票据到期天数÷360）

=票据面值×（1+票据的年利率×票据到期月数÷12）

贴现息=票据到期值×贴现率×贴现天数÷360

贴现天数=贴现日至票据到期日实际天数−1

贴现所得金额=票据到期值−贴现息

商业承兑汇票贴现后可能使企业被追索而发生或有负债。按照我国企业会计准则，企业持有未到期的商业汇票向银行贴现，符合金融资产终止确认条件的，应终止确认该金融资产（如银行承兑汇票贴现）；根据贴现凭证第四联收账通知，借记“银行存款”账户，贷记“应收票据”账户，其差额借记或贷记“财务费用”账户。不符合金融资产终止确认条件的（如商业承兑汇票贴现），作为取得短期借款处理，借记“银行存款”“财务费用”账户，贷记“短期借款”账户。因贴现而产生的或有负债，通过报表附注披露予以反映。

【做中学3-3】时达公司有关资料如下：2017年5月2日，将其所收取的华盛公司出票日为3月23日、期限为6个月、面值为110 000元的不带息银行承兑汇票一张向银行办理贴现（不附追索权）。假设在同一票据交换区域内，银行年贴现率为12%。

该票据到期日为9月23日，共144天。

借：银行存款	104 720	
财务费用	5 280	
贷：应收票据——华盛公司		110 000

动脑筋 若贴现的是商业承兑汇票，会计分录是什么？

借：银行存款	104 720	
财务费用	5 280	
贷：短期借款——华盛公司		110 000

任务实施

针对“任务布置”中的经济业务，相关处理程序如下：

第一步：会计审核销售合同及发货单。

会计仔细审核销售部门与仓库人员所提供的销售合同及发货单，根据审核无误的单据开具增值税专用发票，并加盖发票专用章。

第二步：收取承兑汇票。

出纳李胜按照发票金额向湘中公司收取银行承兑汇票，妥善保管，并对汇票进行复印，作为原始凭证。

第三步：开具收据。

出纳李胜给湘中公司出具收到银行承兑汇票的收条，以及公司开具的收据。

第四步：承兑汇票到期。

汇票到期后，出纳李胜向公司开户行申请票据托收，填写托收凭证，并查询入账回单。

请写出相关经济业务的会计分录。

任务2 应收账款核算

任务布置

2017年1月11日，华盛公司采用网上银行结算方式向湘中公司销售圆钢4 000吨，开出的增值税专用发票上注明的销售价款为12 800 000元，增值税税额为2 176 000元，采用网上银行结算方式结算，给予买方现金折扣：2/10，1/20，N/30。

请会计张红做出相关账务处理。

相关原始凭证：

（1）经销售部门确认后的发货单。

（2）销售给湘中公司开具的增值税专用发票两联。

（3）与湘中公司签订的合同，明确现金折扣条款。

（4）华盛公司根据合同，取得网上银行的收款通知回单。

（5）湘中公司入库验收合格的回执单。

业务产生：将公司生产的产品销售给客户，形成一笔销售业务，财务按合同条款进行收款，在收款方式上给客户一定时间的赊账期，形成应收账款，并给予现金折扣的优惠，后期通过网上银行查询收到客户的款项入账通知。

知识准备

一、应收账款概述

应收账款产生于商业信用条件下的赊销业务。在市场经济条件下，向客户提供商业信用或优惠的交易条件，是企业增强竞争优势的一个重要方面。但赊销业务的增加会导致企业的应收账款余额增加。由于应收账款是建立在购销合同基础上的，一般没有明确的付款时间等书面承诺，因此，应收账款余额往往是影响企业财务状况和未来发展的重要因素。会计上应为适当控制赊销业务提供依据，及时正确地确认应收账款。

应收账款，是指企业因销售商品、提供劳务等经营活动，应向购货单位或接受劳务单位收取的款项。应收账款应当按照实际发生额入账，主要包括企业销售商品和提供劳务等应向有关债务人收取的价款、增值税及代购货单位垫付的包装费、运杂费等。在确认应收账款的入账价值时，应当考虑有关的折扣因素。

（一）商业折扣

商业折扣，是指企业为促进销售而在商品标价上给予的扣除。例如，企业为鼓励买主购买更多的商品而规定购买10件以上者给予10%的折扣或降价销售等。商品折扣一般在交易发生时即已确定，它仅仅是确定实际销售价格的一种手段，不需要在买卖双方任何一方的账上反映，因此，在存在商业折扣的情况下，企业应收账款的入账金额应按扣除商业折扣以后的实际售价确定。

（二）现金折扣

现金折扣，是指债权人为鼓励债务人在规定的期限内付款，而向债务人提供的债务扣除。现金折扣通常发生在以赊销方式销售商品及提供劳务的交易后。企业为了鼓励客户提前偿付货款，通常与债务人达成协议，债务人在不同期限内付款可享受不同比例的折扣。现金折扣一般用符号“折扣/付款期限”表示，如用“2/10，1/20，N/30”表示，其含义是信用期为30天，买方在10天内付款可给予2%的折扣；在20天内付款给予1%的折扣；超过20天至30天内付款，则没有折扣。

在现金折扣销售方式下，客户选择何时付款存在不确定性。应收账款入账价值的确定有两种方法：一种是总价法；另一种是净价法。总价法是将未减去现金折扣前的金额作为应收账款的入账价值。现金折扣在实际发生时作为理财费用，计入当期损益（财务费用）。净价法是将扣减最大现金折扣后的金额作为应收账款的入账价值。根据我国企业会计准则的规定，企业应收账款的入账价值应按总价法确定。

二、应收账款核算的账户设置

为了反映和监督应收账款的增减变动及其结存情况，企业应设置“应收账款”账户，不单独设置“预收账款”账户的企业，预收的账款在“应收账款”账户核算。该账户属于资产类账户，具体账户结构如下：

借方　　　　**应收账款**　　　　贷方

因赊销商品等增加的货款的债权	收回或核销的债权
企业尚未收回的赊销款	

请注意　“应收账款”账户的期末余额一般在借方，但如果期末余额在贷方，则一般反映企业预收的账款。

三、应收账款业务的账务处理

企业发生应收账款时，根据银行托收第一联受理回单和增值税专用发票第一联记账联，按应收的金额，借记“应收账款”账户，按实现的营业收入，贷记“主营业务收入”等账户，按专用发票上注明的增值税税额，贷记“应交税费——应交增值税（销项税额）”账户。企业代购货单位垫付的包装费、运杂费，借记“应收账款”账户，贷记“银行存款”等账户。

收回应收账款时，根据银行托收第四联收账通知和增值税专用发票第一联记账联，借记“银行存款”等账户，贷记“应收账款”账户。收回代垫费用时，借记“银行存款”等账户，贷记“应收账款”账户。

应收账款
账务处理图

（一）在没有商业折扣的情况下，应收账款按应收的全部金额入账

【做中学3-4】2017年1月7日，时达公司采用托收承付结算方式向中天公司销售商品一批，价款为300 000元，增值税税额为51 000元，以银行存款代垫运杂费6 000元，已办理托收手续。时达公司应编制如下会计分录。

（1）发生赊销时：

借：应收账款——中天公司	357 000	
贷：主营业务收入		300 000
应交税费——应交增值税（销项税额）		51 000
银行存款		6 000

企业代购货单位垫付的包装费、运杂费也应计入应收账款，通过“应收账款”账户核算。

（2）收到货款时：

借：银行存款	357 000	
贷：应收账款——中天公司		357 000

请注意 企业应收账款改用应收票据结算，在收到承兑的商业汇票时，借记“应收票据”账户，贷记“应收账款”账户。

（二）在有商业折扣的情况下，应收账款和销售收入按扣除商业折扣后的金额入账

【做中学3-5】2017年1月7日，时达公司赊销商品一批，按价目表的价格计算，货款金额总计100 000元，给买方的商业折扣为10%，适用的增值税税率为17%，代垫运杂费5 000元。对该项业务时达公司应编制如下会计分录：

（1）发生赊销时：

借：应收账款	110 300	
贷：主营业务收入		90 000
应交税费——应交增值税（销项税额）		15 300
银行存款		5 000

（2）收到货款时：

借：银行存款	110 300	
贷：应收账款		110 300

（三）在有现金折扣的情况下，采用总价法核算

【做中学3-6】2017年1月8日，时达公司赊销商品一批，货款为100 000元，合同规定对货款部分的现金折扣条件为“2/10，1/20，N/30”，适用的增值税税率为17%。假设计算现金折扣时不考虑增值税，时达公司对应收账款采用总价法核算。时达公司应编制如下会计分录：

（1）销售业务发生时：

借：应收账款	117 000	
贷：主营业务收入		100 000
应交税费——应交增值税（销项税额）		17 000

（2）假如客户10天内付款：

借：银行存款	115 000	
财务费用	2 000	
贷：应收账款		117 000

（3）假如客户超过20天付款：

借：银行存款	117 000	
贷：应收账款		117 000

任务实施

针对“任务布置”中的经济业务，相关处理程序如下：

第一步：会计审核销售合同及发货单。

会计仔细审核销售部门与仓库人员所提供的销售合同及发货单，根据审核无误的单据开具增值税专用发票，并加盖发票专用章。

第二步：确认收款方式。

会计审核销售合同后，确认收款方式与收款政策，通过网上银行查询货款是否到账。

第三步：公司收到货款。

湘中公司收到公司销售的圆钢，经验收合格后入库，根据合同中的现金折扣条件，公司收到银行入账回执单。

请写出相关经济业务的会计分录。

任务3　预付账款及其他应收款核算

任务布置

2017年1月12日，华盛公司从湘中公司采购白灰1 000吨，单价为350元，按合同规定，华盛公司需向湘中公司预付货款的40%，验收货物后补付其余款项。

请会计张红做出相关账务处理。

相关原始凭证：

（1）公司与湘中公司签订的采购合同。

（2）经公司领导审批后的用款申请单，明确采购材料先预付。

（3）预付货款时，企业开具的支票存根联。

（4）仓库验收入库单。

（5）补付余款时，企业开具的支票存根联。

（6）收到湘中公司开具的增值税专用发票。

业务产生：公司向供应商采购材料或商品，企业为了能够及时采购到货物，并取得对方一定的信任，会在签订合同后预付给供应商部分货款。

知识准备

一、预付账款及其他应收款概述

（一）预付账款

预付账款，是指企业按购货合同预付给供应单位的款项。预付账款是企业暂时被供货单位占用的资金。企业预付货款后，有权要求对方按照购货合同的规定发货。预付账款和应付账款一样，都是企业的短期债权，但是两者的区别在于：应收账款是企业因销售商品或提供劳务而产生的债权；而预付账款是企业因购货或接受劳务而产生的债权，是预先付给供货方或劳务提供方的款项。二者应分别核算。

（二）其他应收款

其他应收款，是指企业除应收票据、应收账款、预付账款等以外的其他各种应收及暂付款项。其主要内容包括：

（1）应收的各种赔款、罚款，如因企业财产等遭受意外损失而应向有关保险公司收取的赔款等。

（2）应收的出租包装物租金。

（3）应向职工收取的各种垫付款项，如为职工垫付的水电费、应由职工负担的医药费、房租费等。

（4）存出保证金，如租入包装物支付的押金。

（5）其他各种应收暂付款项。

二、预付账款及其他应收款核算的账户设置

为了反映和监督预付账款的增减变动及其结存情况，企业应当设置“预付账款”账户。该账户属于资产类账户，具体账户结构如下：

借方　　**预付账款**　　贷方

向供货方预付的款项及补付的款项	收到所购物资时结转的预付款项及收回多付款项的金额
企业实际预付的款项	

请注意 该账户可按供货单位设置明细账户。期末如为贷方余额，反映企业尚未补付的款项。

为了反映和监督其他应收款项的增减变动及其结存情况，企业应当设置“其他应收款”账户进行核算。该账户属于资产类账户，具体账户结构如下：

借方　　**其他应收款**　　贷方

企业发生的各种其他应收款项	企业收到的款项和结转情况
企业尚未收回的其他应收款项	

请注意 该账户可按对方单位（或个人）进行明细核算。

三、预付账款及其他应收款业务的账务处理

（一）预付账款业务

企业根据购货合同的规定向供应单位预付款项时，借记“预付账款”账户，贷记“银行存款”账户；企业收到所购物资，应计入所购物资成本的金额，借记“材料采购”或“原材料”、“库存商品”账户，按相应的增值税进项税额，借记“应交税费——应交增值税（进项税额）”等账户，贷记“预付账款”账户；当预付账款小于采购货物所需支付的款项时，应将不足部分补付，借记“预付账款”账户，贷记“银行存款”账户；当预付款项大于采购货物所需支付的款项时，对于收回的多余款项，应借记“银行存款”账户，贷记“预付账款”账户。

提示 预付账款不多的企业，可通过“应付账款”账户核算，但编表时必须将“预付账款”单独列示。通过“应付账款”账户登记预付货款业务，会使应付账款的某些明细账户出现借方余额，在期末编制资产负债表时，应进行重新分类，将这些借方余额在资产负债表的资产方列示。

企业应当定期或者至少于每年年度终了时，对预付账款进行检查，预计其可能发生的坏账损失，并计提坏账准备。

【做中学3-7】2017年1月9日，时达公司向中天公司采购材料5 000千克，每千克单价为10元，所需支付的价款总额为50 000元。按照合同规定，时达公司向中天公司预付价款的50%，验收货物后补付其余款项。时达公司应编制如下会计分录：

预付账款
账务处理图

（1）预付50%的价款时：

借：预付账款——中天公司　　25 000
　　贷：银行存款　　25 000

（2）收到中天公司发来的5 000千克材料，验收无误，增值税专用发票上记载的价款为50 000元，增值税税额为8 500元，以银行存款补付所欠款项33 500元。时达公司应编制如下会计分录：

借：原材料　　50 000
　　应交税费——应交增值税（进项税额）　　8 500
　　贷：预付账款——中天公司　　58 500
借：预付账款——中天公司　　33 500
　　贷：银行存款　　33 500

（二）其他应收款业务

企业发生其他各种应收款项时，借记“其他应收款”账户，贷记有关账户；收回各种款项时，借记有关账户，贷记“其他应收款”账户。企业应当定期或者至少于每年年度终了时，对其他应收款进行检查，预计可能发生的坏账损失，并计提坏账准备。

【做中学3-8】2017年1月12日，时达公司在采购过程中发生材料毁损，按保险合同规定，应由平安保险公司赔偿损失30 000元，赔款尚未收到。假定时达公司对原材料采用计划成本进行日常核算。时达公司应编制如下会计分录：

借：其他应收款——平安保险公司　　30 000
　　贷：材料采购　　30 000

【做中学3-9】沿用【做中学3-8】的资料，2017年1月20日，时达公司如数收到上述平安保险公司的赔款。时达公司应编制如下会计分录：

借：银行存款　　30 000
　　贷：其他应收款——平安保险公司　　30 000

【做中学3-10】2017年1月15日，时达公司以银行存款替职工王某垫付应由其个人负担的医疗费5 000元，拟从其工资中扣回。时达公司应编制如下会计分录：

（1）垫付时：

借：其他应收款——王某　　5 000
　　贷：银行存款　　5 000

（2）扣款时：

借：应付职工薪酬　　5 000
　　贷：其他应收款——王某　　5 000

【做中学3-11】2017年1月13日，时达公司向东海公司租入包装物一批，以银行存款向东海公司支付押金10 000元。时达公司应编制如下会计分录：

借：其他应收款——东海公司　　10 000

贷：银行存款　　10 000

【做中学3-12】沿用【做中学3-11】的资料，2017年1月29日，时达公司按期如数向东海公司退回所租包装物，并收到东海公司退还的押金10 000元，已存入银行。时达公司应编制如下会计分录：

借：银行存款　　10 000

贷：其他应收款——东海公司　　10 000

任务实施

针对“任务布置”中的经济业务，相关处理程序如下：

第一步：会计审核采购合同及用款申请单。

会计仔细审核采购部门提供的已签订的采购合同，以及经公司领导审批后的用款申请单，确定以预付款的形式先支付部分货款。

第二步：支付预付款。

出纳按合同要求，开具140 000元的支票给湘中公司。

第三步：仓库验收白灰入库。

公司收到湘中公司发来的1 000吨白灰，仓库经验收入库后，开具入库单。

第四步：支付采购余款。

出纳按合同要求，根据公司领导审批后的用款申请单支付余款，开具210 000元的支票给湘中公司

第五步：收取发票。

收到湘中公司开具的采购货物的增值税专用发票两联。

请写出相关经济业务的会计分录。

任务4　应收款项减值核算

任务布置

华盛公司采用应收款项余额百分比法估计坏账损失。2015年年末，应收账款的余额为1 200 000元，提取坏账准备的比例为3%（假定以后年度不发生变化）。2016年2月4日，发生坏账损失50 000元，其中：上海机械公司20 000元，湘中公司30 000元。2016年年末，应收账款的余额为1 400 000元。2017年1月14日，已冲销的2016年湘中公司应收账款30 000元又收回。2017年年末，应收账款的余额为1 600 000元。

请会计张红做出相关账务处理。

相关原始凭证：会计自制原始单据——年末坏账准备计提表。

业务产生：在谨慎性原则的前提下，应收账款、其他应收款的商业信用都会给企业带来一定的坏账损失，按备抵法，企业每期期末都应按应收账款的余额估计坏账损失，计提

坏账准备。

知识准备

一、应收款项减值概述

企业的各项应收款项，可能会因购货人拒付、破产、死亡等原因而无法收回，这类无法收回的应收款项就是坏账。企业因坏账而遭受的损失为坏账损失或减值损失。企业应当在资产负债表日对应收款项的账面价值进行检查，有客观证据表明应收款项发生减值的，应当将该应收款项的账面价值减记至预计未来现金流量现值，减记的金额确认为减值损失，同时计提坏账准备。应收款项发生减值的客观证据主要包括：

（1）债务人发生严重财务困难，较长时间内未履行偿债义务，并有足够证据表明无法收回或收回可能性极小的应收款项；

（2）债务人违反了合同条款，如发生违约或逾期等；

（3）债务人死亡，以其遗产清偿后仍无法收回的应收款项；

（4）债务人破产，以其破产财产清偿后仍无法收回的应收款项。

确定应收款项减值有两种方法，即直接转销法和备抵法。我国企业会计准则规定，确定应收款项的减值只能采用备抵法，不得采用直接转销法。

（一）直接转销法

采用直接转销法时，日常核算中应收款项可能发生的坏账损失不予考虑，只有在实际发生坏账时，才作为坏账损失计入当期损益，同时直接冲销应收款项，即借记“资产减值损失”账户，贷记“应收账款”等账户。

【做中学3-13】中天公司2012年发生的一笔20 000元的应收账款，长期无法收回，于2016年年末确认为坏账。中天公司在2016年年末应编制如下会计分录：

借：资产减值损失——坏账损失　　　　20 000

　　贷：应收账款　　　　　　　　　　　　20 000

这种方法的优点是账务处理简单，其缺点是不符合权责发生制原则，也与资产的定义相冲突。在这种方法下，只有坏账实际发生时，才将其确认为当期费用，否则会导致资产不符、各期损益不实；另外，在资产负债表上，应收账款是按账面余额而不是按账面价值反映的，这在一定程度上歪曲了企业期末的财务状况。因此，我国企业会计准则规定，企业不得采用直接转销法核算坏账损失。

请注意　《小企业会计准则》规定，小微企业可采用直接转销法核算坏账损失（计入营业外支出）。

（二）备抵法

备抵法，是指采用一定的方法按期（至少每年年末）估计坏账损失，计入当期损益，同时建立坏账准备，待坏账实际发生时，冲销已提的坏账准备和相应的应收款项余额的一种处理方法。采用这种方法，在报表上列示应收款项的净额，使报表使用者能了解企业应收款项的可回收金额。在备抵法下，企业应当根据实际情况合理估计当期的坏账损失金额。由于企业发生坏账损失带有很大的不确定性，所以只能以过去的经验为基础，参照当前的信用政策、市场环境和行业惯例，准确地估计每期应收款项的未来现金流量现值，从而确定当期减值损失金额，计入当期损益。企业在预计未来现金流量现值时，应当在合理预计未来现金流量的同时合理选用折现率。短期应收款项的预计未来现金流量与其现值相差很小的，在确认相关减值损失时，可不对其预计未来现金流量进行折现。

二、应收款项减值核算的账户设置

为了核算和监督应收款项减值等情况，企业应当设置“坏账准备”和“资产减值损失”账户。

“坏账准备”账户核算应收款项的坏账准备计提、转销等情况。该账户属于资产类账户，具体账户结构如下：

借方 **坏账准备** 贷方

借方	贷方
企业实际发生的坏账损失金额和冲减的坏账准备金额	企业当期计提的坏账准备金额
	企业已计提但尚未转销的坏账准备金额

请注意 该账户是“应收票据”“应收账款”“预付账款”“其他应收款”等账户的备抵账户。

“资产减值损失”账户，属于损益类账户，核算企业根据金融工具确认和计量、资产减值等准则计提各项资产减值准备所形成的损失，具体账户结构如下：

借方 **资产减值损失** 贷方

借方	贷方
资产发生减值应减记的金额	①企业计提的坏账准备、存货跌价准备、持有至到期投资减值准备 ②相关资产价值得以恢复后登记的恢复增加金额

请注意 该账户可按资产减值损失的项目进行明细核算，期末将该账户余额转入“本年利润”账户后无余额。

三、应收款项减值业务的账务处理

（一）计提坏账准备

坏账准备可按以下公式计算：

当期应计提的坏账准备 = 当期按应收款项计算应提坏账准备金额 －（或＋）“坏账准备”账户的贷方（或借方）余额

企业计提坏账准备时，根据坏账准备计提表，按应减记的金额，借记“资产减值损失——计提的坏账准备”账户，贷记“坏账准备”账户。冲减多计提的坏账准备时，借记“坏账准备”账户，贷记“资产减值损失——计提的坏账准备”账户。

【做中学3-14】2015年12月31日，时达公司对应收东海公司的款项进行减值测试。应收账款余额合计为1 000 000元，时达公司根据东海公司的资信情况确定应计提100 000元的坏账准备。时达公司应编制如下会计分录：

借：资产减值损失——计提的坏账准备　　100 000

　　贷：坏账准备　　100 000

（二）发生坏账损失

企业确实无法收回的应收款项按管理权限报经批准后作为坏账转销时，应当冲减已计提的坏账准备。企业实际发生坏账损失时，借记“坏账准备”账户，贷记“应收账款”“其他应收款”等账户。

【做中学3-15】时达公司2016年对东海公司的应收账款实际发生坏账损失30 000元。时达公司应编制如下会计分录：

借：坏账准备　　30 000

　　贷：应收账款——东海公司　　30 000

【做中学3-16】沿用【做中学3-14】和【做中学3-15】的资料，假定时达公司2017年12月31日应收东海公司的账款余额为1 200 000元，经减值测试，时达公司应计提120 000元的坏账准备。根据时达公司的坏账核算方法，其“坏账准备”账户应保持的贷方余额为120 000元。计提坏账准备前，“坏账准备”账户的实际余额为贷方70 000元（100 000－30 000），因此2017年年末应计提的坏账准备金额为50 000元（120 000－70 000）。时达公司应编制如下会计分录：

借：资产减值损失——计提的坏账准备　　50 000

　　贷：坏账准备　　50 000

请注意　平时“坏账准备”账户可能出现借方余额，也可能出现贷方余额，但“坏账准备”账户年末余额一定为贷方余额，即为本年年末采用一定测试方法确定的坏账损失。因此，各项估计坏账损失应同账面上原有的“坏账准备”账户余额进行比较，并调整“坏账准备”账户，使之与估计的本期坏账准备相符。

（三）已确认坏账的应收款项又收回

已确认并转销的应收款项以后又收回的，应当按照实际收到的金额增加坏账准备的账面余额。已确认并转销的应收款项以后又收回时，借记“应收票据”“应收账款”“预付账款”“其他应收款”等账户，贷记“坏账准备”账户；同时，借记“银行存款”账户，贷记“应收票据”“应收账款”“预付账款”“其他应收款”等账户。也可以按实际收回的金额，借记“银行存款”账户，贷记“坏账准备”账户。

【做中学3-17】时达公司2017年1月20日，收回2016年已做坏账转销的应收账款30 000元，已存入银行。时达公司应编制如下会计分录：

借：应收账款——东海公司　　30 000

　　贷：坏账准备　　30 000

借：银行存款　　30 000

　　贷：应收账款——东海公司　　30 000

任务实施

针对“任务布置”中的经济业务，相关处理程序如下：

第一步：会计年末计算需计提的坏账准备。

会计根据应收账款的年末余额，按计提比例，计算出需计提的坏账准备，再计算坏账准备年初已提金额，并且当年产生坏账或坏账又收回的金额，计算出需补提或转回的坏账准备金额。

第二步：编制计提坏账准备原始凭证。

用EXCEL工具自制坏账准备计提明细表（见表3-2）。

表3-2　　坏账准备计提明细表

单位：浙江省华盛股份有限公司　　2017年12月31日　　金额单位：元

会计科目	账龄	计提比例	应计提金额	坏账准备余额	实际计提金额
应收账款	1年以内（含1年）	3%	48 000	72 000	−24 000
	1～2年（含2年）				
	2～3年（含3年）				
	3～5年（含5年）				
	5年以上				
	合　计				−24 000

第三步：编制坏账准备业务相关记账凭证。

请写出相关经济业务的会计分录。

案例分析

请思考

（1）公司的应收账款管理存在哪些问题？

（2）公司可以从哪几个方面加强应收账款管理？

辉煌过后是平淡——莲花味精由盛到衰启示录

昔日辉煌的莲花味精的前身是1983年成立的河南周口地区味精厂，位于河南黄泛区项城县农村，当时人员仅400多人，资产300多万元，是一个以玉米为原料生产味精的小企业。经过近20年的发展，莲花味精以本地农业资源为依托，积极开拓国内、国际市场，把味精这一小商品做出了大文章。当地农民收入得到提高，地方经济增长，国家税收增加，莲花味精迅速成长为一个大型企业。味精产量由1983年的402吨增加到2001年的14.8万吨，资产规模从476万元增加到54.8亿元，销售收入从630万元增加到23.4亿元，上缴税金从47万元增加到2.16亿元，利润从60万元增加到1.3亿元，莲花味精已成为国内最大的味精生产和出口基地，不仅是城市财政的主要支柱，而且对整个周口经济的发展都产生了巨大影响。然而，莲花味精未履行审批程序和信息披露义务。2010年4月25日，莲花味精因“非正常调查发现公司涉嫌虚增会计利润、重大事项未披露等原因，涉嫌违反证券法律法规”，收到河南证监会的立案通知书。这则消息引起了全社会对这个模范企业的广泛关注。莲花味精（600186）的预付账款高达3.80亿元，其中账龄超过1年的预付账款高达2.15亿元，账龄2～3年的达到1.42亿元。对于账龄较长的预付款项，莲花味精仅仅解释为“主要原因是双方正在结算中”。莲花味精的原材料主要为小麦等，根本无须提前支付巨额的资金去采购，而资料显示，莲花味精除高额的预付账款外，截至2007年年末，公司的应收账款和其他应收款分别高达7.75亿元和5.43亿元，三者合计高达16.98亿元之巨。

案例分析
参考答案

资料来源：施天霞，李奇丽，陈蓉．莲花味精应收账款内部控制案例研究［J］．会计之友，2011（5）．

思维导图

请根据本项目内在知识点的逻辑关系，制作本项目思维导图。

项目四

存货核算

项目导读

存货，是指企业在日常活动中持有以备出售的产品或商品、处在生产过程中的在产品、在生产过程或提供劳务过程中耗用的材料或物料等，包括各类材料、在产品、半成品、产成品、商品以及包装物、低值易耗品、委托代销商品等。

存货区别于固定资产等非流动资产的最基本特征是，企业持有存货的最终目的是出售，包括可供出售的产成品、商品等，以及需要进一步加工后出售的原材料等。在大多数企业中，存货在流动资产中占有很大比重，是流动资产的重要组成部分。存货在符合定义的前提下并同时满足下列两个条件的，才能予以确认：一是与该存货有关的经济利益很可能流入企业。通常情况下，取得存货的所有权是与存货相关的经济利益很可能流入本企业的一个重要标志。例如，根据销售合同已经售出的存货，其所有权已经转移，与其相关的经济利益已不能再流入本企业，此时，即使该存货尚未运离本企业，也不能再确认为本企业的存货。二是该存货的成本能够可靠计量。存货的成本能够可靠计量必须以取得确凿、可靠的证据为依据，并且具有可验证性。例如，企业承诺的订货合同，由于并未实际发生，不能可靠确定其成本，因此就不能确认为购买企业的存货。在会计核算上，存货对应的会计账项很多。存货会计的主要目的：一是确定期末存货数量，以便计算列入资产负债表中的存货价值；二是计算确定销货成本，以便和当期营业收入相配比，从而正确合理地确定本期损益。

不同行业的企业，存货的内容和分类有所不同。作为服务性企业，一般存有各种物料用品，如办公用品、家具用品等，提供业务活动时使用的货品就是存货。商业企业可能有少量物料用品，它的资金大部分在准备转售的商品上，称为库存商品。制造业的存货构成最为复杂，通常包括原材料、在产品、半成品、产成品、商品、包装物、低值易耗品、委托代销商品等。

学习目标

1. 掌握存货成本的确定、发出存货的计价方法、存货清查；
2. 掌握原材料、库存商品、委托加工物资、周转材料的核算；
3. 了解存货跌价准备的会计处理。

政策依据

《企业会计准则第1号——存货》
《企业会计准则——基本准则》
《企业会计准则——应用指南》
《企业内部控制应用指引第7号——采购业务》
《企业内部控制应用指引第8号——资产管理》
《财政部 国家税务总局关于全面推开营业税改征增值税试点的通知》（财税〔2016〕36号）
《关于印发〈增值税会计处理规定〉的通知》（财会〔2016〕22号）
《企业资产损失所得税税前扣除管理办法》（国家税务总局公告2011年第25号）

政策依据

本项目在资产负债表中的列示信息见表4-1。

表4-1 本项目在资产负债表中的列示信息

资产	期末余额	负债和所有者权益（或股东权益）	期末余额
流动资产：			
⋮			
存货［=“原材料”+“在途物资”+“材料采购”+“委托加工物资”+“周转材料”+“生产成本”+“库存商品”+（or-）“材料成本差异”+“发出商品”+“委托代销商品”+“受托代销商品”-“受托代销商品款”-“存货跌价准备”+（or-）“商品进销差价”］			
⋮			

任务1 原材料核算

任务布置

2017年1月15日，华盛公司从上海机械公司购入铁精粉2 000吨，取得的增值税专用发票上列示的铁精粉价款为1 000 000元，增值税税额为170 000元。材料采购款已通过电汇方式支付给上海机械公司，材料尚在运输途中。材料验收入库时，发现短缺10 000元的材料。后查明原因，其中20%属于合理损耗，40%应由运输机构赔偿，另外40%属于非常损失，其中保险公司理赔3 000元。

请会计张红做出相关账务处理。

相关原始凭证：

（1）经公司领导审批的用款申请单，用银行存款支付。

（2）上海机械公司开具的增值税专用发票。

（3）公司支付货款的银行凭证。

（4）仓库部门收到材料的入库单。

（5）采购、品管及仓库签字后所提供的合理损耗报告单。

（6）运输机构同意赔偿4 000元的签字确认书。

（7）非常损失中由保险公司理赔3 000元，相关理赔证明。

（8）非常损失中1 000元由公司自行承担，采购部提供相关领导签字的审批单。

业务产生：公司向供应商采购材料或商品，在原材料入库时发现实际数量与合同数量不符，查明原因，并落实责任。

知识准备

一、原材料概述

原材料，是工业企业的主要存货，是企业用于制造产品并构成产品实体的购入物品及购入后供生产耗用但不构成产品实体的辅助性物品。它具体包括原料及主要材料、辅助材料、外购半成品（外购件）、修理用备件（备品备件）、包装材料、燃料等。原材料的日常收发及结存可以采用实际成本核算，也可以采用计划成本核算。

二、原材料采用实际成本核算

原材料按实际成本核算，是指企业对库存的各种原材料的收、发、存均按实际成本在其总账和明细账中予以登记。其主要特点是：从收发凭证到明细分类核算和总分类核算，均按实际成本计价。它适用于规模较小、存货品种简单、材料收发业务不多的企业。

（一）外购原材料实际成本构成

企业取得的存货应当按照成本进行初始计量。企业可以通过外购、自制半成品、委托加工物资、接受投资、接受捐赠、非货币性资产交换、债务重组等取得存货。存货的来源不同，其成本的构成内容也不同。原材料、商品、低值易耗品等通过购买而取得的存货的成本由采购成本构成；产成品、在产品、半成品等自制或需委托外单位加工完成的存货的成本由采购成本、加工成本以及使存货达到目前场所和状态所发生的其他支出构成。除特别规定外，企业以相同方式取得其他存货，其成本构成内容比照原材料确定。在实务中，具体按以下原则确定：

购入的原材料，其成本包括：买价、相关税费（包括进口关税、消费税、资源税、不能抵扣的增值税进项税额和相应的教育费附加等）、运杂费（包括运输费、装卸费、保险费、包装费、仓储费等）、运输途中的合理损耗、入库前的挑选整理费用（包括挑选整理过程中发生的工、费支出和数量损耗，并扣除回收的下脚废料价值）以及按规定应计入成本的其他税费和费用。

请注意 商品流通企业在采购商品过程中发生的运输费、装卸费、保险费以及其他可归属于存货采购成本的费用等进货费用，应当计入存货采购成本。企业采购商品的进货费用金额较小的，可以在发生时直接计入当期损益。

（二）原材料采用实际成本核算的账户设置

为了核算库存各种材料的收发与结存情况，企业应设置“原材料”账户。该账户属于资产类账户，具体账户结构如下：

借方 **原材料** 贷方

验收入库材料的实际成本	发出材料的实际成本
企业库存材料的实际成本	

请注意 该账户可按照材料的保管地点（仓库）、材料类别、品种和规格等进行明细核算。

在实际成本法下，为了核算购货发票已到但尚未验收入库的各种物资（即在途物资）的实际采购成本，企业应设置“在途物资”账户。该账户属于资产类账户，具体账户结构如下：

借方 **在途物资** 贷方

企业购入在途物资的实际成本	验收入库的在途物资的实际成本
企业在途物资的实际采购成本	

请注意 该账户可按照供应单位和物资品种进行明细核算。

（三）原材料采用实际成本核算业务的账务处理

1.外购原材料

外购原材料，由于采购地点远近不同、货款结算方式不同等原因，可能形成货款和存货验收入库不是同步完成的情形。因此，外购原材料应根据具体情况分别进行会计处理。

（1）单货同到。即结算凭证等单据与材料同时到达的采购业务。企业应根据结算凭证、发票账单和收料单等单据，借记“原材料”“应交税费——应交增值税（进项税额）”等账户，贷记“银行存款”“应付账款”“应付票据”等账户。

小规模纳税人或购入物资不能取得增值税专用发票的企业购入原材料时，按购入原材料应支付的金额，借记“在途物资”“原材料”“销售费用”等账户，贷记“银行存款”“应付账款”“应付票据”等账户。

【做中学4-1】2017年1月16日，时达公司采购竹柄。增值税专用发票上注明的价款为30 000元，增值税税额为5 100元，全部款项已用转账支票付讫，材料已验收入库。时达公司应编制如下会计分录：

借：原材料——竹柄　30 000
　　应交税费——应交增值税（进项税额）　5 100
　　贷：银行存款　35 100

（2）单到货未到。即结算凭证等单据已到、材料未到达的采购业务。企业应根据结算凭证、发票账单等单据，借记“在途物资”“应交税费”等账户，贷记“银行存款”“应付账款”“应付票据”等账户；待收到材料验收入库后，根据收料单，借记“原材料”账户，贷记“在途物资”账户。

【做中学4-2】2017年1月18日，时达公司采购油漆，料未到。增值税专用发票上注明的价款为20 000元，增值税税额为3 400元，全部款项已用转账支票付讫。时达公司应编制如下会计分录：

借：在途物资——油漆　20 000
　　应交税费——应交增值税（进项税额）　3 400
　　贷：银行存款　23 400

【做中学4-3】沿用【做中学4-2】的资料，2017年1月25日，时达公司采购的油漆验收入库。时达公司应编制如下会计分录：

借：原材料——油漆　20 000
　　贷：在途物资——油漆　20 000

（3）货到单未到。即货物等已验收入库但尚未取得增值税扣税凭证的采购业务。一般纳税人购进的货物等已到达并验收入库，但尚未收到增值税扣税凭证并未付款的，应在月末按货物清单或相关合同协议上的价格暂估入账，不需要将增值税的进项税额暂估入账。下月初，用红字冲销原暂估入账金额，待取得相关增值税扣税凭证并经认证后，按应计入相关成本费用或资产的金额，借记“原材料”“库存商品”“固定资产”“无形资产”等账户，按可抵扣的增值税税额，借记“应交税费——应交增值税（进项税额）”账户，按应付金额，贷记“应付账款”等账户。

【做中学4-4】时达公司购入H材料一批，材料已验收入库，月末发票账单尚未收到也无法确定其实际成本，暂估价值为30 000元。时达公司应编制如下会计分录：

借：原材料——H材料　30 000
　　贷：应付账款——暂估应付账款　30 000

下月初用红字予以冲回：

借：原材料——H材料　[30 000]
　　贷：应付账款——暂估应付账款　[30 000]

请注意　采购材料在途中发生短缺和毁损，除合理的损耗应当作为存货的其他可直接归属于存货采购费用计入采购成本外，应根据造成短缺或毁损的原因分别处理：

（1）应由供应单位、运输单位、保险公司或其他过失人赔偿的，应向有关单位或责任人索赔，自“在途物资”账户转入“应付账款”或“其他应收款”账户。

（2）凡尚待查明原因和需要报经批准才能转销处理的损失，应将其损失从“在途物资”账户转入“待处理财产损溢”账户，查明原因后再分别处理：①属于应由供应单位、运输单位、保险公司或其他过失人赔偿的，应向有关单位或责任人索赔，自“在途物资”

账户转入“应付账款”或“其他应收款”账户。②属于自然灾害造成的损失，应按扣除残料价值和保险公司赔偿后的净损失，从“待处理财产损溢”账户转入“营业外支出——非常损失”账户。③属于无法收回的其他损失，报经批准后，将其从“待处理财产损溢”账户转入“管理费用”账户。

（3）在②和③两种情况下，短缺和毁损的材料所负担的增值税税额和准予抵扣的消费税税额应自“应交税费——应交增值税（进项税额）”和“应交税费——应交消费税”账户随同“在途物资”账户转入相对应账户。

外购材料业务流程图

由自制的材料生产完工验收入库的原材料，应按照实际成本，借记“原材料”账户，贷记“生产成本”账户。对于投资者投入的原材料，应按实际成本，借记“原材料”账户，按专用发票上注明的增值税税额，借记“应交税费——应交增值税（进项税额）”账户，按照投资合同或协议约定的价格，贷记“实收资本（或股本）”等账户。

2.发出原材料

（1）发出原材料的计价方法。企业的经营活动是连续不断的，存货也处于不停的周转中。企业应当根据各类存货的实物流转方式、企业管理要求、存货性质等实际情况，合理选择存货成本的计价方法，以确定当期发出存货的实际成本。存货的计价是指对收入、发出和结存存货价值的计量。它是存货核算的关键，主要包括取得存货的计价、发出存货的计价和期末存货的计价。

根据我国《企业会计准则第1号——存货》的规定，企业在确定发出存货的成本时，可以采用个别计价法、先进先出法、移动加权平均法和月末一次加权平均法四种方法。计价方法一经确定，不得随意变更。如需变更，应作为会计政策变更处理，并在财务报表附注中予以披露。

①个别计价法。个别计价法，亦称个别认定法、具体辨认法、分批实际法，采用这一方法是假设存货具体项目的实物流转与成本流转相一致，按照各种存货逐一辨认各批发出存货和期末存货所属的购进批别或生产批别，分别按其购入或生产时所确定的单位成本计算各批发出存货和期末存货成本的方法。在这种方法下，把每一种存货的实际成本作为计算发出存货成本和期末存货成本的基础。

【做中学4-5】2017年1月，时达公司D商品的收入、发出及购进单位成本见表4-2。

表4-2　D商品购销明细账　金额单位：元

日期		摘要	收入			发出			结存		
月	日		数量（件）	单价	金额	数量（件）	单价	金额	数量（件）	单价	金额
1	1	期初余额							150	10	1 500
	5	购入	100	12	1 200				250		
	11	销售				200			50		
	16	购入	200	14	2 800				250		
	20	销售				100			150		
	23	购入	100	15	1 500				250		
	27	销售				100			150		
	31	本期合计	400	—	5 500	400			150		

假设经过具体辨认，本期发出存货的单位成本如下：1月11日发出的200件存货中，100件系期初结存存货，单位成本为10元，另外100件为1月5日购入存货，单位成本为12元；1月20日发出的100件存货系1月16日购入，单位成本为14元；1月27日发出的100件存货中，50件为期初结存，单位成本为10元，50件为1月23日购入，单位成本为15元。则按照个别计价法，时达公司1月份D商品收入、发出与结存情况见表4-3。

表4-3　　D商品购销明细账（个别计价法）　　金额单位：元

日期		摘要	收入			发出			结存		
月	日		数量（件）	单价	金额	数量（件）	单价	金额	数量（件）	单价	金额
1	1	期初余额							150	10	1 500
	5	购入	100	12	1 200				150 100	10 12	1 500 1 200
	11	销售				100 100	10 12	1 000 1 200	50	10	500
	16	购入	200	14	2 800				50 200	10 14	500 2 800
	20	销售				100	14	1 400	50 100	10 14	500 1 400
	23	购入	100	15	1 500				50 100 100	10 14 15	500 1 400 1 500
	27	销售				50 50	10 15	500 750	100 50	14 15	1 400 750
	31	本期合计	400	—	5 500	400	—	4 850	100 50	14 15	1 400 750

从表4-3可知，时达公司本期发出存货成本及期末结存存货成本如下：

本期发出存货成本=100×10 +100×12+100×14+50×10+50×15=4 850（元）

期末结存存货成本=期初结存存货成本+本期购入存货成本−本期发出存货成本

=150×10+100×12+200×14+100×15−4 850=2 150（元）

个别计价法的成本计算准确，符合实际情况，但在存货收发频繁的情况下，分辨其发出存货成本的工作量较大。因此，这种方法适用于一般不能替代使用的存货、为特定项目专门购入或制造的存货以及提供的劳务，如珠宝、名画等贵重物品。

②先进先出法。先进先出法，是指以先购入的存货应先发出（销售或耗用）这样一种存货实物流动假设为前提，对发出存货进行计价的一种方法。采用这种方法，先购入的存

货成本在后购入存货成本之前转出，据此确定发出存货和期末存货的成本。具体方法是：收入存货时，逐笔登记收入存货的数量、单价和金额；发出存货时，按照先进先出的原则逐笔登记存货的发出成本和结存金额。

【做中学4-6】沿用【做中学4-5】的资料，假设时达公司D商品本期收入、发出和结存情况见表4-4。从该表可以看出存货成本的计价顺序，如1月11日发出的200件存货，按先进先出法的流转顺序，应先发出期初库存存货150件，即1 500元（150×10），然后再发出1月5日购入的50件，即600元（50×12），其他依次类推。从表4-4中看出，使用先进先出法得出的发出存货成本和期末存货成本分别为4 800元和2 200元。

表4-4 D商品购销明细账（先进先出法） 金额单位：元

日期		摘要	收入			发出			结存		
月	日		数量（件）	单价	金额	数量（件）	单价	金额	数量（件）	单价	金额
1	1	期初余额							150	10	1 500
	5	购入	100	12	1 200				150 100	10 12	1 500 1 200
	11	销售				150 50	10 12	1 500 600	50	12	600
	16	购入	200	14	2 800				50 200	12 14	600 2 800
	20	销售				50 50	12 14	600 700	150	14	2 100
	23	购入	100	15	1 500				150 100	14 15	2 100 1 500
	27	销售				100	14	1 400	50 100	14 15	700 1 500
	31	本期合计	400	—	5 500	400	—	4 800	50 100	14 15	700 1 500

时达公司日常账面记录显示，D商品期初结存存货为1 500元（150×10），本期购入存货三批，按先后顺序分别为：100×12、200×14、100×15。假设经过盘点，发现期末库存150件，则本期发出存货为400件。发出存货成本为：150×10+50×12+50×12+50×14+100×14=4 800（元）；期末存货成本为：50×14+100×15=2 200（元）。

先进先出法可以随时结转存货发出成本，但较烦琐。如果存货收发业务较多且存货单价不稳定，则其工作量较大。在物价持续上升时，期末存货成本接近于市价，而发出成本偏低，会高估企业当期利润和库存存货价值；反之，则会低估企业当期利润和库存存货价值。

③月末一次加权平均法。月末一次加权平均法，是指以本月全部进货数量加上月初存货数量作为权数，去除本月全部进货成本加上月初存货成本，计算出存货的加权平均单位成本，以此为基础计算本月发出存货成本和期末存货成本的一种方法。其计算公式如下：

$$加权平均单价=\frac{期初存货成本+本批收入存货成本}{期初存货数量+本批收入存货数量}\times 100\%$$

本月发出存货成本=本月发出存货的数量×加权平均单价

本月月末库存存货成本=月末库存存货的数量×加权平均单价

或 =月初库存存货成本+本月收入存货成本−本月发出存货成本

【做中学4-7】**沿用【做中学4-5】的资料，假设时达公司采用月末一次加权平均法，根据表4-4，则1月份D商品的加权平均单价为：**

$$月末加权平均单价=\frac{150\times 10+(100\times 12+200\times 14+100\times 15)}{150+100+200+100}=12.727（元）$$

1月份D商品的发出成本与期末结存成本分别为：

1月份D商品的发出成本=400×12.727=5 090.80（元）

1月份D商品的期末结存成本=［150×10+（100×12+200×14+100×15）］−5 090.80

=7 000−5 090.80=1 909.20（元）

采用月末一次加权平均法只在月末一次计算加权平均单价，比较简单，有利于简化成本计算工作，但由于平时无法从账上提供发出和结存存货的单价及金额，因此不利于存货成本的日常管理与控制。

④移动加权平均法。移动加权平均法，是指以每次进货的成本加上原有库存存货成本的合计数，除以每次进货数量加上原有库存存货数量的合计数，据以计算加权平均单位成本，作为在下次进货前计算各次发出存货成本依据的一种方法。其计算公式如下：

$$移动加权平均单价=\frac{以前结存存货成本+本批收入存货成本}{以前结存存货数量+本批收入存货数量}\times 100\%$$

本期发出存货成本=本期发出存货数量×移动加权平均单价

本月月末库存存货成本=月末库存存货数量×移动加权平均单价

【做中学4-8】**沿用【做中学4-5】的资料，假设时达公司采用移动加权平均法核算存货，存货的平均成本从期初的10元变为期中的10.8元、13.36元，再变成期末的14.016元。**

1月5日购入存货后平均单位成本=（150×10+100×12）÷（150+100）=10.8（元）

1月16日购入存货后平均单位成本=（50×10.8+200×14）÷（50+200）=13.36（元）

1月23日购入存货后平均单位成本=（150×13.36+100×15）÷（150+100）=14.016（元）

采用移动加权平均成本法得出的本期发出存货成本和期末结存存货成本分别为4 897.36元和2 102.4元。在加权移动平均法下，D商品本期收入、发出和结存情况见表4-5。

表 4-5　D 商品购销明细账（移动加权平均法）　金额单位：元

日期		摘要	收入			发出			结存		
月	日		数量（件）	单价	金额	数量（件）	单价	金额	数量（件）	单价	金额
1	1	期初余额							150	10	1 500
	5	购入	100	12	1 200				250	10.8	2 700
	11	销售				200	10.8	2 160	50	10.8	540
	16	购入	200	14	2 800				250	13.36	3 340
	20	销售				100	13.36	1 336	150	13.36	2 004
	23	购入	100	15	1 500				250	14.016	3 504
	27	销售				100	14.016	1 401.6	150	14.016	2 102.4
	31	本期合计	400	—	5 500	400	—	4 897.6	150	14.016	2 102.4

采用移动加权平均法能够使企业管理层及时了解存货的结存情况，计算的平均单位成本以及发出和结存的存货成本比较客观。但由于每次收货都要计算一次平均单位成本，计算工作量较大，该方法不适用于收发货较频繁的企业。

（2）发出原材料的账务处理。在实际工作中，企业各生产单位及有关部门领用的材料具有种类多、业务频繁等特点。为了简化核算，可以在月末根据“领料单”或“限额领料单”中有关领料的单位、部门等加以归类，编制“发料凭证汇总表”，据以编制记账凭证、登记入账。企业应根据材料用途和领用部门，分别记入相应账户。凡车间生产产品领用的原材料，借记“生产成本”账户；车间管理及一般消耗领用的原材料，借记“制造费用”账户；厂部管理及一般消耗领用的原材料，借记“管理费用”账户；专设销售机构领用的原材料，借记“销售费用”账户；委托加工发出的原材料，借记“委托加工物资”账户；福利部门领用的原材料，借记“应付职工薪酬”账户；在建工程领用的原材料，借记“在建工程”账户。同时，减记原材料，贷记“原材料”账户。涉及增值税及消费税等相关税费的，还要进行相应的账务处理。

【做中学 4-9】时达公司根据“发料凭证汇总表”的记录，1 月 30 日基本生产车间领用 K 材料 500 000 元，辅助生产车间领用 K 材料 40 000 元，车间管理部门领用 K 材料 5 000 元，企业行政管理部门领用 K 材料 4 000 元，共计 549 000 元。时达公司应编制如下会计分录：

借：生产成本——基本生产成本	500 000	
——辅助生产成本	40 000	
制造费用	5 000	
管理费用	4 000	
贷：原材料——K 材料		549 000

三、原材料采用计划成本核算

原材料按计划成本核算，是指企业对库存的各种原材料的收、发、存均按预先确定的计划成本在其总账和明细账中予以登记。其主要特点是：先制定各种存货的计划成本目录，规定存货的分类及各种存货的名称、规格、编号、计量单位和计划单位成本。计划单位成本在年度内一般不作调整。平时所有收发凭证均按存货的计划成本计价，总账及明细账按计划成本登记，存货的实际成本与计划成本的差异通过“材料成本差异”账户核算。月份终了，通过分配材料成本差异，将发出存货的计划成本调整为实际成本。计划成本计价核算一般适用于存货品种繁多，收发业务频繁，且具备计划成本资料的大型企业。

（一）原材料采用计划成本核算的账户设置

材料采用计划成本核算时，材料的收发及结存，无论总分类核算还是明细分类核算，均按照计划成本计价。使用的会计账户有“原材料”“材料采购”“材料成本差异”等。

为了核算库存各种材料的收发与结存情况，包括原料及主要材料、辅助材料、外购半成品、修理用备件、包装材料、燃料等的计划成本，企业应设置“原材料”账户。该账户属于资产类账户，具体账户结构如下：

借方　　　　**原材料**　　　　贷方

入库材料的计划成本	发出材料的计划成本
企业库存材料的计划成本	

请注意　该账户可按照材料的保管地点（仓库）、材料类别、品种和规格等进行明细核算。

为了核算采用计划成本进行材料日常核算而购入的材料采购成本，企业应设置“材料采购”账户。该账户属于资产类账户，具体账户结构如下：

借方　　　　**材料采购**　　　　贷方

企业采购材料的实际成本 结转实际成本小于计划成本的差异数（节约额）	验收入库材料的计划成本 结转实际成本大于计划成本的差异数（超支额）
企业在途材料的采购成本	

请注意　该账户可按照供应单位和材料品种进行明细核算。

为了核算采用计划成本进行日常核算的材料计划成本与实际成本的差额，企业应设置“材料成本差异”账户。该账户属于资产类账户，具体账户结构如下：

借方　　　　**材料成本差异**　　　　贷方

入库材料的超支差异 发出材料负担的节约差异	入库材料的节约差异 发出材料负担的超支差异
企业库存材料的实际成本大于计划成本的超支差异	企业库存材料的实际成本小于计划成本的节约差异

请注意　该账户应分别“原材料”“周转材料”“委托加工物资”等，按类别或品种进行明细核算。

（二）原材料采用计划成本核算业务的账务处理

1.外购原材料

原材料按计划成本计价核算时，不论材料是否入库，都必须先通过“材料采购”账户进行核算，材料验收入库后，再转入“原材料”账户，同时结转材料成本差异。如同原材料按实际成本计价的账务处理一样，企业外购的原材料按计划成本核算时，要根据来源、采用的结算方式等不同情况进行相应账务处理。

（1）单货同到。对于结算凭证等单据与材料同时到达的采购业务，企业应根据结算凭证、发票账单和收料单等单据，借记“材料采购”“应交税费——应交增值税（进项税额）”等账户，贷记“银行存款”“应付账款”“应付票据”等账户；同时，根据收料单按计划成本借记“原材料”账户，贷记“材料采购”账户，并结转入库材料的材料成本差异额。超支差异借记“材料成本差异”账户，贷记“材料采购”账户；节约差作相反的账务处理。

【做中学4-10】2017年1月17日，时达公司购入L材料一批，增值税专用发票上注明的价款为3 000 000元，增值税税额为510 000元，发票账单已收到，计划成本为3 200 000元，已验收入库，全部款项以银行存款支付。时达公司应编制如下会计分录：

借：材料采购——L材料	3 000 000	
应交税费——应交增值税（进项税额）	510 000	
贷：银行存款		3 510 000

同时：

借：原材料——L材料	3 200 000	
贷：材料采购——L材料		3 000 000
材料成本差异——L材料		200 000

请注意　在材料收付业务较多的企业中，为了简化日常核算工作，企业平时可不进行材料入库和结转材料成本差异的总分类核算，待到月终时，通过编制“收料凭证汇总表”汇总进行总分类核算。

（2）单到货未到。对于结算凭证等单据已到、材料未到达的采购业务，企业应根据结算凭证、发票账单等单据，借记“在途物资”“应交税费——应交增值税（进项税额）”等账户，贷记“银行存款”“应付账款”“应付票据”等账户；待收到材料验收入库后，根据收料单按计划成本借记“原材料”账户，贷记“材料采购”账户。

【做中学4-11】2017年1月19日，时达公司采用汇兑结算方式购入M1材料一批，增值税专用发票上注明的价款为200 000元，增值税税额为34 000元，发票账单已收到，计划成本为180 000元，材料尚未入库，款项已用银行存款支付。时达公司应编制如下会计分录：

借：材料采购——M1材料	200 000	
应交税费——应交增值税（进项税额）	34 000	
贷：银行存款		234 000

材料验收入库时：

借：原材料——M1材料	180 000	
材料成本差异——M1材料	20 000	
贷：材料采购——M1材料		200 000

(3) 货到单未到。这是指材料已验收入库，但尚未取得增值税扣税凭证，无法确定其实际成本的采购业务。为简化核算手续，月份内发生的，可暂不进行账务处理，若至月末仍未收到取得增值税扣税凭证，应按照材料的计划成本暂估入账，在下月初用红字冲回。

【做中学4-12】2017年1月28日，时达公司购入M3材料一批，材料已验收入库，发票账单未到，月末应按照计划成本600 000元暂估入账。时达公司应编制如下会计分录：

借：原材料　600 000

　贷：应付账款——暂估应付账款　600 000

下月初用红字予以冲回：

借：原材料——M3材料　[600 000]

　贷：应付账款——暂估应付账款　[600 000]

2.发出原材料

(1) 按计划成本结转发出材料成本。月末，企业根据领料单等编制“发料凭证汇总表”结转发出材料的计划成本，应当根据所发出材料的用途，按计划成本借记“生产成本”“制造费用”“销售费用”“管理费用”等账户，同时贷记“原材料”账户。

【做中学4-13】2017年1月30日，时达公司根据“发料凭证汇总表”的记录，L材料的消耗（计划成本）为：基本生产车间领用2 000 000元，辅助生产车间领用600 000元，车间管理部门领用250 000元，企业行政管理部门领用50 000元。时达公司应编制如下会计分录：

借：生产成本——基本生产成本　2 000 000

　　　　　——辅助生产成本　600 000

　制造费用　250 000

　管理费用　50 000

　贷：原材料——L材料　2 900 000

(2) 计算发出材料应负担的成本差异。根据《企业会计准则第1号——存货》的规定，企业日常采用计划成本核算的，发出的材料成本应由计划成本调整为实际成本，通过“材料成本差异”账户进行结转，按照所发出材料的用途，分别记入“生产成本”“制造费用”“销售费用”“管理费用”等账户。

$$材料成本差异率=\frac{月初结存材料成本差异额+本月收入材料成本差异额}{月初结存材料计划成本+本月收入材料计划成本}\times 100\%$$

$$发出材料应负担的成本差异=发出材料的计划成本\times 本期材料成本差异率$$

发出材料应负担的成本差异，必须按月分摊，不得在季末或年末一次计算。如果企业的材料成本差异率各期之间是比较均衡的，也可以采用期初材料成本差异率分摊本期的材料成本差异。年度终了，应对材料成本差异率进行核实调整。计算方法一经确定，不得随意调整。

【做中学4-14】沿用【做中学4-10】和【做中学4-13】的资料，时达公司1月初结存L材料的计划成本为1 000 000元，成本差异为超支30 740元；当月入库L材料的计划成本3 200 000元，成本差异为节约200 000元。则：

材料成本差异率=（30 740−200 000）÷（1 000 000+3 200 000）×100%=−4.03%

结转发出材料的成本差异，时达公司应编制如下会计分录：

借：材料成本差异——L材料　116 870
　　贷：生产成本——基本生产成本　80 600
　　　　　　　——辅助生产成本　24 180
　　　　制造费用　10 075
　　　　管理费用　2 015

基本生产成本应分摊的材料成本差异节约额为80 600元（2 000 000×4.03%），辅助生产成本应分摊的材料成本差异节约额为24 180元（600 000×4.03%），制造费用应分摊的材料成本差异节约额为10 075元（250 000×4.03%），管理费用应分摊的材料成本差异节约额为2 015元（50 000×4.03%）。

请注意　原材料采用计划成本计价核算时，原材料等存货的明细分类核算与采用实际成本计价的明细分类核算基本相同，区别在于采用计划成本计价核算时，原材料明细分类账和材料二级分类账都是按计划成本计价的。

任务实施

针对“任务布置”中的经济业务，相关处理程序如下：

第一步：会计审核采购合同及用款申请单。

会计仔细审核采购部门提供的已签订的采购合同，以及经公司领导审批的用款申请单，同意用银行存款支付。

第二步：支付货款。

公司出纳开具支票，按用款申请单金额支付采购货款。

第三步：收到发票。

会计根据仓库提供的入库单，核对到货情况，并收到供应商开具的增值税专用发票。

第四步：入库短缺处理。

根据仓库入库时发现的短缺情况，督促采购部门落实短缺材料处理方案。

第五步：收集短缺处理方案凭证。

会计收集运输机构同意赔偿4 000元的签字确认书、由保险公司理赔3 000元的相关理赔证明、由公司自行承担1 000元的相关领导签字的审批单，作为账务处理与收款依据。

请写出相关经济业务的会计分录。

任务2　周转材料核算

任务布置

2017年1月10日，华盛公司销售部门领用了一批未用包装物木箱，实际成本为60 000元，采用五五摊销法摊销，出租给客户使用，收到押金50 000元，租金于客户退还包装物时收取30 000元，按17%的税率缴纳增值税，并从押金中扣除。

请会计张红做出相关账务处理。

相关原始凭证：

（1）销售部门经领导审批的领料单。

（2）包装物管理部门（仓库）发料时的出库单。

（3）销售部与客户签订的包装物出租合同。

（4）财务收到客户的押金后，出纳开具的50 000元收款收据。

（5）收取租金时，向客户开具的增值税专用发票。

（6）退回多余押金后，客户出具的收条。

业务产生：公司向客户出租可重复使用的包装物，收取客户的押金与包装物租金，按公司财务制度包装物的摊销方法为五五摊销法。

知识准备

一、周转材料概述

周转材料，是指企业能够多次使用、逐渐转移其价值但仍保持原有形态不确认为固定资产的材料。周转材料主要包括包装物、低值易耗品以及企业（建造承包商）的钢模板、脚手架等。企业一般应设置“周转材料”账户核算各种周转材料的实际成本或计划成本，对于包装物和低值易耗品，也可以单独设置“包装物”“低值易耗品”账户进行核算。周转材料种类繁多，分布于生产经营的各个环节，具体用途不相同，会计处理也不尽相同。

包装物，是指为了包装本企业商品而储备的各种包装容器，如桶、箱、瓶、坛、袋等。其核算内容包括：生产过程中用于包装产品作为产品组成部分的包装物；随同商品出售而不单独计价的包装物；随同商品出售单独计价的包装物；出租或出借给购买单位使用的包装物。

请注意 下列包装物会计上不作为“包装物”核算：各种包装材料，如纸、绳、铁丝、铁皮等，应作为“原材料”核算；在企业生产经营过程中用于储存和保管货物，不对外出售、出租或出借的包装物，如企业经营过程中周转使用的包装容器，应按使用年限长短，分别作为“固定资产”或“周转材料——低值易耗品”核算。

低值易耗品，是指不能作为固定资产的各种用具物品以及在经营过程中周转使用的包装容器等。低值易耗品一般划分为一般工具、专用工具、替换设备、管理用具、劳动保护用品和其他用具等。低值易耗品与固定资产同属企业的劳动资料，可多次使用而不改变原有的实物形态，但低值易耗品属于价值较低或使用期限较短，易损易耗的工具、设备，因此，低值易耗品被视同存货管理。这里主要介绍包装物和低值易耗品的核算。

二、周转材料核算的账户设置

为了反映和监督周转材料的收入、发出和结存情况，企业应当设置“周转材料”账户进行核算。该账户属于资产类账户，具体账户结构如下：

借方	周转材料　贷方
企业取得周转材料的实际成本或计划成本	企业发出周转材料的实际成本或计划成本以及摊销价值
企业在库周转材料的计划成本或实际成本以及在用周转材料的摊余价值	

请注意　该账户可按低值易耗品、包装物进行明细核算，可以采用实际成本核算，也可以采用计划成本核算，其方法与原材料相似。

三、周转材料业务的账务处理

（一）周转材料的摊销

企业应根据周转材料的消耗方式、价值大小、耐用程度等，选择适当的摊销方法，将其账面价值一次或分次计入有关成本费用。当周转材料报废时，将剩余残料收入冲减原记录的成本或费用。

1.一次转销法

一次转销法，是指在领用周转材料时，将其账面价值一次计入有关成本费用的一种方法。金额较小或极易损坏的周转材料，可在领用时一次计入成本费用，以简化核算。领用时按其耗用部门及领用的周转材料账面价值，借记“制造费用”“管理费用”“其他业务成本”等账户，贷记“周转材料”账户。但为加强实物管理，应当在备查簿上进行登记。

【做中学4-15】2017年1月18日，时达公司的管理部门领用一批低值易耗品，账面价值为2 000元，采用一次转销法。同时，报废一批低值易耗品，残料作价100元，作为原材料入库。

借：管理费用　2 000

　　贷：周转材料——低值易耗品　2 000

借：原材料　100

　　贷：管理费用　100

2.分次转销法

分次摊销法，是指按照估计领用次数平均摊销周转材料账面价值的一种方法。分次摊销法适用于可供多次反复使用的低值易耗品。在采用分次摊销法的情况下，需要单独设置“在用”、“在库”和“摊销”明细账户。

【做中学4-16】2017年1月18日，时达公司的基本生产车间领用专用工具一批，实际成本为10 000元，不符合固定资产定义，采用分次摊销法进行摊销。该专用工具的估计使用次数为两次。时达公司应编制如下会计分录：

（1）领用专用工具时：

借：周转材料——低值易耗品——在用　10 000

　　贷：周转材料——低值易耗品——在库　10 000

（2）第一次领用时摊销其价值的一半：

借：制造费用　5 000

贷：周转材料——低值易耗品——摊销　　5 000

（3）第二次领用时摊销其价值的一半：

借：制造费用　　5 000

贷：周转材料——低值易耗品——摊销　　5 000

同时：

借：周转材料——低值易耗品——摊销　　10 000

贷：周转材料——低值易耗品——在用　　10 000

（二）周转材料的发出

企业在生产经营过程中领用低值易耗品，可直接根据上述一次转销法或分次转销法将其摊销价值记入"制造费用"或"管理费用"等账户进行核算。而对于生产经营过程中领用的包装物，则应按其不同用途分别处理。

1.生产领用包装物

生产领用包装物，应按照领用包装物的实际成本，借记"生产成本"账户，按照领用包装物的计划成本，贷记"周转材料——包装物"账户，按照其差额，借记或贷记"材料成本差异"账户。

【做中学4-17】时达公司对包装物采用计划成本核算，2017年1月19日，生产产品领用包装物的计划成本为100万元，材料成本差异率为-3%。时达公司应编制如下会计分录：

借：生产成本　　970 000

材料成本差异　　30 000

贷：周转材料——包装物　　1 000 000

2.随同商品出售包装物

（1）随同商品出售且不单独计价的包装物，应于包装物发出时，计入销售费用，借记"销售费用"账户，贷记"周转材料——包装物"账户。

【做中学4-18】2017年1月19日，时达公司销售商品领用不单独计价包装物的计划成本为50万元，材料成本差异率为-1%。时达公司应编制如下会计分录：

借：销售费用　　495 000

材料成本差异　　5 000

贷：周转材料——包装物　　500 000

（2）随同商品出售且单独计价的包装物，一方面应反映其销售收入，计入其他业务收入；另一方面应反映其实际销售成本，计入其他业务成本。

【做中学4-19】2017年1月20日，时达公司销售商品领用单独计价包装物的计划成本为80万元，销售收入为100万元，增值税税额为17万元，款项已存入银行。该包装物的材料成本差异率为3%。时达公司应编制如下会计分录：

借：银行存款　　1 170 000

贷：其他业务收入　　1 000 000

应交税费——应交增值税（销项税额）　　170 000

结转所售单独计价包装物的成本：

借：其他业务成本　　824 000

贷：周转材料——包装物　800 000
　　材料成本差异　24 000

3.出租、出借包装物

出租包装物，是指企业将包装物以租赁形式借给购货方暂时使用；出借包装物，是指企业将包装物无偿提供给购货方暂时使用。出租或出借包装物在周转过程中因磨损而减少的价值可根据实际情况采用一次摊销法或分次摊销法进行摊销。采用分次摊销法，应在“周转材料——包装物”账户下设置“库存未用包装物”、“库存已用包装物”和“包装物摊销”等明细账户。

企业出租包装物时，为督促使用单位安全使用并及时归还，应收取一定数额的押金，于使用单位退回包装物时退还对方。同时，为补偿包装物租用过程中的价值损耗及修理费用等，企业向使用单位收取一定数额的租金。在包装物出租期间，企业将双方约定收到的租金作为“其他业务收入”核算。企业出租、出借包装物收到的押金，借记“库存现金”“银行存款”等账户，贷记“其他应付款”账户。退回押金时编制相反的会计分录。对于逾期未退包装物，按没收的押金，借记“其他应付款”账户，按应交的增值税，贷记“应交税费——应交增值税（销项税额）”账户，按其差额，贷记“其他业务收入”账户。按这部分没收的押金收入应交的消费税等税费，借记“其他业务支出”账户，贷记“应交税费——应交消费税”等账户。

【做中学4-20】2017年1月20日，时达公司随同产品销售出租新包装箱10个，单位成本为50元，押金按每个60元收取，款项存入银行。2月20日，收回包装物租金234元（其中增值税34元），从押金中扣除，余款以现金退回。包装物成本在领用时一次转销。时达公司应编制如下会计分录：

借：其他业务成本　500
　　贷：周转材料——包装物　500
借：银行存款　600
　　贷：其他应付款——存入保证金　600
借：其他应付款——存入保证金　600
　　贷：其他业务收入　200
　　　　应交税费——应交增值税（销项税额）　34
　　　　库存现金　366

任务实施

针对“任务布置”中的经济业务，相关处理程序如下：

第一步：会计审核包装物出租合同。

会计仔细审核销售部门提供的已签订的包装物出租合同。

第二步：开具领料单。

销售部门根据合同条款，按公司流程填写领料单，并经相关领导审批后，向包装物管理部门（仓库）领取。

第三步：仓库发货。

包装物管理部门（仓库）根据已审批的领料单进行发货，并填写出库单。

第四步：收取押金。

出纳人员根据出租合同中的条款，向客户收取押金，并向客户开具收款收据。

第五步：开具发票。

租赁期满后，向客户收取包装物租金，会计给客户开具增值税专用发票，并说明租金在押金中扣除。

第六步：退回押金余款。

扣除租金后，将多余的押金退还给客户。

请写出相关经济业务的会计分录。

任务3 委托加工物资核算

任务布置

2017年1月16日，华兴公司委托湘云公司加工烟丝，用于连续生产卷烟，适用的增值税税率均为17%，适用的消费税税率均为30%，华兴公司对烟丝按实际成本核算，收回的烟丝用于继续生产卷烟，有关资料如下：

（1）发出原材料的实际成本为550 000元。

（2）以银行存款支付湘云公司加工费20 000元（不含增值税）以及相应的增值税和消费税。

（3）以银行存款支付往返运杂费10 000元（假定不考虑运费的增值税抵扣）。

（4）材料加工完成，已验收入库。

请会计张红做出相关账务处理。

相关原始凭证：

（1）公司与湘云公司签订的委托加工合同。

（2）仓库发货给湘云公司开具的委托加工出库单。

（3）支付加工费、运费前，经相关领导审批的用款申请单。

（4）支付湘云公司加工费的银行回单。

（5）支付运杂费的银行回单。

（6）收到湘云公司开具的加工费增值税专用发票。

（7）收到运输公司开具的运杂费发票。

（8）仓库收到湘云公司发来的原材料烟丝，检验后填制的委托加工入库单。

业务产生：企业在日常生产中，由于车间自身加工设备有限，有些原材料无法全部在公司内完成加工，需要外部加工厂协助完成，因而产生对外加工业务。

知识准备

一、委托加工物资概述

委托加工物资是指企业委托外单位加工的各种材料、商品等物资。委托外单位加工完成的存货，以实际耗用的原材料或者半成品成本、加工费、运输费、装卸费和保险费等费用以及按规定应计入成本的税金（这里的税金主要指增值税和消费税）作为实际成本。

二、委托加工物资核算的账户设置

为了反映和监督委托加工物资增减变动及其结存情况，企业应设置“委托加工物资”账户。该账户属于资产类账户，具体账户结构如下：

借方　　　　委托加工物资　　　　贷方

委托加工各种材料、商品等物资发生的实际成本	加工完成并验收入库物资的实际成本和收回剩余物资的实际成本
企业委托外单位加工尚未完成的物资的实际成本	

请注意　该账户应按加工合同、受托加工单位及加工物资的品种等进行明细核算。

三、委托加工物资业务的账务处理

委托加工物资既可按实际成本核算，也可以按计划成本或售价进行核算，其方法与库存商品相似，具体步骤如下：

（一）发出委托加工物资

企业应按发出材料的实际成本，借记“委托加工物资”账户，贷记“原材料”账户。采用计划成本计价的企业，应按计划成本，借记“委托加工物资”账户，贷记“原材料”账户，同时结转材料成本差异。

（二）支付加工费用、税金和运杂费

企业应按支付的加工费、往返运杂费，借记“委托加工物资”账户，贷记“银行存款”等账户。委托方支付的增值税应分别以下情况处理：如果委托方和受托方均为一般纳税人，则委托方支付的增值税可作为进项税额抵扣；如果委托方和受托方有一方不是一般纳税人，则委托方支付的增值税不能作为进项税额抵扣，应计入加工成本。

（三）缴纳消费税

企业委托加工的应税消费品由受托方在向委托方交货时代收代缴税款，受托方通过“应交税费——应交消费税”账户核算。

委托加工应税消费品应由委托方缴纳的、由受托方代收代缴的消费税，应分别下列情况处理：委托方委托加工的应税消费品收回后用于连续生产应税消费品的，所纳税款按规定准予抵扣；委托方将收回的应税消费品以不高于受托方的计税价格出售的，为直接出售，不再缴纳消费税；委托方以高于受托方的计税价格出售的，不属于直接出售，需按照规定申报缴纳消费税，在计税时准予扣除受托方已代收代缴的消费税。

（四）加工完成收回加工物资

企业按收回加工物资的实际成本和剩余物资的实际成本，借记“原材料”“库存商品”等账户，贷记“委托加工物资”账户。

【做中学4-21】2017年1月16日，时达公司委托乙企业加工材料一批（属于应税消费品）。原材料成本为20 000元，支付的加工费为7 000元（不含增值税），消费税税率为10%，收回加工后的材料以高于受托方的计税价格直接用于销售。材料加工完成并已验收入库，加工费用等已经支付。双方适用的增值税税率均为17%。时达公司按实际成本核算原材料，请做出有关账务处理。

（1）发出委托加工材料：

借：委托加工物资——乙企业	20 000	
贷：原材料		20 000

（2）支付加工费用和税金：

应交增值税税额＝7 000×17%＝1 190（元）

消费税组成计税价格=（20 000+7 000）÷（1−10%）=30 000（元）

受托方代收代缴的消费税=30 000×10%=3 000（元）

借：委托加工物资——乙企业	7 000	
应交税费——应交增值税（进项税额）	1 190	
——应交消费税	3 000	
贷：银行存款		11 190

（3）加工完成，收回委托加工材料：

借：库存商品	27 000	
贷：委托加工物资——乙企业		27 000

任务实施

针对“任务布置”中的经济业务，相关处理程序如下：

第一步：签订委托加工合同。

根据生产需要，将现有原材料烟丝委托外单位加工，与湘云公司签订委托加工合同。

第二步：仓库发货。

仓库将需加工的烟丝发给湘云公司，开具委托加工出库单，并让对方单位仓库签收确认。

第三步：用款申请。

按财务制度对需支付的款项填制用款申请单，找公司领导审批。

第四步：支付加工费及运费。

出纳按经批准的用款申请单向湘云公司支付加工费及运输公司的运杂费。

第五步：收取发票。

会计及时向湘云公司索取加工费的增值税专用发票，并向运输公司索取运杂费的发票。

第六步：仓库验收入库。

湘云公司加工完成，仓库检验合格后填制委托加工入库单，对烟丝办理入库手续。

请写出相关经济业务的会计分录。

任务 4　库存商品核算

任务布置

2017年1月26日，华盛公司月末汇总编制的“产成品入库汇总表”中，当月已实现销售的螺纹钢为5 000吨，该月螺纹钢的实际单位成本为2 800元；圆钢为8 000吨，该月圆钢的实际单位成本为2 500元；线材为6 000吨，该月线材的实际单位成本为3 000元。

请会计张红做出相关账务处理。

相关原始凭证：

（1）产成品销售汇总表。

（2）月末产成品成本结转表。

（3）仓库本月开具的出库单。

（4）产成品完工入库汇总表。

（5）库存商品月末进销存报表。

业务产生：月末根据公司本月的产成品销售情况，计算该产成品的主营业务成本，将库存商品的成本结转，并编制进销存报表，做到仓库与财务账实相符。

知识准备

一、库存商品概述

库存商品，是指工业企业的产成品和流通企业外购或委托加并验收入库准备销售的各种商品。库存商品具体包括库存产成品、外购商品、存放在门市部准备出售的商品、发出展览的商品、寄存在外的商品、接受来料加工制造的代制品和为外单位加工修理的代修品等。

提示　已完成销售手续但购买单位在月末未提取的产品，不应作为企业的库存商品，而应作为代管商品处理，单独设置代管商品备查簿进行登记。

库存商品可以采用实际成本核算，也可以采用计划成本核算，其方法与原材料相似。采用计划成本核算时，库存商品实际成本与计划成本的差异，可单独设置“产品成本差异”账户核算。核算方法一经确定，不得随意变更。如果变更，需要在会计报表附注中予以说明。

二、库存商品核算的账户设置

为了核算和监督库存商品的收发和结存情况，企业应当设置“库存商品”账户。该账户属于资产类账户，具体账户结构如下：

借方　　**库存商品**　　贷方

借方	贷方
验收入库的库存商品成本	发出库存商品的成本
企业结存库存商品的实际成本	

请注意　该账户可按库存商品的种类、品种和规格等进行明细核算。

三、库存商品业务的账务处理

（一）工业企业库存商品

工业企业的库存商品主要指产成品。产成品，是指企业已经完成全部生产过程并已验收入库，合乎标准规格和技术条件，可以按照合同规定的条件送交订货单位，或者可以作为商品对外销售的产品。工业企业的产成品一般应按实际成本进行核算。产成品的收入、发出和销售，平时只记数量不记金额，月度终了，计算生产完工验收入库产成品的实际成本，按实际成本借记“库存商品”账户，贷记“生产成本——基本生产成本”等账户。对发出和销售产成品，可采用先进先出法、加权平均法、移动加权平均法等方法确定其实际成本，借记“主营业务成本”账户，贷记“库存商品”账户。盘盈、盘亏的库存商品，比照原材料核算相关规定进行账务处理。

【做中学4-22】2017年1月28日，时达公司“商品入库汇总表”记载：已验收入库Y产品1 000台，实际单位成本为5 000元，共计5 000 000元；Z产品2 000台，实际单位成本为1 000元，共计2 000 000元。时达公司应编制如下会计分录：

借：库存商品——Y产品　　5 000 000
　　　　　　——Z产品　　2 000 000
　贷：生产成本——基本生产成本（Y产品）　　5 000 000
　　　　　　　——基本生产成本（Z产品）　　2 000 000

【做中学4-23】2017年1月31日，时达公司月末汇总的发出商品中，当月已实现销售的Y产品有500台，Z产品有1 500台。该月Y产品实际单位成本为5 000元，Z产品实际单位成本为1 000元。在结转其销售成本时，时达公司应编制如下会计分录：

借：主营业务成本　　4 000 000
　贷：库存商品——Y产品　　2 500 000
　　　　　　　——Z产品　　1 500 000

（二）商业流通企业库存商品

对于存货种类繁多的企业，为了简化存货的计价，还可以采用存货估价法对月末存货成本进行估价，待季末、半年末或年末时，再采用发出存货的计价方法，计算发出存货和结存存货的成本，并对估算的存货成本做出调整。常用的存货估价法有毛利率法和售价金额核算法。这两种方法多用于商品流通企业。

1.毛利率法

毛利率法，是指根据本期销售净额乘以上期实际（或本期计划）毛利率匡算本期销售毛利，并据以计算发出存货和期末存货成本的一种方法。其计算公式为：

毛利率=（销售毛利÷销售净额）×100%

销售净额=销售收入－销售退回与折让

本期销售成本=本期销售净额×（1－毛利率）

期末存货成本=期初存货成本+本期购货成本－本期销售成本

用毛利率法计算本期销售成本和期末存货成本，在商品流通企业特别是商品批发企业较为常见。商品批发企业同类商品的毛利率大致相同，采用毛利率法估算的存货成本也比较接近实际。毛利率法提供的只是存货成本的近似值，为了合理确定期末存货的实际价值，企业一般应当在每季季末，采用先进先出法、加权平均法等存货计价方法，对结存存货的成本进行一次准确计量，然后根据本季度期初结存存货的成本和本期购进存货的成本，倒挤出本季度发出存货的实际成本，据以调整采用毛利率法估算的发出存货成本。

【做中学4-24】中天批发公司经营甲类商品，2017年第一季度的毛利率为20%，第二季度的进货成本为540万元，4月初甲类商品的结存金额为150万元，4月、5月、6月甲类商品的销售额分别为200万元、180万元、250万元。6月按加权平均法计算甲类商品的结存金额为165万元。

该公司2017年第二季度各月份商品销售成本计算如下：

4月商品销售成本=2 000 000×（1－20%）=1 600 000（元）

5月商品销售成本=1 800 000×（1－20%）=1 440 000（元）

6月商品销售成本=1 500 000+5 400 000－1 600 000－1 440 000－1 650 000
=2 210 000（元）

上述计算的6月商品销售成本221万元中，包含了6月的实际销售成本，也包含了4月、5月因采用毛利率匡算的商品销售成本所产生的误差。

以6月为例，结转销售成本的会计分录如下：

借：主营业务成本 2 210 000

  贷：库存商品 2 210 000

2.售价金额核算法

售价金额核算法，是指平时商品的购进与销售均按售价记账，售价与进价的差额通过专设账户（商品进销差价）核算，期末计算进销差价率和本期已售商品应分摊的进销差价，并据以调整本期销售成本的一种方法。

在该方法下，企业应建立实物负责制，将所经营的全部商品按品种、类别及管理的需要划分为若干实物负责小组，确定其实物负责人，实物负责人对其所经营的商品负全部经济责任。库存商品总账和明细账都按商品的售价记账，库存商品明细账按实物负责人或小组分户，只记售价金额不记实物数量。对于库存商品进价与售价之间的差额应设置“商品进销差价”账户核算，并在期末计算和分摊已售商品的进销差价。售价金额核算法一般适用于零售企业的商品管理与核算。

商品流通企业采用售价金额核算法时，应设置“库存商品”账户核算验收入库的库存商品。“库存商品”账户一律按商品售价登记。该账户借方登记验收入库商品的售价，贷方登记发出商品的售价，期末借方余额反映库存商品的售价。该账户按商品类别或实物负责人进行明细核算。

在售价金额核算法下，为核算库存商品进价与售价之间的差额应设置“商品进销差价”账户。该账户属于资产类账户，也是“库存商品”账户的备抵调整账户。该账户贷方登记购进、加工收回以及销售退回等增加的商品进销差价；借方登记转出已售商品实现的进销差价；期末贷方余额，反映库存商品应保留的进销差价。该账户应按商品类别或实物负责人进行明细核算。月末，应分摊已销商品的进销差价，将已销商品的销售成本调整为实际成本，借记“商品进销差价”账户，贷记“主营业务成本”账户。

$$商品进销差价率=\frac{期初库存商品进销差价+本期购入商品进销差价}{期初库存商品售价+本期购入商品售价}\times 100\%$$

本期销售商品应分摊的商品进销差价=本期商品销售收入×商品进销差价率

本期销售商品的成本=本期商品销售收入−本期已销商品应分摊的商品进销差价

$$\begin{matrix}期末结存\\商品的成本\end{matrix}=\begin{matrix}期初库存\\商品的进价成本\end{matrix}+\begin{matrix}本期购进\\商品的进价成本\end{matrix}-\begin{matrix}本期销售\\商品的成本\end{matrix}$$

请注意 企业的商品进销差价率各期之间是比较均衡的，因此，也可以采用上期商品进销差价率计算分摊本期的商品进销差价。年度终了，应对商品进销差价进行核实调整。

【做中学4-25】开元百货商场2017年3月期初库存商品进价成本为100万元，售价总额为110万元，本月购进该商品进价成本为75万元，售价总额为90万元，本月销售收入为120万元。

开元百货商场3月商品进销差价率及已销商品应分摊的商品进销差价计算如下：

商品进销差价率=（10+15）÷（110+90）×100%=12.5%

已销商品应分摊的商品进销差价=120×12.5%=15（万元）

本期销售商品的实际成本=120−15=105（万元）

期末结存商品的实际成本=100+75−105=70（万元）

结转销售成本及进销差价，编制如下会计分录：

借：主营业务成本	950 000	
商品进销差价	150 000	
贷：库存商品		1 100 000

任务实施

针对“任务布置”中的经济业务，相关处理程序如下：

第一步：统计本月销售情况。

会计人员按照公司本月的销售情况，结合开出的发票，准确地统计出公司本月产成品的销售出库数量。

第二步：计算各产成品的成本。

根据公司财务核算制度，计算出每种产成品料、工、费等组成的实际单位成本（在工业企业中这块工作为难点，成本会计对企业数据的统计很重要）。

第三步：编制产成品成本结转表。

根据统计的产成品完工入库汇总表、产成品销售出库汇总表，以及计算的本月各产品的实际单位成本，确定本月应结转的销售产成品成本，并编制库存商品月末进销存报表。

请写出相关经济业务的会计分录。

任务5 存货清查核算

任务布置

2017年1月26日，华盛公司对材料进行清查，根据“实存账存对比表”可知，所列圆钢盘亏60吨，属于保管人陈平的责任，单价为3 000元/吨，经研究由保管人陈平赔偿存货盘亏损失的60%。

请会计张红做出相关账务处理。

相关原始凭证：

(1) 经财务人员与仓库人员签字确认后的实存账存对比表，确定盘亏数量。

(2) 根据公司的盘点清单，确定盘亏产品的成本。

(3) 确认盘亏存货的责任书，60%由陈平负责，由相关人员签字。

(4) 由公司自行承担的40%由相关领导签字。

业务产生：为规范存货的管理要求，财务部门必须每月至少对仓库进行一次全面盘点，出现账实不符时，找出原因，并确认相关责任人，制订赔偿方案。

知识准备

一、存货清查概述

由于存货种类繁多，收发频繁，在日常收发过程中可能发生计量计算错误、自然损耗、损坏变质以及贪污盗窃等情况，造成账实不符，形成存货的盘盈、盘亏。为了保证存货会计信息真实可靠，企业应对存货进行清查，通过对存货实有数与账面结存数进行核对，确定存货是否账实相符。企业至少应在编制年度财务报告之前，对存货进行一次全面的清查盘点。

存货清查业务流程图

存货清查，是指通过对存货的实地盘点，确定存货的实有数量，并与账面结存数核对，从而确定存货实存数与账面结存数是否相符的一种专门方法。

存货清查采用实地盘点、账实核对的方法。在每次进行清查盘点前，应将已收发的存货数量全部登记入账，并准备盘点清册，抄列各种存货的编号、名称、规格和存放地点。盘点时，应在盘点清册上逐一登记各种存货的账面结存数量和实存数量，并进行核对。对于账实不符的存货，应查明原因，分清责任，并根据清查结果编制“存货盘存报告单”，作为存货清查的原始凭证。

二、存货清查的账户设置

存货清查如果发现盈亏，应填写存货盘点报告单，及时查明原因，并按照规定程序报批处理。为了反映企业在财产清查中查明的各种存货的盈亏和毁损情况，企业应设置“待处理财产损溢”账户，该账户属于资产类账户，具体账户结构如下：

借方	待处理财产损溢　　　　　　　贷方
存货的盘亏、毁损金额及盘盈的转销金额	存货的盘盈金额及盘亏的转销金额

请注意　“待处理财产损溢”账户期末无余额。

三、存货清查业务的账务处理

（一）存货盘盈

存货盘盈，是指存货的实存数量超过账面结存数量的差额。存货发生盘盈，应按其重置成本作为入账价值，及时登记入账，调整“原材料”“周转材料”“库存商品”等账户的账面价值，同时，将盘盈存货的价值先记入“待处理财产损溢——待处理流动资产损溢”账户，待查明原因按规定的管理权限报经批准后，冲减“管理费用”账户。

【做中学4-26】2017年1月31日，时达公司在财产清查中发现盘盈A材料2 000千克，实际单位成本为50元，经查属于材料收发计量错误。时达公司应作如下账务处理：

批准处理前，编制如下会计分录：

借：原材料——A材料　　100 000

　　贷：待处理财产损溢——待处理流动资产损溢　　100 000

批准处理后，编制如下会计分录：

借：待处理财产损溢——待处理流动资产损溢　　100 000

　　贷：管理费用　　100 000

（二）存货盘亏

存货盘亏，是指存货的实存数量少于账面结存数量的差额。存货发生盘亏，应将其账面成本及时转销，将盘亏存货的价值先记入“待处理财产损溢——待处理流动资产损溢”账户，并调整“原材料”“周转材料”“库存商品”等账户的账面价值。盘亏涉及增值税的，还应进行相应处理。存货盘亏及损毁在按规定管理权限报经批准后分别按以下不同情况处理：对于入库的残料价值，记入“原材料”等账户；对于应由保险公司和过失人承担的赔款，记入“其他应收款”账户；扣除残料价值和应由保险公司、过失人赔偿后的净损失，属于一般经营损失的部分，记入“管理费用”账户；属于非常损失的部分，记入“营业外支出”账户。

【做中学4-27】2017年1月31日，时达公司进行期末财产清查，发现毁损B材料200千克，实际单位成本为200元，该批材料已抵扣的进项税额为6 800元。经查属于保管员过失造成，按规定个人赔偿30 000元，残料价值4 000元已办理入库手续。时达公司应作如下账务处理：

批准处理前，编制如下会计分录：

借：待处理财产损溢——待处理流动资产损溢　　46 800
　　贷：原材料——B材料　　40 000
　　　　应交税费——应交增值税（进项税额转出）　　6 800

批准处理后，编制如下会计分录：

借：其他应收款　　30 000
　　原材料　　4 000
　　管理费用　　12 800
　　贷：待处理财产损溢——待处理流动资产损溢　　46 800

请注意　《小企业会计准则》规定，盘盈存货实现的收益应记入“营业外收入”账户，盘亏存货发生的损失应记入“营业外支出”账户。

任务实施

针对“任务布置”中的经济业务，相关处理程序如下：

第一步：财务部门每月组织资产盘点。

财务部门每月需组织对公司财产的盘点工作，确定盘点范围、时间、人员等各项要素。

第二步：出具盘点报告。

联合财产的管理人员，将实际盘点数量与账面数量核对，确定盘点差异，出具盘点报告。

第三步：确定存货差异价格。

根据确认的盘点报告，整理存货差异表，并对盘点短缺的存货，确定赔偿价格。

第四步：落实责任。

对盘点短缺的存货落实责任，并确认具体的赔偿方案。

请写出相关经济业务的会计分录。

任务6　存货减值核算

任务布置

2017年1月27日，华盛公司自制圆钢的成本为360 000元，预计加工完成该产品尚需发生加工费用110 000元，预计圆钢的销售价格（不含增值税）为500 000元，销售费用为60 000元。假定该圆钢未计提存货跌价准备，且不考虑其他因素的影响，华盛公司按单项计提存货跌价准备。

请会计张红做出相关账务处理。

相关原始凭证：会计自制原始单据——存货减值准备计提表。

业务产生：在谨慎性原则的前提下，企业的存货根据市场的动态，以及保管的陈旧或者发生毁损等价格下跌的情况，年末要对企业的存货按照约定的减值办法计提存货跌价准备。

知识准备

一、存货减值概述

存货的初始计量虽然以成本入账，但存货进入企业后可能发生毁损、过时、价格下跌等情况，会使企业持有存货的可变现净值下跌到成本以下，如果期末存货仍以历史成本计价，就会出现虚增资产的现象。因此，为了在资产负债表中更合理地反映期末存货的价值，企业应当选择适当的计价方法对期末存货进行再计价。我国企业会计准则规定，期末存货应按成本与可变现净值孰低法计量。

成本与可变现净值孰低法，是指期末存货按照成本与可变现净值之中的较低者计价的方法。采用这种方法，当期末存货的成本低于可变现净值时，存货仍按成本计量；当期末存货的可变现净值低于成本时，存货则按可变现净值计量，同时按照可变现净值与成本的差额计提存货跌价准备，计入当期损益。

成本，是指期末存货的实际成本，如果日常企业存货采用计划成本核算法或售价金额核算法进行账务处理，应将存货计划成本或售价金额调整为实际成本。

可变现净值，是指存货预计未来净现金流量，即存货估计售价减去至完工时估计将要发生的成本、销售费用以及相关税费后的金额。其中，该存货估计售价的计算确定与是否签订销售合同有关。签有不可撤销合同的，应以合同价格为估计售价；未签销售合同的，应以市场销售价格为估计售价。存货可变现净值的确定方法可归纳如图 4-1 所示。

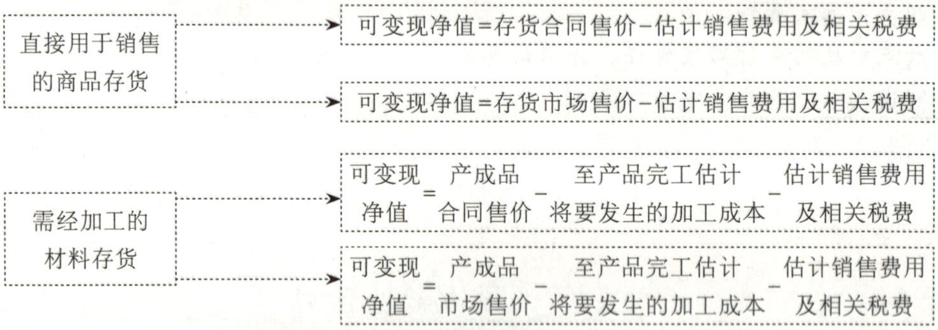

图 4-1　存货可变现净值的确定方法

【做中学 4-28】2017 年 6 月 30 日，时达公司有一批库存商品，数量为 200 件，实际成本为 120 元／件，市场不含税售价为 150 元／件。如果销售该库存商品，估计将要发生的销售费用和相关税费为 10 元／件。假设时达公司曾于当年 5 月 6 日与 A 公司签订一笔不可撤销合同，双方约定，时达公司向 A 公司销售库存商品 120 件，合同不含税售价为 140 元／件。

2017 年 6 月 30 日，该批库存商品可变现净值计算如下：

签订合同的 120 件可变现净值=（140-10）×120=15 600（元）

未签合同的 80 件可变现净值=（150-10）×80=11 200（元）

【做中学 4-29】2017 年 6 月 30 日，时达公司"原材料——钢材"账户余额为 600 000

元，市场销售价格为550 000元。该批钢材可用于生产C型机器1台。由于钢材的市场销售价格下降，以此批钢材为原材料生产的C型机器的市场销售价格由1 500 000元下降为1 350 000元，但其生产成本仍为1 400 000元。估计将该批钢材加工成C型机器尚需投入800 000元，估计销售费用及税金为50 000元。

2017年6月30日，该批钢材的可变现净值计算如下：

可变现净值=1 350 000−800 000−50 000=500 000（元）

二、存货减值核算的账户设置

为了核算存货减值的情况，企业应当设置“存货跌价准备”账户。该账户属于资产类账户，是存货各项目的备抵账户，具体账户结构如下：

借方　　**存货跌价准备**　　贷方

借方	贷方
存货跌价准备的转回和结转金额	存货跌价准备的提取金额
	企业已计提尚未转销的存货跌价准备

请注意　该账户可按存货项目或类别进行明细核算。

三、存货减值业务的账务处理

（一）存货跌价准备的计提方法

企业会计准则规定，期末存货成本与可变现净值的比较方法有单项比较法、分类比较法、总额比较法三种。其中，单项比较法，是指将每种存货的成本与可变现净值逐项进行比较；分类比较法，是指将每一类存货的成本与可变现净值进行比较；总额比较法，是指将全部存货的总成本与可变现净值总额进行比较。

【做中学4-30】时达公司有A、B、C、D四种存货，按其性质可分为甲、乙两类。2017年12月31日，在不同比较法下，期末存货的价值及应计提的跌价准备见表4-6。

表4-6　期末存货的价值及应计提的跌价准备　单位：元

项目	成本	可变现净值	单项比较法		分类比较法		总额比较法	
			期末计价	应提准备	期末计价	应提准备	期末计价	应提准备
甲类存货	60 000	61 000			60 000			
A	24 000	26 000	24 000					
B	36 000	35 000	35 000	1 000				
乙类存货	56 000	55 500			55 500	500		
C	36 000	34 500	34 500	1 500				
D	20 000	21 000	20 000					
总计	116 000	116 500	113 500	2 500	115 500	500	116 000	

从表4-6的计算结果可以看出，单项比较法计算的期末存货价值最低，分类比较法次之，总额比较法最高。这说明，比较得越细致，结果越准确，越符合稳健性原则，但计算工作量也越大。

企业会计准则规定，企业通常应按单项比较法计提存货跌价准备。与在同一地区生产和销售的产品系列相关、具有相同或类似最终用途或目的，且难以与其他项目分开计量的存货，可以合并计提存货跌价准备；对于数量繁多、单价较低的存货，可以按存货类别计提存货跌价准备。

（二）存货跌价准备的计提和转回

资产负债表日，企业应当首先确定存货的可变现净值，既不能提前确定，也不能延后确定，并且在每一个资产负债表日都应当重新确定存货的可变现净值。在确定存货可变现净值的基础上，将存货可变现净值与存货成本进行比较，确定本期存货的减值金额，即本期存货可变现净值低于成本的差额，然后再将本期存货的减值金额与“存货跌价准备”账户原有的余额进行比较，按下列公式计算确定本期应计提的存货跌价准备金额：

$$\text{某期应计提的存货跌价准备}=\text{当期存货可变现净值低于其成本的差额}-\text{“存货跌价准备”账户已有的余额}$$

$$=\text{本期存货的减值金额}-\text{“存货跌价准备”账户余额}$$

【做中学4-31】沿用【做中学4-30】的资料，以表4-6所列单项比较法确认的跌价准备为例，首次计提存货跌价准备应编制如下会计分录：

借：资产减值损失　　2 500

　　贷：存货跌价准备——B存货　　1 000

　　　　　　　　　　——C存货　　1 500

请注意 存货可变现净值低于存货实际成本的金额并不一定就是本期应计提的存货跌价准备，而是截至目前，企业账面应当存在的存货跌价准备金额（即“存货跌价准备”账户的账面余额）。如果应提金额大于已提金额，则应予以补提；反之，则应予以转回。

【做中学4-32】时达公司A存货有关资料如下：2015—2017年年末A存货的实际成本均为50 000元，2015年、2016年和2017年年末可变现净值分别为47 000元、43 000元和48 500元。则该公司各年应计提的存货跌价准备金额及账务处理如下：

2015年年末应计提的存货跌价准备=50 000−47 000=3 000（元）

借：资产减值损失　　3 000

　　贷：存货跌价准备——A存货　　3 000

2016年年末应计提的存货跌价准备=50 000−43 000−3 000=4 000（元）

借：资产减值损失　　4 000

　　贷：存货跌价准备——A存货　　4 000

2017年年末应计提存货跌价准备=50 000−48 500−7 000=−5 500（元）（负号表示转回）

借：存货跌价准备——A存货　　5 500

　　贷：资产减值损失　　5 500

提示 存货跌价准备转回时，转回的存货跌价准备与计提该准备的存货项目或类别应当存在直接对应关系，即导致存货跌价准备转回的是以前减记存货价值的影响因素的消失，而不是在当期造成存货可变现净值高于其成本的其他影响因素。

（三）存货跌价准备的结转

企业计提了存货跌价准备，如果其中有部分存货已经销售，则企业在结转销售成本时，应同时结转对其已计提的存货跌价准备。对于因债务重组、非货币性资产交换转出的存货，也应同时结转已计提的存货跌价准备。

【做中学4-33】时达公司2016年年末库存A机器4台，每台成本为5 000元，已经计提的存货跌价准备合计为5 000元。2017年该公司将库存的4台机器以每台6 000元的价格全部售出，适用的增值税税率为17%，货款已收到。时达公司相关账务处理如下：

收到销货款确认收入时，编制如下会计分录：

借：银行存款　　28 080

　　贷：主营业务收入　　24 000

　　　　应交税费——应交增值税（销项税额）　　4 080

结转销售成本和存货跌价准备时，编制如下会计分录：

借：主营业务成本　　15 000

　　存货跌价准备——A机器　　5 000

　　贷：库存商品——A机器　　20 000

任务实施

针对"任务布置"中的经济业务，相关处理程序如下：

第一步：会计月末计算需计提的存货跌价准备金额。

会计根据期末存货的可变现价格，发现自制圆钢有跌价的可能，设置"存货跌价准备"账户核算计提的准备金，"存货跌价准备"账户是"存货"账户的备抵账户，跌价损失记入"资产减值损失"账户

第二步：编制自制原始凭证。

用EXCEL工具自制存货跌价准备计提表。

第三步：编制存货跌价准备业务相关记账凭证。

请写出相关经济业务的会计分录。

案例分析

请思考

（1）原油是中石化公司的主要原材料，为什么原材料价格的波动对公司的利润有如此

大的影响？

（2）2014年10月，国际原油的价格为近100美元/桶；2015年1月，价格为45美元/桶；2016年1月15日，价格大幅下跌，收盘价跌破30美元/桶。面对油价的持续下跌，中石化公司难道就没有办法盈利了吗？面对跌价损失，公司该如何止损？

中国石化发布2014年年报 净利下滑29.4%

2015年3月22日晚间，中国最大的一体化能源化工公司中国石化发布了2014年年报。年报财务数据显示，公司2014年实现营业收入28 259亿元，同比下滑了1.9%；实现净利润474.3亿元，同比下滑了29.4%，公司此次净利润的下滑也创下了自2008年以来的最大下滑幅度。

净利润下滑的主要原因是原油价格的下跌，公司炼油、化工以及本部业务均由盈转亏，合计亏损53亿元，而上年同期，这三块业务合计盈利超过百亿元。

2015年，中国石化预计国际油价将继续维持疲弱，国内成品油市场需求将保持稳定增长，结构进一步调整。全年计划境内生产原油3亿桶，境外4 800万桶；计划生产天然气8 863亿立方英尺。发布年报的同时，中国石化还发布了2015年第一季度业绩预告。公告称，2014年第四季度以来，国际原油价格出现断崖式下跌，2015年第一季度仍处于低位，公司原油实现价格大幅下滑，炼油和成品油销售业务消化高成本原油、成品油库存，导致公司归属于上市公司股东的净利润同比大幅下降，预计将处于盈亏平衡点附近。

案例分析
参考答案

资料来源：刘泽先，彭梦飞．中国石化发布2014年年报 净利下滑29.4% [EB/OL]．[2015-03-23]．http：//finance.qq.com/a/20150323/010467.htm.

思维导图

请根据本项目内在知识点的逻辑关系，制作思维导图。

项目五

金融资产核算

项目导读

金融，是指资金融通，就是筹资和投资。金融资产就是资金融通活动中形成的资产。企业金融资产主要包括库存现金、应收账款、应收票据、贷款、垫款、其他应收款、应收利息、债券投资、股票投资、基金投资及衍生金融资产等。企业应当结合自身业务特点和风险管理要求，将取得的金融资产分类核算。金融资产的分类与金融资产的计量密切相关。因此，企业应当在初始确认金融资产时，将其划分为下列四类（如图5-1所示）。

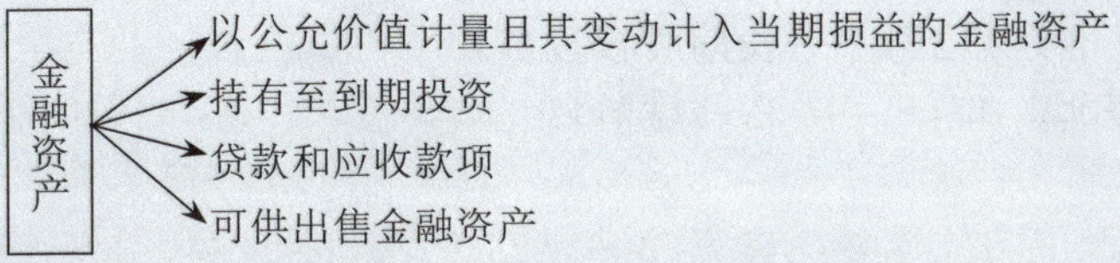

图5-1　金融资产的分类

请注意 按照最新的会计准则，金融资产分为以摊余成本计量的金融资产、以公允价值计量且其变动计入其他综合收益的金融资产、以公允价值计量且其变动计入当期损益的金融资产三类。金融资产以业务模式（为收取而持有、为收取和出售而持有、其他业务模式）和现金流（管理层需要判断、合同现金流是否仅为本金及未偿付本金金额之利息的支付）特征为划分标准，使得会计调节的空间大大减小，会计报表的客观性大幅提升，基本限制了企业通过人为调整金融资产的划分来达到粉饰利润表的目的。由于新修订的金融工具会计准则应用指南尚未出台，以下内容均根据修订前的准则撰写，待应用指南出台后进行修改。

金融资产的分类与金融资产的计量密切相关，不同类别的金融资产，其初始计量和后续计量采用的基础也不完全相同。因此，上述分类一经确定，不得随意变更。对于在活跃市场上有报价的金融资产，既可能划分为以公允价值计量且其变动计入当期损益的金融资产，也可能划分为可供出售金融资产；如果该金融资产属于有固定到期日、回收金额固定或可确定的金融资产，则该金融资产还可能划分为持有至到期投资。某项金融资产具体应分为哪一类，主要取决于企业管理层的风险管理、投资决策等因素。金融资产的分类应是管理层的如实表达。

学习目标

1.掌握以公允价值计量且其变动计入当期损益的金融资产中交易性金融资产的核算；
2.持有至到期投资、可供出售金融资产核算；
3.了解交易性金融资产、可供出售金融资产公允价值的确定；
4.了解持有至到期投资和可供出售债券投资摊余成本和实际利率的确定；
5.了解交易性金融资产、持有至到期投资、可供出售金融资产减值准备。

政策依据

《企业会计准则——基本准则》
《企业会计准则第22号——金融工具确认和计量》
《企业会计准则第39号——公允价值计量》
《企业内部控制应用指引第6号——资金活动》
《企业会计准则第2号——长期股权投资》
《企业会计准则第8号——资产减值》

项目列报

本项目在资产负债表中的列示信息见表5-1。

表5-1 本项目在资产负债表中的列示信息

资产	期末余额	负债和所有者权益（或股东权益）	期末余额
流动资产：			
⋮			
以公允价值计量且其变动计入当期损益的金融资产中交易性金融资产（=“交易性金融资产”）			
⋮			
应收利息（=“应收利息”）			
应收股利（=“应收股利”）			
⋮			
非流动资产：			
可供出售金融资产（=“可供出售金融资产”-“可供出售金融资产减值准备”）			
持有至到期投资（=“持有至到期投资”-“持有至到期投资减值准备”）			
⋮			

任务1　交易性金融资产核算

任务布置

2017年1月至5月，华盛公司发生的交易性金融资产业务如下：

（1）1月1日，向上财证券公司划出投资款1 000万元，款项已通过开户行转入上财证券公司银行账户。

（2）1月2日，委托上财证券公司购入华光上市公司股票100万股，每股8元，另发生相关交易费用2万元，并将该股票划分为交易性金融资产。

（3）1月31日，该股票在上财证券交易所的收盘价格为每股7.70元。

（4）4月30日，该股票在上财证券交易所的收盘价格为每股8.10元。

（5）5月10日，将所持有的该股票全部出售，所得价款为825万元，已存入银行。假定不考虑相关税费。

请会计张红做出相关账务处理。

相关原始凭证：

（1）划出投资款时的银行单据。

（2）委托上财证券购买100万股华光公司股票的凭证。

（3）支付2万元交易费用的凭证。

（4）月底公允价值变动，编制公允价值变动损益表。

（5）出售华光公司股票的凭证。

业务产生：企业在持有大量资金时，为了不让资金闲置，使资金获得更大收益或者出于某种商业目的，在资本市场购入上市公司的股票。

知识准备

一、交易性金融资产概述

一图看懂借壳上市

满足以下条件之一的金融资产应当划分为交易性金融资产：

（1）取得金融资产的目的主要是近期内出售、回购或赎回。

（2）属于进行集中管理的可辨认金融工具组合的一部分，具有客观证据表明企业近期采用短期获利方式对该组合进行管理。

（3）属于金融衍生工具。但被企业指定为有效套期工具的衍生工具属于财务担保合同的衍生工具、与在活跃市场中没有报价且其公允价值不能可靠计量的权益工具投资挂钩并须通过交付该权益工具结算的衍生工具除外。

交易性金融资产，是指企业为了近期内出售而持有的金融资产，如企业以赚取差价为目的从二级市场购入的股票、债券、基金等。根据交易性金融资产的定义可知，交易性金融资产的确认应同时具备两个条件：一是该项金融资产能够随时出售（即存在活跃市场，公允价值能可靠计量）；二是企业持有该项金融资产的目的是准备随时出售。否则，就不属于交易性金融资产。

二、交易性金融资产核算的账户设置

为了核算和监督交易性金融资产的取得、现金股利和利息的收取、处置等业务，企业应当设置“交易性金融资产”“公允价值变动损益”“投资收益”等账户进行核算。

（一）“交易性金融资产”账户

该账户核算企业为交易目的所持有的债券投资、股票投资、基金投资等交易性金融资产的公允价值。企业持有的直接指定为以公允价值计量且其变动计入当期损益的金融资产也在“交易性金融资产”账户核算。该账户属于资产类账户，具体账户结构如下：

借方　　　　**交易性金融资产**　　　　贷方

借方	贷方
①交易性金融资产的取得成本 ②资产负债表日其公允价值高于账面余额的差额	①资产负债表日其公允价值低于账面余额的差额 ②企业出售交易性金融资产时结转的成本
反映企业持有的交易性金融资产的公允价值	

请注意 **该账户可按交易性金融资产的类别和品种，分别设置“成本”“公允价值变动”等明细账户进行核算。**

（二）“公允价值变动损益”账户

该账户核算企业交易性金融资产等的公允价值变动形成的应计入当期损益的利得或损失。该账户属于损益类账户，具体账户结构如下：

借方　　　　**公允价值变动损益**　　　　贷方

借方	贷方
资产负债表日企业持有的交易性金融资产等的公允价值低于账面余额的差额	资产负债表日企业持有的交易性金融资产等的公允价值高于账面余额的差额

请注意 **期末应将该账户余额转入“本年利润”账户，结转后该账户无余额。**

（三）“投资收益”账户

该账户核算企业持有交易性金融资产等的期间内取得的投资收益以及出售交易性金融资产等实现的投资收益或投资损失。该账户属于损益类账户，具体账户结构如下：

借方　　　　**投资收益**　　　　贷方

借方	贷方
①企业出售交易性金融资产等发生的投资损失 ②企业对外投资活动中发生的交易费用	①企业持有交易性金融资产等的期间内取得的投资收益 ②企业出售交易性金融资产等实现的投资收益

请注意 **期末应将该账户余额转入“本年利润”账户，结转后该账户无余额。**

三、交易性金融资产业务的账务处理

（一）取得交易性金融资产

企业取得交易性金融资产时，应当按照该金融资产取得时的公允价值作为其初始入账金额。公允价值，是指市场参与者在计量日发生的有序交易中，出售一项资产所能收到或者转移一项负债所需支付的价格。金融资产的公允价值，应当以市场交易价格为基础加以确定。

企业取得交易性金融资产所支付价款中包含了已宣告但尚未发放的现金股利或已到付息期但尚未领取的债券利息的，应当单独确认为应收项目，不构成交易性金融资产的初始入账金额。

交易性金融资产实务操作流程图

企业取得交易性金融资产所发生的相关交易费用应当在发生时作为投资收益进行会计处理。交易费用，是指可直接归属于购买、发行或处置金融工具新增的外部费用，包括支付给代理机构、咨询公司、券商等的手续费和佣金及其他必要支出。

企业取得交易性金融资产，应当按照该金融资产取得时的公允价值，借记“交易性金融资产——成本”账户，按照发生的交易费用，借记“投资收益”账户，按照已到付息期但尚未领取的利息或已宣告但尚未发放的现金股利，借记“应收利息”或“应收股利”账户，按照实际支付的金额，贷记“其他货币资金——存出投资款”等账户。

【做中学5-1】2017年1月20日，时达公司从上海证券交易所购入A上市公司股票1 000 000股，并将其划分为交易性金融资产。该笔股票投资在购买日的公允价值为10 000 000元，另支付相关交易费用25 000元。时达公司应编制如下会计分录：

购买A上市公司股票时：

借：交易性金融资产——成本（A上市公司）	10 000 000	
贷：其他货币资金——存出投资款		10 000 000

支付相关交易费用时：

借：投资收益	25 000	
贷：其他货币资金——存出投资款		25 000

在本例中，取得交易性金融资产所发生的相关交易费用25 000元，应当在发生时记入“投资收益”账户，而不记入“交易性金融资产——成本”账户。

（二）持有交易性金融资产

（1）企业持有交易性金融资产期间对于被投资单位宣告发放的现金股利或企业在资产负债表日按分期付息、一次还本债券的票面利率计算的利息收入，应当确认为应收项目，并计入投资收益。

企业在持有交易性金融资产的期间，取得被投资单位宣告发放的现金股利，或在资产负债表日按分期付息、一次还本债券的票面利率计算的利息收入，借记“应收股利”或“应收利息”账户，贷记“投资收益”账户。收到股利或利息时，借记“其他货币资金——存出投资款”账户，贷记“应收股利”或“应收利息”账户。

【做中学5-2】2016年1月1日，时达公司购入B公司发行的公司债券，该笔债券于2013年7月1日发行，面值为25 000 000元，票面利率为4%。上年债券利息于下年初支付。时达公司将其划分为交易性金融资产，支付价款为26 000 000元（其中包含已到付息期但尚未领取的债券利息500 000元），另支付交易费用300 000元。2016年1月8日，时达公司收到该笔债券利息500 000元。2017年年初，时达公司收到债券利息1 000 000元，时达公司应编制如下会计分录：

（1）2016年1月1日，购入B公司债券时：

借：交易性金融资产——成本（B公司债券）	25 500 000	
应收利息	500 000	
投资收益	300 000	

贷：其他货币资金——存出投资款 26 300 000

（2）2016年1月8日，收到购买价款中包含的已到付息期但尚未领取的债券利息时：

借：其他货币资金——存出投资款 500 000

贷：应收利息 500 000

（3）2016年12月31日，确认B公司的公司债券利息收入1 000 000元（25 000 000×4%）时：

借：应收利息 1 000 000

贷：投资收益 1 000 000

（4）2017年年初，收到持有B公司的公司债券利息时：

借：其他货币资金——存出投资款 1 000 000

贷：应收利息 1 000 000

取得交易性金融资产所支付价款中包含的已到付息期但尚未领取的债券利息500 000元，应当记入"应收利息"账户，而不记入"交易性金融资产——成本"账户。取得交易性金融资产所支付价款26 000 000元扣除已到付息期但尚未领取的债券利息500 000元后的余额25 500 000元，应当记入"交易性金融资产——成本"账户。

（2）资产负债表日，交易性金融资产应当按照公允价值计量，公允价值与账面价值余额之间的差额计入当期损益。

企业应当在资产负债表日按照交易性金融资产公允价值高于其账面余额的差额，借记"交易性金融资产——公允价值变动"账户，贷记"公允价值变动损益"账户；公允价值低于其账面余额的差额作相反的会计分录。

【做中学5-3】沿用【做中学5-2】的资料，假定2016年6月30日，时达公司购买的B公司债券的公允价值（市价）为27 800 000元；2016年12月31日，时达公司购买的B公司债券的公允价值（市价）为25 600 000元。时达公司应编制如下会计分录：

（1）2016年6月30日，确认B公司债券的公允价值变动损益时：

借：交易性金融资产——公允价值变动（B公司债券） 2 300 000

贷：公允价值变动损益——B公司债券 2 300 000

（2）2016年12月31日，确认B公司债券的公允价值变动损益时：

借：公允价值变动损益——B公司债券 2 200 000

贷：交易性金融资产——公允价值变动（B公司债券） 2 200 000

2016年6月30日，B公司债券的公允价值为27 800 000元，账面余额为25 500 000元，公允价值大于账面余额2 300 000元，应记入"公允价值变动损益"账户的贷方。2016年12月31日，B公司债券的公允价值为25 600 000元，账面余额为27 800 000元，公允价值小于账面余额2 200 000元，应记入"公允价值变动损益"账户的借方。

（三）出售交易性金融资产

企业出售交易性金融资产时，应当将该金融资产出售时的公允价值与其账面余额之间的差额作为投资损益进行会计处理。同时，将原计入公允价值变动损益的该金融资产的公允价值变动转出，由公允价值变动损益转为投资收益。

企业出售交易性金融资产，应当按照实际收到的金额，借记"其他货币资金"等账户，按照该金融资产的账面余额，贷记"交易性金融资产——成本（或公允价值变动）”账户，根据规定计算的应交增值税，贷记“应交税费——转让金融商品应交增值税”账户，按照其差额，贷记或借记“投资收益”账户；同时，将原计入该金融资产的公允价值变动转出，借记或贷记“公允价值变动损益”账户，贷记或借记“投资收益”账户。

【做中学5-4】沿用【做中学5-3】的资料，假定2017年1月15日，时达公司出售了所持有的B公司债券，售价为26 650 000元。时达公司应编制如下会计分录：

借：其他货币资金——存出投资款　　26 650 000
　贷：交易性金融资产——成本（B公司债券）　　25 500 000
　　　　　　　　　　——公允价值变动（B公司债券）　　100 000
　　应交税费——转让金融商品应交增值税　　39 000
　　投资收益　　1 011 000

同时：

借：公允价值变动损益　　100 000
　贷：投资收益　　100 000

转让债券应交增值税＝（26 650 000－25 500 000－500 000）×6%＝39 000（元）

请注意　金融商品转让按规定以盈亏相抵后的余额作为销售额计算缴纳增值税。金融商品实际转让月末，如产生转让收益，则按应纳税额借记“投资收益”账户，贷记“应交税费——转让金融商品应交增值税”账户（小规模纳税人应贷记“应交税费——应交增值税”账户）。如产生转让损失，则按可结转下月抵扣税额，借记“应交税费——转让金融商品应交增值税”账户，贷记“投资收益”账户。缴纳增值税时，应借记“应交税费——转让金融商品应交增值税”账户，贷记“银行存款”账户。年末，“应交税费——转让金融商品应交增值税”账户如有借方余额，则借记“投资收益”账户，贷记“应交税费——转让金融商品应交增值税”账户。

任务实施

针对“任务布置”中的经济业务，相关处理程序如下：

第一步：公司向上财证券公司开户。

公司如需要在证券市场购买股票投资，必须在证券公司进行开户，财务人员持公司营业执照等相关凭证，按证券公司所提出的流程开户。

第二步：将资金转入证券资金账户。

根据相关领导同意投资的审批单据，出纳将1 000万元资金从公司的开户银行转到公司的证券资金账户中。

第三步：委托证券公司购买股票。

公司委托上财证券公司按照公司的委托要求，购买华光公司100万股股票，并支付2万元的交易费用。

第四步：计算公允价值损益。

每月月底时，根据华光公司的实际股价情况，编制公允价值变动损益表。

第五步：出售华光公司股票。

公司委托上财证券公司出售华光公司100万股股票，并计算损益情况。

请写出相关经济业务的会计分录。

任务2 持有至到期投资核算

任务布置

2017年1月1日，华盛公司购入不准备在年内变现的天美公司债券一批，划分为持有至到期投资，债券票面利率为8%，债券面值为100 000元，期限为5年，实际支付价款92 278元，无交易费用。该债券每半年付息一次，到期归还本金并支付最后一次利息。华盛公司购入债券时的实际市场利率为10%。2021年11月1日，华盛公司将天美公司债券全部出售，所得价款为102 417元。

请会计张红做出相关账务处理。

相关原始凭证：

（1）购买天美公司债券的相关合同。

（2）支付债券的相关银行凭证。

（3）收到天美公司开出的企业债券原件。

（4）计息时自制的计息原始凭证。

（5）每半年收到利息的银行单据。

业务产生：企业在持有大量资金时，为了不让资金闲置，使资金获得更大收益，购买债券市场上天美公司发行的债券。

知识准备

一、持有至到期投资概述

持有至到期投资，是指到期日固定、回收金额固定或可确定，且企业有明确意图和能力持有至到期投资的非衍生金融资产。通常情况下，持有至到期投资包括企业持有的、在活跃市场上有公开报价的国债、企业债券、金融债券等。

持有至到期投资的资产必须是同时满足下列三个条件的非衍生金融资产：

（1）到期日固定、回收金额固定或可确定，是指相关合同明确了投资者在确定的期间内获得或应收取现金流量（例如，投资利息和本金等）的金额和时间。因此，权益工具投资不能划分为持有至到期投资。

（2）有明确意图持有至到期，是指投资者在取得投资时意图就是明确的。

（3）有能力持有至到期，是指企业有足够的财务资源，并不受外部因素影响将投资持有至到期。

提示　如果企业管理层决定将某项金融资产持有至到期，则在该金融资产未到期前，不能随意地改变其最初意图。企业应当于每个资产负债表日对持有至到期投资的意图和能力进行评价，发生变化的，应当将其重分类为可供出售金融资产进行处理。企业将持有至到期投资在到期前处置或重分类，通常表明其违背了将投资持有至到期的最初意图。

二、持有至到期投资核算的账户设置

为了反映和监督持有至到期投资的取得、收取利息、减值和出售等情况，企业应当设置“持有至到期投资”“投资收益”“持有至到期投资减值准备”等账户进行核算。

（一）“持有至到期投资”账户

该账户核算企业持有至到期投资的摊余成本，属于资产类账户，具体账户结构如下：

借方　　**持有至到期投资**　　贷方

借方	贷方
①持有至到期投资的面值 ②溢价取得成本高于面值的差额 ③折价购入利息调整摊销金额 ④期末确定的应计利息	①折价取得成本低于面值的差额 ②溢价购入利息调整摊销金额 ③企业持有至到期投资结转的成本
企业持有至到期投资的摊余成本	

请注意　企业可以按照持有至到期投资的类别和品种，分别设置“成本”“利息调整”“应计利息”等明细账户进行核算。

（二）“持有至到期投资减值准备”账户

该账户核算企业持有至到期投资的减值准备，是“持有至到期投资”账户的备抵账户，具体账户结构如下：

借方　　**持有至到期投资减值准备**　　贷方

借方	贷方
①实际发生的持有至到期投资减值损失金额 ②转回的持有至到期投资减值准备金额	资产负债表日计提的持有至到期投资减值准备
	企业已计提但尚未转销的持有至到期投资减值准备

请注意　企业可以按照持有至到期投资的类别和品种进行明细核算。

三、持有至到期投资业务的账务处理

（一）取得持有至到期投资

企业为购入债券而付出的买价可能等于债券的面值，也可能高于或低于债券的面值。债券购入价格等于债券的面值，称为按面值购入；债券购入价格高于债券的面值，称为溢价购入；债券购入价格低于债券的面值，称为折价购入。

提示　债券购入价格很大程度上取决于债券的票面利率和市场利率。若债券票面利率与市场利率相同，债券通常按面值购入；若债券的票面利率高于市场利率，债券通常溢价购入，溢价既是债券发行企业以后多付利息而事先得到的补偿，也是债券购入企业以后多得利息而预先付出的代价；当债券的票面利率低于市场利率时，债券可折价购入，折价既是债券发行企业以后少付利息而预先付出的代价，也是债券购入企业以后少得利息预先得到的补偿。

企业取得持有至到期投资应当按照公允价值计量，取得持有至到期投资所发生的交易费用计入持有至到期投资的初始确认金额。

企业取得持有至到期投资支付的价款中包括已到付息期但尚未领取的债券利息，应当单独确认为应收项目，不构成持有至到期投资的初始确认金额。

企业取得的持有至到期投资，应当按照投资的面值，借记“持有至到期投资——成本”账户，按照支付的价款中包含的已到付息期但尚未领取的利息，借记“应收利息”账户，按照实际支付的金额，贷记“银行存款”等账户，按照其差额，借记或贷记“持有至到期投资——利息调整”账户。

【做中学5-5】2017年1月1日，时达公司支付价款2 000 000元（含交易费用）从上海证券交易所购入C公司同日发行的5年期公司债券12 500份，债券票面价值总额为2 500 000元，票面年利率为4.72%，于年末支付本年度债券利息（即每年利息为118 000元），本金在债券到期时一次性偿还。时达公司将其划分为持有至到期投资。该债券投资的实际利率为10%。时达公司应编制如下会计分录：

借：持有至到期投资——成本（C公司债券） 2 500 000
　　贷：其他货币资金——存出投资款 2 000 000
　　　　持有至到期投资——利息调整（C公司债券） 500 000

（二）持有持有至到期投资

企业在持有至到期投资的持有期间，所涉及的会计处理主要有两个方面：一是在资产负债表日确认债券利息收入；二是在资产负债表日核算发生的减值损失。

1.持有至到期投资的债券利息收入

企业在持有至到期投资的会计期间，应当按照摊余成本对持有至到期投资进行计量。在资产负债表日，按照持有至到期投资摊余成本和实际利率计算确定的债券利息收入，应当作为投资收益进行会计处理。

摊余成本，是指该金融资产的初始确认金额经下列调整后的结果：（1）扣除已偿还的本金；（2）加上或减去采用实际利率法将该初始确认金额与到期日金额之间的差额进行摊销形成的累计摊销额；（3）扣除已发生的减值损失。

实际利率，是指将金融资产在预期存续期间或适用的更短期间内的未来现金流量，折现为该金融资产当前账面价值所使用的利率。实际利率在相关金融资产预期存续期间或适用的更短期间内保持不变。

需要说明的是，如果有客观证据表明该金融资产的实际利率计算的各期利息收入与名义利率计算差距很小，也可以采用名义利率替代实际利率使用。

持有至到期投资为分期付息、一次还本债券投资的，企业应当在资产负债表日按照持有至到期投资的面值和票面利率计算确定的应收未收利息，借记“应收利息”账户，按照持有至到期投资的摊余成本和实际利率计算确定的利息收入，贷记“投资收益”账户，按照其差额，借记或贷记“持有至到期投资——利息调整”账户。

持有至到期投资为一次还本付息债券投资的，企业应当在资产负债表日按照持有至到期投资的面值和票面利率计算确定的应收未收利息，借记“持有至到期投资——应计利息”账户，按照持有至到期投资的摊余成本和实际利率计算确定的利息收入，贷记“投资收益”账户，按照其差额，借记或贷记“持有至到期投资——利息调整”账户。

【做中学5-6】沿用【做中学5-5】的资料，根据约定，2016年12月31日，时达公司按期收到C公司支付的第1年债券利息118 000元，并按照摊余成本和实际利率确认投资收益200 000元；2017年12月31日，时达公司按期收到C公司支付的第2年债券利息118 000元，并按照摊余成本和实际利率确认投资收益208 200元；2018年12月31日，时达公司按期收到C公司支付的第3年债券利息118 000元，并按照摊余成本和实际利率确认投资收益217 220元；2019年12月31日，时达公司按期收到C公司支付的第4年债券利息118 000元，并按照摊余成本和实际利率确认投资收益227 142元。时达公司应编制如下会计分录：

（1）2016年12月31日，确认C公司债券实际利息收入、收到债券利息时：

借：应收利息——C公司	118 000	
持有至到期投资——利息调整（C公司债券）	82 000	
贷：投资收益——C公司债券		200 000

同时：

借：其他货币资金——存出投资款	118 000	
贷：应收利息——C公司		118 000

（2）2017年12月31日，确认C公司债券实际利息收入、收到债券利息时：

借：应收利息——C公司	118 000	
持有至到期投资——利息调整（C公司债券）	90 200	
贷：投资收益——C公司债券		208 200

同时：

借：其他货币资金——存出投资款	118 000	
贷：应收利息——C公司		118 000

（3）2018年12月31日，确认C公司债券实际利息收入、收到债券利息时：

借：应收利息——C公司	118 000	
持有至到期投资——利息调整（C公司债券）	99 220	
贷：投资收益——C公司债券		217 220

同时：

借：其他货币资金——存出投资款	118 000	
贷：应收利息——C公司		118 000

（4）2019年12月31日，确认C公司债券实际利息收入、收到债券利息时：

借：应收利息——C公司	118 000	
持有至到期投资——利息调整（C公司债券）	109 142	
贷：投资收益——C公司债券		227 142

同时：

借：其他货币资金——存出投资款	118 000	
贷：应收利息——C公司		118 000

在本例中，根据约定，时达公司应向C公司收取的第1年债券利息为118 000元

(2 500 000×4.72%)，但时达公司按照摊余成本和实际利率计算确定的投资收益为200 000元（2 000 000×10%），这两个金额并不相等，其差额为利息调整。以后年度情况类似。

【做中学5-7】时达公司2016年1月1日购入D公司当天发行的2年期债券作为长期投资，债券面值为200 000元，票面利率为10%，每半年付息一次，付息日为7月1日和1月1日，到期还本，用银行存款实际支付价款207 259元，假定未发生交易费用。假定实际利率为8%。根据以上资料，编制会计分录。

（1）购入债券：

借：持有至到期投资——成本　　200 000

　　　　　　　　——利息调整　　7 259

　贷：银行存款　　207 259

（2）各期投资收益、溢价摊销以及会计分录见表5-2。

表5-2　一次还本债券溢价摊销表（实际利率法）　单位：元

计算和账务处理 / 日期	票面利息	投资收益	溢价摊销	持有至到期投资摊余成本
	借：应收利息	贷：投资收益	贷：持有至到期投资——利息调整	
	①=200 000×10%÷2	②=期初价值×8%÷2	③=①−②	④=期初价值−③
2016.01.01				207 259
2016.06.30	10 000	8 290	1 710	205 549
2016.12.31	10 000	8 222	1 778	203 771
2017.06.30	10 000	8 151	1 849	201 922
2017.12.31	10 000	8 078	1 922*	200 000
合计	40 000	32 741	7 259	—

注：表中标*的数字考虑了计算过程中出现的尾差。

2.持有至到期投资减值

根据《企业会计准则第22号——金融工具确认与计量》的规定，企业应当在资产负债表日对持有至到期投资的账面价值进行检查，有客观证据表明该持有至到期投资发生减值的，应当在该持有至到期投资的账面价值减记至预计未来现金流量（不包括尚未发生的未来信用损失）现值，减记的金额确认为资产减值损失，计入当期损益。

资产负债表日，持有至到期投资的账面价值高于预计未来现金流量现值，将减记的金额作为资产减值损失进行会计处理，计入当期损益，同时计提相应的资产减值准备，借记“资产减值损失——计提的持有至到期投资减值准备”账户，贷记“持有至到期投资减值准备”账户。

已计提减值准备的持有至到期投资价值以后又得以恢复的，应当在原已计提的减值准备金额内予以转回。转回的金额计入当期损益。但该金融资产转回后的账面价值不应当超过假定不计提减值准备情况下该金融资产在转回日的摊余成本。企业应按照已恢复的金额，借记“持有至到期投资减值准备”等账户，贷记“资产减值损失——计提的持有至到期投资减值准备”账户。

企业结转出售持有至到期投资的账面价值时，对于已计提持有至到期投资减值准备的，还应当同时借记“持有至到期投资减值准备”账户。

【做中学5-8】沿用【做中学5-6】的资料，2016年12月31日，有客观数据表明C公司发生了严重财务困难，假定时达公司对债券投资确定的减值损失为766 000元；2017年12月31日，有客观数据证明C公司债券价值已恢复，且客观上与确认该损失时发生的事项有关的，假定时达公司确定的应恢复的金额为700 000元。时达公司应编制如下会计分录：

（1）2016年12月31日，确认C公司债券投资的减值损失时：

借：资产减值损失——计提的持有至到期投资减值准备　　766 000
　　贷：持有至到期投资减值准备——C公司债券　　766 000

（2）2017年12月31日，确认C公司债券投资减值损失的转回时：

借：持有至到期投资减值准备——C公司债券　　700 000
　　贷：资产减值损失——计提的持有至到期投资减值准备　　700 000

（三）出售持有至到期投资

企业出售持有至到期投资时，应当将取得的价款与账面价值之间的差额作为投资损益进行会计处理。如果对持有至到期投资计提了减值准备，还应当同时结转减值准备。企业出售持有至到期投资，应当按照实际收到的金额，借记“银行存款”等账户，按照该持有至到期投资的账面余额，贷记“持有至到期投资——成本（或利息调整、应计利息）”账户，按照其差额，贷记或借记“投资收益”账户。

【做中学5-9】沿用【做中学5-5】和【做中学5-6】的资料，2020年1月5日，时达公司将所持有的12 500份C公司债券全部出售，取得价款2 400 000元。该日，时达公司该债券投资的账面余额为2 380 562元，其中：成本明细账户为借方余额2 500 000元，利息调整明细账户为贷方余额119 438元。假定该债券投资在持有期间未发生减值。时达公司应编制如下会计分录：

借：其他货币资金——存出投资款　　2 400 000
　　持有至到期投资——利息调整（C公司债券）　　119 438
　　贷：持有至到期投资——成本（C公司债券）　　2 500 000
　　　　投资收益——C公司债券　　19 438

时达公司在出售全部持有的C公司债券时，应当将该债券投资的账面余额2 380 562元全部结转，使其余额及各明细账户余额均变为0，以计算确定处置损益。其中，利息调整明细账户为贷方余额119 438元，应通过借方结转也使其余额变为0。

任务实施

针对“任务布置”中的经济业务，相关处理程序如下：

第一步：购买债券签订合同。

公司决定购买天美公司债券，与天美公司签订购买该公司债券的合同。

第二步：支付投资债券款。

根据相关领导同意进行投资的审批单据，出纳将资金打入指定银行账户。

第三步：保存债券原件。

财务部将天美公司的债券原件（或电子件）进行保存。

第四步：半年计提债券利息。

根据利息的收款情况，每半年计提天美公司的利息，并按时收取利息。

第五步：出售天美公司债券。

按购买时的合同条款，到期后公司出售天美公司债券，收回本金及最后半年的利息。

请写出相关经济业务的会计分录。

任务3 可供出售金融资产核算

任务布置

2017年1月5日，华盛公司从华西证券股份有限公司购入海天公司股票100 000股，划分为可供出售金融资产，每股买价为12元，同时支付相关税费10 000元；4月10日，海天公司宣告发放现金股利，每股0.5元；4月20日，收到海天公司发放的现金股利50 000元；12月31日，海天公司股票市价发生暂时性下跌，市价为每股11元；2018年12月31日，因海天公司财务状况不佳，股票市价下跌为每股9.5元，预计还将继续下跌。

请会计张红做出相关账务处理。

相关原始凭证：

（1）华盛公司通过华西证券购买海天公司股票的凭证。

（2）支付购买股票时产生的税费的凭证。

（3）海天公司披露发放现金股利的公告，自制本公司的应收股利表。

（4）收到海天公司发放股利的凭证。

（5）年底股价变动时，编制公允价值变动损益表。

（6）股价继续下跌时，确认减值损失，编制可供出售金融资产减值损失表。

（7）出售海天公司股票的凭证。

业务产生：企业在持有大量资金时，为了不让资金闲置，使资金获得更大收益，购买资本市场上海天公司发行的股票，并按财务制度划分为可供出售金融资产。

知识准备

一、可供出售金融资产概述

可供出售金融资产，是指初始确认时即被指定为可供出售的非衍生金融资产，以及没有划分为持有至到期投资、贷款和应收款项、以公允价值计量且其变动计入当期损益的金融资产。通常情况下，包括企业从二级市场上购入的债券投资、股票投资、基金投资等，但这些金融资产没有被划分为交易性金融资产或持有至到期投资。可供出售金融资产在符合一定条件的情况下可以转化为持有至到期投资。

二、可供出售金融资产核算的账户设置

为了反映和监督可供出售金融资产的取得、收取现金股利或利息和出售等情况，企业应当设置"可供出售金融资产""其他综合收益""投资收益"等账户进行核算。

（一）"可供出售金融资产"账户

该账户核算企业持有的可供出售金融资产的公允价值，属于资产类账户，具体账户结构如下：

借方　　**可供出售金融资产**　　贷方

借方	贷方
①可供出售金融资产的取得成本 ②资产负债表日其公允价值高于账面余额的差额 ③可供出售金融资产转回的减值损失等	①资产负债表日其公允价值低于账面余额的差额 ②可供出售金融资产发生的减值损失 ③出售可供出售金融资产时结转的成本和公允价值变动
企业可供出售金融资产的公允价值	

请注意　企业应当按照可供出售金融资产的类别和品种，分别设置"成本""利息调整""应计利息""公允价值变动"等明细账户进行核算。

（二）"其他综合收益"账户

该账户核算企业可供出售金融资产公允价值变动而形成的应计入所有者权益的利得或损失等，属于所有者权益类账户，具体账户结构如下：

借方　　**其他综合收益**　　贷方

借方	贷方
资产负债表日企业持有的可供出售金融资产的公允价值低于账面余额的差额等	资产负债表日企业持有的可供出售金融资产的公允价值高于账面余额的差额等

请注意　可供出售金融资产发生减值的，也可以单独设置"可供出售金融资产减值准备"账户。

三、可供出售金融资产业务的账务处理

（一）取得可供出售金融资产

企业取得的可供出售金融资产应当按照公允价值计量，取得可供出售金融资产所发生的交易费用应当计入可供出售金融资产的初始入账金额。

企业取得可供出售金融资产支付的价款中包含已宣告但尚未发放的现金股利或已到付息期但尚未领取的债券利息，应当单独确认为应收项目，不构成可供出售金融资产的初始入账金额。

（1）企业取得可供出售的金融资产，应当按照该金融资产取得时的公允价值与交易费用之和，借记"可供出售金融资产——成本"账户，按照支付的价款中包含的已宣告但尚

未发放的现金股利，借记“应收股利”账户，按照实际支付的金额，贷记“其他货币资金——存出投资款”等账户。

（2）企业取得的可供出售金融资产为债券投资的，应当按照该债券的面值，借记“可供出售金融资产——成本”账户，按照支付的价款中包含的已到付息期但尚未领取的利息，借记“应收利息”账户，按照实际支付的金额，贷记“银行存款”等账户，按照其差额，借记或贷记“可供出售金融资产——利息调整”账户。

【做中学5-10】2017年1月20日，时达公司从上海证券交易所购入A上市公司股票1 000 000股，并将其划分为可供出售金融资产。该笔股票投资在购买日的公允价值为10 000 000元。另支付相关交易费用金额为25 000元。时达公司应编制如下会计分录：

（1）2017年1月20日，购买A上市公司股票时：

借：可供出售金融资产——成本（A上市公司股票）　　10 000 000

　　贷：其他货币资金——存出投资款　　10 000 000

（2）支付相关交易费用时：

借：可供出售金融资产——成本（A上市公司股票）　　25 000

　　贷：其他货币资金——存出投资款　　25 000

取得可供出售金融资产所发生的相关交易费用25 000元应当计入可供出售金融资产的初始入账金额，而不是像交易性金融资产那样计入当期投资收益。

【做中学5-11】2016年1月1日，时达公司购入B公司发行的公司债券，该笔债券于2015年7月1日发行，面值为25 000 000元，票面利率为4%。上年债券利息于下年初支付。时达公司将其划分为可供出售金融资产，支付价款为26 000 000元（其中包含已到付息期但尚未领取的债券利息500 000元），另支付交易费用300 000元。2016年1月8日，时达公司收到该笔债券利息500 000元。2017年年初，时达公司又收到债券利息1 000 000元。时达公司应编制如下会计分录：

（1）2016年1月1日，购入B公司债券时：

借：可供出售金融资产——成本（B公司债券）　　25 000 000

　　　　　　　　　——利息调整（B公司债券）　　800 000

　　应收利息——B公司　　500 000

　　贷：其他货币资金——存出投资款　　26 300 000

（2）2016年1月8日，收到购买价款中包含的已到付息期但尚未领取的债券利息时：

借：其他货币资金——存出投资款　　500 000

　　贷：应收利息——B公司　　500 000

（3）2016年12月31日，对B公司债券确认利息收入时：

借：应收利息——B公司　　1 000 000

　　贷：投资收益　　1 000 000

（4）2017年年初，收到B公司债券利息时：

借：其他货币资金——存出投资款　　1 000 000

　　贷：应收利息——B公司　　1 000 000

取得可供出售金融资产所支付价款中包含的已到付息期但尚未领取的债券利息500 000元，应当记入“应收利息”账户，而不记入“可供出售金融资产”账户，相关交易费用

300 000元，应当记入“可供出售金融资产”账户，同时考虑到该债券投资在持有期间应采用实际利率计算确定利息收入，该交易费用应当记入“可供出售金融资产”账户下“利息调整”明细账户。

（二）持有可供出售金融资产

企业在持有可供出售金融资产的会计期间，所涉及的会计处理主要有三个方面：一是在资产负债表日确认其债券利息收入；二是在资产负债表日反映其公允价值变动；三是在资产负债表日核算其减值损失。

1.在资产负债表日确认其债券利息收入

企业在持有可供出售金融资产的期间取得的现金股利或债券利息，应当作为投资收益进行会计处理。

（1）可供出售金融资产为分期付息、一次还本债券投资的，在资产负债表日，企业应当按照可供出售债券的面值和票面利率计算确定的应收未收利息，借记“应收利息”账户，按照可供出售债券的摊余成本和实际利率计算确定的利息收入，贷记“投资收益”账户，按照其差额借记或贷记“可供出售金融资产——利息调整”账户。

（2）可供出售金融资产为一次还本付息债券投资的，在资产负债表日，企业应当按照可供出售债券的面值和票面利率计算确定的应收未收利息，借记“可供出售金融资产——应计利息”账户，按照可供出售债券的摊余成本和实际利率计算确定的利息收入，贷记“投资收益”账户，按照其差额借记或贷记“可供出售金融资产——利息调整”账户。

2.在资产负债表日反映其公允价值变动

在资产负债表日，可供出售金融资产应当按照公允价值计量，可供出售金融资产公允价值变动应当作为其他综合收益，计入所有者权益，不构成当期利润。

资产负债表日可供出售金融资产的公允价值高于其账面余额的差额，借记“可供出售金融资产——公允价值变动”账户，贷记“其他综合收益”账户；公允价值低于其账面余额的差额编制相反的会计分录。

【做中学5-12】沿用【做中学5-11】的资料，2016年6月30日，时达公司购买的B公司债券的公允价值（市价）为27 800 000元；2016年12月31日，时达公司购买的B公司债券的公允价值（市价）为25 600 000元。假定不考虑其他因素。时达公司应编制如下会计分录：

（1）2016年6月30日，确认B公司债券的公允价值变动时：

借：可供出售金融资产——公允价值变动（B公司债券）	2 000 000	
贷：其他综合收益——可供出售金融资产公允价值变动		2 000 000

（2）2016年12月31日，确认B公司债券的公允价值变动时：

借：其他综合收益——可供出售金融资产公允价值变动	2 200 000	
贷：可供出售金融资产——公允价值变动（B公司债券）		2 200 000

2016年6月30日，B公司债券的公允价值为27 800 000元，账面余额为25 800 000元，公允价值大于账面余额2 000 000元，应记入“其他综合收益”账户的贷方；2016年12月31日，B公司债券的公允价值变为25 600 000元，账面余额为27 800 000元，公允价值小于账面余额2 200 000元，应记入“其他综合收益”账户的借方。另外还需要说明的是，本例仅用于解释B公司债券在资产负债表日公允价值变动的核算问题，不涉及相关利

息收入和应收利息的核算问题。

3.在资产负债表日核算其减值损失

资产负债表日，确定可供出售金融资产发生减值的，应当将减记的金额作为资产减值损失进行会计处理，同时直接冲减可供出售金融资产或计提相应的资产减值准备。对于已确认减值损失的可供出售金融资产，在随后会计期间内公允价值已上升且客观上与确认原减值损失事项有关的，应当在原已确认的减值损失范围内转回，同时调整资产减值损失或所有者权益。

（1）资产负债表日，确定可供出售金融资产发生减值的，应当按照应减记的金额，借记“资产减值损失”账户，按照应从所有者权益中转出原计入其他综合收益的累计损失金额，贷记“其他综合收益”账户，按照其差额，贷记“可供出售金融资产减值准备”账户。

（2）对于已确认减值损失的可供出售金融资产，在随后会计期间内公允价值已上升且客观上与确认原减值损失事项有关的，应当在原已确认的减值损失范围内按已恢复的金额，借记“可供出售金融资产减值准备”账户，贷记“资产减值损失”账户；但可供出售金融资产为股票等权益工具的，借记“可供出售金融资产减值准备”账户，贷记“其他综合收益”账户。

（三）出售可供出售金融资产

企业出售可供出售金融资产应当将取得的价款与账面余额之间的差额作为投资损益进行会计处理，同时，将原计入该金融资产的公允价值变动转出，由其他综合收益转为投资收益。如果对可供出售金融资产计提了减值准备，还应当同时结转减值准备。

企业出售可供出售金融资产，应当按照实际收到的金额，借记“其他货币资金——存出投资款”等账户，按该可供出售金融资产的账面余额，贷记“可供出售金融资产——成本（或公允价值变动、利息调整、应计利息）”账户，按照其差额，贷记或借记“投资收益”账户。同时，按照应从所有者权益中转出的公允价值累计变动额，借记或贷记“其他综合收益”账户，贷记或借记“投资收益”账户。

【做中学5-13】时达公司2016年8月从二级市场上购入M公司股票100 000股作为可供出售金融资产，每股市价9元，交易费用2 000元。2016年12月31日，该股票市价升至10元。2017年3月18日，时达公司将该股票全部售出，售价为每股8元，交易费用2 000元。假定不考虑其他因素，试进行账务处理。

购入时：

借：可供出售金融资产——成本	902 000	
贷：其他货币资金——存在投资款		902 000

2016年12月31日，确认股票价格变动时：

借：可供出售金融资产——公允价值变动	98 000	
贷：其他综合收益		98 000

2017年3月18日，出售时：

借：其他货币资金——存出投资款	798 000	
投资收益	202 000	
贷：可供出售金融资产——公允价值变动		98 000

贷：可供出售金融资产——成本　　902 000

同时：

借：其他综合收益　　98 000

贷：投资收益　　98 000

请注意 常见的其他综合收益包括如下内容：

（1）可供出售外币非货币性项目的汇兑差额形成的利得和损失。对于以公允价值计量的可供出售外币非货币性项目，如果期末的公允价值以外币反映，则应将折算后的记账本位币金额与原记账本位币金额间的差额计入其他综合收益。

（2）金融资产的重分类形成的利得和损失。企业因持有意图或能力发生改变，使某项投资不再适合划分为持有至到期投资的，应当将其重分类为可供出售金融资产，并以公允价值进行后续计量。

（3）权益法下被投资单位其他所有者权益变动形成的利得和损失。长期股权投资采用权益法核算时，在持股比例不变的情况下，被投资单位除净损益以外所有者权益的其他变动，投资单位按其持股比例计算应享有的份额。

（4）存货或自用房地产转换为采用公允价值模式计量的投资性房地产形成的利得和损失。

（5）可供出售金融资产公允价值变动形成的利得和损失。

（6）套期保值（现金流量套期和境外经营净投资套期）形成的利得或损失。

（7）与计入所有者权益项目相关的所得税影响所形成的利得和损失。

任务实施

针对“任务布置”中的经济业务，相关处理程序如下：

第一步：将资金转入证券资金账户。

根据相关领导同意进行投资的审批单据，出纳将相应资金从公司的开户银行转到公司的华西证券资金账户中。

第二步：委托证券公司购买股票。

公司决定在华西证券购买海天公司的股票，委托证券公司购买股票，并取得相应的海天公司股票证明，同时取得支付相应税费的凭证。

第三步：发放股利。

及时掌握海天公司的各类公告，取得海天公司发放股利时披露的公告，编制应收股利明细表，并及时按公告的金额收取现金股利。

第四步：公允价值变动。

每月底对海天公司现有股价与购买时的股价进行对比，编制公允价值变动损益表。

第五步：确认减值损失。

海天公司股价下跌厉害，公告的财务状况不佳，确认股价回升的可能性不大时，对可供出售金额资产确认减值损失，编制可供出售金融资产减值损失表。

第六步：出售海天公司股票。

公司委托华西证券出售海天公司10万股股票，计算损益情况。

请写出相关经济业务的会计分录。

案例分析

请思考

当今企业都希望实现多元化发展，只要有足够的资金，企业至少会选择股市进行投资，股票投资应该赚取价差还是兼并、控制被投资企业呢？在股市价格起伏不定的时候，企业应该如何进行投资决策呢？

股民煎熬2015

2015年的中国股市，注定要被载入史册。从6月15日至9月中旬，A股经历3次巨震，17次千股跌停，将上证综指从最高5 178点砸至最低2 851点，沪深两市个股平均跌幅近4成，总市值腰斩，跌幅之大、跌速之快为历史罕见。

步入9月，随着一系列救市政策出台，A股逐渐在底部寻求到支撑。10月，上证综指累计上涨10.8%，投资者重拾信心。11月，中国证监会宣布重启IPO，标志着巨震后的A股市场逐步企稳。

投资有风险，入市需谨慎。回首2015年的中国股市，从上半年的暴涨到下半年的暴跌，A股市场仅用了3个多月巨幅震荡便结束了预期的“疯牛”。在股指连续暴跌的日子里，市场哀鸿遍野，股民度日如年，这段经历将会是每一位市场参与者难以忘却的记忆。

资料来源：佚名．股民煎熬2015［EB/OL］．［2015-12-04］．http://www.chinanews.com/tp/hd2011/2015/12-04/588207.shtml．

案例分析
参考答案

思维导图

请根据本项目内在知识点的逻辑关系，制作思维导图。

项目六

长期股权投资核算

项目导读

长期股权投资，是指投资方对被投资单位实施控制、重大影响的权益性投资，以及对其合营企业的权益性投资。除此之外，其他权益性投资不作为长期股权投资进行核算，而应当按照《企业会计准则第22号——金融工具确认和计量》的规定进行会计核算。

请注意 《企业会计准则第2号——长期股权投资》主要修订了长期股权投资的范围。《企业会计准则讲解》中的第四类长期股权投资“投资企业持有的对被投资单位不具有控制、共同控制或重大影响，并在活跃市场中没有报价、公允价值不能可靠计量的权益性投资”按《企业会计准则第22号——金融工具确认和计量》处理，有助于进一步规范有关会计处理，且按该准则规定采用成本法计量，不会对实务产生过大的实质性影响。

长期股权投资主要包括以下几个方面：

一是投资企业能够对被投资单位实施控制的权益性投资，即对子公司投资。控制，是指投资方拥有对被投资单位的权利，通过参与被投资单位的相关活动而享有可变回报，并且有能力运用对被投资单位的权利影响其回报金额。控制一般存在于以下情况：投资企业持有被投资单位50%以上的表决权资本；投资企业持有被投资单位50%或以下的表决权资本，但具有实质控制权。投资企业能够对被投资单位实施控制的，被投资单位为其子公司，投资企业应当将子公司纳入合并报表的合并范围。

二是投资企业与其他合营方一同对被投资单位实施共同控制的权益性投资，即对合营企业的投资。共同控制，是指按照相关约定对某项安排所共有的控制，并且该安排的相关活动必须经过分享控制权的参与方一致同意后才能决策。在实务中，一般可以考虑以下情况作为确定基础：①任何一个合营方均不能单独控制合营企业的生产经营活动。②涉及合营企业基本经营活动的决策需要各合营方一致同意。③各合营方可能通过合同或协议的形式任命其中一个合营方对合营企业的日常活动进行管理，但其必须在各合营方已经一致同意的财务和经营政策范围内行使管理权。

三是投资企业对被投资单位具有重大影响的权益性投资，即对联营企业的投资。重大影响，是指投资企业对被投资单位的财务和经营政策有参与决策的权利，但并不能够控制或者与其他方一同控制这些决策的制定。

在实务中，较为常见的重大影响体现为在被投资单位的董事会或类似机构中派有代表，通过在被投资单位生产经营决策制定过程中的发言权实施重大影响；参与被投资单位财务和经营政策制定过程；与被投资单位之间发生重要交易，进而在一定程度上影响被投资单位的生产经营决策；向被投资单位派出管理人员，通过管理人员主导被投资单位的相关活动从而实施重大影响；向被投资单位提供关键技术资料。

在确定能否对被投资单位实施共同控制或重大影响时，应当考虑投资企业和其他方持有的被投资单位当期可转换公司债券、当期可执行认股权证等潜在表决权因素的影响。

长期股权投资计量方法图

学习目标

1. 掌握长期股权投资的核算；
2. 熟悉长期股权投资的核算范围；
3. 了解长期股权投资减值的会计处理。

政策依据

《企业会计准则——基本准则》
《企业会计准则第22号——金融工具确认和计量》
《企业会计准则第39号——公允价值计量》
《企业内部控制应用指引第6号——资金活动》
《企业会计准则第2号——长期股权投资》
《企业会计准则第8号——资产减值》

项目列报

本项目在资产负债表中的列示信息见表6-1。

表6-1　本项目在资产负债表中的列示信息

资　产	期末余额	负债和所有者权益（或股东权益）	期末余额
流动资产：			
⋮			
非流动资产：			
⋮			
长期股权投资（="长期股权投资"-"长期股权投资减值准备"）			
⋮			

任务1 成本法下长期股权投资核算

任务布置

2016年1月1日，华盛公司以10 000 000元取得对东海公司60%的股权并准备长期持有。5月1日，华盛公司确认东海公司宣告分派的2015年现金股利共1 000 000元。2017年4月30日，华盛公司确认东海公司宣告分派的2016年度现金股利共3 000 000元。2017年6月30日，华盛公司将其持有的东海公司60%的股权全部转让，收到款项13 000 000元。

请会计张红做出相关账务处理。

相关原始凭证：

（1）购入东海公司股权的证明，例如该公司的验资报告、章程等。

（2）支付投资款的银行单据。

（3）支付投资相关税费的银行单据。

（4）收到现金股利的银行单据。

（5）东海公司宣告发放现金股利的凭证，如股东大会通过的发放决议公告。

（6）将东海公司全部股权转让时，各交易环节的银行单据。

业务产生：企业对东海公司进行投资，持有该公司60%的股权，成为该公司的股东，并准备长期持有，对东海公司实施控制。企业对东海公司长期投资的最终目标是获得较大的经济利益，或者是进行战略布局。

知识准备

一、成本法概述

成本法，是指投资按成本计价的方法。在成本法下，长期股权投资应当按照初始投资成本计价，追加或收回投资应当调整长期股权投资的初始投资成本（除企业合并形成的外）。企业对子公司的长期股权投资，应当采用成本法核算。这主要是为了避免在子公司实际发放现金股利或利润之前，母公司垫付资金发放现金股利和利润等情况，解决了原来权益法下投资收益不能足额收回导致超分配的问题。如果投资企业为投资性主体且子公司不纳入其合并财务报告，应对子公司按照公允价值计量且其变动计入当期损益。

二、成本法核算的账户设置

企业采用成本法核算长期股权投资的，为了反映和监督企业长期股权投资的取得、持有和处置等情况，企业应当设置“长期股权投资”“投资收益”“应收股利”等账户。“长期股权投资”账户属于资产类账户，具体账户结构如下：

借方	长期股权投资 贷方
①长期股权投资取得时的初始投资成本 ②采用权益法核算时按被投资单位实现的净损益、其他综合收益和其他权益变动等计算的应享有的份额	①处置长期股权投资的账面余额 ②采用权益法核算时被投资单位宣告分派现金股利或利润时，企业按持股比例计算应享有的份额，即按被投资单位发生的净亏损、其他综合收益和其他权益变动等计算的应分担的份额
企业持有的长期股权投资的价值	

请注意 企业应当按照被投资单位进行明细核算。采用权益法核算的，应当分别“投资成本”“损益调整”“其他综合收益”“其他权益变动”进行明细核算。

三、成本法核算业务的账务处理

（一）初始计量

除企业合并形成的长期股权投资以外，以支付现金取得的长期股权投资，应当按照实际支付的购买价款作为初始投资成本，投资企业所发生的与取得长期股权投资直接相关的费用、税金及其他必要支出也应计入长期股权投资的初始投资成本，借记“长期股权投资”账户，贷记“银行存款”等账户。

此外，投资企业取得长期股权投资实际支付的价款或对价中包含的已宣告但尚未发放的现金股利或利润，应作为应收项目处理，不构成长期股权投资的成本，借记“应收股利”账户，贷记“银行存款”账户。投资入账后，除追加或减少投资以及发生减值应调整长期股权投资的账面价值外，长期股权投资的账面价值一般保持不变。企业合并形成的长期股权投资的账务处理将在中级会计实务中继续学习，这里不再赘述。

【做中学6-1】2017年1月10日，时达公司从上海证券交易所购买长信股份有限公司发行的股票51 000 000股准备长期持有，从而拥有长信股份有限公司51%的股份。每股买入价为6元，另外购买该股票时发生有关税费1 530 000元，价款已支付。时达公司应编制如下会计分录：

（1）计算初始投资成本：

股票成交金额（51 000 000×6）	306 000 000
加：相关税费	1 530 000
	307 530 000

（2）编制购入股票的会计分录：

借：长期股权投资——长信股份有限公司　　307 530 000

　　贷：其他货币资金——存出投资款　　307 530 000

（二）后续计量

1.长期股权投资持有期间被投资单位宣告分派现金股利或利润

在成本法下，长期股权投资持有期间被投资单位宣告分派现金股利或利润时，投资企业按应享有的份额确认为当期投资收益，借记“应收股利”账户，贷记“投资收益”账户。

【做中学6-2】2016年5月15日，时达公司在上海证券交易所购买诚远股份有限公司的股票100 000股作为长期股权投资，每股买入价为10元，每股价格中含有0.2元的已宣告分派的现金股利，另支付相关税费7 000元。时达公司应编制如下会计分录：

（1）计算初始投资成本：

股票成交金额（100 000×10）	1 000 000
加：相关税费	7 000
减：已宣告分派的现金股利（100 000×0.2）	（20 000）
	987 000

（2）编制购入股票的会计分录：

借：长期股权投资——诚远股份有限公司　　987 000

　　应收股利——诚远股份有限公司　　20 000

　　贷：其他货币资金——存出投资款　　1 007 000

（3）假定时达公司于2016年6月20日收到诚远股份有限公司分来的购买该股票时已宣告分派的现金股利20 000元。

借：其他货币资金——存出投资款　　20 000

　　贷：应收股利——诚远股份有限公司　　20 000

【做中学6-3】沿用【做中学6-2】的资料，假定时达公司于2017年6月20日收到诚远股份有限公司宣告分派2016年现金股利的通知，应分得现金股利5 000元。时达公司应编制如下会计分录：

借：应收股利——诚远股份有限公司　　5 000

　　贷：投资收益　　5 000

2.处置长期股权投资

处置长期股权投资时，按照实际取得的价款与长期股权投资账面价值的差额确认投资损益，并应同时结转已计提的长期股权投资减值准备。

投资企业处置长期股权投资时，应当按照实际收到的金额，借记“银行存款”等账户，按照原已计提的减值准备，借记“长期股权投资减值准备”账户，按照该项长期股权投资的账面余额，贷记“长期股权投资”账户，按照尚未领取的现金股利或利润，贷记“应收股利”账户，按照其差额，贷记或借记“投资收益”账户。

【做中学6-4】2017年1月20日，时达公司在上海证券交易所将其作为长期股权投资持有的远海股份有限公司15 000股股票以每股10元的价格卖出，支付相关税费1 000元，取得价款149 000元，价款已由银行收妥。该长期股权投资的账面价值为140 000元，假定没有计提减值准备。时达公司应编制如下会计分录：

（1）计算投资收益：

股票转让取得价款	149 000
减：投资账面余额	（140 000）
	9 000

（2）编制出售股票时的会计分录：

借：其他货币资金——存出投资款　　149 000

贷：长期股权投资——远海股份有限公司 140 000

投资收益 9 000

四、长期股权投资减值

（一）长期股权投资减值金额的确定

投资企业应当关注长期股权投资的账面价值是否大于享有被投资单位所有者权益账面价值的份额等类似情况。出现类似情况时，投资企业应当按照《企业会计准则第8号——资产减值》对长期股权投资进行减值测试，其可收回金额低于账面价值的，应当将该长期股权投资的账面价值减记至可回收金额，减记的金额确认为减值损失，计入当期损益，同时计提相应的资产减值准备。

（二）长期股权投资减值的账务处理

投资企业计提长期股权投资减值准备，应当设置“长期股权投资减值准备”账户进行核算。投资企业按照应减记的金额，借记“资产减值损失——计提的长期股权投资减值准备”账户，贷记“长期股权投资减值准备”账户。

请注意 长期股权投资减值损失一经确认，在以后会计期间不得转回。

任务实施

针对“任务布置”中的经济业务，相关处理程序如下：

第一步：投资东海公司股权决策。

对东海公司进行股权投资的决策。在实际工作中，需要对被投资公司进行有效的尽职调查，签订保密协议等。

第二步：支付投资股权款。

根据相关领导同意进行投资的审批单据，出纳将资金打入东海公司指定银行账户。

第三步：确认发放股利及收取股利。

每年年初，按东海公司股东大会通过的发放股利公告，确认并收到该部分股利。

请写出相关经济业务的会计分录。

任务2 权益法下长期股权投资核算

任务布置

2015年1月1日，华盛公司购入东海公司40%的股份进行长期投资，对东海公司能够施加重大影响，购入时支付价款550万元，其中包括已宣告但尚未发放的现金股利20万元，同时支付相关税费10万元，购入时东海公司可辨认净资产的公允价值为1 500万元。2015年1月5日，收到现金股利。2015年，东海公司实现净利润600万元。2016年1月1日，东海公司宣告分派现金股利400万元。2016年1月5日，华盛公司收到现金股利。

2016年，东海公司实现净利润1 200万元。2016年12月31日，东海公司可供出售金融资产公允价值上升200万元。2016年12月31日，该项长期股权投资的可回收金额为1 200万元。2017年1月1日，东海公司宣告分派现金股利400万元。2017年1月5日，华盛公司收到现金股利。2017年1月13日，华盛公司将其持有的东海公司40%的股份全部转让，收到款项1 300万元。

请会计张红做出相关账务处理。

相关原始凭证：

（1）购入东海公司股权的证明，例如该公司的验资报告、章程等。

（2）支付投资款的银行单据。

（3）支付投资相关税费的银行单据。

（4）收到现金股利的银行单据。

（5）东海公司每年的年报，以确认实现的净利润。

（6）东海公司宣告发放现金股利的凭证，如股东大会通过的发放决议公告。

（7）将东海公司全部股份转让时，各交易环节的银行单据。

业务产生：企业对东海公司进行投资，持有该公司40%的股权，成为该公司的股东，并准备长期持有，对东海公司施加重大影响。企业对东海公司长期投资的最终目标是获得较大的经济利益，或者是进行战略布局。

知识准备

一、权益法概述

长期股权投资的权益法，是指投资以初始投资成本计量后，在投资持有期间根据投资企业享有被投资单位所有者权益份额的变动对投资的账面价值进行调整的方法。权益法适用于以下两种情形：

（1）企业对被投资单位具有共同控制的长期股权投资，即企业对合营企业的长期股权投资。

（2）企业对被投资单位具有重大影响的长期股权投资，即企业对联营企业的长期股权投资。

投资企业对联营企业的权益性投资，其中一部分是通过风险投资机构、共同基金、信托公司或包括投连险基金在内的类似主体间接持有的，无论以上主体是否对这部分投资具有重大影响，投资企业都可以按照《企业会计准则第22号——金融工具确认和计量》的有关规定，对间接持有的该部分投资选择以公允价值计量且其变动计入当期损益，并对其余部分采用权益法核算。

二、权益法核算的账户设置

采用权益法核算的长期股权投资，为了核算和监督其增减变动及结存情况，企业应设置“长期股权投资”“应收股利”“投资收益”“长期股权投资减值准备”等账户。长期股权投资核算采用权益法的应当分别“投资成本”“损益调整”“其他综合收益”“其他权益变动”进行明细核算。“投资成本”明细账户用来核算长期股权投资成本的增减变动；“损益调整”明细账户用来核算因被投资单位实现净损益或分派现金股利而调整长期股权投资账面价值的金额；“其他综合收益”明细账户用来核算因被投资单位其他综合收益变动而调整的长期股权投资账面价值的金额；“其他权益变动”明细账户用来核算因被投资单位除净损益、其他综合收益变动和利润分配以外的所有者权益变动而调整的长期股权投资账面价值的金额。

三、权益法核算业务的账务处理

（一）初始计量

权益法下，企业应当按照实际支付的购买价款作为初始投资成本。投资企业所发生的与取得的长期股权投资直接相关的费用、税金及其他必要支出应计入长期股权投资的初始投资成本。

此外，投资企业取得长期股权投资，实际支付的价款或对价中包含的已宣告但尚未发放的现金股利或利润，作为应收项目处理，不构成长期股权投资的成本。投资企业取得长期股权投资采用权益法核算，长期股权投资的初始投资成本大于投资时应享有被投资单位可辨认净资产公允价值份额的，该部分差额是投资企业在取得投资过程中通过作价体现的与所取得股权份额相对应的商誉价值，在这种情况下，不要求调整长期股权投资的初始投资成本，借记“长期股权投资——投资成本”账户，贷记“银行存款”等账户。

长期股权投资的初始投资成本小于投资时应享有被投资单位可辨认净资产公允价值份额的，该部分差额体现为双方在交易作价过程中转让方的让步，该部分经济利益流入应计入取得长期股权投资当期的营业外收入，同时调整增加长期股权投资的成本，借记“长期股权投资——投资成本”账户，贷记“银行存款”等账户，按照其差额，贷记“营业外收入”账户。

【做中学6-5】2016年1月20日，时达公司在上海证券交易所购买东方股份有限公司发行的股票50 000 000股准备长期持有，占东方股份有限公司股份的30%。每股买入价为6元，另外，购买该股票时发生相关税费500 000元，款项已用银行存款支付。2015年12月31日，东方股份有限公司所有者权益的账面价值（与其公允价值不存在差异）为1 000 000 000元。时达公司应编制如下会计分录：

（1）计算初始投资成本：

股票成交金额（50 000 000×6）	300 000 000
加：相关税费	500 000
	300 500 000

（2）编制购入股票的会计分录：

借：长期股权投资——东方股份有限公司——投资成本　　300 500 000

　　贷：其他货币资金——存出投资款　　300 500 000

长期股权投资的初始投资成本300 500 000元大于投资时应享有被投资单位可辨认净资产公允价值的份额300 000 000元（1 000 000 000×30%），其差额500 000元不调整长期股权投资的初始投资成本。但是，如果长期股权投资的初始投资成本小于投资时应享有被投资单位可辨认净资产公允价值的份额，应借记“长期股权投资——投资成本”账户，贷

记“银行存款”等账户，按照其差额，贷记“营业外收入”账户。

（二）后续计量

1.持有长期股权投资期间被投资单位实现净利润或发生净亏损和其他综合收益

投资企业在持有长期股权投资期间，应按照被投资单位实现的净利润（以取得投资时被投资单位可辨认净资产的公允价值为基础计算）中应享有的份额，借记“长期股权投资——损益调整”账户，贷记“投资收益”账户。被投资单位发生净亏损时作相反的会计分录，借记“投资收益”账户，贷记“长期股权投资——损益调整”账户，但以“长期股权投资”账户的账面价值减记至零为限，还需承担的投资损失，应将其他实质上构成对被投资单位净投资的“长期应收款”等的账面价值减记至零为限；除按照以上步骤已确认的损失外，按照投资合同或协议约定将承担的损失，确认为预计负债。除上述情况外仍未确认的应分担被投资单位的损失，应在备查簿中登记。发生亏损的被投资单位以后实现净利润的，应按与上述相反的顺序进行处理。

上述“以‘长期股权投资’账户的账面价值减记至零为限”中所说的“长期股权投资”账户是指“长期股权投资——对××单位投资”这个明细账户，该明细账户通常又由“投资成本”“损益调整”“其他综合收益”“其他权益变动”4个明细账户组成，账面价值减至零即意味着“对××单位投资”的4个明细账户余额合计为零。上述所讲“其他实质上构成对被投资单位净投资的‘长期应收款’等”通常是指投资企业对被投资单位的长期债权，该债权没有明确的清收计划，且在可预见的未来期间不准备收回，实质上构成对被投资单位的净投资。但是，该类长期权益不包括投资企业与被投资单位之间因销售商品、提供劳务等日常活动所产生的长期债权。

发生亏损的被投资单位以后实现净利润的，投资企业计算应享有的份额，如有未确认投资损失的，应先弥补未确认的投资损失，弥补损失后仍有余额的，依次借记“长期应收款”账户和“长期股权投资——损益调整”账户，贷记“投资收益”账户。

投资企业采用权益法核算长期股权投资，在确认投资收益和其他综合收益时还需要注意以下两个方面：

一是被投资单位采用会计政策及会计期间与投资企业不一致的，应当按照投资企业的会计政策及会计期间对被投资单位的财务报表进行调整，并据以确认投资收益和其他综合收益等。

二是投资企业计算确认应享有或应分担被投资单位的净损益时，与联营企业、合营企业之间发生的未实现内部交易损益按照应享有的比例计算归属于投资企业的部分，应予以抵销，在此基础上确认投资收益。投资企业与被投资单位发生的未实现内部交易损失，按照《企业会计准则第8号——资产减值》等的有关规定属于资产减值损失的应当全额确认。

2.被投资单位以后宣告分派现金股利或利润

投资企业计算应分得的部分，借记“应收股利”账户，贷记“长期股权投资——损益调整”账户。

【做中学6-6】**沿用【做中学6-5】的资料，2016年东方股份有限公司实现净利润10 000 000元。时达公司按照持股比例确认投资收益3 000 000元。2017年5月15日，东方**

股份有限公司宣告分派现金股利，每10股派0.3元，时达公司可分派到1 500 000元。2017年6月15日，时达公司收到东方股份有限公司分派的现金股利。假定不考虑其他因素，时达公司应编制如下会计分录：

（1）确定从东方股份有限公司实现的投资收益时：

借：长期股权投资——东方股份有限公司——损益调整　　3 000 000

　贷：投资收益　　3 000 000

（2）东方股份有限公司宣告分派现金股利时：

借：应收股利——东方股份有限公司　　1 500 000

　贷：长期股权投资——东方股份有限公司——损益调整　　1 500 000

（3）收到东方股份有限公司发放的现金股利时：

借：其他货币资金——存出投资款　　1 500 000

　贷：应收股利——东方股份有限公司　　1 500 000

收到被投资单位发放的股票股利，不进行账务处理，但应在备查账中进行登记，在除权日注明增加的股数，以反映股份的变化情况。

投资企业在持有长期股权投资期间，应当按照应享有或应分担被投资单位实现其他综合收益的份额，借记“长期股权投资——其他综合收益”账户，贷记“其他综合收益”账户。其他综合收益包括被投资单位因可供出售金融资产公允价值变动形成的得利与损失、外币报表折算差额等。

【做中学6-7】沿用【做中学6-5】的资料，2016年东方股份有限公司可供出售金融资产的公允价值增加了4 000 000元。时达公司按照持股比例确定相应的其他综合收益为1 200 000元。时达公司应编制如下会计分录：

借：长期股权投资——东方股份有限公司——其他综合收益　　1 200 000

　贷：其他综合收益——东方股份有限公司　　1 200 000

3.持有长期股权投资期间被投资单位所有者权益的其他变动

投资企业对于被投资单位除净损益、其他综合收益外所有者权益的其他变动，应当按照持股比例计算应享有的份额，借记或贷记“长期股权投资——其他权益变动”账户，贷记或借记“资本公积——其他资本公积”账户。

【做中学6-8】沿用【做中学6-5】的资料，2016年年末，东方股份有限公司提供的有关资料显示，其在2016年除净损益以外的其他权益变动为1 000 000元。

借：长期股权投资——东方股份有限公司——其他权益变动　　300 000

　贷：资本公积——其他资本公积　　300 000

4.长期股权投资的处置

投资企业处置长期股权投资时，按照实际取得的价款与长期股权投资账面价值的差额确认为投资损益，采用与被投资单位直接处置相关资产或负债相同的基础，按相应比例对原计入其他综合收益的部分进行会计处理，同时按照结账的长期股权投资的投资成本比例结转“资本公积——其他资本公积”账户中的相关金额。如果对长期股权投资计提了减值准备，还应当同时结转已计提的长期股权投资减值准备。

投资企业处置长期股权投资时，应按照实际收到的金额，借记“银行存款”等账户，按照原已计提的减值准备，借记“长期股权投资减值准备”账户，按照该长期股权投资的账面余额，贷记“长期股权投资”账户，按照尚未领取的现金股利或利润，贷记“应收股利”账户，按照其差额，贷记或借记“投资收益”账户。

同时，应当采用与被投资单位直接处置相关资产或负债相同的基础，对相关的其他综合收益进行会计处理。按照上述原则可以转入当期损益的其他综合收益，应按结转的长期股权投资的投资成本比例结转原记入“其他综合收益”账户的金额，借记或贷记“其他综合收益”账户，贷记或借记“投资收益”账户。

同时，还应按照结转的长期股权投资的投资成本比例结转原记入“资本公积——其他资本公积”账户的金额，借记或贷记“资本公积——其他资本公积”账户，贷记或借记“投资收益”账户。

【做中学6-9】沿用【做中学6-5】、【做中学6-6】、【做中学6-7】和【做中学6-8】的资料，2017年7月20日，时达公司在上海证券交易所出售所有东方股份有限公司的股票50 000 000股，每股售价为10元，价款已收到。时达公司应编制如下会计分录：

借：其他货币资金——存出投资款	500 000 000	
贷：长期股权投资——东方股份有限公司——投资成本		300 500 000
——东方股份有限公司——损益调整		1 500 000
——东方股份有限公司——其他综合收益		1 200 000
——东方股份有限公司——其他权益变动		300 000
投资收益		196 500 000

同时：

借：其他综合收益——东方股份有限公司	1 200 000	
贷：投资收益		1 200 000
借：资本公积——其他资本公积	300 000	
贷：投资收益		300 000

请注意 有关权益法下长期股权投资减值的核算请参照成本法下长期股权投资减值的核算。

任务实施

针对“任务布置”中的经济业务，相关处理程序如下：

第一步：投资东海公司股权决策。

对东海公司进行股权投资的决策。在实际工作中，需要对被投资公司进行有效的尽职调查，签订保密协议等。

第二步：支付投资股权款。

根据相关领导同意进行投资的审批单据，出纳将资金打入东海公司指定银行账户。

第三步：确认东海公司年报中实现的净利润。

每年年初，确认东海公司上一年经审计的财务报告中实现的净利润。

第四步：确认发放股利及收取股利。

每年年初，按东海公司股东大会通过的发放股利公告，确认损益调整，并确认收到该部分股利。

请写出相关经济业务的会计分录。

案例分析

请思考

企业对外长期投资的目的是什么？如果发生减值亏损，会计应当如何处理？

巴菲特承认20亿美元损失IBM股价跌至五年新低

2015年1月20日，IBM股价跌回4年前，被誉为“股神”的巴菲特持有7 000多万股IBM股份，损失已超30亿美元。

IBM的第一大股东是巴菲特的伯克希尔·哈撒韦公司，是巴菲特重仓股中表现欠佳的一只。因向云计算和数据分析领域转型而业绩受挫，IBM第三季度营业收入同比下降14%，降至193亿美元，连续第14个季度销售业绩增长收缩，2015年股价已经跌去近14%。

浮盈浮亏

对于“股神”巴菲特来说，只要对持有的公司抱有坚定的信念，浮亏再多也不必“割肉”。

割肉

2015年11月10日，巴菲特的伯克希尔·哈撒韦公司第三季度净利增逾一倍，仅亨氏和卡夫的合并就贡献了近半的利润，但也难以掩盖在IBM上巨亏20亿美元的现实。

资料来源：华尔街见闻．浮亏高达20亿美元 巴菲特仍坚定持有IBM股票［EB/OL］．［2015-11-07］．http：//money.163.com/15/1107/10/B7QFIR4B00254R91.html#p=A0I7U01K0APS0025.

华尔街见闻．巴菲特承认20亿美元损失 IBM股价跌至五年新低［EB/OL］．［2015-11-10］．http：//money.163.com/15/1110/07/B81TR0L400251LK6.html#from=keyscan.

案例分析参考答案

思维导图

请根据本项目内在知识点的逻辑关系，制作思维导图。

项目七

固定资产及其他资产核算

项目导读

固定资产，是指为生产商品、提供劳务、出租或经营管理而持有且使用寿命超过一个会计年度的有形资产。固定资产是企业的主要劳动手段，属于物质资料生产过程中用来改变或影响劳动对象的主要劳动资料，它是企业发展生产事业的物质技术基础，管好用好固定资产，促进固定资产不断增值和提高固定资产的使用效益，是会计工作的重要任务。固定资产价值管理由企业的财务部门负责，财务部门应设专门人员掌握其增减变动和使用情况，组织资产核算，办理资产出售、报废，组织资产清查，督促资产更新改造和大修理，并指导资产使用部门妥善管理。

无形资产，是指企业拥有或者控制的没有实物形态的可辨认非货币性资产。无形资产是企业一种重要的战略资源，在企业的发展过程中发挥着巨大的作用。企业必须设立专门的无形资产管理人员和机构。很多企业其内部无形资产种类多、数量大，涉及领域比较广泛。要管理好无形资产，必须掌握相关的理论知识、法规和管理方法，这就要求企业必须拥有相当数量的专业人员，在相应的机构中管理无形资产，从事无形资产的登记、分类、评估、投资、组合和报批等工作，使无形资产得到有效的经营、管理和保护，避免无形资产的流失。

投资性房地产，是指为赚取租金或资本增值，或两者兼有而持有的房地产。投资性房地产应当能够单独计量和出售。企业持有的房地产除了用于自身管理、生产经营和对外销售之外，也用于赚取租金和取得增值收益。就某些企业而言，投资性房地产属于日常经常性活动，形成的租金收入或转让增值收益被确认为主营业务收入；而对于大部分企业而言，投资性房地产是与经营活动相关的其他经营活动，形成的租金收入或转让增值收益被确认为其他业务收入。

学习目标

1. 掌握固定资产、无形资产、投资性房地产的核算；
2. 了解固定资产、无形资产和采用成本模式进行后续计量的投资性房地产减值的会计处理；
3. 了解采用公允价值模式进行后续计量的投资性房地产的公允价值的确定。

政策依据

《企业会计准则第4号——固定资产》
《企业会计准则第6号——无形资产》
《企业会计准则第3号——投资性房地产》
《企业会计准则第8号——资产减值》
《企业会计准则——应用指南》
《企业内部控制应用指引第8号——资产管理》
《企业内部控制应用指引第11号——工程项目》
《中华人民共和国增值税暂行条例》
《关于全面推开营业税改征增值税试点的通知》（财税〔2016〕36号）
《关于印发〈增值税会计处理规定〉的通知》（财会〔2016〕22号）
《不动产进项税额分期抵扣暂行办法》（国家税务总局〔2016〕15号）
《财政部 国家税务总局关于在全国开展交通运输业和部分现代服务业营业税改征增值税试点税收政策的通知》（财税〔2013〕37号）

项目列报

本项目在资产负债表中的列示信息见表7-1。

表7-1　本项目在资产负债表中的列示信息

资　产	期末余额	负债和所有者权益（或股东权益）	期末余额
流动资产：			
⋮			
非流动资产：			
⋮			
投资性房地产：成本模式计量（=“投资性房地产”－“投资性房地产累计折旧（摊销）”－“投资性房地产减值准备”公允价值模式计量（=“投资性房地产”）			
固定资产（=“固定资产”－“累计折旧”－“固定资产减值准备”）			
在建工程（=“在建工程”－“在建工程减值准备”）			
工程物资（=“工程物资”－“工程物资减值准备”）			
固定资产清理（=“固定资产清理”）			
⋮			
无形资产（=“无形资产”－“累计摊销”－“无形资产减值准备”）			
开发支出（=“研发支出”）			
长期待摊费用（=“长期待摊费用”－“一年内到期的非流动资产”）			
⋮			

任务1　固定资产核算

任务布置

2014年至2017年，华盛公司与固定资产有关的业务资料如下：

（1）2014年12月6日，华盛公司购入一条需要安装的生产线，取得的增值税专用发票上注明的价款为2 000万元，增值税税额为340万元，发生保险费5万元，款项均以银行存款支付；没有发生其他相关税费。生产线已投入安装，假定该生产线的增值税可以抵扣。

（2）2014年12月11日，华盛公司安装领用生产用原材料的实际成本和计税价格均为20万元，发生安装工人工资10万元，没有发生其他相关税费。该原材料未计提存货跌价准备。

（3）2014年12月31日，该生产线达到预定可使用状态，当日投入使用。该生产线预计使用年限为12年，预计净残值为55万元，采用直线法计提折旧。

（4）2015年12月31日，华盛公司在对该生产线进行检查时发现其已经发生减值。该生产线可收回金额为1 615.12万元。

（5）2017年1月1日，该生产线的预计尚可使用年限为10年，预计净残值为25.12万元，采用直线法计提折旧。

（6）2017年6月30日，华盛公司将生产线出售，取得价款1 600万元，支付清理费用20万元。

请会计张红做出相关账务处理。

相关原始凭证：

（1）购买设备时签订的采购合同。

（2）购买设备时，相关领导审批签字的用款申请单。

（3）购入生产线设备的增值税专用发票。

（4）支付款项时的银行回单。

（5）安装设备时，向仓库领料的领料单。

（6）安装设备时，向安装工人发放工资的工资单。

（7）设备安装完成时，出具的设备验收入库单。

（8）确认减值时，自制设备减值计提单。

（9）设备出售时，签订的销售合同。

（10）设备出售时，开具的增值税专用发票。

（11）收到出售设备价款时的银行回单。

业务产生：公司根据生产需要，购入生产流水线设备（该设备需要通过安装才能达到预定可使用状态），支付相关款项，并且在使用过程中发现该设备的价值明显下跌，需对固定资产计提减值准备。公司为再次提升车间的设备使用功能，对使用过的淘汰的设备对外出售，并收到相应款项。

知识准备

一、固定资产概述

固定资产是指为生产商品、提供劳务、出租或经营管理而持有且使用寿命超过一个会计年度的有形资产。

（一）固定资产的确认

固定资产在符合其定义的前提下，同时满足下列条件的，才能予以确认：

（1）与该固定资产有关的经济利益很可能流入企业；

（2）该固定资产的成本能够可靠计量。

如果固定资产的各组成部分具有不同使用寿命或者以不同方式为企业提供经济利益，且适用不同折旧率或折旧方法的，应当分别将各组成部分确认为单项固定资产。

企业由于安全或环保要求购入设备等，虽不能直接给企业带来未来经济利益，但有助于企业从其他相关资产的使用获得未来经济利益，也应确认为固定资产。

提示　固定资产具备以下三个特征：

（1）企业持有固定资产的目的，是满足生产商品、提供劳务、出租或经营管理的需要，而不是像库存商品一样为了对外出售。这是固定资产区别于存货的重要标志。

（2）企业使用固定资产的期限较长，一般超过1年。这一特征表明企业固定资产的收益期超过1年，能在1年以上的时间里创造经济利益。这意味着固定资产属于非流动资产，随着使用和磨损，通过计提折旧的方式其账面价值逐渐减少。

（3）固定资产具有实物形态。这一特征是固定资产区别于无形资产的主要标志。有些无形资产可能同时符合固定资产的其他特征，但是，由于没有实物形态，不属于固定资产。

（二）固定资产的分类

根据不同的管理需要和核算要求以及不同的分类标准，可以对固定资产进行不同的分类，主要有以下几种分类方法（如图7-1所示）：

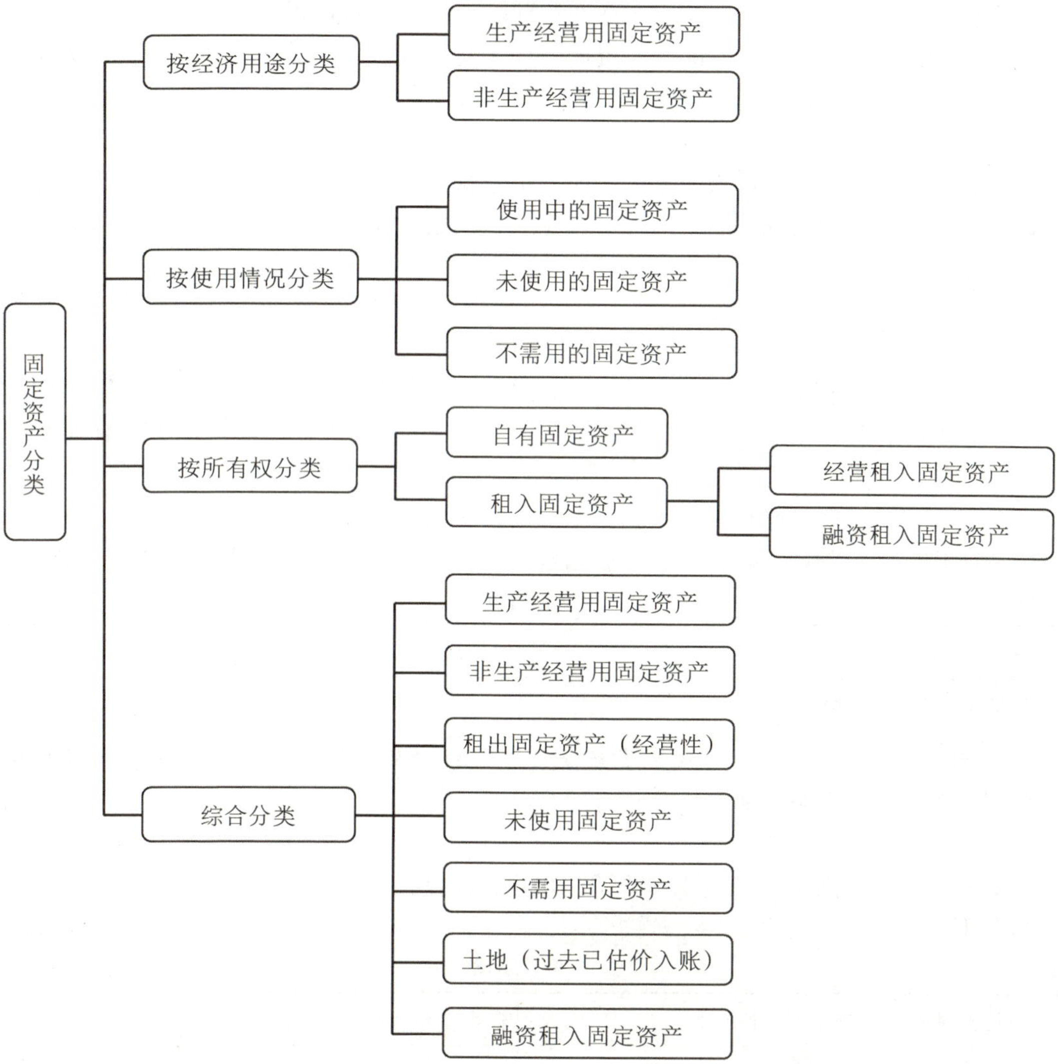

图7-1　固定资产的分类

提示 由于各企业的经营性质不同、经营规模各异，对固定资产的分类不可能完全一致，也没必要要求统一，企业可根据自己的具体情况和管理需要进行必要的分类。但在实际工作中，大多数企业采用综合分类的方法作为编制固定资产目录、进行固定资产核算的依据。

（三）固定资产的计价标准

为了正确反映固定资产价值的增减变动，企业应按一定的标准对固定资产进行计价。固定资产的计价标准一般有以下三种：

1.原始价值

原始价值也称为原值或原价，是指企业取得固定资产在达到预定可使用状态前所发生的全部合理支出。原始价值是固定资产取得时的实际成本，是客观真实、可以复核的，是固定资产的基本计价标准。

2.重置成本

重置成本也称重置价值，是指企业在当前条件下，重新购置同样的固定资产所发生的全部合理支出。一般在购入旧的固定资产、固定资产盘盈、接受捐赠固定资产等无法确定其原始价值的情况下，或者在接受旧的固定资产投资的情况下，才采用重置价值计价。

3.净值

净值也称折余价值，是指固定资产原始价值减去已提折旧后的余额。用净值与原始价值比较可反映企业固定资产的新旧程度。企业根据这个计价标准可以合理制订固定资产的更新计划，适时进行固定资产的更新等。

二、固定资产核算的账户设置

为了核算和监督固定资产的取得、计提折旧、处置等情况，企业应当设置“固定资产”“累计折旧”“在建工程”“工程物资”“固定资产清理”“固定资产减值准备”等账户。

（一）“固定资产”账户

该账户核算企业持有固定资产的原始价值，属于资产类账户。具体账户结构如下：

借方　　**固定资产**　　贷方

借方	贷方
企业增加的固定资产原价	企业减少的固定资产原价
企业期末固定资产的账面原价	

请注意 企业应当设置“固定资产登记簿”和“固定资产卡片”。该账户可按固定资产类别、使用部门和每项固定资产进行明细核算。

（二）“累计折旧”账户

该账户属于“固定资产”账户的调整账户，核算企业固定资产的累计折旧。具体账户结构如下：

借方　　**累计折旧**　　贷方

借方	贷方
企业处置固定资产转出的累计折旧	企业计提的固定资产折旧
企业固定资产的累计折旧额	

请注意 该账户可按固定资产类别或项目进行明细核算。

（三）“在建工程”账户

该账户核算企业基建、更新改造等在建工程发生的支出，属于资产类账户。具体账户结构如下：

借方 **在建工程** 贷方

企业各项在建工程的实际支出	企业完工工程转出的成本
尚未达到预定可使用状态的在建工程的成本	

请注意 该账户可按“建筑工程”“安装工程”“在安装设备”等进行明细核算。

（四）“工程物资”账户

该账户核算企业为在建工程而准备的各种物资的实际成本，属于资产类账户。具体账户结构如下：

借方 **工程物资** 贷方

企业购入工程物资的成本	企业领用工程物资的成本
企业为在建工程准备的各种物资的成本	

请注意 该账户可按“专用材料”“专用设备”“工器具”等进行明细核算。

（五）“固定资产清理”账户

该账户核算企业因出售、报废、毁损、对外投资、非货币性资产交换、债务重组等原因转出的固定资产价值以及在清理过程中发生的费用等，属于资产类账户。具体账户结构如下：

借方 **固定资产清理** 贷方

①转出的固定资产账面价值 ②清理过程中应支付的相关税费及其他费用	固定资产清理完成的处理
企业尚未清理完毕的固定资产清理净损失	企业尚未清理完毕的固定资产清理净收益

请注意 企业应当按照被清理的固定资产项目进行明细核算。

（六）“固定资产减值准备”账户

该账户核算固定资产因发生损坏、技术陈旧或者其他经济原因，导致其可收回金额低于其账面价值，企业应当按其差额计提的减值准备。该账户属于“固定资产”账户的备抵账户，具体账户结构如下：

借方 **固定资产减值准备** 贷方

①企业转回已计提的固定资产减值准备 ②处置固定资产时结转的减值准备	计提的固定资产减值准备
	企业已计提但尚未转销的固定资产减值准备

此外，企业在建工程、工程物资发生减值的，还应当设置“在建工程减值准备”“工程物资减值准备”等账户进行核算。

三、固定资产业务的账务处理

（一）取得固定资产

1.取得固定资产成本的确定

固定资产应当按照成本进行初始计量。在实务中，企业取得固定资产的方式是多种多样的，包括外购、自行建造、投资者投入以及非货币性资产交换、债务重组、企业合并和融资租赁等。固定资产取得的方式不同，其成本的具体构成内容及确定方法也不尽相同。这里主要介绍企业通过外购、建造等途径取得的固定资产的核算。融资租入的固定资产的核算在项目九非流动负债核算中阐述；接受投资取得的固定资产的核算在项目十所有者权益核算中阐述。

企业外购固定资产的成本，包括购买价款、相关税费、使固定资产达到预定可使用状态前所发生的可归属于该项资产的运输费、装卸费、安装费和专业人员服务费等，其中相关税费包括企业为取得固定资产而缴纳的契税、耕地占用税、车辆购置税等，不包括可以抵扣的增值税。为建造固定资产发生的罚息支出不能计入固定资产成本，应在发生时计入当期损益。

提示 根据规定，增值税一般纳税人购进（包括接受捐赠、实物投资）或者自制（包括改扩建、安装）生产经营用固定资产发生的进项税额，可凭增值税扣税凭证从销项税额中抵扣，其进项税额应当记入“应交税费——应交增值税（进项税额）”账户。自2016年5月1日起，根据《关于全面推开营业税改征增值税试点的通知》等的规定，增值税一般纳税人2016年5月1日后取得并在会计制度上按固定资产核算的不动产，以及2016年5月1日后发生的不动产或不动产在建工程，其进项税额应按照《不动产进项税额分期抵扣暂行办法》有关规定分2年从销项税额中抵扣，第一年抵扣比例为60%，第二年抵扣比例为40%。增值税一般纳税人2016年5月1日后购进货物和设计服务、建筑服务，用于新建不动产，或者用于改建、扩建、修缮、装饰不动产并增加不动产原值超过50%的，其进项税额依照《不动产进项税额分期抵扣暂行办法》有关规定分2年从销项税额中抵扣，其进项税额分别记入“应交税费——应交增值税（进项税额）”“应交税费——待抵扣进项税额”账户。

但购入用于集体福利、个人消费或用于免税项目的固定资产，其进项税额不得抵扣而应计入固定资产成本。

提示 有关增值税核算的账户设置详见本书“项目八 流动负债核算”中任务4下应交增值税的相关内容。

2.外购固定资产的账务处理

企业购入的固定资产分为不需要安装的固定资产和需要安装的固定资产两种。

（1）不需要安装的固定资产，是指企业购入的固定资产不需要安装就可以直接交付使用。企业应按实际支付的归属该项固定资产的实际成本，借记“固定资产”账户，按可抵扣的增值税进项税额，借记“应交税费——应交增值税（进项税额）”账户，按以后期间可抵扣的增值税税额，借记“应交税费——待抵扣进项税额”账户，按应付或实际支付的金额，贷记“银行存款”“应付账款”“应付票据”“长期应付款”等账户。尚未抵扣的进项税额待以后期间允许抵扣时，按允许抵扣的金额，借记“应交税费——应交增值税（进项税额）”账户，贷记“应交税费——待抵扣进项税额”账户。

【做中学7-1】2017年1月2日，时达公司购入一台不需要安装即可投入使用的设备，取得的增值税专用发票上注明的价款为30 000元，增值税税额为5 100元，该设备由其他承运者通过公路运输，取得的增值税专用发票上注明运费700元，增值税税额为119元。款项均以银行存款支付。时达公司应编制如下会计分录：

（1）计算固定资产成本：

固定资产买价	30 000
加：运输费	700
	30 700

（2）编制购入固定资产的会计分录：

借：固定资产	30 700	
应交税费——应交增值税（进项税额）	5 219	
贷：银行存款		35 919

（2）需要安装的固定资产，是指购入的固定资产需要经过安装才能交付使用。其成本应在取得成本的基础上，加上安装调试成本等。需要安装的固定资产的取得成本先通过“在建工程”账户归集，等达到预定可使用状态时，再由“在建工程”账户转入“固定资产”账户。

【做中学7-2】2017年1月3日，时达公司用银行存款购入一台需要安装的设备，增值税专用发票上注明的价款为200 000元，增值税税额为34 000元。该机器出包给天鸿安装公司安装，支付安装费40 000元、增值税税额4 400元。安装完工后交付使用。时达公司应编制如下会计分录：

（1）购入并进行安装时：

借：在建工程	200 000	
应交税费——应交增值税（进项税额）	34 000	
贷：银行存款		234 000

（2）支付安装费时：

借：在建工程	40 000	
应交税费——应交增值税（进项税额）	4 400	
贷：银行存款		44 400

（3）设备安装完毕交付使用时：

该设备的成本=200 000+40 000=240 000（元）

借：固定资产	240 000	
贷：在建工程		240 000

提示　企业以一笔款项购入多项没有单独标价的固定资产，应将各项资产单独确认为固定资产，并按各项固定资产公允价值的比例对总成本进行分配，分别确定各项固定资产的成本。

【做中学7-3】2017年1月5日，时达公司向东海公司一次购进了三台不同型号且具有不同生产能力的设备A、B、C，增值税专用发票上注明的款项为100 000 000元，增值税税额为17 000 000元，另支付包装费750 000元，全部以银行存款转账支付；假设设备A、B、C的公允价值分别为45 000 000元、38 500 000元、16 500 000元；不考虑其他相关税费，时达公司为增值税一般纳税人，增值税进项税额可以在销项税额中抵扣，不纳入固定资产成本核算。时达公司有关账务处理如下：

（1）确定应计入固定资产成本的金额，包括购买价款、包装费：

应计入固定资产成本的金额=100 000 000+750 000=100 750 000（元）

（2）确定设备A、B、C的价值分配比例：

A设备应分配的固定资产价值比例=45 000 000÷（45 000 000+38 500 000+16 500 000）×100%=45%

B设备应分配的固定资产价值比例=38 500 000÷（45 000 000+38 500 000+16 500 000）×100%=38.5%

C设备应分配的固定资产价值比例=16 500 000÷（45 000 000+38 500 000+16 500 000）×100%=16.5%

（3）确定设备A、B、C各自的成本：

设备A的成本=100 750 000×45%=45 337 500（元）

设备B的成本=100 750 000×38.5%=38 788 750（元）

设备C的成本=100 750 000×16.5%=16 623 750（元）

（4）编制如下会计分录：

借：固定资产——设备A	45 337 500	
——设备B	38 788 750	
——设备C	16 623 750	
应交税费——应交增值税（进项税额）	17 000 000	
贷：银行存款		117 750 000

3.自行建造固定资产的账务处理

企业自行建造固定资产，应当按照建造该项资产达到预定可使用状态前所发生的必要支出，作为固定资产的成本。

自建固定资产的成本应先通过“在建工程”账户核算，工程达到预定可使用状态时，再从“在建工程”账户转入“固定资产”账户。企业自建固定资产，主要有自营和出包两种方式，由于采用的建造方式不同，其会计处理也不同。

（1）自营工程。自营工程，是指企业自行组织工程物资采购、自行组织施工人员施工的建筑工程和安装工程。企业为建造固定资产准备的各种物资应当按照实际支付的买价、运输费、保险费等相关税费作为实际成本。工程完工后，剩余的工程物资转为本企业存货的，按其实际成本或计划成本进行结转。建造固定资产核算图如图7-2所示。

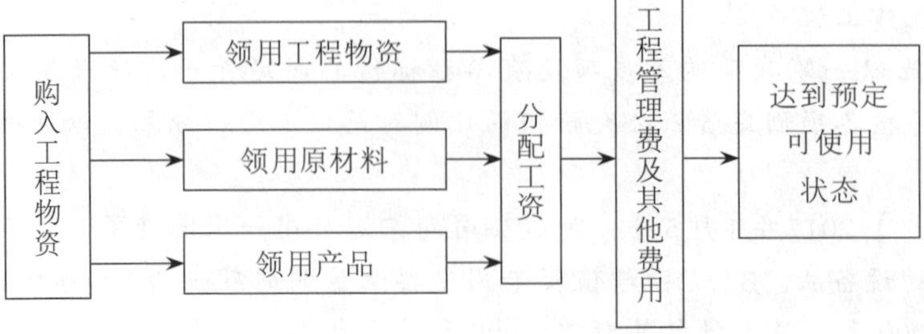

图7-2　建造固定资产核算图

建设期间发生的工程物资盘亏、报废及毁损，减去残料价值以及保险公司、过失人等赔款后的净损失，计入所建工程项目的成本；盘盈的工程物资或处置净收益，冲减所建工程项目的成本。工程完工后发生的工程物资盘盈、盘亏、报废及毁损，计入当期营业外收支。

自营工程核算过程图

购入工程物资时，借记“工程物资”账户，按可抵扣的增值税进项税额，借记“应交税费——应交增值税（进项税额）”账户，按以后期间可抵扣的增值税税额，借记“应交税费——待抵扣进项税额”账户，贷记“银行存款”等账户。尚未抵扣的进项税额待以后期间允许抵扣时，按允许抵扣的金额，借记“应交税费——应交增值税（进项税额）”账户，贷记“应交税费——待抵扣进项税额”账户。领用工程物资时，借记“在建工程”账户，贷记“工程物资”账户。在建工程领用本企业原材料时，借记“在建工程”账户，贷记“原材料”等账户。在建工程领用本企业生产的商品时，借记“在建工程”账户，贷记“库存商品”“应交税费——应交增值税（销项税额）”等账户。自营工程发生的其他费用（如分配工程人员工资等），借记“在建工程”账户，贷记“银行存款”“应付职工薪酬”等账户。自营工程达到预定可使用状态时，按其成本，借记“固定资产”账户，贷记“在建工程”账户。

【做中学7-4】2017年3月18日，时达公司采用自营方式建造厂房一幢，购入为工程准备的各种专用物资，取得的增值税专用发票上注明的物资价款为400 000元，增值税为68 000元，款项已经通过银行支付；公司实际领用工程物资的80%，剩余物资转作企业存货；另领用生产用的原材料，实际成本为40 000元；发生工程人员工资30 000元；辅助生产车间提供有关劳务10 000元。9月15日，工程达到预定可使用状态并交付使用。

时达公司应编制如下会计分录：

（1）购入工程物资时：

借：工程物资——专用材料 400 000
　　应交税费——应交增值税——进项税额（专用材料） 40 800
　　　　　　——待抵扣进项税额——新增不动产进项税额（专用材料） 27 200
　　贷：银行存款 468 000

请注意 根据《不动产进项税额分期抵扣暂行办法》的有关规定，取得扣税凭证的当月起第13个月，时达公司应编制如下会计分录：

借：应交税费——应交增值税——进项税额（专用材料） 27 200
　　贷：应交税费——待抵扣进项税额——新增不动产进项税额（专用材料） 27 200

（2）领用工程物资时：

借：在建工程——建筑工程（仓库） 320 000
　　贷：工程物资——专用材料 320 000

（3）剩余工程物资转作企业存货时：

借：原材料 80 000
　　应交税费——应交增值税——进项税额（专用材料） 5 440
　　贷：工程物资——专用材料 80 000
　　　　应交税费——待抵扣进项税额——新增不动产进项税额（专用材料） 5 440

（4）工程领用原材料时：

借：在建工程——建筑工程（仓库） 40 000
　　应交税费——待抵扣进项税额——新增不动产进项税额（仓库） 2 720
　　贷：原材料 40 000
　　　　应交税费——应交增值税（进项税额转出） 2 720

请注意 购进时已全额抵扣进项税额的货物和服务，转用于不动产在建工程的，其已抵扣进项税额的40%部分，应于转用的当期从进项税额中扣减，计入待抵扣进项税额，并于转用的当月起第13个月从销项税额中抵扣。

转用的第13个月，时达公司应编制如下会计分录：

借：应交税费——应交增值税——进项税额（仓库） 2 720
　　贷：应交税费——待抵扣进项税额——新增不动产进项税额（仓库） 2 720

（5）发生工程人员工资时：

借：在建工程——建筑工程（仓库） 30 000
　　贷：应付职工薪酬 30 000

（6）辅助车间提供劳务时：

借：在建工程——建筑工程（仓库） 10 000
　　贷：生产成本——辅助生产成本 10 000

（7）自营工程完工交付使用时：

借：固定资产——仓库 400 000
　　贷：在建工程——建筑工程（仓库） 400 000

请注意 非正常损失，是指因管理不善造成货物被盗、丢失、霉烂变质，以及因违反法律法规造成货物或者不动产被依法没收、销毁、拆除的情形。其中，货物是指构成不动产实体的材料和设备，包括建筑装饰材料和给排水、采暖、卫生、通风、照明、通迅、煤气、消防、中央空调、电梯、电气、智能化楼宇设备及配套设施。

不动产在建工程发生非正常损失的，其所耗用的购进货物、设计服务和建筑服务已抵扣的进项税额应于当期全部转出；其待抵扣进项税额不得抵扣。其账务处理如下：

借：待处理财产损溢
　　贷：在建工程——××项目
　　　　应交税费——应交增值税——进项税额转出（××项目）
　　　　　　　　——待抵扣进项税额——新增不动产进项税额（××项目）

（2）出包工程。出包工程，是指企业通过招标方式将工程项目发包给建造承包商，由建造承包商组织施工的建筑工程和安装工程。企业采用出包方式进行的固定资产工程，其工程的具体支出主要由建造承包商核算，在这种方式下，“在建工程”账户主要反映企业与建造承包商办理价款结算的情况。企业按合理估计的发包工程进度和合同规定向建造承包商结算的进度款，借记“在建工程——建筑工程（××工程）”“应交税费——应交增值税（进项税额）”“应交税费——待抵扣进项税额”等账户，贷记“银行存款”“预付账款”等账户；工程完成时按合同规定补付的工程款，借记“在建工程”“应交税费——应交增值税（进项税额）”“应交税费——待抵扣进项税额”等账户，贷记“银行存款”“预付账款”等账户；工程达到预定可使用状态时，按其成本，借记“固定资产”账户，贷记

"在建工程"账户。

请注意 企业为建造固定资产通过出让方式取得土地使用权而支付的土地出让金不计入在建工程成本，应确认为无形资产（土地使用权）。

【做中学7-5】2017年3月5日，时达公司将一幢厂房的建造工程出包给建国公司承建，按合理估计的发包工程进度和合同规定向建国公司结算进度款666 000元（取得的增值税专用发票上注明价款600 000元、增值税66 000元）。6月5日，工程完工后，收到建国公司有关工程结算单据，补付工程款444 000元（取得的增值税专用发票上注明价款400 000元、增值税44 000元），工程完工并达到预定可使用状态。

时达公司应编制如下会计分录：

（1）按合理估计的发包工程进度和合同规定向建国公司结算进度款时：

借：在建工程——建筑工程（厂房） 600 000
　　应交税费——应交增值税——进项税额（厂房） 39 600
　　　　　　——待抵扣进项税额——新增不动产进项税额（仓库） 26 400
　　贷：银行存款 666 000

（2）补付工程款时：

借：在建工程——建筑工程（厂房） 400 000
　　应交税费——应交增值税——进项税额（厂房） 26 400
　　　　　　——待抵扣进项税额——新增不动产进项税额（厂房） 17 600
　　贷：银行存款 444 000

（3）工程完工并达到预定可使用状态时：

借：固定资产 1 000 000
　　贷：在建工程——建筑工程（厂房） 1 000 000

（二）固定资产折旧

1.固定资产折旧概述

固定资产折旧，是指企业应当在固定资产的使用寿命内，按照确定的方法对应计折旧额进行系统分摊。所谓应计折旧额，是指应当计提折旧的固定资产原价扣除其预计净残值后的金额，已计提减值准备的固定资产，还应当扣除已计提的固定资产减值准备累计金额。企业应当根据固定资产的性质和使用情况，合理确定固定资产的使用寿命和预计净残值。固定资产的使用寿命、预计净残值一经确定，不得随意变更，但是符合《企业会计准则第4号——固定资产》第十九条规定的除外。上述事项在报经股东大会或董事会、经理（厂长）会议或类似机构批准后，作为计提折旧的依据，并按照法律、行政法规等的规定报送有关各方备案。

影响折旧的因素主要有以下几个方面：

（1）固定资产原价，是指固定资产的成本。

（2）预计净残值，是指假定固定资产预计使用寿命已满并处于使用寿命终了时的预期状态，企业目前从该项资产处置中获得的扣除预计处置费用后的金额。

（3）固定资产减值准备，是指固定资产已计提的固定资产减值准备累计金额。

（4）固定资产的使用寿命，是指企业使用固定资产的预计期间，或者该固定资产所能生产产品或提供劳务的数量。企业确定固定资产使用寿命时，应当考虑下列因素：该项资产预计生产能力或实物产量；该项资产预计有形损耗，如设备使用中发生磨损、房屋建筑物受到自然侵蚀等；该项资产预计无形损耗，如因新技术的出现而使现有的资产技术水平相对陈旧、市场需求变化使产品过时等；法律或者类似规定对该项资产使用的限制。

除以下情况外，企业应当对所有固定资产计提折旧：

（1）已提足折旧仍继续使用的固定资产；

（2）单独计价入账的土地。

在确定计提折旧的范围时，还应注意以下几点：

（1）固定资产应当按月计提折旧，当月增加的固定资产，当月不计提折旧，从下月起计提折旧；当月减少的固定资产，当月仍计提折旧，从下月起不再计提折旧。用公式表示如下：

$$\text{当月固定资产折旧额}=\text{上月固定资产折旧额}+\text{上月增加固定资产折旧额}-\text{上月减少固定资产折旧额}$$

（2）固定资产提足折旧后，不论能否继续使用，均不再计提折旧；提前报废的固定资产，也不再补提折旧。所谓提足折旧，是指已经提足该项固定资产的应计折旧额。

（3）已达到预定可使用状态但尚未办理竣工决算的固定资产，应当按照估计价值确定其成本，并计提折旧；待办理竣工决算后，再按实际成本调整原来的暂估价值，但不需要调整原已计提的折旧额。

请注意 企业至少应当于每年年度终了，对固定资产的使用寿命、预计净残值和折旧方法进行复核。使用寿命预计数与原先估计数有差异的，应当调整固定资产使用寿命。净残值预计数与原先估计数有差异的，应当调整预计净残值。与固定资产有关的经济利益预期实现方式有重大改变的，应当改变固定资产折旧方法。通过对固定资产使用寿命、预计净残值和折旧方法的恰当调整，使固定资产信息更加真实，也更加有助于会计信息使用者做出正确的经济决策。固定资产使用寿命、预计净残值和折旧方法的改变应当作为会计估计变更进行会计处理。

2.固定资产的折旧方法

固定资产的折旧方法，是将应提折旧总额在固定资产使用期间进行分配时所采用的具体计算方法。企业应当根据与固定资产有关的经济利益的预期实现方式合理选择折旧方法。我国企业可选用的折旧方法包括：年限平均法（直线法）、工作量法、双倍余额递减法和年数总和法。固定资产折旧方法将直接影响应提折旧总额在固定资产各使用年限之间的分配结果，从而影响各年的净收益和所得税。因此，固定资产折旧方法一经确定，不得随意变更，如果变更，需在会计报表附注中予以说明。

（1）年限平均法。年限平均法，是指将固定资产的应计折旧额均衡地分摊到固定资产预计使用寿命的一种方法。采用这种方法计算的每期折旧额均相等。

年限平均法的计算公式如下：

$$\text{年折旧率}=(1-\text{预计净残值率})\div\text{预计使用寿命（年）}$$

$$\text{月折旧率}=\text{年折旧率}\div 12$$

$$\text{月折旧额}=\text{固定资产原价}\times\text{月折旧率}$$

【做中学7-6】2017年1月2日，时达公司有一幢厂房，原价为5 000 000元，预计可使用20年，预计报废时的净残值率为2%。该厂房的折旧率和折旧额计算如下：

年折旧率=（1−2%）÷20×100%=4.9%

月折旧率=4.9%÷12=0.41%

月折旧额=5 000 000×0.41%=20 500（元）

计提折旧最低年限新规定

（2）工作量法。工作量法也可称为作业量法，是指根据实际工作量计算每期应提折旧额的一种方法。

工作量法的基本计算公式如下：

单位工作量折旧额=固定资产原价×（1−预计净残值率）÷预计总工作量

某项固定资产月折旧额=该项固定资产当月工作量×单位工作量折旧额

【做中学7−7】时达公司一辆运货卡车的原价为600 000元，预计总行驶里程为500 000千米，预计报废时的净残值率为5%，1月份行驶4 000千米。该辆汽车1月份折旧额计算如下：

单位工作量折旧额=600 000×（1−5%）÷500 000=1.14（元/千米）

1月份折旧额=4 000×1.14=4 560（元）

（3）双倍余额递减法。双倍余额递减法，是指在不考虑固定资产预计净残值的情况下，根据每期期初固定资产原价减去累计折旧后的余额和双倍的直线法折旧率计算固定资产折旧的一种方法。

双倍余额递减法的计算公式如下：

年折旧率=2÷预计使用寿命（年）×100%

月折旧率=年折旧率÷12

月折旧额=每月月初固定资产账面净值×月折旧率

【做中学7−8】时达公司一项固定资产的原价为1 000 000元，预计使用年限为5年，预计净残值为4 000元。按双倍余额递减法计提折旧，每年的折旧额计算如下：

年折旧率=2÷5×100%=40%

第1年应计提的折旧额=1 000 000×40%=400 000（元）

第2年应计提的折旧额=（1 000 000−400 000）×40%=240 000（元）

第3年应计提的折旧额=（1 000 000−400 000−240 000）×40%=144 000（元）

从第4年起改用年限平均法（直线法）计提折旧：

第4年、第5年的年折旧额=［（1 000 000−400 000−240 000−144 000）−4 000］÷2
=106 000（元）

每年各月折旧额根据年折旧额除以12来计算。

请注意　由于每年年初固定资产净值没有扣除预计净残值，因此，在应用这种方法计算折旧额时必须注意不能使固定资产的账面折余价值降低到其预计净残值以下，即实行双倍余额递减法计算折旧的固定资产，应在其折旧年限到期前两年，将固定资产净值扣除预计净残值后的余额平均摊销。

（4）年数总和法。年数总和法又称年限合计法，是指将固定资产的原价减去预计净残值后的余额，乘以一个逐年递减的分数计算每年的折旧额，这个分数的分子代表固定资产尚可使用寿命，分母代表固定资产预计使用寿命逐年数字总和。

年数总和法的计算公式如下：

$$年折旧率=\frac{预计使用寿命-已使用年限}{预计使用寿命\times（预计使用寿命+1）\div 2}\times 100\%$$

或
$$年折旧率=\frac{尚可使用年限}{预计使用寿命的年数总和}\times 100\%$$

月折旧率=年折旧率÷12

月折旧额=（固定资产原价－预计净残值）×月折旧率

【做中学7-9】沿用【做中学7-8】的资料，若采用年数总和法，计算的各年折旧额见表7-2。

表7-2 折旧计算表 金额单位：元

年份	尚可使用年限	原价－净残值	变动折旧率	年折旧额	累计折旧额
1	5	996 000	5/15	332 000	332 000
2	4	996 000	4/15	265 600	597 600
3	3	996 000	3/15	199 200	796 800
4	2	996 000	2/15	132 800	929 600
5	1	996 000	1/15	66 400	996 000

3.固定资产折旧的账务处理

固定资产应当按月计提折旧，计提的折旧应当记入“累计折旧”账户，并根据用途计入相关资产的成本或者当期损益。企业自行建造固定资产过程中使用的固定资产，其计提的折旧应计入在建工程成本；基本生产车间所使用的固定资产，其计提的折旧应计入制造费用；管理部门所使用的固定资产，其计提的折旧应计入管理费用；销售部门所使用的固定资产，其计提的折旧应计入销售费用；经营租出的固定资产，其应提的折旧应计入其他业务成本。企业计提固定资产折旧时，借记“制造费用”“管理费用”“销售费用”“其他业务成本”等账户，贷记“累计折旧”账户。

【做中学7-10】时达公司2017年1月份各生产车间分配的固定资产折旧额为：一车间1 500 000元，二车间2 400 000元，三车间3 600 000元。该公司应编制如下会计分录：

借：制造费用——一车间　　1 500 000
　　　　　——二车间　　2 400 000
　　　　　——三车间　　3 600 000
　贷：累计折旧　　7 500 000

【做中学7-11】时达公司2017年1月份管理部门、销售部门应分配的固定资产折旧额为：管理部门房屋建筑物计提折旧14 800 000元，运输工具计提折旧2 400 000元；销售部门房屋建筑物计提折旧3 200 000元，运输工具计提折旧2 630 000元。当月新购置管理机器设备一台，成本为5 400 000元，预计使用寿命为10年，该公司同类设备计提折旧采用年限平均法。时达公司应编制如下会计分录：

借：管理费用　　17 200 000
　　销售费用　　5 830 000
　贷：累计折旧　　23 030 000

在本例中，新购置的机器设备本月不计提折旧。本月计提的折旧费用中，对管理部门使用的固定资产计提的折旧额计入管理费用，对销售部门使用的固定资产计提的折旧额计入销售费用。

关于进一步完善固定资产加速折旧企业所得税政策的通知

（三）固定资产的后续支出

固定资产的后续支出，是指固定资产在使用过程中发生的更新改造支出、修理费用等。企业的固定资产投入使用后，由于各组成部分的耐用程度或者使用条件不同，往往会发生固定资产的局部损坏。为了保持固定资产的正常运转和使用，充分发挥其使用效能，就必然产生必要的后续支出。

固定资产的更新改造等后续支出，满足固定资产确认条件的，应当计入固定资产成本，如有被替代的部分，应同时将被替换部分的账面价值从该固定资产原账面价值中扣除；不满足固定资产确认条件的修理费用等，应当在发生时计入当期损益。

1.资本化的后续支出

固定资产发生的可资本化的后续支出，应当通过“在建工程”账户核算。固定资产发生可资本化的后续支出时，企业应将该固定资产的原价、已计提的累计折旧和减值准备转销，将固定资产的账面价值转入在建工程，借记“在建工程”“累计折旧”“固定资产减值准备”等账户，贷记“固定资产”账户；发生的可资本化的后续支出，借记“在建工程”账户，贷记“银行存款”等账户。在固定资产完工并达到预定可使用状态时，借记“固定资产”账户，贷记“在建工程”账户。

【做中学7-12】时达公司有关固定资产业务资料如下：

（1）2013年12月，时达公司自行建成一条生产线并投入使用，建造成本为1 000 000元；采用年限平均法计提折旧；预计净残值为固定资产原价的4%，预计使用年限为6年。该生产线在2015年年末发生减值50 000元。

（2）2015年12月31日，由于生产的产品销量好，现在这条生产线已难以满足公司生产需要，公司董事会决定对现有生产线进行改扩建，以提高其生产能力。

（3）至2016年4月30日，公司完成了对这条生产线的改扩建工程，达到预定可使用状态。改扩建过程中发生以下支出：用银行存款购买工程物资一批，增值税专用发票上注明的价款为210 000元，增值税税额为35 700元，已全部用于改扩建工程；发生有关人员薪酬120 000元。

（4）该生产线改扩建工程达到预定可使用状态后，预计尚可使用年限为7年。假定改扩建后的生产线的预计净残值率为改扩建后其账面价值的2%，折旧方法仍为年限平均法，在使用期间没有发生减值损失。

根据以上资料，时达公司应编制如下会计分录：

（1）计算改扩建前各年的累计折旧：

固定资产后续支出发生前，该生产线的应计折旧额＝1 000 000×（1－4%）

＝960 000（元）

年折旧额＝960 000÷6＝160 000（元）

2014年1月1日至2015年12月31日，各年计提折旧：

借：制造费用　　160 000

　　贷：累计折旧　　160 000

（2）2015年12月31日，计提减值准备：

借：资产减值损失——计提的固定资产减值准备　　50 000

　贷：固定资产减值准备　　50 000

（3）2015年12月31日，将该生产线的账面价值转入在建工程：

生产线的账面价值＝1 000 000−160 000×2−50 000＝630 000（元）

借：在建工程——生产线　　630 000

　　累计折旧　　320 000

　　固定资产减值准备　　50 000

　贷：固定资产——生产线　　1 000 000

（4）发生改建支出：

借：工程物资　　210 000

　　应交税费——应交增值税（进项税额）　　35 700

　贷：银行存款　　245 700

借：在建工程——生产线　　330 000

　贷：工程物资　　210 000

　　　应付职工薪酬　　120 000

（5）2016年4月30日，生产线改扩建工程达到预定可使用状态，转为固定资产：

借：固定资产——生产线　　960 000

　贷：在建工程——生产线　　960 000

（6）2016年4月30日，转为固定资产后，按新的使用寿命、预计净残值和折旧方法计提折旧：

应计折旧额＝960 000×（1−2%）＝940 800（元）

月折旧额＝940 800÷（7×12）＝11 200（元）

2016年应计提的折旧额＝11 200×8＝89 600（元）

借：制造费用　　89 600

　贷：累计折旧　　89 600

2017年至2022年应计提的折旧额＝11 200×12＝134 400（元）

借：制造费用　　134 400

　贷：累计折旧　　134 400

2023年应计提的折旧额＝11 200×4＝44 800（元）

借：制造费用　　44 800

　贷：累计折旧　　44 800

2.费用化的后续支出

企业生产车间（部门）和行政管理部门发生的不可资本化的后续支出，如发生的固定资产日常修理费用，借记“管理费用”账户，贷记“银行存款”等账户；企业专设销售机构发生的不可资本化的后续支出，如发生的固定资产日常修理费用，借记“销售费用”账户，贷记“银行存款”等账户。

【做中学7-13】2017年1月19日，时达公司对生产车间使用的设备进行日常修理，发生维修费20 000元。时达公司应编制如下会计分录：

借：管理费用　　20 000
　　贷：银行存款　　20 000

时达公司对生产车间的机器设备进行日常修理发生的修理费不符合固定资产后续支出资本化的条件，应将其在发生时计入当期损益，记入“管理费用”账户，而不是“制造费用”账户。

请注意

（1）企业对固定资产进行定期检查发生的大修理费用，有确凿证据表明符合固定资产确认条件的部分，可以计入固定资产成本，不符合固定资产确认条件的，应当费用化，计入当期损益。固定资产在定期大修理间隔期间，照提折旧。

（2）固定资产（非租入）的装修费用，如果满足固定资产确认条件，则后续支出应计入固定资产账面价值，并在“固定资产”账户下设“固定资产装修”明细账户，并在两次装修期间与其尚可使用年限中较短期间内单独计提折旧。如果在下次装修时该明细账户仍有余额，应将余额一次全部转入当期营业外支出。

（3）融资租入固定资产发生的装修费用，符合有关规定可予以资本化的，应在两次装修期间、剩余租赁期与尚可使用年限三者中较短期间内单独计提折旧。

（4）经营租入固定资产发生的改良支出，应通过“长期待摊费用”账户核算，并在剩余租赁期与固定资产尚可使用年限两者中较短期间内单独进行摊销。

【做中学7-14】2016年6月28日，时达公司对办公楼进行装修，发生如下有关支出：领用生产用原材料的实际成本为680 000元，辅助生产车间为办公楼装修工程提供的劳务支出为112 896元，计提工程人员薪酬454 600元。2016年12月26日，办公楼装修完工，达到预定可使用状态，时达公司预计下次装修时间为2022年12月。假定该办公楼装修支出符合资本化条件；该职工宿舍预计尚可使用年限为10年；装修形成的固定资产预计净残值为16 500元，采用直线法计提折旧。2019年12月31日，时达公司决定对该办公楼提前重新装修。不考虑其他因素。

（1）装修领用原材料：

原材料进项税额转出＝680 000×17%×40%＝46 240（元）

借：在建工程　　680 000
　　应交税费——待抵扣进项税额　　46 240
　　贷：原材料　　680 000
　　　　应交税费——应交增值税（进项税额转出）　　46 240

（2）辅助生产车间为装修提供劳务：

借：在建工程　　112 896
　　贷：生产成本——辅助生产成本　　112 896

（3）计提工程人员薪酬：

借：在建工程　　454 600
　　贷：应付职工薪酬　　454 600

（4）交付使用：

借：固定资产——固定资产装修　　1 247 496
　　贷：在建工程　　1 247 496

（5）计提装修形成的折旧：

因下次装修时间为2022年，小于固定资产预计尚可使用年限10年，因此，应按固定资产两次装修期间间隔6年计提折旧。

年折旧额 =（1 247 496−16 500）÷6 = 205 166（元）

借：管理费用　205 166

　贷：累计折旧　205 166

（6）2019年12月重新装修时：

固定资产账面价值 = 1 247 496−205 166×3 = 631 998（元）

借：营业外支出　631 998

　累计折旧　615 498

　贷：固定资产——固定资产装修　1 247 496

（四）固定资产减值

固定资产的初始入账价值是历史成本，由于固定资产使用年限较长，加上市场条件和经营环境的变化、科学技术的进步以及企业经营管理不善等原因，固定资产创造未来经济利益的能力可能会大大下降，因此，固定资产的可收回金额有可能低于账面价值。当企业固定资产的可收回金额低于其账面价值时，即表明固定资产发生了减值，企业应当确认固定资产减值损失，并把固定资产的账面价值减记至可收回金额。

可收回金额，是指资产的公允价值减去处置费用后的净额与资产预计未来现金流量的现值两者之间的较高者。

固定资产在资产负债表日存在可能发生减值的迹象时，其可收回金额低于账面价值的，企业应当将该固定资产的账面价值减记至可收回金额，减记的金额确认为减值损失，计入当期损益，同时计提相应的资产减值准备，借记“资产减值损失——计提的固定资产减值准备”账户，贷记“固定资产减值准备”账户。固定资产减值损失一经确认，在以后会计期间不得转回。

【做中学7-15】2017年12月31日，时达公司的某生产线存在可能发生减值的迹象。经计算，该机器的可收回金额合计为1 230 000元，账面价值为1 400 000元，以前年度未对该生产线计提过减值准备。由于该生产线的可收回金额低于账面价值，应按两者之间的差额170 000元（1 400 000−1 230 000）计提固定资产减值准备。时达公司应编制如下会计分录：

借：资产减值损失——计提的固定资产减值准备　170 000

　贷：固定资产减值准备　170 000

请注意　《企业会计准则第8号——资产减值》规定了减值政策，有效防止了由于资产价值泡沫导致的利润虚增；同时，该准则规定资产减值损失不得转回，大幅度地挤掉了企业有关资产中的水分，为企业发展增强了后劲，也有效遏止了某些企业利用资产减值损失转回操纵利润的行为。

（五）固定资产的清查

固定资产清查，是指从实物管理的角度对单位实际拥有的固定资产进行实物清查，并与固定资产进行账务核对，确定盘盈、毁损、报废及盘亏资产。企业应当定期或者至少每年年末对固定资产进行清查盘点，以保证固定资产核算的真实性，充分挖掘企业现有固定资产的潜力。在固定资产清查过程中，如果发现盘盈、盘亏的固定资产，应当填制固定资产盘盈盘亏报告表。对于清查到的固定资产的损溢，应当及时查明原因，并按照规定程序报批处理。

1.固定资产的盘盈

企业在财产清查中盘盈的固定资产应作为前期差错处理，在按管理权限报经批准处理前应先通过“以前年度损益调整”账户核算，按重置成本确定其入账价值，借记“固定资产”账户，贷记“以前年度损益调整”账户。

【做中学7-16】2017年1月5日，时达公司在财产清查中发现2011年12月份购入的一台设备尚未入账，重置成本为30 000元（假定与其计税基础不存在差异）。时达公司按净利润的10%提取法定盈余公积，不考虑相关税费及其他因素的影响。时达公司应编制如下会计分录：

（1）盘盈固定资产时：

借：固定资产	30 000	
贷：以前年度损益调整		30 000

（2）结转为留存收益时：

借：以前年度损益调整	30 000	
贷：盈余公积——法定盈余公积		3 000
利润分配——未分配利润		27 000

2.固定资产的盘亏

企业在财产清查中盘亏的固定资产，应按照盘亏固定资产的账面价值，借记“待处理财产损溢”账户，按照已计提的累计折旧，借记“累计折旧”账户，按照已计提的减值准备，借记“固定资产减值准备”账户，按照固定资产的原价，贷记“固定资产”账户。企业按照管理权限报经批准后处理时，按照可收回的保险赔偿或过失人赔偿，借记“其他应收款”账户，按照应计入营业外支出的金额，借记“营业外支出——盘亏损失”账户，贷记“待处理财产损溢”账户。

【做中学7-17】时达公司进行财产清查时发现短缺一台笔记本电脑，原价为10 000元，已计提折旧7 000元。时达公司应编制如下会计分录：

（1）盘亏固定资产时：

借：待处理财产损溢	3 000	
累计折旧	7 000	
贷：固定资产		10 000

（2）报经批准转销时：

借：营业外支出——盘亏损失	3 000	
贷：待处理财产损溢		3 000

（六）固定资产处置

企业在生产经营过程中，可能将不适用或不需用的固定资产对外出售，或因磨损、技术进步等原因对固定资产进行报废，或因遭受自然灾害而对毁损的固定资产进行处理。对上述事项进行会计处理时，应当按照规定程序办理有关手续，结转固定资产的账面价值，计算有关的清理收入、清理费用及残料价值等。

固定资产处置包括固定资产的出售、报废、毁损、对外投资、非货币性资产交换、债务重组等。处置固定资产应通过“固定资产清理”账户核算。具体包括以下几个环节：

1.固定资产转入清理

企业因出售、报废、毁损、对外投资、非货币性资产交换、债务重组等转出的固定资产，按该项固定资产的账面价值，借记“固定资产清理”账户，按已计提的累计折旧，借记“累计折旧”账户，按已计提的减值准备，借记“固定资产减值准备”账户，按其账面原价，贷记“固定资产”账户。

2.发生清理费用

对于固定资产在清理过程中发生的相关税费及其他费用，借记“固定资产清理”账户，贷记“银行存款”“应付职工薪酬”等账户。

3.出售收入和残料价值等的处理

收回出售固定资产的价款、残料价值和变价收入等，借记“银行存款”“原材料”等账户，贷记“固定资产清理”“应交税费——应交增值税（销项税额）”等账户。

4.保险赔偿的处理

应由保险公司或过失人赔偿的损失，借记“其他应收款”等账户，贷记“固定资产清理”账户。

5.清理净损益的处理

固定资产清理完成后发生的净收益，借记“固定资产清理”账户，贷记“营业外收入——非流动资产处置利得”账户。固定资产清理完成后发生的净损失，属于生产经营期间正常的处理损失，借记“营业外支出——非流动资产处置损失”账户，贷记“固定资产清理”账户；属于自然灾害等非正常原因造成的损失，借记“营业外支出——非常损失”账户，贷记“固定资产清理”账户。

【做中学7-18】2017年1月20日，时达公司出售一台机器设备，原价为100 000元，已提折旧19 400元，未计提减值准备，出售给乙公司，开具的增值税专用发票上注明的价款为82 000元，增值税税额为13 940元。假定不考虑其他相关税费。时达公司应编制如下会计分录：

（1）将出售固定资产转入清理时：

借：固定资产清理——机器设备	80 600	
累计折旧	19 400	
贷：固定资产——机器设备		100 000

（2）收回出售固定资产的价款时：

借：银行存款	95 940	
贷：固定资产清理——机器设备		82 000
应交税费——应交增值税（销项税额）		13 940

（3）结转出售固定资产实现的利得时：

借：固定资产清理	1 400	
贷：营业外收入——非流动资产处置利得		1 400

【做中学7-19】时达公司因遭受水灾而毁损一座仓库，该仓库原价为4 000 000元，已

计提折旧1 000 000元，未计提减值准备。其残料价值估计为50 000元，残料已办理入库手续。发生清理费用20 000元，以现金支付。经保险公司核定，应赔偿损失1 500 000元，尚未收到赔款。假定不考虑相关税费的影响。时达公司应编制如下会计分录：

（1）将毁损的仓库转入清理时：

借：固定资产清理　　3 000 000

　　累计折旧　　1 000 000

　　贷：固定资产　　4 000 000

（2）残料入库时：

借：原材料　　50 000

　　贷：固定资产清理　　50 000

（3）支付清理费用时：

借：固定资产清理　　20 000

　　贷：库存现金　　20 000

（4）确定应由保险公司理赔的损失时：

借：其他应收款　　1 500 000

　　贷：固定资产清理　　1 500 000

（5）结转毁损固定资产发生的损失时：

借：营业外支出——非常损失　　1 470 000

　　贷：固定资产清理　　1 470 000

任务实施

针对“任务布置”中的经济业务，相关处理程序如下：

第一步：签订采购设备合同。

根据公司的生产需要，购入生产流水线设备，与设备生产厂商签订设备采购合同。

第二步：收到购买设备发票。

向设备生产厂家索取设备的增值税专用发票。

第三步：购买设备进行投保。

在购入设备时，同时给设备购买保险，与相应的保险公司签订保险合同。

第四步：支付设备货款。

根据相关领导签字审批的单据，出纳将购买的设备款、保险款等款项打入对方公司指定银行账户。

第五步：设备安装。

对购入的生产流水线设备按照生产车间的要求进行安装，并向仓库领取安装所需的材料，同时向安装设备的工人支付工资。

第六步：设备安装完成并验收入库。

设备按要求安装完成后，经相关部门验收入库，并填制验收入库单，按财务制度要求预计设备的残值、折旧方法。

第七步：计提设备减值准备。

对设备进行检查维护，如发现设备在使用过程中有损坏或其他原因导致价值减损，设备评估部门需对该设备重新进行价值评估，财务部门做好对该项设备减值准备的计提工作。

第八步：重新确定设备的基本情况。

对发生过损坏或其他原因导致设备减值的，评估部门重新对设备的使用寿命进行确认，财务部门对该设备的残值与折旧方法进行确认。

第九步：设备出售签订销售合同。

按车间计划，对使用过的设备对外出售时，与购买方签订设备销售合同。

第十步：开具销售设备的发票。

按设备销售合同，及对方公司提供的基本资料，开具设备销售时的增值税专用发票。

第十一步：收取货款。

按合同条款规定，及时向采购设备方收取货款。

请写出相关经济业务的会计分录。

任务2 无形资产核算

任务布置

2016年7月1日，华盛公司购入一项土地使用权，增值税发票上注明的价款为800 000 000元，增值税为48 000 000元，全部款项以银行存款支付（不考虑其他税费），并在该土地上自行建造厂房，发生材料总支出50 000 000元、工资费用10 000 000元。发生其他相关费用40 000 000元。该工程完工并达到预定可使用状态。假定土地使用权的使用年限为50年，该厂房的使用年限为25年，两者都没有净残值，都采用直线法进行摊销和计提折旧。2017年6月4日，华盛公司将拥有的该项土地使用权转让，增值税发票上注明的价款为900 000 000元，增值税为54 000 000元，款项已存入银行。

请会计张红做出相关账务处理。

相关原始凭证：

（1）购买土地使用权的合同。

（2）取得土地使用权的发票。

（3）经公司领导审批后的支付土地款的用款申请单，出纳付款的银行单据。

（4）自建厂房采购材料的发票，及支付厂房建造材料款的银行单据。

（5）自建厂房的工资清单，及支付工资的银行单据。

(6) 自建厂房发生的其他费用的发票，及支付的银行单据。

(7) 自建厂房完工转入固定资产时的验收单。

(8) 财务人员自制的土地使用权月度摊销明细表。

(9) 财务人员自制的厂房月度计提折旧明细表。

(10) 转让土地使用权的转让合同。

(11) 财务部开具的转让发票。

(12) 收到对方款项时的银行单据。

业务产生：企业为了扩大生产产能，向政府或其他单位购买土地，并自行建造适合企业生产的厂房。

知识准备

一、无形资产概述

无形资产是指企业拥有或者控制的没有实物形态的可辨认非货币性资产。无形资产不具有实物形态，但它具有一种综合能力，通过与其他资产相结合能在超过一个经营周期内为企业创造经济利益，但它又存在较大的不确定性，因此，其核算内容与其他资产有所不同。

（一）无形资产的特征

1.不具有实物形态

无形资产是不具有实物形态的非货币性资产，它不像固定资产、存货等有形资产具有实物形体。

2.具有可辨认性

资产满足下列条件之一的，符合无形资产定义中的可辨认性标准：

(1) 能够从企业中分离或者划分出来，并能独立或者与相关合同、资产或者负债一起，用于出售、转让、授予许可、租赁或者交换。

(2) 源自合同性权利或其他法定权利，无论这些权利是否可以从企业或其他权利和义务中转移或者分离。

商誉无法与企业自身分离，不具有可辨认性，不在本节讲述。

3.属于非货币性长期资产

无形资产属于非货币性资产，且能够在多个会计期间为企业带来经济利益。无形资产的使用年限在一年以上，其价值将在各个受益期间逐渐摊销。

（二）无形资产的内容

无形资产主要包括专利权、非专利技术、商标权、著作权、土地使用权和特许权等。

1.专利权

专利权，是指国家专利主管机关依法授权发明的创造专利申请人对其发明创造在法定期限内享有的专有权利，包括发明专利权、实用新型专利权和外观设计专利权。《中华人民共和国专利法》明确规定，专利人拥有的专利权受到国家法律保护。专利权是允许其持有者独家使用或控制的特权，但它并不保证一定能给持有者带来经济利益，如有的专利权可能会被另外更有经济利益的专利所淘汰等。因此，企业不应将其所拥有的一切专利权都予以资本化，作为无形资产管理和核算。一般而言，只有从外单位购入的专利或者自行开发并按法律程序申请取得的专利，才能作为无形资产管理与核算。这种专利可以降低成本，或者提高产品质量，或者将其转让获得转让收入。

企业从外单位购入的专利权，应以实际支付的价款作为专利权成本。企业自行开发并按法律程序申请取得的专利权，应按照《企业会计准则第6号——无形资产》确定的金额作为成本。

2.非专利技术

非专利技术即专有技术，或技术秘密、技术诀窍，是指先进未公开的、未申请专利、可能带来经济效益的技术及诀窍。其主要内容包括：一是工业专有技术，即在生产上已经采用，仅限于少数人知道，不享有专利权或发明权的生产、装配、修理、工艺或加工方法的技术知识；二是商业（贸易）专有技术，即具有保密性质的市场情报、原材料价格情报以及用户、竞争对象的情况和有关知识；三是管理专有技术，即生产组织的经营方式、管理方式、培训职工方法等保密知识。非专利技术并不是专利法的保护对象，专有技术所有人依靠自我保密的方式来维护其独占权，可以用来转让和投资。

企业的非专利技术，有些是自己开发研制的，有些是根据合同规定从外部购入的。如果是企业自己开发研制的，符合《企业会计准则第6号——无形资产》规定的开发支出资本化条件的，应将其确认为无形资产。对于从外部购入的非专利技术，应将实际发生的支出予以资本化，作为无形资产入账。

3.商标权

商标是用来辨认特定的商品或劳务的标记。商标权，是指专门在某指定的商品或产品上使用特定的名称或图案的专利。商标经过注册登记，就获得了法律的保护。《中华人民共和国商标法》明确规定，经商标局核准注册的商标为注册商标，商标注册人享有商标专用权，受法律的保护。

企业自创的商标并将其注册登记，所花费用一般不大，是否将其资本化并不重要。能够给拥有者带来获利能力的商标，往往是通过多年的广告宣传和其他传播商标名称的手段，以及客户的信赖等逐步形成的。广告费一般不作为商标权的成本，而在实际发生时直接计入当期损益。

按照《中华人民共和国商标法》的规定，商标可以转让，但受让人应保证使用该注册商标的产品质量。如果企业购入他人的商标，一次性支付费用较大的，可以将其资本化，作为无形资产管理，这时，应以购入商标的价款、支付的手续费及有关费用作为商标的成本。

4.著作权

著作权又称版权，是指作者对其创作的文学、科学和艺术作品依法享有的某些特殊权利。著作权包括两方面的权利，即精神权利（人身权利）和经济权利（财产权利）。前者是指作品署名、发表作品、确认作者身份、保护作品的完整性、修改已经发表的作品的各项权利，包括作品署名权、发表权、修改权和保护作品完整权；后者是指以出版、表演、广播、展览、录制唱片、设置影片等方式使用作品以及授权他人使用作品而获得经济利益的权利。

5.土地使用权

土地使用权，是指国家准许某一企业或单位在一定期间内对国有土地享有开发、利用、经营的权利。我国宪法规定，中华人民共和国社会主义经济制度的基础，是生产资料的社会主义公有制，即全民所有制和劳动群众集体所有制。土地是宝贵的自然资源，同时也是最基本的生产资料，土地的社会主义公有制是我国土地制度的核心，也是我国土地管理法等一系列土地立法的基础。土地的社会主义公有制，决定了我国的土地不能买卖，但土地使用权可以依法转让。

土地使用权的核算图

请注意　关于土地涉及的固定资产、无形资产和投资性房地产的核算。

一是，企业单独估价入账的土地应当作为固定资产核算。

二是，一般情况下企业通过出让方式或购买方式取得的土地使用权，应作为无形资产核算；如果在该土地使用权上建造房屋，则该土地使用权应当单独作为无形资产核算。

三是，企业购入的土地使用权改变用途，改为出租或用于资本增值的，应当作为投资性房地产核算。

但是，房地产开发企业取得的土地使用权用于建造对外出售的房屋建筑物，相关的土地使用权应当计入所建造的房屋建筑物成本（开发成本）；如果是自用，并不是用于开发写字楼或商品房，也应单独作为无形资产核算。

6.特许权

特许权又称经营特许权、专营权，是指企业在某一地区经营或销售某特定商品的权利或是一家企业接受另一家企业使用商标、商号、技术秘密等的权利。前者一般由政府机构授权，准许企业使用或在一定地区享有经营某种业务的特权，如水、电、邮电通信等专营权、烟草专卖权等；后者指企业间依照签订的合同，有期限或无期限使用另一家企业的某些权利，如连锁店、分店使用总店的名称等。

请注意　某些无形资产的存在有赖于实物载体。确定一项包含无形和有形要素的资产是属于固定资产还是属于无形资产时，需要通过判断加以确定。通常以哪个要素更重要作为判断的依据。例如，计算机控制的机械工具没有特定计算机软件就不能运行时，则说明该软件是构成相关硬件不可缺少的组成部分，应作为固定资产核算；如果计算机软件不是相关硬件不可缺少的组成部分，则该软件应作为无形资产核算。

二、无形资产核算的账户设置

为了反映和监督无形资产的取得、摊销和处置等情况，企业应当设置“无形资产”“累计摊销”等账户进行核算。

“无形资产”账户属于资产类账户，具体账户结构如下：

借方　　**无形资产**　　贷方

借方	贷方
取得无形资产的成本	出售无形资产转出的无形资产账面余额
企业无形资产的成本	

请注意　该账户应当按照无形资产的项目设置明细账户进行核算。

“累计摊销”账户属于资产类账户，是“无形资产”账户的备抵账户，核算企业对使用寿命有限的无形资产计提的累计摊销。具体账户结构如下：

借方	累计摊销 贷方
处置无形资产转出的累计摊销额	企业计提的无形资产摊销额
	企业无形资产的累计摊销额

请注意 该账户可按无形资产的项目设置明细账户进行核算。

此外，无形资产发生减值的，还应当设置“无形资产减值准备”账户进行核算。

三、无形资产业务的账务处理

(一) 取得无形资产

无形资产应当按照成本进行初始计量。企业取得无形资产的主要方式有外购、自行研究开发等。取得的方式不同，其会计处理也有所差别。这里主要介绍企业通过购置、自行研发等途径取得的无形资产的账务处理。接受投资取得的无形资产的账务处理请参见“项目十所有者权益核算”中的“任务1 实收资本核算”的相关内容。

1.外购无形资产

外购无形资产的成本包括购买价款、相关税费以及直接归属于使该项资产达到预定用途所发生的其他支出。

【做中学7-20】2017年1月1日，时达公司购入一项非专利技术，支付价款900 000元，以银行存款支付。时达公司应编制如下会计分录：

借：无形资产——非专利技术	900 000	
应交税费——应交增值税（进项税额）	153 000	
贷：银行存款		1 053 000

2.自行研究开发无形资产

企业内部研究开发项目所发生的支出应区分研究阶段支出和开发阶段支出。企业自行研究开发无形资产发生的研发支出，不满足资本化条件的，借记“研发支出——费用化支出”账户，满足资本化条件的，借记“研发支出——资本化支出”账户，贷记“原材料”“银行存款”“应付职工薪酬”等账户。研究开发项目达到预定用途形成无形资产的，应当按照“研发支出——资本化支出”账户的余额，借记“无形资产”账户，贷记“研发支出——资本化支出”账户。期（月）末，应将“研发支出——费用化支出”账户归集的金额转入“管理费用”账户，借记“管理费用”账户，贷记“研发支出——费用化支出”账户。如果无法可靠区分研究阶段的支出和开发阶段的支出，应将其所发生的研发支出全部费用化，计入当期损益，记入“管理费用”账户。

【做中学7-21】时达公司自行研究开发一项技术，截至2016年12月31日，发生研发支出合计2 000 000元。经测试，该项研发活动完成了研究阶段，从2017年1月1日开始进入开发阶段。2017年发生开发支出300 000元，假定符合《企业会计准则第6号——无形资产》规定的开发支出资本化条件。2017年6月30日，该项研发活动结束，最终开发出一项非专利技术。假定不考虑相关税费。时达公司应编制如下会计分录：

（1）2016年发生的研发支出：

借：研发支出——费用化支出	2 000 000

贷：银行存款等　　2 000 000

（2）2016年12月31日，发生的研发支出全部属于研究阶段的支出，转入管理费用：

借：管理费用　　2 000 000

　　贷：研发支出——费用化支出　　2 000 000

（3）2017年，发生研发支出满足资本化确认条件：

借：研发支出——资本化支出　　300 000

　　贷：银行存款等　　300 000

（4）2017年6月30日，该技术研发完成并形成无形资产：

借：无形资产　　300 000

　　贷：研发支出——资本化支出　　300 000

请注意　企业内部研究开发项目开发阶段的支出，能够证明下列各项时，应确认为无形资产：

一是从技术上来讲，完成该无形资产以使其能够使用或出售具有可行性。

二是具有完成该无形资产并使用或出售的意图。

三是无形资产产生未来经济利益的方式，包括能够证明运用该无形资产生产的产品存在市场或无形资产自身存在市场；无形资产将在内部使用时，应当证明其有用性。

四是有足够的技术、财务资源和其他资源支持，以完成该无形资产的开发，并有能力使用或出售该无形资产。

五是归属于该无形资产开发阶段的支出能够可靠计量。

（二）持有无形资产期间的核算

企业应当在取得无形资产时分析判断其使用寿命。使用寿命有限的无形资产应进行摊销，并通常将其残值视为零，自可供使用（即达到预定用途）的当月开始摊销，处置当月不再摊销。使用寿命不确定的无形资产不应摊销。

无形资产的摊销方法包括年限平均法（直线法）、生产总量法等。企业选择的无形资产摊销方法，应当反映该项资产有关经济利益的预期实现方式。无法可靠确定预期实现方式的，应当采用直线法摊销。

企业应当按月对无形资产进行摊销。无形资产的摊销额一般应当计入当期损益。企业管理用的无形资产，其摊销金额计入管理费用；出租的无形资产，其摊销金额计入其他业务成本；某项无形资产包含的经济利益通过所生产的产品或其他资产实现的，其摊销金额应当计入相关资产成本，如制造费用或在建工程等。

对于使用寿命不确定的无形资产，在持有期间内不需要进行摊销，但至少应于每一个会计期末进行减值测试。其减值测试的方法按照《企业会计准则第8号——资产减值》的有关规定处理，如经减值测试发现发生减值的，应计提相应的减值准备，借记“资产减值损失”账户，贷记“无形资产减值准备”账户。

【做中学7-22】2017年1月1日，时达公司购买了一项管理用特许权，成本为4 800 000元，合同规定受益年限为10年，时达公司每月摊销40 000元（4 800 000÷10÷12）。每月摊销时，时达公司应编制如下会计分录：

借：管理费用　　40 000

　　贷：累计摊销　　40 000

【做中学7-23】2017年1月2日，时达公司将其自行开发完成的非专利技术出租给中天公司，该非专利技术的成本为3 600 000元，双方约定的租赁期限为10年，时达公司每月摊销30 000元（3 600 000÷10÷12）。每月摊销时，时达公司应编制如下会计分录：

借：其他业务成本　　30 000

　　贷：累计摊销　　30 000

（三）无形资产处置的核算

无形资产的处置包括无形资产的出售、对外出租、对外捐赠、报废等，或者无法为企业带来未来经济利益时，应予转销并终止确认。企业处置无形资产还应同时结转累计摊销和无形资产减值准备。

1.无形资产出售

企业无形资产出售，是指企业转让无形资产的所有权，即将无形资产的占用权、使用权、收益权和处置权全部出让。企业出售无形资产，应当将取得的价款扣除该无形资产账面余额以及出售相关税费后的差额作为营业外收入或营业外支出进行会计处理。

企业出售无形资产，应当按照实际收到的金额等，借记"银行存款"等账户，按照已计提的累计摊销，借记"累计摊销"账户，按照应支付的相关税费及其他费用，贷记"应交税费——应交增值税（销项税额）""银行存款"等账户，按其账面余额，贷记"无形资产"账户，按照其差额，贷记"营业外收入——非流动资产处置利得"账户或借记"营业外支出——非流动资产处置利得"账户。已计提减值准备的，还应同时结转减值准备。

【做中学7-24】2017年1月1日，时达公司将其购买的一项专利技术以106万元的价格（含增值税）转让给中天公司，款项已存入银行。该无形资产系2014年1月1日购入并投入使用的，其入账价值为300万元，预计使用年限为5年，法律规定的有效年限为6年，该无形资产按直线法摊销。转让该专利权的增值税税率为6%。不考虑其他因素，时达公司应编制如下会计分录：

借：银行存款　　1 060 000

　　累计摊销　　1 800 000

　　营业外支出——非流动资产处置损失　　200 000

　　贷：无形资产　　3 000 000

　　　　应交税费——应交增值税（销项税额）　　60 000

2.无形资产出租

无形资产出租，是指企业将所拥有的无形资产使用权转让给其他企业或个人，并收到租金。这类交易符合让渡资产使用权收入的确认条件，因而相关所得应作为其他业务收入核算。

【做中学7-25】2017年1月4日，时达公司出租一项无形资产，合同规定在出租期内，出租方不得使用该无形资产。租金为每年266 400元（含收取的增值税26 400元），按月支付，该项无形资产每月的摊销额为8 000元。

（1）每月收到租金时：

借：银行存款　　22 200

贷：其他业务收入　　20 000

　　应交税费——应交增值税（销项税额）　　2 200

（2）每月摊销时：

借：其他业务成本　　8 000

　　贷：累计摊销　　8 000

（四）无形资产减值的核算

无形资产在资产负债表日存在可能发生减值的迹象时，其可收回金额低于账面价值的，企业应当将无形资产的账面价值减记至可回收金额，减记的金额确认为减值损失，计入当期损益，同时计提相应的资产减值准备，按照应减记的金额，借记“资产减值损失——计提的无形资产减值准备”账户，贷记“无形资产减值准备”账户。无形资产减值损失一经确认，在以后会计期间不得转回。

【做中学7-26】2016年12月31日，市场上某项新技术生产的产品销售势头较好，已对时达公司产品的销售产生重大不利影响。时达公司外购的类似专利技术的账面价值为800 000元，剩余摊销年限为4年，经减值测试，该专利技术的可回收金额为750 000元。由于该项专利技术在资产负债表日的可收回金额低于账面价值，故应按其差额50 000元（800 000−750 000）计提减值准备。时达公司应编制如下会计分录：

借：资产减值损失——计提的无形资产减值准备　　50 000

　　贷：无形资产减值准备　　50 000

任务实施

针对“任务布置”中的经济业务，相关处理程序如下：

第一步：购买土地使用权，签订合同。

公司决定购买土地使用权，与土地出让方签订合同，同时做好土地使用权的户名登记手续。

第二步：支付购买土地使用权款项。

根据相关领导同意支付土地使用权款项的用款申请单，出纳将款项支付给出让方。

第三步：收到出让方的发票。

根据签订的出让合同，对方公司需给公司开具土地使用权的出让发票。

第四步：土地登记。

土地使用权是受法律保护的，一经出让要登记到本公司名下持有。

第五步：建造厂房采购材料。

自行建造厂房，购买建造时所需各类材料，并通过相关领导审批后，出纳将款项支付给对方。

第六步：建造厂房支付工资。

自行建造厂房，计算建造工人的工资，出纳按时支付工资。

第七步：建造厂房支付其他费用。

自行建造厂房，产生一系列相关费用，经相关领导审批后，出纳支付各类费用。

第八步：厂房完工验收。

建造厂房完工，经有关资质部门验收后，达到可使用状态，转入固定资产。

第九步：办理房产证。

对自建完工验收后的厂房，通过政府相关部门办理产权证。

第十步：确认摊销与折旧方法。

根据企业自身的会计核算方法，确认土地使用权的摊销方法，编制月度摊销明细表，以及确认厂房的折旧方法，编制月度折旧明细表。

第十一步：出让土地使用权签订合同。

公司决定出让土地使用权，与土地购买方签订合同，同时配合购买方办理过户登记手续。

第十二步：开具出让发票并收款。

根据公司与购买方签订的合同，财务开具增值税发票，并按约定的金额收款。

请写出相关经济业务的会计分录。

任务3 投资性房地产及其他资产核算

任务布置

2016年1月20日，华盛公司购买一块土地使用权，购买价款为3 600万元，支付相关手续费60万元，增值税税款为396万元，款项全部以银行存款支付。公司购买后用于对外出租，对该投资性房地产采用公允价值模式进行后续计量。该投资性房地产2016年取得租金收入160万元，已存入银行。经复核，该投资性房地产2016年12月31日的公允价值为3 800万元。2017年1月23日，公司出售了该项投资性房地产，取得价款4 400万元。

请会计张红做出相关账务处理。

相关原始凭证：

（1）购买土地使用权的合同。

（2）购买土地使用权的发票。

（3）支付土地使用权价款的银行回单。

（4）对外出租土地时，与承租方签订的出租合同。

（5）确认租金收入时，开具的租金发票。

（6）收到租金时的银行回单。

（7）资产负债表日，专业部门测算公允价值，编制公允价值变动损益表。

（8）管理层批准同意该项投资性房产对外出售。

（9）公司与购买方签订的房地产销售合同。

（10）按照合同开具的增值税专用发票。

（11）出售时的税金计提表。

（12）收到该项房产款项时的银行回单。

业务产生：公司购买土地使用权或房产用于对外出租或对外投资，应作为投资性房地产核算，而后又根据房产管理部门的建议以及管理层的最终意见，将公司持有的闲置的或者转让后能够为公司带来更大利益的投资性房地产对外出售。

知识准备

一、投资性房地产概述

投资性房地产，是指为赚取租金或资本增值，或者两者兼有而持有的房地产。其主要包括已出租的土地使用权、持有并准备增值后转让的土地使用权和已出租的建筑物。

房地产是土地和房屋及其权属的总称。在我国，土地归国家或集体所有，企业只能取得土地使用权。因此，房地产中的土地，是指土地使用权。房屋，是指土地上的房屋等建筑物及构筑物。

（一）投资性房地产的特征

1.房地产投资是一种经营活动

投资性房地产的主要形式是出租建筑物、出租土地使用权，这实质上属于一种让渡资产使用权的行为。房地产资金就是让渡资产使用权取得的使用费收入，是企业为完成其经营目标所从事的经营性活动以及与之相关的其他活动形成的经济利益总流入。投资性房地产的另一种形式是持有并准备增值后转让的土地使用权，尽管其增值收益通常与市场供求、经济发展等因素相关，但其目的是增值后转让以赚取增值收益，也是企业为完成其经营目标所从事的经营性活动以及与之相关的其他活动形成的经济利益总流入。但是，在我国实务中，持有并准备增值后转让土地使用权的情况较少见。

2.投资性房地产在用途、状态、目的等方面区别于作为生产经营场所的房地产和用于销售的房地产

企业将房地产用于赚取租金或增值收益的活动，属于企业的一种营业活动，甚至是一些企业的主营业务，因此，投资性房地产应单独作为一项资产核算和反映，与自用的厂房、办公楼等房地产和作为存货（已建造完工的商品房）的房地产加以区别。

（二）投资性房地产的范围

1.已出租的土地使用权

已出租的土地使用权，是指企业通过出让或转让方式取得，并以经营租赁方式出租的土地使用权。企业计划用于出租但尚未出租的土地使用权，不属于此类。对于以经营租赁方式租入土地使用权再转租给其他单位的，不能确认为投资性房地产。例如，时达公司与乙公司签署了土地使用权经营租赁协议，时达公司以年租金1 000 000元租赁使用乙公司拥有的10万平方米土地使用权，租期为5年。自租赁协议约定的租赁期开始日起，这项土地使用权属于乙公司的投资性房地产。

2.持有并准备增值后转让的土地使用权

持有并准备增值后转让的土地使用权，是指企业取得的、准备增值后转让的土地使用

权。这类土地使用权很可能给企业带来资本增值收益，符合投资性房地产的定义。例如，中天公司为实施企业环保战略，决定将其电镀车间搬迁至郊区，原在市区的电镀车间厂房占用的土地使用权停止自用。公司管理层决定继续持有这部分土地使用权，待其增值后转让以赚取增值收益。市区的这部分土地使用权属于中天公司的投资性房地产。按照我国有关规定认定的闲置土地，不属于持有并准备增值后转让的土地使用权，也就不属于投资性房地产。

3.已出租的建筑物

已出租的建筑物，是指企业拥有产权的、以经营租赁方式出租的建筑物，包括自行建造或开发完成后用于出租的建筑物。已出租的建筑物是企业已经与其他方签订了租赁协议，约定以经营租赁方式出租的建筑物。一般自租赁协议规定的租赁期开始日起，经营出租的建筑物才属于已出租的建筑物。通常情况下，对企业持有以备经营出租且持有意图短期不再发生变化的空置建筑物，即使尚未签订租赁协议，也应视为投资性房地产。这里的空置建筑物，是指企业新购入、自行建造或开发完成但尚未使用的建筑物，以及不再用于日常生产经营活动且经整理后达到可经营出租状态的建筑物。例如，时达公司与中天公司签订了一项经营租赁合同，中天公司将其持有产权的一栋办公楼出租给中天公司，租期为10年。1年后，时达公司又将该办公楼转租给东海公司，以赚取租金差价，租期为5年。在本例中，对于时达公司而言，因其不拥有该栋楼的产权，因此不属于其投资性房地产。对于中天公司而言，则属于其投资性房地产。

请注意 下列项目不属于投资性房地产：

（1）自用房地产。自用房地产是指为生产商品、提供劳务或者经营管理而持有的房地产。如，企业生产经营用的厂房和办公楼属于固定资产，企业生产经营用的土地使用权属于无形资产。

（2）作为存货的房地产。作为存货的房地产，通常是指房地产开发企业在正常经营过程中销售的或为销售而正在开发的商品房和土地。这部分房地产属于房地产开发企业的存货，其生产、销售构成企业的主营业务活动，产生的现金流量也与企业的其他资产密切相关。因此，具有存货性质的房地产不属于投资性房地产。

请注意 在实务中，存在某项房地产部分自用或作为存货出售、部分用于赚取租金或资本增值的情形。如果某项投资性房地产不同用途的部分能够单独计量和出售，应当分别确认固定资产（或无形资产、存货）和投资性房地产。例如，甲房地产开发商建造了一栋商住两用楼盘，一层出租给一家大型超市，已签订经营租赁合同；其余楼层均为普通住宅，正在公开销售中。在这种情况下，如果一层商铺能够单独计量和出售，应当确认为甲房地产开发商的投资性房地产，其余楼层为甲房地产开发商的存货，即开发产品。

二、投资性房地产核算的账户设置

为了反映和监督投资性房地产的取得、后续计量、处置等情况，企业应当设置“投资性房地产”、“投资性房地产累计折旧”或“投资性房地产累计摊销”、“公允价值变动损益”、“其他业务收入”、“其他业务成本”等账户进行核算。投资性房地产作为企业主营业务的，应当设置“主营业务收入”和“主营业务成本”账户核算相关损益。

“投资性房地产”账户核算企业采用成本模式计量的投资性房地产的成本或采用公允价值模式计量的投资性房地产的公允价值。该账户属于资产类账户，具体账户结构如下：

借方　　　　投资性房地产	贷方
①企业投资性房地产的取得成本 ②资产负债表日其公允价值高于账面余额的差额	①资产负债表日其公允价值低于账面余额的差额 ②处置投资性房地产时结转的成本和公允价值变动
投资性房地产的成本	

请注意 企业可以按照投资性房地产的类别和项目进行明细核算，采用公允价值模式计量的投资性房地产，还应当分别设置“成本”和“公允价值变动”明细账户进行核算。

采用成本模式计量的投资性房地产的累计折旧或累计摊销，可以单独设置“投资性房地产累计折旧”或“投资性房地产累计摊销”账户，比照“累计折旧”和“累计摊销”账户进行账务处理。

投资性房地产项目

采用成本模式计量的投资性房地产发生减值的，可以单独设置“投资性房地产减值准备”账户，比照“固定资产减值准备”和“无形资产减值准备”账户进行账务处理。

“其他业务收入”和“其他业务成本”账户分别核算企业投资性房地产取得租金收入、处置投资性房地产实现的收入和投资性房地产计提的折旧或摊销、处置投资性房地产结转的成本。

三、投资性房地产业务的账务处理

（一）成本计量模式下的投资性房地产

采用成本模式计量投资性房地产的账务处理比较简单，主要设置“投资性房地产”“投资性房地产累计折旧（摊销）”“投资性房地产减值准备”等账户进行处理。

1.取得投资性房地产

企业取得的投资性房地产应当按照其取得时的成本进行计量。以下分别对外购、自行建造和内部转换三种情况进行说明：

（1）外购的投资性房地产。外购投资性房地产的成本，包括购买价款、相关税费和可直接归属于该投资的其他支出。外购取得投资性房地产时，按照取得时的实际成本进行初始计量，借记“投资性房地产”账户，贷记“银行存款”等账户。

（2）自行建造的投资性房地产。企业自行建造投资性房地产的成本，由建造该项房地产达到预定可使用状态前发生的必要支出构成，包括土地开发费、建筑成本、安装成本、应予以资本化的借款费用、支付的其他费用和分摊的间接费用等。建造过程中发生的非正常损失，直接计入当期损益，不计入建造成本。建造完工达到可预定可使用状态时，应当按照确定的成本，借记“投资性房地产”账户，贷记“在建工程”等账户。

（3）内部转换形成的投资性房地产。企业将作为存货的房地产转换为成本计量模式下的投资性房地产的，应当按照该项存货在转换日的账面余额，借记“投资性房地产”账户，贷记“开发产品”账户，已计提存货跌价准备的，还应当同时结转存货跌价准备。企业将自用的建筑物等转换为成本计量模式下的投资性房地产的，应当按照其在转换日的原价、累计折旧等，分别转入“投资性房地产”“投资性房地产累计折旧”“投资性房地产减值准备”等账户。

【做中学7-27】2017年3月，时达公司计划购入一栋写字楼用于对外出租。3月15日，时达公司与中天公司签订了经营租赁合同，约定自写字楼购买日起将这栋写字楼出租给中天公司，租赁期为5年。6月1日，时达公司实际购入写字楼并出租给中天公司，时达公司共支付价款1 800万元和增值税税款198万元，时达公司对投资性房地产采用成本模式计量。不考虑其他因素，时达公司应编制如下会计分录：

借：投资性房地产——写字楼	18 000 000	
应交税费——应交增值税（进项税额）	1 188 000	
——待抵扣进项税额	792 000	
贷：银行存款		19 980 000

2.投资性房地产的后续计量

采用成本模式进行后续计量的投资性房地产，应当按照固定资产或无形资产的有关规定，按期（月）对投资性房地产计提折旧或进行摊销，借记“其他业务成本”等账户，贷记“投资性房地产累计折旧”或“投资性房地产累计摊销”账户。按照取得的租金收入，借记“银行存款”等账户，贷记“其他业务收入”等账户。

投资性房地产存在减值迹象的，经减值测试后确定发生减值的，应当计提减值准备，借记“资产减值损失”账户，贷记“投资性房地产减值准备”账户。已经计提减值准备的投资性房地产，其减值损失在以后会计期间不得转回。

【做中学7-28】2016年12月31日，时达公司将一栋办公楼经营出租给中天公司使用，按照经营租赁合同的约定，中天公司每年年末向时达公司支付租金180万元（不含增值税）。时达公司对投资性房地产采用成本模式进行后续计量。假设这栋办公楼的成本为2 400万元，按照年限平均法计提折旧，预计使用寿命为20年，预计净残值为零。2017年年末，这栋办公楼发生减值迹象，经减值测试，其可收回金额为2 090万元，该办公楼以前未计提减值准备。不动产经营租赁服务的增值税税率为11%。

（1）2017年每月计提折旧时：

每月计提折旧额=2 400÷20÷12=10（万元）

借：其他业务成本	100 000	
贷：投资性房地产累计折旧		100 000

（2）每月确认租金收入时：

每月确认的租金收入=180÷12=15（万元）

借：其他应收款	166 500	
贷：其他业务收入		150 000
应交税费——应交增值税（销项税额）		16 500

（3）年末收到租金时：

借：银行存款	1 998 000	
贷：其他应收款		1 998 000

(4) 2017年年末，投资性房地产的账面价值为2 280万元（2 400−2 400÷20），其可收回金额为2 090万元，账面价值高于可收回金额，因此应计提减值准备190万元（2 280−2 090）。

借：资产减值损失　　1 900 000
　　贷：投资性房地产减值准备　　1 900 000

提示 国家税务总局关于发布《纳税人提供不动产经营租赁服务增值税征收管理暂行办法》的公告（2016年第16号）规定，一般纳税人出租其2016年4月30日前取得的不动产，可以选择适用简易计税方法，按5%的征收率计算应纳税额。一般纳税人出租其2016年5月1日后取得的不动产，适用一般计税办法计税。

3.投资性房地产的后续支出

(1) 资本化的后续支出。与投资性房地产有关的后续支出，满足投资性房地产确认条件的应当计入投资性房地产成本。例如，企业为了提高投资性房地产的使用效能，往往需要对投资性房地产进行改建、扩建而使其更加坚固耐用。满足投资性房地产确认条件的，应当将其资本化。企业对某项投资性房地产进行改扩建等再开发且将来仍作为投资性房地产的，在再开发期间应继续将其作为投资性房地产，再开发期间不计提折旧或摊销。

(2) 费用化的后续支出。与投资性房地产有关的后续支出，不满足投资性房地产确认条件的，应当在发生时计入当期损益，借记“其他业务成本”等账户，贷记“银行存款”等账户。

【做中学7−29】2017年3月，时达公司与中天公司的一项厂房经营租赁合同即将到期，该厂房按照成本模式进行后续计量，原价为1 000万元，已计提折旧300万元，为了提高厂房的租金收入，时达公司决定在租赁期满后对厂房进行改扩建，并与天美公司签订了经营租赁合同，约定自改扩建完工时将厂房出租给天美公司。3月16日，与中天公司的租赁合同到期，厂房随即进入改扩建工程。12月15日，厂房改扩建完工，共发生支出120万元，即日起出租给天美公司。

(1) 2017年3月16日，投资性房地产转入改扩建工程：

借：投资性房地产——厂房（在建）　　7 000 000
　　投资性房地产累计折旧　　3 000 000
　　贷：投资性房地产——厂房　　10 000 000

(2) 2017年3月16日—12月15日：

借：投资性房地产——厂房（在建）　　1 200 000
　　贷：银行存款　　1 200 000

(3) 2017年12月15日，完工：

借：投资性房地产——厂房　　8 200 000
　　贷：投资性房地产——厂房（在建）　　8 200 000

4.投资性房地产的处置

当投资性房地产被处置，或者永久退出使用且预计不能从其处置中取得经济利益时，应当终止确认该项投资性房地产。

企业出售、转让采用成本模式计量的投资性房地产，应当按照实际收到的金额，借记“银行存款”等账户，贷记“其他业务收入”账户；按照该项投资性房地产的账面价值，借记“其他业务成本”账户，按照该项投资性房地产的累计折旧或累计摊销，借记“投资性房地产累计折旧”或“投资性房地产累计摊销”账户，按照该项投资性房地产的账面余额，贷记“投资性房地产”账户；已计提减值准备的，还应同时结转减值准备，借记“投资性房地产减值准备”账户。

【做中学7-30】时达公司将其出租的一栋写字楼确认为投资性房地产，采用成本模式计量。租赁期届满后，时达公司将该写字楼出售给中天公司，合同价款为150 000 000元（不含增值税，增值税税率为11%），中天公司已用银行存款付清。出售时，该栋写字楼的成本为140 000 000元，已计提折旧10 000 000元。假定不考虑其他相关税费的影响。时达公司应编制如下会计分录：

（1）取得处置收入：

借：银行存款	166 500 000	
贷：其他业务收入		150 000 000
应交税费——应交增值税（销项税额）		16 500 000

（2）结转处置成本：

借：其他业务成本	130 000 000	
投资性房地产累计折旧	10 000 000	
贷：投资性房地产——写字楼		140 000 000

（二）公允价值计量模式下的投资性房地产

企业有确凿证据表明其投资性房地产的公允价值能够持续可靠取得的，可以对投资性房地产采用公允价值模式进行后续计量。采用公允价值模式计量的投资性房地产，应当同时满足下列条件：

（1）投资性房地产所在地有活跃的房地产交易市场。投资性房地产所在地，通常指投资性房地产所在的城市。对于大中型城市，应当为投资性房地产所在的城区。

（2）企业能够从活跃的房地产交易市场上取得同类或类似房地产的市场价格及其他相关信息，从而对投资性房地产的公允价值做出合理的估计。同类或类似的房地产，是指所处地理位置和地理环境相同或相近的建筑物；对土地使用权而言，是指同一位置区域、所处地理环境相同或近似、可使用状况相同或相近的土地。

同一企业只能采用一种模式对所有投资性房地产进行后续计量，不得同时采用两种计量模式。为保证会计信息的可比性，企业对投资性房地产的计量模式一经确定，不得随意变更。在存在确凿证据表明投资性房地产的公允价值能够持续可靠取得且能够满足采用公允价值模式计量的条件的情况下，才允许企业对投资性房地产从成本模式计量变更为公允价值模式计量。成本模式转为公允价值模式的，应当作为会计政策变更处理，将计量模式变更时公允价值与账面价值之间的差额，调整期初留存收益。已采用公允价值计量模式的投资性房地产，不得从公允价值模式转为成本模式。二者之间的转换如图7-3所示。

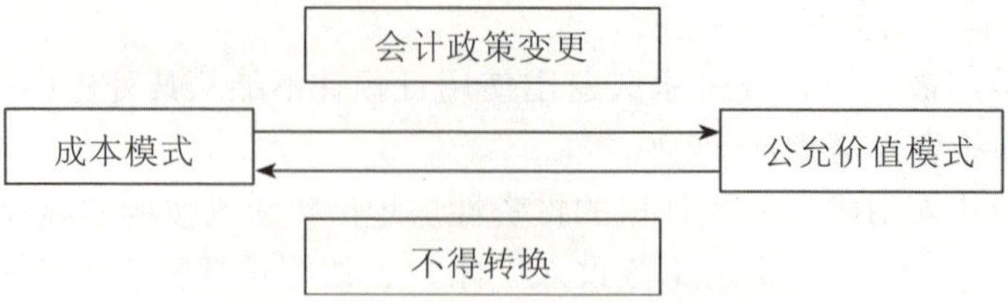

图7-3 成本本模式与公允价值模式的转换

1.取得投资性房地产

外购或自行建造的采用公允价值模式计量的投资性房地产，应当按照取得时的成本进行初始计量。其实际成本的确定与外购或自行建造的采用成本模式计量的投资性房地产一致。企业应当在“投资性房地产”账户下设置“成本”和“公允价值变动”两个明细账户进行核算。

【做中学7-31】沿用【做中学7-27】的资料，假设时达公司拥有的投资性房地产符合采用公允价值模式计量的条件，采用公允价值模式进行初始计量。时达公司应编制如下会计分录：

借：投资性房地产——写字楼（成本）	18 000 000	
应交税费——应交增值税（进项税额）	1 188 000	
——待抵扣进项税额	792 000	
贷：银行存款		19 980 000

2.投资性房地产的后续计量

投资性房地产采用公允价值模式进行后续计量的，不计提折旧或进行摊销，企业应当以资产负债表日的公允价值为基础，调整其账面余额。

资产负债表日，投资性房地产的公允价值高于其账面余额的差额，借记“投资性房地产——公允价值变动”账户，贷记“公允价值变动损益”账户；公允价值低于其账面余额的差额作相反的会计分录。

企业取得的租金收入，借记“银行存款”等账户，贷记“其他业务收入”等账户。

【做中学7-32】天翼公司为从事房地产经营开发的企业。2017年2月，天翼公司与中天公司签订租赁协议，约定将天翼公司开发的一栋精装写字楼于开发完成的同时开始租赁给中天公司使用，租赁期为10年。当年4月1日，该写字楼开发完成并开始租赁，写字楼的造价和公允价值均为10 000 000元。2017年6月30日，该写字楼的公允价值为12 000 000元。假定天翼公司对投资性房地产采用公允价值计量模式。天翼公司应编制如下会计分录：

（1）2017年4月1日，天翼公司开发完成写字楼并出租：

借：投资性房地产——成本	10 000 000	
贷：开发产品		10 000 000

（2）2017年6月30日，按照公允价值调整账面余额，公允价值与账面余额之间的差额计入当期损益：

借：投资性房地产——公允价值变动	2 000 000	
贷：公允价值变动损益		2 000 000

3.投资性房地产的后续支出

（1）资本化后续支出。与投资性房地产有关的后续支出，满足投资性房地产确认条件的，应当计入投资性房地产成本。

（2）费用化的后续支出。与投资性房地产有关的后续支出，不满足投资性房地产确认条件的，应当在发生时计入当期损益（其他业务成本）。

【做中学7-33】2017年3月，时达公司与中天公司的一项厂房经营租赁合同即将到期，为了提高厂房的租金收入，时达公司决定在租赁期满后对厂房进行改扩建，并与天美公司签订了经营租赁合同，约定自改扩建完工时将厂房出租给天美公司。3月1日，与中天公司的租赁合同到期，厂房随即进入改扩建工程。12月15日，厂房改扩建完工，共发生支出120万元，即日起出租给天美公司。3月1日，厂房的账面余额为1 500万元，其中成本为1 200万元，累计公允价值变动为300万元。时达公司对投资性房地产采用公允价值模式计量。

（1）2017年3月1日，投资性房地产转入改扩建工程：

借：投资性房地产——厂房（在建） 15 000 000

  贷：投资性房地产——厂房（成本） 12 000 000

        ——厂房（公允价值变动） 3 000 000

（2）2017年3月1日—12月15日，发生改扩建支出：

借：投资性房地产——厂房（在建） 1 200 000

  贷：银行存款 1 200 000

（3）2017年12月15日，完工：

借：投资性房地产——厂房（成本） 16 200 000

  贷：投资性房地产——厂房（在建） 16 200 000

4.投资性房地产的处置

企业处置采用公允价值模式计量的投资性房地产，应当按照实际收到的金额，借记“银行存款”等账户，贷记“其他业务收入”账户；按照该项投资性房地产的账面余额，借记“其他业务成本”账户，按照其成本，贷记“投资性房地产——成本”账户，按照其累计公允价值变动，贷记或借记“投资性房地产——公允价值变动”账户；同时，按照原计入该项投资性房地产的公允价值变动，借记或贷记“公允价值变动损益”账户，贷记或借记“其他业务成本”账户。如果存在原转换日计入其他综合收益的金额，也一并结转，按照该项投资性房地产在转换日计入其他综合收益的金额，借记“其他综合收益”账户，贷记“其他业务成本”账户。

【做中学7-34】东海公司为一家房地产开发企业。2015年4月1日，东海公司与时达公司签订了租赁协议，将其开发的一栋写字楼出租给时达公司使用，租赁期开始日为2015年7月1日。2015年7月1日，该写字楼的账面价值为12 000万元，公允价值为15 000万元。2015年12月31日，该项投资性房地产的公允价值为16 500万元。2016年12月31日，该项投资性房地产的公允价值为18 500万元。2017年6月30日，租赁期满，东海公司收回该项投资性房地产，并以2 220万元（含应收的增值税税额）的价格出售，出售款项已收入银行存款户。东海公司对投资性房地产采用公允价值模式进行后续计量。东海公司应编制如下会计分录：

（1）2015年7月1日：

借：投资性房地产——成本 150 000 000

  贷：开发产品 120 000 000

    其他综合收益 30 000 000

（2）2015年12月31日：

借：投资性房地产——公允价值变动 15 000 000

贷：公允价值变动损益　　15 000 000

（3）2016年12月31日：

借：投资性房地产——公允价值变动　　20 000 000

贷：公允价值变动损益　　20 000 000

（4）2017年6月30日：

借：银行存款　　22 200 000

贷：其他业务收入　　20 000 000

应交税费——应交增值税（销项税额）　　2 200 000

借：其他业务成本　　185 000 000

贷：投资性房地产——成本　　150 000 000

——公允价值变动　　35 000 000

借：公允价值变动损益　　35 000 000

其他综合收益　　30 000 000

贷：其他业务成本　　65 000 000

四、其他资产的核算

其他资产，是指除货币资金、交易性金融资产、应收及预付款项、存货、长期股权投资、持有至到期投资、可供出售金融资产、固定资产、无形资产等以外的资产，如长期待摊费用和其他长期资产等。

（一）长期待摊费用

长期待摊费用是指企业已经发生但应由本期和以后各期分担的分摊期限在一年以上的各项费用。如以经营租赁方式租入的固定资产发生的改良支出等，企业应设置“长期待摊费用”账户对此类项目进行核算，企业发生的长期待摊费用，借记“长期待摊费用”账户，贷记“原材料”“银行存款”等账户；摊销长期待摊费用时，借记“管理费用”“销售费用”等账户，贷记“长期待摊费用”账户；该账户期末借方余额，反映企业尚未摊销完毕的长期待摊费用。该账户可按费用项目进行明细核算。

【做中学7-35】2017年4月1日，时达公司对以经营租赁方式新租入的办公楼进行装修，发生以下有关费用：领用生产用材料500 000元，购进该批原材料时支付的增值税进项税额为85 000元；辅助车间为装修工程提供的劳务支出为180 000元；有关人员工资为435 000元。2017年11月30日，该办公楼装修完工，达到预定可使用状态并交付使用，按租赁期10年进行摊销。假定不考虑其他因素。时达公司应编制如下会计分录：

（1）装修领用原材料时：

借：长期待摊费用　　585 000

贷：原材料　　500 000

应交税费——应交增值税（进项税额转出）　　85 000

（2）辅助生产车间为装修工程提供劳务时：

借：长期待摊费用　　180 000

贷：生产成本——辅助生产成本　　180 000

（3）确认工程人员职工薪酬时：

借：长期待摊费用 435 000

贷：应付职工薪酬 435 000

（4）2017年12月，摊销装修支出时：

借：管理费用 10 000

贷：长期待摊费用 10 000

时达公司发生的办公楼装修支出合计为1 200 000元（585 000+180 000+435 000），因此，2017年12月份应摊销的装修支出为10 000元（1 200 000÷10÷12）。

（二）其他长期资产

其他长期资产，一般包括国家批准储备的特种物资、银行冻结存款以及临时设施和涉及诉讼中的财产等。正常经营中的企业一般很少发生其他长期资产。其他长期资产可以根据资产的性质和特点单独设置相关账户进行核算，一般可设置“其他长期资产”一级账户，并设置“特种储备物资”“银行冻结存款”等明细账户。

任务实施

针对“任务布置”中的经济业务，相关处理程序如下：

第一步：购买土地使用权。

通过公开拍卖（或其他方式）取得土地使用权，并与出让方签订土地出让合同。

第二步：取得发票并付款。

按土地使用权转让合同的约定，以银行存款向出让方支付款项，并取得出让方开具的发票。

第三步：土地使用权出租。

根据公司规划对该土地使用权对外出租，与承租方签订土地使用权出租合同。

第四步：开具发票并收款。

按出租合同的规定，开具出租土地使用权的发票，并向对方收取租金入账。

第五步：测算土地公允价值。

一般在资产负债表日，请专业部门测算该土地的公允价值，编制公允价值变动损益表，将公允价值与原始价值进行比较。

第六步：管理层对出售土地的意见。

根据相关部门的建议，管理层批准同意对外出售该项投资性房产，一般是由董事会决议或总经理审批。

第七步：签订土地使用权出售合同。

根据出售过程中与购买方谈妥的出售条件，签订相应的土地使用权转让合同。

第八步：开具销售发票。

按土地使用权转让合同，及对方公司提供的基本资料，开具房产销售的增值税专用发票。

第九步：收到款项。

按合同条款规定，及时向土地使用权购买方收取款项。

请写出相关经济业务的会计分录。

案例分析

请思考

（1）阿里为什么要在河北省张北县小二台镇这个小地方建设数据中心？为什么不和其他公司共享数据呢？

（2）固定资产是企业的一项长期、大额资金支出，这些支出如何收回？收回的快慢对企业财务状况有哪些影响？

阿里数据港张北数据中心开建 总投资60亿元

人民网张家口2015年6月9日电：总投资60亿元、建设容量10万台服务器的阿里数据港张北数据中心项目，日前在河北省张北县小二台镇开工建设。该项目是阿里巴巴在张北部署大规模云计算服务基础设施的重要基地之一，建成后将服务于京津冀云计算产业。

2015年天猫“双十一”强势启动。开场1分12秒交易额破10亿元，12分28秒破100亿元，33分53秒破200亿元……而去年破百亿元的时间则超过了38分钟。“双十一”尚未过半，11小时50分之后，交易额已经超过571亿元，打破了2014年“双十一”全天交易额纪录。最终，2015年天猫“双十一”全球狂欢节留给世界一个令人惊叹的成绩。而这一盛况无不与阿里巴巴各地强大的数据中心有关。

资料来源：史自强．阿里数据港张北数据中心开建 总投资60亿元［EB/OL］．［2015-06-10］．http：//he.people.com.cn/n/2015/0610/c192235-25185885.html．

案例分析参考答案

思维导图

请根据本项目内在知识点的逻辑关系，制作思维导图。

项目八

流动负债核算

项目导读

负债是指企业过去的交易或者事项形成的，预期会导致经济利益流出企业的现时义务。负债按其流动性，可分为流动负债和非流动负债。流动负债是指预计在1年内或超过1年的一个正常营业周期内清偿的债务，包括短期借款、应付票据、应付账款、应付利息、预收账款、应付职工薪酬、应交税费、应付股利、其他应付款等。非流动负债是指流动负债以外的负债，包括长期借款、应付债券、长期应付款等。

企业要确认一项负债，除了要符合定义之外，还应当同时满足以下两个条件：一是与该义务有关的经济利益很可能流出企业；二是未来流出的经济利益的金额能够可靠计量。

从理论上说，负债的计量应以未来偿付债务所需的现金流出量的现值为基础，按未来应付金额的贴现（即其现值）来计量。但流动负债偿还期限较短，其现值与账面价值相差不大。因此，现行准则规定流动负债一般应按实际发生额入账。

学习目标

1.掌握短期借款、应付票据、应付账款和预收账款的核算；
2.掌握职工薪酬的内容及短期薪酬和设定提存计划的核算；
3.掌握应交增值税、应交消费税的核算；
4.熟悉应付股利和其他应付款的核算；
5.熟悉应交税费的内容、其他应交税费的核算。

政策依据

《企业会计准则第22号——金融工具确认和计量》
《企业会计准则第9号——职工薪酬》
《企业会计准则第17号——借款费用》
《企业会计准则——应用指南》
《中华人民共和国增值税暂行条例》
《中华人民共和国消费税暂行条例》
《中华人民共和国车船税法》
《中华人民共和国企业所得税法实施条例》
《关于全面推开营业税改征增值税试点的通知》(财税〔2016〕36号)
《关于印发〈增值税会计处理规定〉的通知》(财会〔2016〕22号)
《不动产进项税额分期抵扣暂行办法》(国家税务总局〔2016〕15号)
《企业内部控制应用指引第6号——资金活动》

项目列报

本项目在资产负债表中的列示信息见表8-1。

表8-1　　本项目在资产负债表中的列示信息

资　产	期末余额	负债和所有者权益（或股东权益）	期末余额
		流动负债：	
		短期借款（="短期借款"）	
		应付票据（="应付票据"）	
		应付账款（="应付账款" or "预付账款"明细账贷方余额）	
		预收款项（="应收账款" or "预收账款"明细账贷方余额）	
		应付职工薪酬（="应付职工薪酬"，期末转为债权的，以"-"号填列）	
		应交税费（="应交税费"，期末转为债权的，以"-"号填列）	
		应付利息（="应付利息"）	
		应付股利（="应付股利"）	
		其他应付款（="其他应付款"）	
		⋮	

任务1 短期借款核算

任务布置

2017年1月1日，华盛公司向银行借入一笔生产经营用短期借款，共计1 800 000元，期限为6个月，年利率为6%，利息按月计提，按季支付。根据借款合同，银行已将款项划拨到账。7月1日，借款到期，企业将款项归还银行。

请会计张红做出相关账务处理。

相关原始凭证：

（1）公司与工商银行签订的流动资金借款合同。

（2）为生产经营需要，向银行提供与供应商的采购合同。

（3）取得贷款时，银行的借款凭证。

（4）月末计提利息时自制的利息计提表。

（5）支付利息时，银行利息扣取回执单。

（6）到期还本时，打入贷款专用户的进账单与还款业务凭证。

业务产生：企业在日常经营中，由于流动资金短缺或利用融资手段扩大企业生产，而向银行或其他金融机构按照规定的贷款期限与利率取得资金。

知识准备

一、短期借款概述

短期借款，是指企业向银行或其他金融机构等借入的期限在1年以下（含1年）的各种款项。短期借款一般是企业为了满足正常生产经营所需的资金或者是为了抵偿某项债务而借入的。债权人主要为银行或其他金融机构。短期借款与长期借款相比，具有金额小、时间短、利息低、取得容易等特点。无论短期借款用于哪方面的用途，都需要到期归还本金和支付利息。

二、短期借款核算的账户设置

为了核算短期借款的发生、偿还及其利息的计提和支付等情况，企业应设置“短期借款”“应付利息”“财务费用”等账户。“短期借款”账户用来核算短期借款本金的借入和偿还情况，短期借款利息不通过该账户核算。该账户属于负债类账户，具体账户结构如下：

借方　　　　**短期借款**　　　　贷方

借方	贷方
偿还借款本金的数额	取得借款本金的数额
企业尚未偿还的短期借款	

请注意 该账户可按照债权人、借款种类和币种进行明细核算。

三、短期借款业务的账务处理

短期借款的核算一般分为三个部分：借款取得、计息、归还本金及利息。

企业从银行或其他金融机构取得短期借款时，借记“银行存款”账户，贷记“短期借款”账户。

企业借入短期借款应支付利息。在实际工作中，如果短期借款利息是按期支付的，如按季度支付利息，或者利息是在借款到期时连同本金一起归还，并且其数额较大的，企业应采用月末预提方式进行短期借款利息的核算。短期借款利息属于筹资费用，应当于发生时直接计入当期财务费用。在资产负债表日，企业应当按照计算确定的短期借款利息费用，借记“财务费用”账户，贷记“应付利息”账户；实际支付利息时，借记“应付利息”账户，贷记“银行存款”账户。

短期借款到期偿还本金时，企业应借记“短期借款”账户，贷记“银行存款”账户。

【做中学8-1】时达公司于2017年1月1日向银行借入一笔生产经营用短期借款，共计120 000元，期限为9个月，年利率为4%。根据与银行签署的借款协议，该项借款的本金到期后一次归还，利息按季支付。时达公司应编制如下会计分录：

（1）1月1日，借入短期借款：

借：银行存款　　120 000

　　贷：短期借款　　120 000

（2）1月末，计提1月份应付利息：

借：财务费用　　400

　　贷：应付利息　　400

本月应计提的利息金额=120 000×4%÷12=400（元）

2月末计提2月份利息费用的处理与1月份相同。

（3）3月末，支付第一季度银行借款利息：

借：财务费用　　400

　　应付利息　　800

　　贷：银行存款　　1 200

第二、第三季度的会计处理同上。

（4）10月1日，偿还银行借款本金。

借：短期借款　　120 000

　　贷：银行存款　　120 000

如果上述借款期限是8个月，则到期日为9月1日，8月末之前的会计处理与上述相同。9月1日偿还银行借款本金，同时支付7月和8月已提未付利息，应编制如下会计分录：

借：短期借款　　120 000

　　应付利息　　800

　　贷：银行存款　　120 800

提示　如果企业的短期借款利息是按月支付的，或者利息是在借款到期时连同本金一起归还但是数额不大的，可以不采用预提的方法，而是在实际支付或收到银行的计息通知时，直接计入当期损益，借记“财务费用”账户，贷记“银行存款”或“库存现金”账户。

任务实施

针对“任务布置”中的经济业务，相关处理程序如下：

第一步：签订借款合同。

根据公司经营需要，确定向工商银行申请流动资金贷款，并按相应条款与银行签订借款合同。

第二步：银行放贷。

工商银行根据公司提供的贷款资料，同意公司贷款，并按合同要求给公司放贷，资金入账。

第三步：每月计提利息。

财务人员按贷款金额与贷款利率，每月末计提该笔贷款的利息。

第四步：按季度支付利息。

利息由银行自动代扣，企业必须在扣利息款时在贷款户中存入足够的资金。

第五步：到期还本付息。

贷款6个月到期后，在借款合同中约定的到期日前，企业将资金存入银行指定的贷款户中，由银行自动还款并扣取利息。

请写出相关经济业务的会计分录。

任务2 应付及预收款项核算

任务布置

2017年1月2日，华盛公司从湘中公司购入1 000吨钢坯并已验收入库。增值税专用发票上注明该批产品的价款为3 200 000元，增值税税额为544 000元。合同中规定的现金折扣条件为“2/10，1/20，N/30”。假定计算现金折扣时不考虑增值税。该企业在2017年1月11日通过网上银行付清货款。

请会计张红做出相关账务处理。

相关原始凭证：

（1）公司与湘中公司采购钢坯签订的采购合同。

（2）仓库验收的入库单。

（3）湘中公司开具的增值税专用发票。

（4）经相关领导签字后的用款申请单。

(5) 10天内付款后，享受现金折扣条件，湘中公司出具的确认书。

(6) 支付货款时的银行回单。

业务产生：企业在日常经营中采购原材料，供应商为敦促企业尽早付清货款而提供一种价格优惠所采取的方式。

知识准备

一、应付票据

(一) 应付票据概述

应付票据是指企业购买材料、商品和接受劳务供应等而开出、承兑的商业汇票，包括商业承兑汇票和银行承兑汇票。企业应当设置“应付票据备查簿”，详细登记商业汇票的种类、号数和出票日期、到期日、票面余额、交易合同号和收款人姓名或单位名称以及付款日期和金额等资料。应付票据到期结清时，上述内容应当在备查簿内予以注销。

我国商业汇票的付款期限不超过6个月，因此，企业应将应付票据作为流动负债管理和核算。同时，由于应付票据的偿付时间较短，在会计实务中，应付票据不论是否带息，一般均按照开出、承兑的应付票据的面值入账。企业对于带息票据，期末应对尚未支付的应付票据计提利息，计入当期财务费用；票据到期支付票款时，尚未计提的利息部分直接计入当期财务费用。

(二) 应付票据核算的账户设置

为了核算和监督企业商业汇票应付票据的发生、偿付等业务，企业应当设置“应付票据”账户。该账户属于负债类账户，具体账户结构如下：

借方　　　　**应付票据**　　　　贷方

借方	贷方
到期承兑支付的票款或转出金额	开出承兑汇票的票面金额
	企业尚未到期的商业汇票的票面金额

请注意　该账户可按债权人进行明细核算。

(三) 应付票据业务的账务处理

企业因购买材料、商品和接受劳务供应等而开出承兑的商业汇票，应当按其票面金额作为应付票据的入账金额，借记“材料采购”“原材料”“库存商品”“应付账款”“应交税费——应交增值税（进项税额）”等账户，贷记“应付票据”账户。企业向银行申请签发银行承兑汇票时，银行在按规定审查后同意承兑的，购货单位还须按面值的5‰向银行支付承兑手续费，作为财务费用处理，借记“财务费用”账户，贷记“银行存款”账户。应付商业承兑汇票到期，支付票款时，若是不带息的应付票据，借记“应付票据”账户，贷记“银行存款”账户；若是带息的应付票据，借记“应付票据”账户（票据的面值+已计提的利息）、“财务费用”账户（尚未计提的利息），贷记“银行存款”账户（票据面值+票据全部利息）。

提示　企业因开出银行承兑汇票而向银行支付的承兑汇票手续费，应当计入当期财务费用，借记“财务费用”账户，贷记“银行存款”“库存现金”账户。

【做中学8-2】时达公司原材料按计划成本核算。2017年1月6日，该公司从中天公司购入原材料一批，增值税专用发票上注明的价款为60 000元，增值税税额为10 200元，原材料验收入库。该公司开出并经开户银行承兑的商业汇票一张，面值为70 200元，期限为5个月。交纳银行承兑手续费35.10元。7月6日，商业汇票到期，时达公司通知其开户银行以银行存款支付票款。假定不考虑其他相关税费。时达公司应编制如下会计分录：

（1）开出汇票购入材料时：

借：材料采购　60 000

　　应交税费——应交增值税（进项税额）　10 200

　　贷：应付票据——中天公司　70 200

（2）支付汇票承兑手续费时：

借：财务费用　35.10

　　贷：银行存款　35.10

（3）支付汇票款时：

借：应付票据——中天公司　70 200

　　贷：银行存款　70 200

应付商业承兑汇票到期，如企业无力支付票款，应将应付票据按账面余额转作应付账款，借记“应付票据”账户，贷记“应付账款”账户。应付银行承兑汇票到期，如企业无力支付票款，应将应付票据的账面余额转作短期借款，借记“应付票据”账户，贷记“短期借款”账户。

【做中学8-3】沿用【做中学8-2】的资料，假设上述商业承兑汇票到期时，时达公司无力支付票款。时达公司应编制如下会计分录：

借：应付票据——中天公司　70 200

　　贷：应付账款——中天公司　70 200

二、应付账款

（一）应付账款概述

应付账款，是指企业因购买材料、商品或接受劳务供应等经营活动而应付给供应单位的款项。应付账款一般应在与所购买物资所有权相关的主要风险和报酬已经转移，或者所购买的劳务已经接受时确认。在实务中，为了使所购入物资的金额、品种、数量和质量等与合同规定的条款相符，避免因验收时发现所购物资的数量或质量存在问题而对入账的物资或应付账款金额进行改动，在物资和发票账单同时到达的情况下，一般在所购物资验收入库后，根据发票账单登记入账，确认应付账款。在所购物资已经验收入库，但是发票账单未能同时到达的情况下，企业应付物资供应单位的债务已经成立，在会计期末，为了反映企业的负债情况，需要将所购物资和相关的应付账款暂估入账，待下月初作方向相反的会计分录，将上月末暂估入账的应付账款予以冲销（详见本书项目四原材料核算业务相关内容）。应付账款的入账金额应为扣除商业折扣后发票记载的金额。发生现金折扣时，按总价法以总额入账，实际支付时发生的现金折扣作为一项理财收益，直接冲减财务费用。

（二）应付账款核算的账户设置

为了核算和监督企业应付账款的发生、偿还、转销等情况，企业应当设置“应付账款”账户。该账户属于负债类账户，具体账户结构如下：

借方	应付账款 贷方
①偿还的应付账款 ②开出商业汇票抵付应付账款的款项 ③冲销无法支付的应付账款	购买材料、商品和接受劳务等而发生的应付账款
	企业尚未支付的应付账款余额

请注意　该账户应按照债权人进行明细核算。不单独设置“预付账款”账户的企业，预付的账款也在“应付账款”账户核算。

（三）应付账款业务的账务处理

企业购入材料、商品或接受劳务等所产生的应付账款，应按应付金额入账。购入材料、商品等验收入库，但货款尚未支付，根据有关凭证（发票账单、随货同行发票上记载的实际价款或暂估价值），借记“材料采购”“在途物资”等账户，按照可抵扣的增值税进项税额，借记“应交税费——应交增值税（进项税额）”账户，按应付的款项，贷记“应付账款”账户。企业接受供应单位提供劳务而发生的应付未付款项，根据供应单位的发票账单，借记“生产成本”“管理费用”等账户，贷记“应付账款”账户。

企业偿还应付账款或开出商业汇票抵付应付账款时，借记“应付账款”账户，贷记“银行存款”“应付票据”等账户。

【做中学8-4】2017年3月1日，时达公司从A公司购入一批材料，货款为100 000元，材料已验收入库，款项尚未支付。4月3日，该公司开出转账支票一张，支付前欠款项。时达公司应编制如下会计分录：

（1）确认应付账款时：

借：原材料	100 000	
应交税费——应交增值税（进项税额）	17 000	
贷：应付账款		117 000

（2）偿还应付账款时：

借：应付账款	117 000	
贷：银行存款		117 000

【做中学8-5】万达百货商场于2017年4月2日从B公司购入一批家电产品并验收入库。增值税专用发票上注明的价款为1 000 000元，增值税为170 000元。按照购货协议的规定，万达百货商场如在15天内付清货款，将获得1%的现金折扣（假定计算现金折扣时需考虑增值税）。万达百货商场于2017年4月10日按照扣除现金折扣后的金额用银行存款付清了所欠B公司货款。万达百货商场应编制如下会计分录：

（1）确认应付账款时：

借：库存商品	1 000 000	
应交税费——应交增值税（进项税额）	170 000	
贷：应付账款		1 170 000

（2）付清货款时：

借：应付账款——B公司	1 170 000	

贷：银行存款 1 158 300

财务费用 11 700

【做中学8-6】时达公司月末计算本月应付电费为38 400元，其中生产车间电费为25 600元，企业行政管理部门电费为12 800元，款项尚未支付。时达公司应编制如下会计分录：

借：制造费用 25 600

管理费用 12 800

贷：应付账款——电力公司 38 400

提示 在实务中，企业外购电力、燃气等动力一般通过“应付账款”账户核算，即在每月付款时先作暂付款处理，借记“应付账款”账户，贷记“银行存款”等账户，月末按照外购动力的用途，借记“生产成本”“制造费用”“管理费用”等账户，贷记“应付账款”账户。

应付账款一般在较短期限内支付，但有时由于债权单位撤销或其他原因而使应付账款无法清偿。企业应将确实无法支付的应付账款予以转销，按其账面余额计入营业外收入，借记“应付账款”账户，贷记“营业外收入”账户。

【做中学8-7】2017年1月31日，时达公司确定一笔应付账款5 000元为无法支付的款项，应予转销。时达公司应编制如下会计分录：

借：应付账款 5 000

贷：营业外收入 5 000

三、预收账款

（一）预收账款概述

预收账款，是指企业按照合同规定向购货单位预先收取的款项。预收账款与应付账款同为企业的短期债务，但与应付账款不同的是，预收账款所形成的负债不是以货币偿付，而是以货物清偿。

（二）预收账款核算的账户设置

为了核算和监督预收货款、补收和退回多余货款等业务，企业应当设置“预收账款”账户。该账户属于负债类账户，具体账户结构如下：

借方 **预收账款** 贷方

借方	贷方
①向购货方发货后冲销的预收账款数额 ②退回购货方多付账款的数额	①发生的预收账款数额 ②购货单位补付账款的数额
企业尚未转销的款项	企业预收的款项

请注意 该账户应按照购货单位进行明细核算。

（三）预收账款业务的账务处理

企业预收购货单位的款项时，借记“银行存款”账户，贷记“预收账款”账户；销售实现时，按实现的收入和应交增值税销项税额，借记“预收账款”账户，按照实现的营业收入，贷记“主营业务收入”账户，按照增值税专用发票上注明的增值税税额，贷记“应交税费——应交增值税（销项税额）”账户；企业收到购货单位补付的款项时，借记“银行存款”账户，贷记“预收账款”账户；向购货单位退回其多付的款项时，借记“预收账款”账户，贷记“银行存款”账户。

提示　预收货款业务不多的企业，可以不单独设置“预收账款”账户，其所发生的预收货款，而通过“应收账款”账户核算。在期末编制资产负债表时，“预收款项”项目应当根据“预收账款”明细账户的贷方余额和“应收账款”明细账户的贷方余额计算填列。

【做中学8-8】2017年3月3日，时达公司与东海公司签订供货合同，向东海公司出售一批产品，货款金额共计200 000元，增值税为34 000元。根据购货合同的规定，东海公司在购货合同签订后1周内，应当向时达公司预付货款120 000元，剩余货款在交货后付清。2017年3月9日，时达公司收到东海公司预付货款120 000元，并存入银行。2017年3月19日，时达公司将货物发运到东海公司并开具增值税专用发票，东海公司验收货物后付清了剩余货款。时达公司应编制如下会计分录：

（1）收到东海公司预付货款时：

借：银行存款　　120 000

　　贷：预收账款——东海公司　　120 000

（2）向东海公司发出货物时：

借：预收账款——东海公司　　234 000

　　贷：主营业务收入　　200 000

　　　　应交税费——应交增值税（销项税额）　　34 000

（3）收到东海公司补付的货款时：

借：银行存款　　114 000

　　贷：预收账款——东海公司　　114 000

【做中学8-9】沿用【做中学8-8】的资料，假设时达公司不设置“预收账款”账户，其预收的款项通过“应收账款”账户核算。时达公司应编制如下会计分录：

（1）收到东海公司预付的货款时：

借：银行存款　　120 000

　　贷：应收账款——东海公司　　120 000

（2）向东海公司发出货物时：

借：应收账款——东海公司　　234 000

　　贷：主营业务收入　　200 000

　　　　应交税费——应交增值税（销项税额）　　34 000

（3）收到东海公司补付的货款时：

借：银行存款　　114 000

　　贷：应收账款——东海公司　　114 000

四、应付股利

（一）应付股利概述

应付股利，是指企业根据股东大会或类似机构审议批准的利润分配方案确定分配给投资者的现金股利或利润。

应付股利是在每月企业实现经营利润后即形成的，由于董事会宣布发放现金股利的日期和正式开始发放的日期之间有一定的相隔天数，所以，在尚未支付以前暂时留在企业，形成企业的一项流动负债。企业董事会或类似机构通过的利润分配方案中拟分配的现金股利或利润，不应确认为负债（应付股利），但应在财务报表附注中披露。

（二）应付股利核算的账户设置

为了核算企业确定或宣告支付但尚未实际支付的现金股利或利润，企业应设置“应付股利”账户。该账户属于负债类账户，具体账户结构如下：

借方 应付股利	贷方
实际支付的现金股利或利润	应支付的现金股利或利润
	企业应付未付的现金股利或利润

请注意 该账户可按照投资者进行明细核算。

（三）应付股利业务的账务处理

企业根据股东大会或类似机构审议批准的利润分配方案，确认应付给投资者的现金股利或利润时，借记“利润分配——应付现金股利或利润”账户，贷记“应付股利”账户；向投资者实际支付现金股利或利润时，借记“应付股利”账户，贷记“银行存款”等账户。

【做中学8-10】时达公司有甲、乙两个股东，分别占注册资本的30%和70%。2016年度该公司实现净利润6 000 000元，经过股东会批准，决定2017年分配股利4 000 000元。股利已用银行存款支付。时达公司应编制如下会计分录：

（1）确认应付投资者股利时：

借：利润分配——应付股利	4 000 000	
贷：应付股利——甲股东		1 200 000
——乙股东		2 800 000

（2）支付投资者股利时：

借：应付股利——甲股东	1 200 000	
——乙股东	2 800 000	
贷：银行存款		4 000 000

甲股东应分配的股利=4 000 000×30%=1 200 000（元）

乙股东应分配的股利=4 000 000×70%=2 800 000（元）

五、应付利息

（一）应付利息概述

应付利息，是指企业按照合同约定应支付的利息，包括短期借款、分期付息到期还本的长期借款、企业债券等应支付的利息。

（二）应付利息核算的账户设置

为了核算应付利息的发生、支付情况，企业应设置“应付利息”账户。该账户属于负债类账户，具体账户结构如下：

借方　　应付利息　　贷方	
实际支付的利息	按照合同约定计算的应付利息
	企业应付未付的利息

请注意　该账户可按存款人或债权人进行明细核算。

（三）应付利息业务的账务处理

资产负债表日，企业应按摊余成本和实际利率计算确定利息费用。企业采用合同约定的利率确定利息费用时，按应付合同利息金额，借记“在建工程”“财务费用”“研发支出”等账户，贷记“应付利息”账户，按其差额，借记或贷记“长期借款——利息调整”“应付债券——利息调整”等账户。合同利率与实际利率差异较小的，也可以采用合同利率计算确定利息费用。实际支付利息时，借记“应付利息”账户，贷记“银行存款”等账户。

【做中学8-11】2017年1月2日，时达公司借入5年期到期还本每年付息的长期借款3 000 000元，合同约定的年利率为6%。时达公司应编制如下会计分录：

（1）每年计算确定利息费用：

借：财务费用　　180 000

　　贷：应付利息　　180 000

企业每年应支付的利息=3 000 000×6%=180 000（元）

（2）每年实际支付利息：

借：应付利息　　180 000

　　贷：银行存款　　180 000

六、其他应付款

（一）其他应付款概述

其他应付款，是指企业除应付票据、应付账款、预付账款、应付职工薪酬、应交税费、应付股利等经营活动以外的其他各项应付、暂收的款项，如应付经营租赁固定资产租金、租入包装物租金、存入保证金（如收取的出租、出借包装物押金）、职工未按时领取的工资等。

（二）其他应付款核算的账户设置

为了核算其他应付款的增减变动及其结存情况，企业应设置“其他应付款”账户。该账户属于负债类账户，具体账户结构如下：

借方　　其他应付款　　贷方	
偿还或转销的各种应付、暂收款项	发生的各种应付、暂收款项
	企业应付未付的其他应付款项

请注意　该账户可按照其他应付款的项目和对方单位（或个人）进行明细核算。

（三）其他应付款业务的账务处理

企业发生其他各种应付、暂收款项时，借记“管理费用”等账户，贷记“其他应付款”账户；支付或退回其他各种应付、暂收款项时，借记“其他应付款”账户，贷记“银行存款”等账户。

【做中学8-12】自2017年1月1日起，时达公司以经营租赁方式租入管理用办公设备一批，每月租金为8 000元，按季支付。3月31日，时达公司以银行存款支付应付租金24 000元。时达公司应编制如下会计分录：

（1）2017年1月31日，计提应付经营租入固定资产租金时：

借：管理费用	8 000	
贷：其他应付款		8 000

2月底计提应付经营租入固定资产租金的会计处理同上。

（2）2017年3月31日，支付租金时：

借：其他应付款	16 000	
管理费用	8 000	
贷：银行存款		24 000

任务实施

针对“任务布置”中的经济业务，相关处理程序如下：

第一步：签订采购合同。

根据采购计划，公司向湘中公司采购钢坯，签订采购合同，确定相应付款时的现金折扣政策等基本要素。

第二步：仓库验收。

公司仓库收到湘中公司发来的1 000吨钢坯，经管理人员验收入库后，开具入库单。

第三步：收到发票。

财务人员根据采购合同及仓库验收的入库单数量收取湘中公司开具的增值税专用发票。

第四步：货款用款申请。

按湘中公司给出的现金折扣条件，填制用款申请单，并经相关领导审批同意。

第五步：支付货款。

按合同中规定的现金折扣支付湘中公司的采购货款。

第六步：现金折扣确认书。

按采购合同约定的回款折扣，差额部分让湘中公司出具现金折扣确认书（有的公司按合同规定即可，该步骤省略，但有的公司只签订框架合同，为避免引起纠纷会分次确认）。

请写出相关经济业务的会计分录。

任务3　应付职工薪酬核算

任务布置

2017年1月31日，华盛公司根据“工资费用分配汇总表”确认的应付职工工资总额为3 000 000元。其中，车间产品生产人员的工资为1 200 000元，车间管理人员的工资为200 000元，企业行政管理部门管理人员的工资为600 000元，专设销售机构人员的工资为600 000元，研发人员的工资为400 000元。假设根据公司所在地政府的规定，公司分别按职工工资的10%、10%、2%和1.5%的比例提取社会保险费、住房公积金、工会经费和职工教育经费。

2017年2月15日，公司根据“工资结算汇总表”进行货币性职工薪酬的发放。1月份，应付职工工资总额为3 000 000元，扣除垫付的职工房租100 000元、代扣代缴的个人所得税180 000元、代扣代缴的职工个人负担的社会保险费500 000元及住房公积金300 000元，实发工资以银行存款发放。

相关原始凭证：

（1）人力资源部每月编制的工资表，经相关领导签字后传递给财务部。

（2）计提社会保险费、住房公积金、工会经费和职工教育经费的明细表（自制）。

（3）发放工资的银行回单。

业务产生：根据企业自身的薪酬制度，人力资源部对员工的出勤情况按照工资、奖金、津贴等按月计算员工的工资，会计再按照财务核算制度规定的比例计提“五险一金两费”。

知识准备

一、应付职工薪酬概述

应付职工薪酬，是指企业为获得职工提供的服务或解除劳动关系而给予的各种形式的报酬或补偿。职工薪酬包括短期薪酬、离职后福利、辞退福利和其他长期职工福利。企业提供给职工配偶、子女、受赡养人、已故员工遗属及其他受益人等的福利，也属于职工薪酬。

提示　这里所称的“职工”，是指与企业订立劳动合同的所有人员，含全职、兼职和临时职工，也包括虽未与企业订立劳动合同但由企业正式任命的人员。未与企业订立劳动合同或未由其正式任命，但向企业所提供服务与职工所提供服务类似的人员，也属于职工的范畴，包括通过企业与劳务中介公司签订用工合同而向企业提供服务的人员。

二、应付职工薪酬核算的账户设置

为了核算应付职工薪酬的计提、结算、使用等情况，企业应当设置“应付职工薪酬”账户。该账户属于负债类账户，具体账户结构如下：

借方　　应付职工薪酬　　贷方

借方	贷方
实际发放职工薪酬的数额，包括扣还的款项	已分配计入有关成本费用项目的职工薪酬的数额
	企业应付未付的职工薪酬

请注意 该账户应当按照“工资、奖金、津贴和补贴”“职工福利费”“非货币性福利”“社会保险费”“住房公积金”“工会经费和职工教育经费”“带薪缺勤”“利润分享计划”“设定提存计划”“设定受益计划”“辞退福利”等职工薪酬项目进行明细核算。

三、应付职工薪酬业务的账务处理

(一) 短期薪酬

短期薪酬，是指企业在职工提供相关服务的年度报告期间结束后十二个月内需要全部予以支付的职工薪酬，因解除与职工的劳动关系给予的补偿除外。短期薪酬具体包括：职工工资、奖金、津贴和补贴，职工福利费，医疗保险费、工伤保险费和生育保险费等社会保险费，住房公积金，工会经费和职工教育经费，短期带薪缺勤，短期利润分享计划，非货币性福利以及其他短期薪酬。

企业应当在职工为其提供服务的会计期间，将实际发生的短期薪酬确认为负债，并计入当期损益，其他会计准则要求或允许计入资产成本的除外。

1.货币性职工薪酬

(1) 职工工资、奖金、津贴和补贴。对于职工工资、奖金、津贴和补贴等货币性职工薪酬，企业应当在职工为其提供服务的会计期间，将实际发生的职工工资、奖金、津贴和补贴等，根据职工提供服务的受益对象，借记“生产成本”“制造费用”“管理费用”“销售费用”等账户，贷记“应付职工薪酬——工资、奖金、津贴和补贴”账户。

【做中学8-13】2017年1月31日，时达公司应付工资总额为693 000元，工资费用分配汇总表中列示的产品生产人员工资为480 000元，车间管理人员工资为105 000元，企业行政管理人员工资为90 600元，专设销售机构人员工资为17 400元。

借：生产成本——基本生产成本	480 000	
制造费用	105 000	
管理费用	90 600	
销售费用	17 400	
贷：应付职工薪酬——工资、奖金、津贴和补贴		693 000

企业按照规定向职工支付工资、奖金、津贴、补贴等，借记“应付职工薪酬——工资、奖金、津贴和补贴”账户，贷记“银行存款”等账户；企业从应付职工薪酬中扣还的各种款项（代垫的家属医药费、个人所得税等），借记“应付职工薪酬——工资、奖金、津贴和补贴”账户，贷记“银行存款”“其他应收款”“应交税费——应交个人所得税”等账户。

【做中学8-14】沿用【做中学8-13】的资料，2017年1月31日，时达公司根据工资费用分配表结算本月应付职工工资，总额为693 000元，其中企业代扣职工房租32 000元、代垫职工家属医药费8 000元，代扣代缴个人所得税3 234元，代扣代缴职工个人负担的社会保险费69 300元和住房公积金69 300元，实际由银行代发工资511 166元。

(1) 向职工发放工资时：

借：应付职工薪酬——工资、奖金、津贴和补贴	511 166	
贷：银行存款		511 166

(2) 代扣款项时：

借：应付职工薪酬——工资、奖金、津贴和补贴	181 834	

贷：其他应收款——职工房租　　32 000
　　　　　　　——代垫医药费　　8 000
　　其他应付款——住房公积金　　69 300
　　　　　　　——社会保险费　　69 300
　　应交税费——应交个人所得税　　3 234

（2）职工福利费。对于职工福利费，企业应当在实际发生时根据实际发生额，借记“生产成本”“制造费用”“管理费用”“销售费用”等账户，贷记“应付职工薪酬——职工福利费”账户。

【做中学8-15】时达公司下设一所职工食堂，每月根据在岗职工数量及岗位分布情况、相关历史经验数据等计算需要补贴食堂的金额，从而确定企业每期因补贴职工食堂需要承担的福利费金额。2017年5月，企业在岗职工共计200人，其中管理部门30人，生产车间170人，企业的历史经验数据表明，每个职工每月需补贴食堂150元。时达公司应编制如下会计分录：

借：生产成本　　25 500
　　管理费用　　4 500
　　贷：应付职工薪酬——职工福利费　　30 000

职工福利费=150×（30+170）=30 000（元）

【做中学8-16】沿用【做中学8-15】的资料，2017年6月，时达公司支付30 000元补贴给食堂。时达公司应编制如下会计分录：

借：应付职工薪酬——职工福利费　　30 000
　　贷：银行存款　　30 000

（3）国家规定计提标准的职工薪酬。对于国家规定了计提基础和计提比例的医疗保险费、工伤保险费、生育保险费等社会保险费和住房公积金，以及按规定提取的工会经费和职工教育经费，企业应当在职工为其提供服务的会计期间，根据规定的计提基础和计提比例计算确定相应的职工薪酬金额，借记“生产成本”“制造费用”“管理费用”“销售费用”等账户，贷记“应付职工薪酬——社会保险费、住房公积金、工会经费和职工教育经费”账户。

应付职工薪酬核算流程图

【做中学8-17】沿用【做中学8-13】的资料，2017年7月，时达公司根据相关规定，分别按职工工资总额的2%和2.5%的计提标准，确认工会经费和职工教育经费。

借：生产成本——基本生产成本　　21 600
　　制造费用　　4 725
　　管理费用　　4 077
　　销售费用　　783
　　贷：应付职工薪酬——工会经费　　13 860
　　　　　　　　　　——职工教育经费　　17 325

应确认的应付职工薪酬=（480 000+105 000+90 600+17 400）×（2% +2.5%）=31 185（元），其中工会经费为13 860元、职工教育经费为17 325元。

应记入“生产成本”账户的金额=480 000×（2%+2.5%）=21 600（元）；应记入“制造费用”账户的金额=105 000×（2%+2.5%）=4 725（元）；应记入“管理费用”账户的金

额=90 600×（2%+2.5%）=4 077（元）；应记入“销售费用”账户的金额=17 400×（2%+2.5%）=783（元）。

（4）短期带薪缺勤。短期带薪缺勤，是指职工虽然缺勤但企业仍向其支付报酬的安排，包括年休假、病假、婚假、产假、丧假、探亲假等。对于职工带薪缺勤，企业应当根据其性质及职工享有的权利，分为累积带薪缺勤和非累积带薪缺勤两类。

①累积带薪缺勤。累积带薪缺勤，是指带薪缺勤权利可以结转下期的带薪缺勤，本期尚未用完的带薪缺勤权利可以在未来期间使用。企业应当在职工提供服务从而增加了其未来享有的带薪缺勤权利时，确认与累积带薪缺勤相关的职工薪酬，并以累积未行使权利而增加的预期支付金额计量。确认累积带薪缺勤时，借记“管理费用”等账户，贷“应付职工薪酬——累积带薪缺勤”账户。

【做中学8-18】时达公司从2016年1月1日起实行累积带薪缺勤制度。该制度规定，公司每名职工每年有权享受12个工作日的带薪休假，休假权利可以向后结转2个日历年度。在第2年年末，公司将对职工未使用的带薪休假权利支付现金。

假定该公司每名职工平均每月工资为2 000元，每名职工每月工作日为20个，每个工作日平均工资为100元。以公司一名直接参与生产的职工为例：

（1）2016年1月，该名职工没有休假。公司应当在职工为其提供服务的当月，累积相当于1个工作日工资的带薪休假：

借：生产成本	2 100	
贷：应付职工薪酬——工资、奖金、津贴和补贴		2 000
——累积带薪缺勤		100

（2）2016年2月，该名职工休了1天假。公司应当在职工为其提供服务的当月，累积相当于1个工作日工资的带薪休假，反映职工使用累积权利的情况：

借：生产成本	2 100	
贷：应付职工薪酬——工资、奖金、津贴和补贴		2 000
——累积带薪缺勤（计提本期休假）		100
借：应付职工薪酬——累积带薪缺勤	100	
贷：生产成本（使用上期休假）		100

（3）第2年年末（2017年12月31日），该名职工有5天未使用的带薪休假，公司以现金支付了未使用的带薪休假。

借：应付职工薪酬——累积带薪缺勤	500	
贷：库存现金（如果不使用现金就冲回成本费用）		500

②非累积带薪缺勤。非累积带薪缺勤，是指带薪缺勤权利不能结转至下期的带薪缺勤，本期尚未用完的带薪缺勤权利将予以取消，并且职工离开企业时也无权获得现金支付。企业应当在职工实际发生缺勤的会计期间确认与非累积带薪缺勤相关的职工薪酬。

提示 我国企业职工休婚假、产假、丧假、探亲假、病假期间的工资通常属于非累积带薪缺勤。

企业确认职工享有的与非累积带薪缺勤权利相关的薪酬，视同职工出勤确认的当期损益或相关资产成本。通常情况下，与非累积带薪缺勤相关的职工薪酬已经包括在企业每期向职工发放的工资等薪酬中，因此，不必额外作相关的账务处理。

【做中学8-19】按照《中华人民共和国劳动法》的规定，时达公司职工可享受15天的婚假，总经理秘书王某全年工资为60 000元（每月5 000元），平均日工资为200元。2017年，王某结婚期间享受婚假10天。假设公司规定，对于未使用的非累积带薪缺勤，其权利将作废，企业也不支付货币补偿。

在此规定下，对于非累积带薪缺勤，不管是否使用，都不涉及额外支付现金的问题，因此企业只需要进行正常的职工薪酬账务处理，无须另外对带薪缺勤进行处理。时达公司应编制如下会计分录：

借：管理费用 60 000
　　贷：应付职工薪酬——工资（王某） 60 000
借：应付职工薪酬——工资（王某） 60 000
　　贷：银行存款 60 000

（5）短期利润分享计划。短期利润分享计划，是指因职工提供服务而与职工达成的基于利润或其他经营成果提供薪酬的协议。短期利润分享计划同时满足特定条件的，企业应当确认相关的应付职工薪酬，根据计算确定的短期利润分享计划的金额，借记“生产成本”“制造费用”“管理费用”“销售费用”等账户，贷记“应付职工薪酬——利润分享计划——短期利润分享计划”账户。

2.非货币性职工薪酬

企业以其自产产品作为非货币性福利发放给职工的，应当根据受益对象，按照该产品的公允价值计入相关资产成本或当期损益，同时确认应付职工薪酬，借记“管理费用”“生产成本”“制造费用”等账户，贷记“应付职工薪酬——非货币性福利”账户。将企业拥有的房屋等资产无偿提供给职工使用的，应当根据受益对象，将该住房每期应计提的折旧计入相关资产成本或当期损益，同时确认应付职工薪酬，借记“管理费用”“生产成本”“制造费用”等账户，贷记“应付职工薪酬——非货币性福利”账户；同时借记“应付职工薪酬——非货币性福利”账户，贷记“累计折旧”账户。租赁住房等资产供职工无偿使用的，应当根据受益对象，将每期应付的租金计入相关资产成本或当期损益，并确认应付职工薪酬，借记“管理费用”“生产成本”“制造费用”等账户，贷记“应付职工薪酬——非货币性福利”账户。难以认定受益对象的非货币性福利，直接计入当期损益和应付职工薪酬。

【做中学8-20】时达公司共有职工200名，其中170名为直接参加生产的职工，30名为总部管理人员。2017年1月20日，时达公司以其生产的每台成本为900元的电暖器作为春节福利发放给职工。该型号的电暖器市场售价为每台1 000元，时达公司适用的增值税税率为17%。时达公司应编制如下会计分录：

借：生产成本 198 900
　　管理费用 35 100
　　贷：应付职工薪酬——非货币性福利 234 000

应确认的应付职工薪酬为234 000元（200×1 000+200×1 000×17%）。其中，应记入“生产成本”账户的金额为198 900元（170×1 000+170×1 000×17%）；应记入“管理费用”账户的金额为35 100元（30×1 000+30×1 000×17%）。

【做中学8-21】2017年1月20日，时达公司为总部各部门经理级别以上职工提供汽车免费使用，同时为副总裁以上高级管理人员每人租赁一套住房。时达公司总部共有部门经理以上职工20名，每人提供一辆桑塔纳汽车免费使用，假定每辆桑塔纳汽车每月计提折旧1 000元。该公司共有副总裁以上高级管理人员5名，公司为每人租赁一套面积为200平方米的公寓，月租金为每套8 000元。时达公司应编制如下会计分录：

（1）确认提供汽车的非货币性福利。

借：管理费用　　20 000

　　贷：应付职工薪酬——非货币性福利　　20 000

借：应付职工薪酬——非货币性福利　　20 000

　　贷：累计折旧　　20 000

企业提供汽车供职工使用的非货币性福利=20×1 000=20 000（元）

（2）确认为职工租赁住房的非货币性福利。

借：管理费用　　40 000

　　贷：应付职工薪酬——非货币性福利　　40 000

企业租赁住房供职工使用的非货币性福利=5×8 000=40 000（元）

企业以自产产品作为职工薪酬发放给职工时，应确认主营业务收入，借记“应付职工薪酬——非货币性福利”账户，贷记“主营业务收入”账户，同时结转相关成本，涉及增值税销项税额的，还应进行相应的处理。企业支付租赁住房等资产供职工无偿使用所支付的租金，借记“应付职工薪酬——非货币性福利”账户，贷记“银行存款”等账户。

【做中学8-22】沿用【做中学8-20】和【做中学8-21】的资料，时达公司向职工发放电暖器作为福利时，应确认主营业务收入，同时要根据相关税法规定，计算增值税销项税额。时达公司应编制如下会计分录：

借：应付职工薪酬——非货币性福利　　234 000

　　贷：主营业务收入　　200 000

　　　　应交税费——应交增值税（销项税额）　　34 000

借：主营业务成本　　180 000

　　贷：库存商品——电暖器　　180 000

应确认的主营业务收入=200×1 000=200 000（元）

应确认的增值税销项税额=200×1 000×17%=34 000（元）

应结转的销售成本=200×900=180 000（元）

时达公司每月支付副总裁以上高级管理人员住房租金时，应编制如下会计分录：

借：应付职工薪酬——非货币性福利　　40 000

　　贷：银行存款　　40 000

（二）离职后福利

离职后福利，是指企业与职工就离职后福利达成的协议，或者企业为向职工提供离职后福利制定的规章或办法等。

企业应当将离职后福利计划分类为设定提存计划和设定受益计划。其中，设定提存计划，是指向独立的基金缴存固定费用后，企业不再承担进一步支付义务的离职后福利计划；设定受益计划，是指除设定提存计划以外的离职后福利计划。

1.设定提存计划

企业应当在职工为其提供服务的会计期间，将根据设定提存计划计算的应缴存金额确认为负债，并计入当期损益或相关资产成本。

对于设定提存计划，企业应当根据在资产负债表日为换取职工在会计期间提供的服务而应向单独主体缴存的提存金，确认为应付职工薪酬，并计入当期损益或相关资产成本，借记“生产成本”“制造费用”“管理费用”“销售费用”等账户，贷记“应付职工薪酬——设定提存计划”账户。

2.设定受益计划

设定提存计划和设定受益计划的区别，在于离职后福利计划的主要条款和条件所包含的经济实质。在设定受益计划下，企业的义务是为现在及以前的职工提供约定的福利，并且在算风险和投资风险实质上由企业来承担。

企业对设定受益计划的会计处理通常包括以下四个步骤：

（1）确定设定受益计划义务的现值和当期服务成本。企业在确定设定受益计划义务的现值、当期服务成本以及过去服务成本时，应当根据计划的福利公式将设定受益计划产生的福利义务归属于职工提供服务的期间，并计入当期损益或相关资产成本。

（2）确定设定受益计划净负债或净资产。企业应当将设定受益计划义务的现值减去设定受益计划资产公允价值所形成的赤字或盈余确认为一项设定受益计划净负债或净资产。

（3）确定应当计入当期损益的金额。报告期末，企业应当在损益中确认的受益计划产生的职工薪酬成本包括服务和设定受益净负债或净资产的利息净额。

（4）确定应计入其他综合收益的金额。企业应当将重新计量设定受益计划净负债或净资产所产生的变动计入其他综合收益，并且在后续会计期间不允许转回至损益，但企业可以在原设定受益终止时在权益范围内转移这些在其他综合收益中确认的金额，部分或全部结转至未分配利润。

【做中学8-23】2017年1月，时达公司当月应发工资为1 560万元，其中：生产部门生产工人工资为1 000万元，生产部门管理人员工资为200万元，管理部门管理人员工资为360万元。时达公司根据所在地政府规定，按照职工工资总额的12%计提基本养老保险费，缴存当地社会保险经办机构。时达公司应编制如下会计分录：

借：生产成本	1 200 000	
制造费用	240 000	
管理费用	432 000	
贷：应付职工薪酬——设定提存计划		1 872 000

（三）辞退福利

辞退福利，是指企业在职工劳动合同到期之前解除与职工的劳动关系，或者为鼓励职工自愿接受裁减而给予职工的补偿。

（1）对于职工没有选择权的辞退计划，应当根据辞退计划条款规定的拟解除劳动关系的职工数量、每一职位的辞退补偿标准等，计提应付职工薪酬。

（2）对于自愿接受裁减建议的，应当预计将会接受裁减建议的职工数量，根据预计的职工数量和每一位职位的辞退补偿标准等，计提应付职工薪酬，借记“管理费用”账户，贷记“应付职工薪酬——辞退福利”账户。

（3）对于辞退福利预期在其确认的年度报告期间期末后12个月内完全支付的，企业应当按短期薪酬的相关规定处理。

（4）对于辞退福利预期在年度报告期间期末后12个月内不能完全支付的辞退福利，企业应当选择恰当的折现率，以折现后的金额作为计入当期管理费用的辞退福利金额。在确认辞退福利时，借记“管理费用”“未确认融资费用”账户，贷记“应付职工薪酬——辞退福利”账户。在分期支付时，借记“应付职工薪酬——辞退福利”账户，贷记“银行存款”账户；同时，借记“财务费用”账户，贷记“未确认融资费用”账户。

（5）对于职工虽然没有与企业解除劳动合同，但未来不再为企业提供服务，不能为企业带来经济利益，企业承诺提供实质上具有辞退福利性质的经济补偿的，如发生“内退”的情况，在其正式退休日期之前应当比照辞退福利处理，在其正式退休日期后，应当按照离职后福利处理。

（四）其他长期职工福利

其他长期职工福利，是指除短期薪酬、离职后福利、辞退福利之外所有的职工薪酬，包括长期带薪缺勤、长期残疾福利、长期利润分享计划等。

提示 其他长期职工福利是对员工长期福利的一个补充，囊括实务中可能存在的其他职工薪酬，使职工薪酬的结构更加完整合理。

【做中学8-24】李女士是时达公司的一名员工，在2014年1月1日内部退休（50岁），将于2018年12月31日正式退休（55岁）。假设在每年年末应付李女士内退工资和福利5万元，并假定折现率为6%。李女士各年工资摊余成本计算表见表8-2。

表8-2 李女士各年工资摊余成本计算表 金额单位：万元

日期	支付的薪酬	利息费用（6%）	归还的本金	摊余成本
2014.01.01				21.07
2014.12.31	5	1.26	3.74	17.33
2015.12.31	5	1.04	3.96	13.37
2016.12.31	5	0.80	4.20	9.17
2017.12.31	5	0.55	4.45	4.72
2018.12.31	5	0.28	4.72	0

（1）2014年1月1日，由于李女士内退，后面5年不为时达公司创造价值，但时达公司承诺支付25万元，因此应将未来5年薪酬的现值确认为负债。

$$应付职工薪酬现值=\frac{5}{1+6\%}+\frac{5}{(1+6\%)^2}+\cdots+\frac{5}{(1+6\%)^5}$$

$$=4.72+4.45+\cdots+3.74=21.07（万元）$$

借：管理费用 210 700
　　未确认融资费用 39 300
　　贷：应付职工薪酬 250 000

在2014年1月末的资产负债表中，应列示应付职工薪酬21.07万元。

应付职工薪酬期末摊余成本=应付职工薪酬账面余额−未确认融资费用
=25 − 3.93
=21.07（万元）

（2）2014年12月31日开始，确认利息费用。

借：财务费用 12 600
　　贷：未确认融资费用 12 600

2014年年末支付内退工资和福利时：

借：应付职工薪酬——其他长期职工福利 50 000
　　贷：银行存款 50 000

2015年12月31日，确认利息费用时：

借：财务费用 10 400
　　贷：未确认融资费用 10 400

2015年年末支付内退工资和福利时：

借：应付职工薪酬——其他长期职工福利 50 000
　　贷：银行存款 50 000

2016年12月31日，确认利息费用时：

借：财务费用 8 000
　　贷：未确认融资费用 8 000

2016年年末支付内退工资和福利时：

借：应付职工薪酬——其他长期职工福利 50 000
　　贷：银行存款 50 000

后两年略，请同学们自己做出相关账务处理。

任务实施

针对“任务布置”中的经济业务，相关处理程序如下：

第一步：计算工资。

由人力资源部门根据每个员工的出勤情况、基本工资、计件工资、补贴等各类因素计算当月的工资，形成工资表，并提交公司领导审批，然后传递给财务部门。

第二步：计提“五险一金两费”。

根据财务核算制度规定，财务部门按照工资总额计提社会保险费、住房公积金、工会经费和职工教育经费。

第三步：发放工资。

财务人员在公司指定的日期，按照人力资源部提供的经批准的工资单，以银行代发的形式发放工资。

请写出相关经济业务的会计分录。

任务4 应交税费核算

任务布置

2017年1月，华盛公司发生的经济业务如下：

（1）4日，从湘中公司购入生产用铁精粉10 000吨，增值税专用发票上注明的材料价款为500万元，增值税税款为85万元，货款已支付。在购入材料过程中向铁路部门支付运费5万元（另支付运费的增值税0.55万元），铁精粉已验收入库。

（2）12日，销售螺纹钢2 000吨，不含增值税的销售价格为700万元，实际成本为600万元，提货单和增值税专用发票已交购货方，货款尚未收到。

（3）16日，建造厂房工程领用本公司生产的螺纹钢，该产品的实际成本为30万元，计税价格35万元。

（4）18日，建造厂房工程领用生产用的铁精粉800吨，共计40万元，其购入时支付的增值税为6.8万元。

（5）30日，缴纳本月应交的增值税。

请会计张红做出相关账务处理。

相关原始凭证：

（1）向湘中公司购入铁精粉时收到的增值税专用发票。

（2）支付货款的银行回单。

（3）购入材料时产生的运费发票，及支付的银行回单。

（4）仓库验收铁精粉的入库单。

（5）销售螺纹钢仓库填制的发货单及开具的增值税专用发票。

（6）建造厂房使用螺纹钢的仓库出库单。

（7）建造厂房使用铁精粉的仓库出库单。

（8）缴纳税金后的银行回单。

业务产生：企业经营必须按照国家税法的规定履行纳税义务，对其所经营的业务依法缴纳税款。

知识准备

一、应交税费概述

企业必须按照国家税法的要求，对于在一定时期内取得的营业收入、实现的利润以及从事其他应税项目，按照强制性、无偿性、固定性原则缴纳各种税金。但纳税义务的发生和完成并不是同步的，纳税是定期进行的，应交税费正是企业应缴而未缴的债务。企业根据税法规定应缴纳的各种税费包括：增值税、消费税、资源税、所得税、城市维护建设税、土地增值税、房产税、车船税、城镇土地使用税、印花税以及企业代扣代缴个人所得税等。

二、应交税费核算的账户设置

（一）“应交税费”账户

为了核算各种应交税费的发生和缴纳情况，企业应设置“应交税费”账户。该账户属于负债类账户，具体账户结构如下：

借方　　　　**应交税费**　　　　贷方

借方	贷方
实际缴纳的各种税费	①应缴纳的各种税费 ②出口退税 ③税务机关退还多交的税费
企业多交或尚未抵扣的税费	企业尚未缴纳的各种税费

请注意　该账户可按照应交税费的项目进行明细核算。

提示　由于各种税费的征收依据不同，具体金额的计算及其账务处理也存在差异。对所得税费用的核算集中在项目十三利润核算中介绍，本任务的重点是流转税的核算。

（二）“税金及附加”账户

为了核算各种企业经营活动发生的消费税、城市维护建设税、资源税、教育费附加及房产税、城镇土地使用税、车船税、印花税等相关税费，企业应设置“税金及附加”账户，该账户属于损益类账户，具体账户结构如下：

借方　　　　**税金及附加**　　　　贷方

借方	贷方
按照规定计算的与经营活动相关的税金及附加	企业收到的先征后返的消费税等原记入本账户的各种税金

三、应交税费业务的账务处理

（一）应交增值税

1.增值税概述

（1）增值税定义。

增值税，是对在我国境内销售货物，提供加工修理修配劳务（以下简称提供应税劳务），销售服务、无形资产及不动产（以下简称发生应税行为），以及进口货物的企业、单位和个人，就其销售货物、提供应税劳务、发生应税行为的增值额和货物进口金额为计税依据而课征的一种流转税。在我国境内销售货物、提供应税劳务、发生应税行为以及进口货物的单位和个人，为增值税的纳税人。根据经营规模大小及会计核算的健全程

国家税务总局：一图了解增值税的前世今生

度，增值税纳税人分为一般纳税人和小规模纳税人。计算增值税的方法分为一般计税方法和简易计税方法。

（2）增值税计算公式。

一般纳税人采用购进扣税法计算当期增值税应纳税额，即先按当期销售额和适用税率计算出销项税额，然后对当期购进项目向对方支付的税款进行抵扣，从而间接算出当期的应纳税额。其计算公式如下：

当期应纳增值税税额=当期销项税额-当期准予抵扣的进项税额

式中：

"当期销项税额"，是指纳税人当期销售货物、提供加工修理修配劳务、销售服务、无形资产或者不动产按照销售额和增值税税率计算并收到的增值税税额。其计算公式为：销项税额=销售额×税率。

"当期进项税额"，是指纳税人当期购进货物、加工修理修配劳务、服务、无形资产或者不动产，支付或负担的增值税税额。其通常包括：①从销售方或提供方取得的增值税专用发票上注明的增值税税额。②从海关取得的海关进口增值税专用缴款书上注明的增值税税额。③购进农产品，除取得增值税专用发票或者海关进口增值税专用缴款书外，按照农产品收购发票或者销售发票上注明的农产品买价和11%的扣除率计算的进项税额。④接受境外单位或者个人提供的应税服务，从税务机关或者境内代理人取得的解缴税款的中华人民共和国税收缴款凭证（以下称税收缴款凭证）上注明的增值税税额。如果当期销项税额小于当期进项税额，不足抵扣时，其不足抵扣部分可以结转下期继续抵扣。

（3）增值税税率。

从2017年7月1日起，增值税税率由四档减至17%、11%和6%三档。

①一般纳税人销售或者进口货物、提供加工修理修配劳务、销售有形动产租赁服务，税率一律为17%。

②纳税人销售交通运输、邮政、基础电信、建筑、不动产租赁服务，销售不动产，转让土地使用权，销售农产品、天然气等，适用11%的低税率；同时，对农产品深加工企业购入农产品维持原扣除力度不变，避免因进项抵扣减少而增加税负。

③纳税人销售增值电信服务、金融服务、现代服务（租赁服务除外）和生活服务，销售土地使用权以外的无形资产，适用6%的低税率。

2.应交增值税核算的账户设置

为了核算企业应交增值税的发生、抵扣、缴纳、退税及转出等情况，增值税一般纳税人应在"应交税费"账户下设置"应交增值税""未交增值税""预交增值税""待抵扣进项税额""待认证进项税额""待转销项税额""增值税留抵税额""简易计税""转让金融商品应交增值税""代扣代交增值税"等明细账户。

增值税一般纳税人应在"应交增值税"明细账户下设置"进项税额""销项税额""进项税额转出""出口退税""出口抵减内销产品应纳税额""减免税款""销项税额抵减""已交税金""转出未交增值税""转出多交增值税"等专栏。

一般纳税人核算应交增值税的账户设置见表8-3。

表 8-3 一般纳税人核算应交增值税的账户设置

一级账户	二级账户	三级账户	说 明
应交税费	应交增值税	进项税额	记录一般纳税人购进货物、加工修理修配劳务、服务、无形资产或不动产而支付或负担的、准予从当期销项税额中抵扣的增值税税额
		销项税额	记录一般纳税人按照现行增值税制度规定因扣减销售额而减少的销项税额
		进项税额转出	记录一般纳税人购进货物、加工修理修配劳务、服务、无形资产或不动产等发生非正常损失以及其他原因而不应从销项税额中抵扣、按规定转出的进项税额
		出口退税	记录一般纳税人出口货物、加工修理修配劳务、服务、无形资产按规定退回的增值税税额
		出口抵减内销产品应纳税额	记录实行“免、抵、退”办法的一般纳税人按规定计算的出口货物的进项税抵减内销产品的应纳税额
		减免税款	记录一般纳税人按现行增值税制度规定准予减免的增值税税额
		销项税额抵减	记录一般纳税人按照现行增值税制度规定因扣减销售额而减少的销项税额
		已交税金	记录一般纳税人当月已交的应交增值税税额
		转出未交增值税	记录一般纳税人月度终了转出当月应交未交的增值税税额
		转出多交增值税	记录一般纳税人月度终了转出当月多交的增值税税额
	未交增值税		核算一般纳税人月度终了从“应交增值税”或“预交增值税”明细账户转入当月应交未交、多交或预缴的增值税税额，以及当月缴纳以前期间未缴纳的增值税税额
	预交增值税		核算一般纳税人转让不动产、提供不动产经营租赁服务、提供建筑服务、采用预收款方式销售自行开发的房地产项目等，以及其他按现行增值税制度规定应预缴的增值税税额
	待抵扣进项税额		核算一般纳税人已取得增值税扣税凭证并经税务机关认证，按照现行增值税制度规定准予以后期间从销项税额中抵扣的进项税额，包括：一般纳税人自2016年5月1日后取得并按固定资产核算的不动产或者2016年5月1日后取得的不动产在建工程，按现行增值税制度规定准予以后期间从销项税额中抵扣的进项税额；实行纳税辅导期管理的一般纳税人取得的尚未交叉稽核比对的增值税扣税凭证上注明或计算的进项税额
	待认证进项税额		核算一般纳税人由于未经税务机关认证而不得从当期销项税额中抵扣的进项税额，包括：一般纳税人已取得增值税扣税凭证、按照现行增值税制度规定准予从销项税额中抵扣，但尚未经税务机关认证的进项税额；一般纳税人已申请稽核但尚未取得稽核相符结果的海关缴款书进项税额
	待转销项税额		核算一般纳税人销售货物、加工修理修配劳务、服务、无形资产或不动产，已确认相关收入（或利得），但尚未发生增值税纳税义务而需于以后期间确认为销项税额的增值税税额
	增值税留抵税额		核算兼有销售服务、无形资产或者不动产的原增值税一般纳税人，截止到纳入营改增试点之日前的增值税期末留抵税额按照现行增值税制度规定不得从销售服务、无形资产或不动产的销项税额中抵扣的增值税留抵税额
	简易计税		核算一般纳税人采用简易计税方法发生的增值税计提、扣减、预缴、缴纳等业务
	转让金融商品应交增值税		核算增值税纳税人转让金融商品发生的增值税税额
	代扣代交增值税		核算纳税人购进在境内未设经营机构的境外单位或个人在境内的应税行为代扣代缴的增值税

请注意 “应交税费”账户下的“应交增值税”“未交增值税”“待抵扣进项税额”“待认证进项税额”“增值税留抵税额”等明细账户期末借方余额应根据情况，在资产负债表中的“其他流动资产”或“其他非流动资产”项目列示；“应交税费——待转销项税额”等账户期末贷方余额应根据情况，在资产负债表中的“其他流动负债”或“其他非流动负债”项目列示；“应交税费”账户下的“未交增值税”“简易计税”“转让金融商品应交增值税”“代扣代交增值税”等账户期末贷方余额应在资产负债表中的“应交税费”项目列示。

3.应交增值税业务的账务处理

（1）取得资产，接受应税劳务或应税行为。

一般纳税人取得资产、接受应税劳务或应税行为的相关账务处理见表8-4。

表8-4 一般纳税人取得资产、接受应税劳务或应税行为的相关账务处理

内容	账务处理
购进货物、接受加工修理修配劳务或者服务、取得无形资产或者不动产	借：在途物资/原材料/库存商品/生产成本/无形资产/固定资产/管理费用等（按应计入相关成本费用或资产的金额） 　　应交税费——应交增值税（进项税额）（按当月已认证的可抵扣增值税税额） 　　　　　　——待认证进项税额（按当月未认证的可抵扣增值税税额） 　　贷：应付账款/应付票据/银行存款等（按应付或实际支付的金额） 购进货物发生的退货，应根据税务机关开具的红字增值税专用发票作相反的会计分录；如原增值税专用发票未进行认证，应将发票退回并作相反的会计分录
企业购进农产品	企业购进农产品，除取得增值税专用发票或者海关进口增值税专用缴款书外，可以按照农产品收购发票或者销售发票上注明的农产品买价和扣除率计算进项税额： 借：材料采购/在途物资/原材料/库存商品等（买价-进项税额） 　　应交税费——应交增值税（进项税额）（买价×税率） 　　贷：应付账款/应付票据/银行存款等
采购等业务进项税额不得抵扣	一般纳税人购进货物、加工修理修配劳务、服务、无形资产或不动产，用于简易计税方法计税项目、免征增值税项目、集体福利或个人消费等，其进项税额按照现行增值税制度规定不得从销项税额中抵扣的，取得增值税专用发票时： 借：相关成本费用或资产账户 　　应交税费——待认证进项税额 　　贷：银行存款/应付账款 经税务机关认证后： 借：相关成本费用或资产账户 　　贷：应交税费——待认证进项税额

续表

内　容	账务处理
购进不动产或不动产在建工程的进项税额的分年抵扣	自2016年5月1日后，一般纳税人取得并按固定资产核算的不动产或者不动产在建工程，其进项税额自取得之日起分2年从销项税额中抵扣，第一年抵扣比例为60%，第二年抵扣比例为40%。 借：固定资产/在建工程（按取得成本） 　　应交税费——应交增值税（进项税额）（按当期可抵扣的增值税税额） 　　　　　　——待抵扣进项税额（按以后期间可抵扣的增值税税额） 　　贷：应付账款/应付票据/银行存款等（按应付或实际支付的金额） 尚未抵扣的进项税额待以后期间允许抵扣时： 借：应交税费——应交增值税（进项税额）（按允许抵扣的增值税税额） 　　贷：应交税费——待抵扣进项税额
货物等已验收入库但尚未取得增值税扣税凭证	一般纳税人购进的货物等已到达并验收入库，但尚未收到增值税扣税凭证并未付款的，应在月末按货物清单或相关合同协议上的价格暂估入账，不需要将增值税的进项税额暂估入账。下月初，用红字冲销原暂估入账金额，待取得相关增值税扣税凭证并经认证后，进行相应账务处理： 借：原材料/库存商品/固定资产/无形资产等（按应计入相关成本费用或资产的金额） 　　应交税费——应交增值税（进项税额）（按可抵扣的增值税税额） 　　贷：应付账款等（按应付金额）
	因发生非正常损失或改变用途等： 借：待处理财产损溢/应付职工薪酬等 　　贷：原材料等 　　　　应交税费——应交增值税（进项税额转出）/应交税费——待抵扣进项税额/ 　　　　应交税费——待认证进项税额 注意：税法上的非正常损失，是指因管理不善造成货物被盗、丢失、霉烂变质，以及因违反法律法规造成货物或者不动产被依法没收、销毁、拆除的情形
进项税额抵扣情况发生改变	原不得抵扣且未抵扣进项税额的固定资产、无形资产等，因改变用途等用于允许抵扣进项税额的应税项目的，应在用途改变的次月调整相关资产账面价值： 借：应交税费——应交增值税（进项税额）（按允许抵扣的进项税额） 　　贷：固定资产/无形资产等 注意：固定资产、无形资产等经上述调整后，应按调整后的账面价值在剩余尚可使用寿命内计提折旧或进行摊销
	一般纳税人购进时已全额抵扣进项税额的货物或服务等转用于不动产在建工程的，原已抵扣进项税额的40%部分应于转用当期转出： 借：应交税费——待抵扣进项税额 　　贷：应交税费——应交增值税（进项税额转出）

【做中学8-25】时达公司为增值税一般纳税人，适用的增值税税率为17%，原材料按计划成本核算，销售商品价格为不含增值税的公允价格。2017年7月，该公司发生经济交

易或事项以及相关的会计分录如下：

（1）2日，购入原材料一批，增值税专用发票上注明的货款为120 000元，增值税税额为20 400元，货物尚未到达，货款和进项税额已用银行存款支付。另用银行存款支付运输公司运输费用5 000元，增值税税额为550元。

借：材料采购　125 000

　　应交税费——应交增值税（进项税额）　20 950

　　贷：银行存款　145 950

（2）3日，购入不需要安装生产设备一台，增值税专用发票上注明的价款为180 000元，增值税税额为30 600元，款项尚未支付。

借：固定资产　180 000

　　应交税费——应交增值税（进项税额）　30 600

　　贷：应付账款　210 600

（3）4日，购入免税农产品一批，价款为200 000元，规定的扣除率为11%，货款尚未到达，货款已用银行存款支付。

借：材料采购　178 000

　　应交税费——应交增值税（进项税额）　22 000

　　贷：银行存款　200 000

（4）5日，生产车间委托外单位修理机器设备，增值税专用发票上注明的修理费用为20 000元，增值税税额为3 400元，款项已用银行存款支付。

借：管理费用　20 000

　　应交税费——应交增值税（进项税额）　3 400

　　贷：银行存款　23 400

（5）6日，时达公司购买了一层写字楼用于办公，不含税价款为100万元，进项税额为11万元。

2017年1月，抵扣6.6万元：

借：固定资产　1 000 000

　　应交税费——应交增值税（进项税额）　66 000

　　　　　　——待抵扣进项税额　44 000

　　贷：银行存款　1 110 000

2018年1月（第13个月），抵扣剩余的4.4万元：

借：应交税费——应交增值税（进项税额）　44 000

　　贷：应交税费——待抵扣进项税额　44 000

（6）7日，库存材料因意外发生火灾毁损一批，有关增值税专用发票上注明的成本为20 000元，增值税税额为3 400元。

借：待处理财产损溢——待处理流动资产损溢　23 400

　　贷：原材料　20 000

　　　　应交税费——应交增值税（进项税额转出）　3 400

（7）8日，公司所属的职工宿舍维修领用原材料6 000元，购入原材料时支付的增值税为1 020元。

借：应付职工薪酬——非货币性福利　　7 020

　　贷：原材料　　6 000

　　　　应交税费——应交增值税（进项税额转出）　　1 020

（2）销售货物、提供应税劳务、发生应税行为。

一般纳税人销售货物、提供应税劳务或发生应税行为的相关账务处理见表8-5。

表8-5　　一般纳税人销售货物、提供应税劳务或发生应税行为的相关账务处理

内　容	账务处理
一般销售	企业销售货物、加工修理修配劳务、服务、无形资产或不动产： 借：应收账款/应收票据/银行存款等（按取得的收入金额） 　　贷：主营业务收入/其他业务收入/固定资产清理/工程结算等 　　　　应交税费——应交增值税（销项税额）（按现行增值税制度规定计算的销项税额） 　　　　或应交税费——简易计税（采用简易计税方法计算的应纳增值税税额） 注意： （1）发生销售退回的，应根据按规定开具的红字增值税专用发票作相反的会计分录 （2）按照企业会计准则确认收入或利得的时点早于按照增值税制度确认增值税纳税义务发生时点的，应将相关销项税额记入“应交税费——待转销项税额”账户，待实际发生纳税义务时再转入“应交税费——应交增值税（销项税额）”或“应交税费——简易计税”账户 确认收入时： 借：应收账款/应收票据 　　贷：主营业务收入 　　　　应交税费——待转销项税额 结转时： 借：应交税费——待转销项税额 　　贷：应交税费——应交增值税（销项税额） （3）按照增值税制度确认增值税纳税义务发生时点早于按照国家统一的会计制度确认收入或利得的时点的，应按应纳增值税税额，借记“应收账款”账户，贷记“应交税费——应交增值税（销项税额）”或“应交税费——简易计税”账户，按照国家统一的会计制度确认收入或利得时，应按扣除增值税销项税额后的金额确认收入
视同销售	企业发生税法上视同销售的行为，应当按照企业会计准则制度相关规定进行相应的会计处理，并按照现行增值税制度的规定计算销项税额（或采用简易计税方法计算应纳增值税税额）。 （1）用资产或者外购货物对外捐赠 借：营业外支出——捐赠支出 　　贷：库存商品 　　　　应交税费——应交增值税（销项税额） （2）以自产货物发放福利 公司决定发放非货币性福利时，应做如下账务处理： 借：生产成本（人工） 　　管理费用（人工） 　　贷：应付职工薪酬——非货币性福利 借：应付职工薪酬——非货币性福利 　　贷：主营业务收入 　　　　应交税费——应交增值税（销项税额） 实际发放非货币性福利时，应做如下账务处理： 借：主营业务成本 　　贷：库存商品 注意：自产产品捐赠会计处理不确认收入，自产产品发放福利会计处理确认收入

【做中学8-26】沿用【做中学8-25】的资料，时达公司2017年1月份发生经济交易或事项以及相关会计分录如下：

（1）15日，销售商品一批，价款为500 000元，按规定应收取增值税税额85 000元，提货单和增值税专用发票已交给对方，货款已收到。

借：银行存款　　585 000
　　贷：主营业务收入　　500 000
　　　　应交税费——应交增值税（销项税额）　　85 000

（2）20日，为外单位代加工电脑桌500个，每个收取加工费80元，加工完成，增值税专用发票上注明的加工费用为40 000元，增值税税额为6 800元，款项已收到并存入银行。

借：银行存款　　46 800
　　贷：主营业务收入　　40 000
　　　　应交税费——应交增值税（销项税额）　　6 800

（3）21日，时达公司将自己生产的产品用于自行建造生产车间。该批产品的成本为150 000元，计税价格为260 000元。

借：在建工程　　194 200
　　贷：库存商品　　150 000
　　　　应交税费——应交增值税（销项税额）　　44 200

企业在建工程领用自己生产的产品的销项税额=260 000×17%=44 200（元）

（4）2017年1月25日，时达公司转让2016年6月购入的生产用固定资产，原值为100 000元，已提折旧4 000元，转让价为50 000元（含增值税）。转让2009年1月1日之前购进的固定资产，原值为200 000元，已提折旧100 000元，转让价为110 000元（含增值税）。

转让2016年6月购入的固定资产：

借：固定资产清理　　96 000
　　累计折旧　　4 000
　　贷：固定资产　　100 000

借：银行存款　　50 000
　　贷：固定资产清理　　42 735.04
　　　　应交税费——应交增值税（销项税额）　　7 264.96

借：营业外支出　　53 264.96
　　贷：固定资产清理　　53 264.96

转让2009年1月1日之前购进的固定资产：

借：固定资产清理　　100 000
　　累计折旧　　100 000
　　贷：固定资产　　200 000

借：银行存款　　110 000
　　贷：固定资产清理　　107 864.08
　　　　应交税费——应交增值税（销项税额）［110 000÷（1+3%）×2%］　　2 135.92

借：固定资产清理　　　　　　　　　　　　　　　　7 864.08

　　贷：营业外收入　　　　　　　　　　　　　　　　　7 864.08

请注意　自2009年1月1日起，纳税人销售自己使用过的固定资产，应区分不同情形征收增值税：销售自己使用过的2009年1月1日以后购进或自制的固定资产，按照适用税率征收增值税；销售自己使用过的2008年12月31日之前购进或自制的固定资产，从2014年7月1日起，依3%征收率减按2%征收增值税。

（3）出口退税。

为核算纳税人出口货物应收取的出口退税，设置"应收出口退税款"账户，该账户借方反映销售出口货物按规定向税务机关申报应退回的增值税、消费税等，贷方反映实际收到的出口货物应退回的增值税、消费税等。期末借方余额，反映尚未收到的应退税额。

①未实行"免、抵、退"办法的一般纳税人出口货物按规定退税的，按规定计算的应收出口退税额，借记"应收出口退税款"账户，贷记"应交税费——应交增值税（出口退税）"账户，收到出口退税时，借记"银行存款"账户，贷记"应收出口退税款"账户；退税额低于购进时取得的增值税专用发票上的增值税税额的差额，借记"主营业务成本"账户，贷记"应交税费——应交增值税（进项税额转出）"账户。

②实行"免、抵、退"办法的一般纳税人出口货物，在货物出口销售后结转产品销售成本时，按规定计算的退税额低于购进时取得的增值税专用发票上的增值税税额的差额，借记"主营业务成本"账户，贷记"应交税费——应交增值税（进项税额转出）"账户；按规定计算的当期出口货物的进项税抵减内销产品的应纳税额，借记"应交税费——应交增值税（出口抵减内销产品应纳税额）"账户，贷记"应交税费——应交增值税（出口退税）"账户。在规定期限内，内销产品的应纳税额不足以抵减出口货物的进项税额，不足部分按有关税法规定给予退税的，应在实际收到退税款时，借记"银行存款"账户，贷记"应交税费——应交增值税（出口退税）"账户。

（4）月末转出多交增值税或未交增值税。

一般纳税人月末结转增值税的相关账务处理见表8-6。

表8-6　　一般纳税人月末结转增值税的相关账务处理

内　容	账务处理
当月应交未交	借：应交税费——应交增值税（转出未交增值税） 　　贷：应交税费——未交增值税
当月多交	借：应交税费——未交增值税 　　贷：应交税费——应交增值税（转出多交增值税）

（5）缴纳增值税。

对企业来说，纳税人应按月进行纳税申报，申报期为次月1日起至15日止，遇最后一日为法定节假日的，顺延1日；在每月1日至15日内有连续3日以上法定休假日的，按休假日天数顺延。一般纳税人缴纳增值税的相关账务处理见表8-7。

表8-7　一般纳税人缴纳增值税的相关账务处理

内　容	账务处理
企业缴纳当月应交的增值税	借：应交税费——应交增值税（已交税金） 　贷：银行存款
企业缴纳以前期间未交的增值税	借：应交税费——未交增值税 　贷：银行存款
预缴增值税	预缴时： 借：应交税费——预交增值税 　贷：银行存款 月末： 借：应交税费——未交增值税 　贷：应交税费——预交增值税

【做中学8-27】2017年1月30日，时达公司发生销项税额合计145 400.88元，进项税额转出合计4 420元，进项税额合计142 950元。时达公司当月应交增值税计算如下：

应交增值税=145 400.88+4 420-142 950=6 870.88（元）

当月用银行存款缴纳增值税，时达公司应编制如下会计分录：

借：应交税费——应交增值税（已交税金）　6 870.88

　贷：银行存款　6 870.88

4.小规模纳税人的账务处理

小规模纳税人销售货物、加工修理修配劳务、服务、无形资产或者不动产，实行按销售额和增值税征收率计算应纳税额的简易计税办法，按征收率3%（不动产5%）计算税额。以不含税的销售额乘以征收率，计算应交增值税。不得抵扣进项税额。根据税法规定，小规模纳税人销售货物或提供应税劳务和应税服务时只能开具普通发票，不能开具增值税专用发票。一般来说，小规模纳税人采用销售额和应纳税额合并定价的方法并向客户结算款项，销售货物或提供应税劳务后和应税服务后，应进行价税分离，确定不含税的销售额。不含税销售额的计算公式如下：

不含税销售额=含税销售额÷（1+征收率）

应纳税额=不含税销售额×征收率

小规模纳税人不享有进项税额的抵扣权，其购进货物或接受应税劳务和应税服务支付的增值税直接计入有关货物或劳务成本。因此，小规模纳税人只需在“应交税费”账户下设置“应交增值税”明细账户，不需要在“应交增值税”明细账户中设置专栏及除“转让金融商品应交增值税”“代扣代交增值税”以外的明细账户。

小规模纳税人购进货物与接受应税劳务和应税服务时支付的增值税，直接计入有关的货物和劳动成本，借记“材料采购”“在途物资”“固定资产”等账户，贷记“银行存款”等账户；销售货物、提供应税劳务和应税服务，按全部价款，借记“银行存款”等账户，按不含税的销售额，贷记“主营业务收入”等账户，按应纳增值税税额，贷记“应交税费——应交增值税”账户。

【做中学8-28】东海公司为增值税小规模纳税人，适用的增值税税率为3%，原材料按实际成本核算。该公司发生经济交易如下：购入原材料一批，取得的专用发票中注明的货款为30 000元，增值税为5 100元，款项以银行存款支付，材料验收入库。销售产品一批，所开出的普通发票中注明的货款（含税）为51 500元，款项已存入银行。用银行存款缴纳增值税1 500元。东海公司应编制如下会计分录：

（1）购入原材料：

借：原材料　　35 100

　　贷：银行存款　　35 100

（2）销售商品：

借：银行存款　　51 500

　　贷：主营业务收入　　50 000

　　　　应交税费——应交增值税　　1 500

不含税销售额=含税销售额÷（1+征收率）=51 500÷（1+3%）=50 000（元）

应纳增值税=不含税销售额×征收率=50 000×3%=1 500（元）

（3）缴纳增值税：

借：应交税费——应交增值税　　1 500

　　贷：银行存款　　1 500

5.增值税差额征税的账务处理

差额征税，是指营改增纳税人以取得的全部价款和价外费用扣除支付给规定范围纳税人的规定项目价款后的不含税余额为销售额进行征税的方法。

企业发生相关成本费用允许扣减销售额的账务处理。按现行增值税制度规定，企业发生相关成本费用允许扣减销售额的，发生成本费用时，按应付或实际支付的金额，借记“主营业务成本”“存货”“工程施工”等账户，贷记“应付账款”“应付票据”“银行存款”等账户。待取得合规增值税扣税凭证且纳税义务发生时，按照允许抵扣的税额，借记“应交税费——应交增值税（销项税额抵减）”或“应交税费——简易计税”账户（小规模纳税人应借记“应交税费——应交增值税”账户），贷记“主营业务成本”“存货”“工程施工”等账户。

（二）应交消费税

1.消费税概述

消费税，是指在我国境内生产、委托加工和进口应税消费品的单位和个人，按其流转额缴纳的一种税。消费税有从价定率和从量定额两种征收方法。采取从价定率方法征收的消费税，以不含增值税的销售额为税基，按照税法规定的税率计算。企业的销售收入包含增值税的，应将其换算为不含增值税的销售额。采取从量定额计征的消费税，根据按税法确定的企业应税消费品的数量和单位应税消费品应缴纳的消费税计算确定。

其计算公式为：

从价定率下的应交消费税=应税消费品销售额（不含税）×适用税率

从量定额下的应交消费税=应税消费品销售数量×适用税额标准

2.应交消费税的账务处理

企业为了正确核算应交消费税的发生和缴纳情况，应在“应交税费”账户下设置“应交消费税”明细账户。该账户贷方登记按规定应缴纳的消费税，借方登记企业实际缴纳的消费税，期末贷方余额表示企业尚未缴纳的消费税，期末借方余额表示多缴纳的消费税。

(1) 一般销售的核算。

纳税人缴纳的消费税应记入“税金及附加”账户，从销售收入中得到补偿。企业销售应税消费品时，借记“税金及附加”账户，贷记“应交税费——应交消费税”账户。

(2) 视同销售的核算。

①用于在建工程、职工福利或者直接转为固定资产。纳税人将自产的应税消费品用于在建工程或直接转为固定资产、用于职工集体福利等的，应于货物移送使用时视同销售缴纳消费税，借记“在建工程”“应付职工薪酬——职工福利费”等账户，贷记“应交税费——应交消费税”“应交税费——应交增值税”“库存商品”等账户。

②用于捐赠、赞助、广告。纳税人将自产的应税消费品用于捐赠、赞助、广告的，应于货物移送使用时，借记“营业外支出”“销售费用”账户，贷记“库存商品”“应交税费——应交消费税”“应交税费——应交增值税”账户。

(3) 委托加工应税消费品业务的核算。

税法规定，企业委托加工应税消费品时，除受托方为个人的之外，应由受托方在向委托方交货时代收代缴消费税。其销售额按受托方同类消费品的销售价格计算，没有同类消费品销售价格的按组成计税价格计算。组成计税价格的计算公式如下：

组成计税价格=（材料成本+加工费）÷（1-消费税税率）

动脑筋 委托加工收回的应税消费品如何进行账务处理？

(4) 包装物押金的核算。

①随同商品出售但单独计价的包装物。随同商品出售但单独计价的包装物，其收入记入“其他业务收入”账户；按应缴纳的消费税，借记“税金及附加”账户，贷记“应交税费——应交消费税”账户。

②出租、出借包装物逾期的押金。纳税人出租、出借包装物逾期未退还的包装物押金，应从“其他应付款”账户转入“其他业务收入”账户，同时借记“税金及附加”账户，贷记“应交税费——应交消费税”账户。

(5) 进口应税消费品的核算。

企业购进应税物资在进口环节应缴纳的消费税，计入该项物资的成本，借记“材料采购”“固定资产”等账户，贷记“银行存款”账户。

【做中学8-29】2017年2月1日，时达公司销售所生产的高档化妆品，价款为1 000 000元（不含增值税），适用的消费税税率为15%。时达公司应编制如下会计分录：

借：银行存款	1 170 000	
贷：主营业务收入		1 000 000
应交税费——应交增值税（销项税额）		170 000
借：税金及附加	150 000	
贷：应交税费——应交消费税		150 000

(三) 其他应交税费

其他应交税费，是指上述应交税费以外的其他各种应上缴国家的税费，包括应交资源税、应交城市维护建设税、应交土地增值税、应交所得税、应交房产税、应交城镇土地使用税、应交车船税、应交教育费附加等。企业应当在“应交税费”账户下设置相应的明细账户进行核算，贷方登记应缴纳的有关税费，借方登记已缴纳的有关税费，期末贷方余额反映尚未缴纳的有关费用。

1.应交资源税

资源税，是对在我国境内开采矿产品或者生产盐的单位和个人征收的税。企业对外销售应税产品应缴纳的资源税，借记“税金及附加”账户，贷记“应交税费——应交资源税”账户；企业自产自用应税产品应缴纳的资源税，借记“生产成本”“制造费用”等账户，贷记“应交税费——应交资源税”账户。

视频：资源税全面改革，企业减负益处多

【做中学8-30】时达公司本期对外销售资源税应税矿产品3 600吨，将自产资源税应税矿产品800吨用于其产品生产，税法规定每吨矿产品应缴纳资源税5元。时达公司应编制如下会计分录：

（1）对外销售应税矿产品的应交资源税：

借：税金及附加　　18 000

　　贷：应交税费——应交资源税　　18 000

公司对外销售应税矿产品的应交资源税=3 600×5=18 000（元）

（2）自产自用应税矿产品的应交资源税：

借：生产成本　　4 000

　　贷：应交税费——应交资源税　　4 000

公司自产自用应税矿产品的应交资源税=800×5=4 000（元）

（3）缴纳资源税：

借：应交税费——应交资源税　　22 000

　　贷：银行存款　　22 000

2.应交城市维护建设税

城市维护建设税，是以增值税、消费税为计税依据的一种税。其纳税人为缴纳增值税、消费税的单位和个人，以纳税人实际缴纳的增值税、消费税为依据，并分别与两项税金同时缴纳。税率因纳税人所在地不同从1%～7%不等。其计算公式为：

应纳税额=（应交增值税+应交消费税）×适用税率

企业按规定计算出应交城市维护建设税，借记“税金及附加”等账户，贷记“应交税费——应交城市维护建设税”账户。实际缴纳时，按实际支付的金额，借记“应交税费——应交城市建设维护税”账户，贷记“银行存款”账户。

3.应交教育费附加

教育费附加，是为了发展教育事业而向企业征收的附加费用，企业按应交流转税的一定比例计算缴纳。企业按规定计算出应交教育费附加，借记“税金及附加”等账户，贷记“应交税费——应交教育费附加”账户。

【做中学8-31】时达公司按税法规定计算，2016年第四季度应缴纳教育费附加300 000元。款项已经用银行存款支付。时达公司应编制如下会计分录：

（1）计算应缴纳的教育费附加：

借：税金及附加　　300 000

　　贷：应交税费——应交教育费附加　　300 000

（2）实际缴纳教育费附加：

借：应交税费——应交教育费附加 300 000

　　贷：银行存款 300 000

4.应交土地增值税

土地增值税，是对转让国有土地使用权、地上的建筑物及其附着物（以下简称转让房地产）并取得增值性收入的单位和个人所征收的一种税。

土地增值税按照转让房地产所取得的增值额和规定的税率计算征收。转让房地产的增值额是转让收入减去税法规定扣除项目金额后的余额。其中，转让收入包括货币收入、实物收入和其他收入；扣除项目主要包括取得土地使用权所支付的金额、房地产开发成本及费用、与转让房地产有关的税金、旧房及建筑物的评估价格、财政部确定的其他扣除项目等。土地增值税采用四级超率累进税率，其中最低税率为30%，最高税率为60%。

根据企业对房地产核算方法的不同，企业应交土地增值税的账务处理也有所区别；企业转让的土地使用权同地上的建筑物及其附属物一并在“固定资产”账户核算的，转让时按应交的土地增值税，借记“固定资产清理”账户，贷记“应交税费——应交土地增值税”账户；土地使用权在“无形资产”账户核算的，按实际收到的金额，借记“银行存款”“累计摊销”“无形资产减值准备”账户，按应交的土地增值税，贷记“应交税费——应交土地增值税”账户，同时冲销土地使用权的账面价值，贷记“无形资产”账户，按其差额，借记“营业外支出”账户或贷记“营业外收入”账户；房地产开发经营企业销售房地产应缴纳的土地增值税，借记“税金及附加”账户，贷记“应交税费——应交土地增值税”账户。实际缴纳土地增值税时，借记“应交税费——应交土地增值税”账户，贷记“银行存款”账户。

【做中学8-32】2017年1月13日，时达公司对外转让一栋房产，根据税法规定计算的应交土地增值税为25 000元。时达公司应编制如下会计分录：

（1）计算应交土地增值税：

借：固定资产清理 25 000

　　贷：应交税费——应交土地增值税 25 000

（2）用银行存款缴纳土地增值税：

借：应交税费——应交土地增值税 25 000

　　贷：银行存款 25 000

5.应交房产税、城镇土地使用税和车船税

房产税，是国家在对城市、县城、建制镇和工矿区征收的由产权所有人缴纳的一种税。房产税依照房产原值一次减除10%～30%后的余额计算缴纳。没有房产原值为依据的，由房地产所在地税务机关参考同类房产核定；房产出租的，以房产租金收入为房产税的计税依据。

城镇土地使用税，是以城镇、县城、建制镇、工矿区范围内使用土地的单位和个人为纳税人，以其实际占用土地面积和规定税额征收。

车船税是以车辆、船舶（简称车船）为课征对象，向车船所有人或者管理人征收的一种税。

企业应交的房产税、城镇土地使用税、车船税、印花税，借记“税金及附加”账户，贷记"应交增值税——应交房产税（或应交城镇土地使用税、应交车船税、应交印花税）"账户。

视频：房产税和城镇土地使用税

【做中学8-33】2017年1月24日，时达公司按照税法规定本期应缴纳房产税160 000元、城镇土地使用税45 000元、车船税38 000元。时达公司应编制如下会计分录：

（1）计算应缴纳的上述税金：

借：管理费用	243 000	
贷：应交税费——应交房产税		160 000
——应交城镇土地使用税		45 000
——应交车船税		38 000

（2）用银行存款缴纳上述税金：

借：应交税费——应交房产税	160 000	
——应交城镇土地使用税	45 000	
——应交车船税	38 000	
贷：银行存款		243 000

6.应交个人所得税

企业职工按规定应缴纳的个人所得税通常由单位代扣代缴。企业按规定计算代扣代缴的职工个人所得税，借记"应付职工薪酬"账户，贷记"应交税费——代扣代缴个人所得税"账户；企业上缴个人所得税时，借记"应交税费——代扣代缴个人所得税"账户，贷记"银行存款"等账户。

【做中学8-34】2017年1月31日，时达公司结算本月应付职工工资总额为600 000元，按税法规定应代扣代缴的职工个人所得税共计3 000元，实发工资297 000元。时达公司应编制如下会计分录：

（1）代扣个人所得税：

借：应付职工薪酬——工资、奖金、津贴和补贴	3 000	
贷：应交税费——代扣代缴个人所得税		3 000

（2）代缴个人所得税：

借：应交税费——代扣代缴个人所得税	3 000	
贷：银行存款		3 000

任务实施

针对"任务布置"中的经济业务，相关处理程序如下：

第一步：采购业务。

根据生产需要向湘中公司采购铁精粉，仓库验收合格入库，取得增值税专用发票，列出进项税额。

第二步：销售业务。

销售螺纹钢给客户，开具增值税专用发票，列出销项税额。

第三步：视同销售。

在建工程领用库存商品，视同销售，列出销项税额。

第四步：在建工程领料。

在建工程领用仓库原材料使用，将进项税额转出。

第五步：计提税金。

月末财务部门根据本月所产生的税金业务，计算出本月应缴纳的增值税税额。

第六步：纳税申报。

根据国家税务局、地方税务局的要求，对公司本月应缴纳的税款进行网上申报。

第七步：缴纳税款。

按网上申报的数据，依法对税款进行扣缴，一般都是网上托收缴纳。

请写出相关经济业务的会计分录。

案例分析

请思考

负债对企业设计筹资结构有什么作用？

八佰伴破产：淘汰超市时代的到来

1997年9月18日，日本零售业的巨头八佰伴日本公司向公司所在地的日本静冈县地方法院提出公司更生法的申请，这一行动，实际上等于向社会宣布了该公司的破产。八佰伴日本公司主管八佰伴集团的日本国内事业以及在欧美、东南亚等地区的海外投资，拥有26家店铺，由八佰伴集团董事长、现任八佰伴国际流通集团总裁的和田一夫的第四个儿子和四米正担任总裁，八佰伴日本公司宣布破产前的总负债额为1 613亿日元（折合13多亿美元）。在东京证券交易的第一市场上市的超级市场破产，这在第二次世界大战后的日本还是第一次，同时，它也是日本百货业界最大的一次破产事件，因而震撼了日本和亚洲。日本《经济界》杂志半月刊1997年秋在增刊登了题为《八佰伴破产的教训——象征着淘汰超市时代的到来》的文章。

关于八佰伴日本公司破产的原因，一般认为主要有以下几点：一是扩张过快，摊子铺得太大。八佰伴日本公司总经理和田光正在接受《经济界》杂志记者采访时表示，公司破产的原因是先行投资过多。和田光正说："当时我认为投资计划是绝对没有错误的。从结果来看，我想是因为公司对日本和海外的经济形势及对自己企业的能力过于乐观了。”二是缺乏银行支持。“八佰伴日本”直接向金融市场发行没有银行担保的公司债券，直接在市场吸收资金，这一举动，虽然反映了日本企业从依赖银行贷款的间接资金来源，转变为直接从市场吸收资金的直接资金来源的时代潮流，但也得罪了长期交往的主力银行，因此，当“八佰伴日本”资金流通不畅，而发行的公司债券却到了必须偿还的时候，曾经担当“八佰伴日本”主力银行角色的往来银行——东海银行、住友信托银行、日本长期信用银行——却采取了袖手旁观的态度。总经理和田光正承认，银行不支持也是造成公司破产的一个因素。董事长和田一夫曾向身边的亲信说过，“公司是被银行挤垮台的”。八佰伴破产的事实从一个侧面表明了过于追求浪漫的垄断经营者的专横经营方式的失败。

案例分析
参考答案

资料来源：佚名. 八佰伴破产：淘汰超市时代的到来 [EB/OL]. [2013-09-14]. http://wenda.so.com/q/1379334117060886.

思维导图

请根据本项目内在知识点的逻辑关系，制作思维导图。

项目九

非流动负债核算

项目导读

非流动负债，是指偿还期在1年以上或超过1年的一个营业周期以上的负债。与流动负债相比，非流动负债（也称长期负债）具有金额大、期限长、可以分期偿还等特点。

举借非流动负债和追加投入资本都是企业筹集长期资金的方式，两种方式各有利弊。与追加投入资本相比，举借非流动负债具有以下优点：

（1）举借非流动负债不影响企业原有的股权结构，有利于保持原有投资者控制企业的权利。

（2）举借非流动负债可以增加投资者的收益，不论企业的经营状况如何，债权人都将按约定的利率获取利息，如果企业经营所获得的投资回报率高于长期负债约定的利率，超过部分就全部归投资者所有。

（3）在缴纳所得税时，非流动负债的利息支出作为正常的经营成本或经营费用从利润总额中扣减，而股利只能从税后利润中支付，不能作为纳税扣减项目。

当然，举借非流动负债也有不足之处，主要表现在：

（1）非流动负债的利息是固定费用。如果举债经营的投资回报率低于长期负债约定的利率，将会减少投资者的利益。

（2）非流动负债有明确的到期日。企业必须准备足够的资金偿还到期的债务，这将影响企业财务上的灵活性。

（3）如果企业不能到期偿还债务，债权人的偿债要求可能会导致企业破产清算。

非流动负债按筹资方式分类，可以分为长期借款、应付债券和长期应付款，具体如图9-1所示。

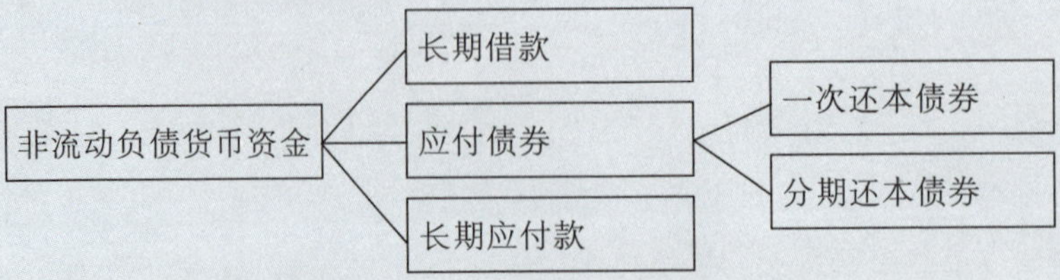

图9-1　非流动负债的分类

学习目标

1.熟悉长期借款、应付债券的核算；
2.熟悉长期应付款的核算。

政策依据

《企业会计准则第22号——金融工具确认与计量》
《企业会计准则第17号——借款费用》
《企业会计准则第21号——租赁》
《企业会计准则——应用指南》
《企业内部控制应用指引第6号——资金活动》

项目列报

本项目在资产负债表中的列示信息见表9-1。

表9-1 本项目在资产负债表中的列示信息

资 产	期末余额	负债和所有者权益（或股东权益）	期末余额
		流动负债：	
		⋮	
		非流动负债：	
		长期借款（=“长期借款”）	
		应付债券（=“应付债券”-“一年内到期的应付债券部分”）	
		长期应付款（=“长期应付款”-“未确认融资费用”-“一年内到期的长期应付款部分”）	
		专项应付款（=“专项应付款”）	
		⋮	

任务1 长期借款核算

任务布置

2017年1月1日，华盛公司为建造厂房从银行取得3年期专门借款500 000元，借款利率按市场利率确定为6%，单利计算，到期一次还本，每年年初付息一次。工程以出包方式进行，当日以银行存款支付工程价款520 000元，厂房于2018年6月30日竣工，达到预定可使用状态并交付使用。

请会计张红做出2017年相关账务处理。

相关原始凭证：

（1）公司与工商银行签订的长期资金借款合同。

（2）向银行提供与建筑公司签订的工程承包合同。

（3）取得贷款时，银行开具的借款凭证。

（4）月末计提利息时自制的利息计提表。

（5）支付利息时，银行提供的利息扣取回执单。

（6）到期还本时，将款项打入贷款专用户的进账单与还款业务凭证。

（7）支付给承包方工程款的银行回单。

（8）厂房建造完工后，竣工验收，转入固定资产。

业务产生：企业在日常经营中，为了扩大规模，需要建造厂房，由于建造时间较长，而需要向银行或其他金融机构按照规定的贷款期限与利率取得长期借款资金。

知识准备

一、长期借款概述

长期借款，是指企业向银行或其他金融机构借入的期限在1年以上（不含1年）的各项借款。长期借款是企业长期负债的重要组成部分，长期借款的使用关系到企业的生产经营规模和效益，一般用于固定资产的购建、改扩建工程、大修理工程、对外投资以及为了满足保持长期经营能力等方面的需要。企业借入长期借款，必须按规定的手续办理，支付长期借款利息，并按规定的期限归还。与短期借款相比，长期借款除数额大、偿还期限长外，其借款费用需要根据权责发生制的要求，按期预提计入所构建资产的成本或直接计入当期财务费用。由于长期借款的期限较长，至少在1年以上，因此，在资产负债表非流动负债项目中列示。

二、长期借款核算的账户设置

为了核算长期借款的增减变动情况，企业应当设置“长期借款”账户。该账户属于负债类账户，具体账户结构如下：

借方　　　　　　　　　　　　长期借款　　　　　　　　　　　　贷方

借方	贷方
长期借款本息的减少额	长期借款本息的增加额
	企业尚未偿还的长期借款

请注意　该账户可按照贷款单位和贷款种类设置明细账，分别“本金”“利息调整”等进行明细核算。

三、长期借款的账务处理

长期借款账务处理的内容主要包括取得长期借款、确认利息以及归还长期借款。

（一）取得长期借款

企业借入长期借款，应按实际收到的金额，借记“银行存款”账户，贷记“长期借款——本金”账户，如存在差额，还应借记“长期借款——利息调整”账户。

长期借款分类图

【做中学9-1】时达公司于2014年1月30日从银行借入资金3 000 000元，借款期限为3年，借款年利率为6.9%，到期一次还本付息，不计复利，所借款项存入银行。时达公司用该借款于当日购买不需要安装的设备一台，价款为2 400 000元，增值税税额为408 000元，另支付保险等费用32 000元，设备已于当日投入使用。

（1）取得借款：

借：银行存款　　3 000 000

　　贷：长期借款——本金　　3 000 000

（2）支付设备款及保险费：

借：固定资产　　2 432 000

　　应交税费——应交增值税（进项税额）　　408 000

　　贷：银行存款　　2 840 000

（二）确认长期借款利息

长期借款利息费用应当在资产负债表日按照实际利率法计算确定，实际利率与合同利率差异较小的，也可以采用合同利率计算确定利息费用。长期借款按合同利率计算确定的应付未付利息，如果属于分期付息的，记入“应付利息”账户，如果属于到期一次还本付息的，记入“长期借款——应计利息”账户。

提示　长期借款利息费用属于筹建期间的，计入管理费用。长期借款利息费用属于生产经营期间的，如果长期借款用于购建固定资产等符合资本化条件的资产，在资产尚未达到预定可使用状态前发生的利息支出应当资本化，计入在建工程等相关资产成本；在资产达到预定可使用状态后发生的利息支出，以及按规定不予资本化的利息支出，计入财务费用。账务处理方法为：借记“在建工程”“制造费用”“财务费用”“研发支出”等账户，贷记“应付利息”或“长期借款——应计利息”账户。

【做中学9-2】沿用【做中学9-1】的资料，时达公司于2014年12月31日计提当月长期借款利息。

借：财务费用　　17 250

　　贷：长期借款——应计利息　　17 250

2014年12月31日计提的借款利息=3 000 000×6.9%÷12=17 250（元）

（三）归还长期借款

企业归还长期借款的本金时，应按归还的金额，借记“长期借款——本金”账户，贷记“银行存款”账户；按归还的利息，借记“应付利息”或“长期借款——应计利息”账户，贷记“银行存款”账户。

【做中学9-3】沿用【做中学9-2】和【做中学9-1】的资料，时达公司于2017年1月30日偿还该笔银行借款本息。

借：财务费用　　17 250

　　长期借款——本金　　3 000 000

借：长期借款——应计利息　　603 750

　　贷：银行存款　　3 621 000

应计利息=3 000 000×6.9%÷12×35=603 750（元）

任务实施

针对“任务布置”中的经济业务，相关处理程序如下：

第一步：签订借款合同。

为建造厂房，公司向工商银行申请3年期长期资金贷款，并按相应条款与银行签订借款合同。

第二步：银行放贷。

工商银行根据公司提供的贷款资料，同意贷款，并按合同要求向公司放贷，资金已转入公司账户。

第三步：每月计提利息。

财务人员按贷款金额与贷款利率，于每月末计提该笔贷款应支付的利息。

第四步：按年支付利息。

利息由银行自动代扣，企业必须在代扣利息款时在贷款户中存入足够的资金。

第五步：到期还本付息。

贷款3年后到期时，企业应在借款合同约定的到期日前，将资金存入银行指定的贷款户中，由银行自动扣取本金和利息。

第六步：支付工程承包款。

按贷款用途，根据承包合同的条款，将承包款打入承包商账户。

请写出相关经济业务的会计分录。

任务2 应付债券核算

任务布置

2017年1月1日，华盛公司发行5年期债券5 000张，每张面值为100元，票面利率为6%，每年年末计息，次年年初付息，到期还本，所筹集的资金用于生产经营。当时的市场利率为5%。该债券的发行价格为521 635元。债券发行完毕，款项存入银行存款户。年初付息通过华盛公司网上银行转账支付。

请会计张红做出相关账务处理。

相关原始凭证：请调查，此项经济业务会涉及哪些原始凭证？

业务产生：请调查，此项经济业务是如何产生的？

一、应付债券概述

债券是企业为筹集资金，依照法定程序发行的，约定在一定期限内还本付息的一种书面凭证。应付债券，是以发行债券的方式筹集资金而形成的一种长期负债。通过发行债券取得的资金，构成了企业的一项非流动负债，企业会在未来某一特定日期按债券所记载的利率、期限等约定还本付息。

应付债券可以按不同方式进行分类：

（1）按照偿还本金方式分类，分为一次还本债券和分期还本债券。一次还本债券是全部本金都在确定的到期日一次偿还的债务。一次还本债券又分为到期一次还本付息债券和分期付息到期还本债券两种。分期还本债券是按不同日期分次偿还本金的债券。

（2）按照偿债保证分类，分为抵押债券和信用债券。抵押债券是以特定的财产作为偿债保证所发行的债券。信用债券是没有特定的财产作为偿债保证，仅凭债券发行企业的信誉所发行的债券。

（3）按照是否记名分类，分为记名债券和不记名债券。记名债券是记录持有人姓名的债券。不记名债券是不记录持有人姓名的债券。

（4）按照付息标准分类，分为普通债券和收益债券。普通债券是按固定利率计算并支付利息的债券。收益债券是按企业的收益水平确定利息的债券。收益债券没有固定的利率，根据当期的收益水平确定应付利息的多少，通常会有上下限的约束。

二、应付债券核算的账户设置

企业发行债券需报有关证券管理机构审核批准，这是保护债权人的权利、维护正常社会经济秩序所必需的。债券在发行时需要详细说明企业筹资的目的、债券的发行方式、发行价格、债券面值、筹资总金额、债券利率、付息时间、偿还方式和期限，以及其他重要事项。企业应当设置“企业债券备查簿”，详细登记每一只企业债券的票面金额、债券票面利率、还本付息期限与方式、发行总额、发行日期和编号、委托代销单位、转换股份等资料。企业债券到期结清时，应当在备查簿内逐笔注销。

为了总括核算和监督债券发行、计提利息、还本付息等业务，企业应当设置“应付债券”账户。该账户属于负债类账户，具体账户结构如下：

借方　　应付债券	贷方
①债券发行时产生的折价 ②债券溢价的摊销	①债券面值 ②债券发行时产生的溢价 ③债券折价的摊销 ④期末计提的应付债券利息
企业尚未偿还的长期债券	

请注意　该账户可设“面值”“利息调整”“应计利息”等明细账户进行明细核算。

三、应付债券的账务处理

企业债券发行价格的高低一般取决于债券票面金额、债券票面利率、发行当时的市场利率以及债券期限等因素。债券发行有面值发行、溢价发行和折价发行三种情况。企业债券以其面值价格发行，称为面值发行；以低于债券面值价格发行，称为折价发行；以高于债券面值价格发行，则称为溢价发行。债券溢价或折价不是债券发行企业的收益或损失，而是债券发行企业在债券存续期间内对利息费用的一种调整。无论是面值发行，还是溢价发行或折价发行，均按债券面值记入“应付债券”账户的“面值”明细账户，实际收到的价款与面值的差额，记入“利息调整”明细账户。

（一）发行债券

企业按面值发行债券时，应按实际收到的金额，借记“银行存款”等账户，按债券票面金额，贷记“应付债券——面值”账户；存在差额的，应借记或贷记“应付债券——利息调整”账户。

（二）确认债券利息

发行长期债券的企业，应按期计提利息。对于按面值发行的债券，在每期采用票面利率计提利息时，应当按照与长期借款相一致的原则计入有关成本费用，借记“在建工程”“制造费用”“财务费用”“研发支出”等账户；其中，对于分期付息、到期一次还本的债券，其按票面利率计算确定的应付未付利息通过“应付利息”账户核算，对于一次还本付息的债券，其按票面利率计算确定的应付未付利息通过“应付债券——应计利息”账户核算。应付债券按实际利率（实际利率与票面利率差异较小时也可按票面利率）计算确定的利息费用，应按照与长期借款相一致的原则计入有关成本费用。

（三）到期还本付息

应付债券到期，企业支付债券本息时，借记“应付债券——面值”“应付债券——应计利息”“应付利息”等账户，贷记“银行存款”等账户。

1.按面值发行债券利息的会计处理

【做中学9-4】2016年1月1日，时达公司按面值发行3年期债券，总面值为800 000元，年利率为6%，每年年末计息，次年1月2日付息，到期还本。发行债券所筹集的资金用于购建固定资产，不足部分以自有资金解决。债券当日已发行完毕，款项已全部收入银行存款户。该项固定资产的购建以出包方式进行，当日共支付工程款900 000元，发行债券所筹集资金不足部分用自有资金支付。固定资产于2017年3月1日竣工，达到预定可使用状态，并交付使用。

（1）2016年1月1日，发行债券时：

借：银行存款　　800 000

　　贷：应付债券——面值　　800 000

（2）支付工程款时：

借：在建工程　　900 000

　　贷：银行存款　　900 000

（3）2016年年末，确认债券利息时：

借：在建工程（800 000×6%）　　48 000

　　贷：应付利息　　48 000

（4）2017年1月2日，支付债券利息时：

借：应付利息　　48 000

　　贷：银行存款　　48 000

（5）2017年3月1日，确认债券利息时：

借：在建工程（800 000×6%÷12×2）　　8 000

　　贷：应付利息　　8 000

（6）结转固定资产成本时：

固定资产成本=900 000+48 000+8 000=956 000（元）

借：固定资产　　956 000

　　贷：在建工程　　956 000

（7）2017年年末，确认债券利息时：

借：财务费用（800 000×6%÷12×10）　　40 000

　　贷：应付利息　　40 000

（8）2018年1月2日，支付债券利息时：

借：应付利息　　48 000

　　贷：银行存款　　48 000

2.溢价发行债券利息与溢价摊销的会计处理

企业溢价发行债券，各期的票面利息并不是真正的利息费用。因为企业在发行债券时，已经多收了一部分价款，这部分价款是对以后多付利息的补偿。企业应在债券的存续期内，分期摊销债券的溢价，并抵减债券的利息支出。债券的利息支出扣除溢价摊销，即为企业溢价发行债券的利息费用。

实际利率法摊销溢价，是以应付债券的期初摊余成本乘以实际利率，计算出实际利息，即利息费用，再以债券票面利息减去实际利息的差额作为债券溢价的分摊数额。

实际利息费用=期初应付债券的摊余成本×实际利率

应付利息=应付债券的面值×债券票面利率

每期利息调整摊销金额=应付利息−实际利息费用

【做中学9-5】2014年1月1日，时达公司经批准发行5年期一次还本、分期付息的公司债券，面值为60 000 000元，债券利息在每年12月31日支付，票面利率为年利率6%。假定债券发行时的市场利率为5%，债券的发行价格为62 596 200元。债券已发行完毕，款项收入银行存款户。

债券溢价=62 596 200−60 000 000=2 596 200（元）

根据上述资料，时达公司有关利息费用的计算见表9-2。

表9-2 债券溢价摊销表（实际利率法） 单位：元

日期	现金流出 (a)	实际利息费用 (b) = (d) ×5%	已偿还的本金 (c) = (a) − (b)	摊余成本余额 (d) =期初 (d) + (b) − (a)
2014年1月1日				62 596 200
2014年12月31日	3 600 000	3 129 810	470 190	62 126 010
2015年12月31日	3 600 000	3 106 300.50	493 699.50	61 632 310.50
2016年12月31日	3 600 000	3 081 615.53	518 384.47	61 113 926.03
2017年12月31日	3 600 000	3 055 696.30	544 303.70	60 569 622.33
2018年12月31日	3 600 000	3 030 377.67*	569 622.33	60 000 000
小 计	18 000 000	15 403 800	2 596 200	60 000 000
2018年12月31日	60 000 000	—	60 000 000	0
合 计	78 000 000	15 403 800	62 596 200	—

*尾数调整：60 000 000+3 600 000−60 569 622.33=3 030 377.67（元）。

（1）2014年1月1日，发行债券时：

借：银行存款 62 596 200

  贷：应付债券——面值 60 000 000

      ——利息调整 2 596 200

（2）2014年12月31日，计算利息费用时：

借：财务费用（或在建工程） 3 129 810

  应付债券——利息调整 470 190

  贷：应付利息 3 600 000

（3）2014年12月31日，支付利息时：

借：应付利息 3 600 000

  贷：银行存款 3 600 000

2015年、2016年、2017年、2018年确认利息费用的会计分录与2014年相同，金额与债券溢价摊销表（见表9-1）的对应金额一致。

（4）2018年12月31日，归还债券本金及最后一期利息费用时：

借：财务费用（或在建工程） 3 030 377.67

  应付债券——面值 60 000 000

      ——利息调整 569 622.33

  贷：银行存款 63 600 000

3.折价发行债券利息与折价摊销的会计处理

企业折价发行债券，各期的票面利息并不是全部的利息费用。因为企业在发行债券时，少收了一部分价款，这部分价款是对以后少付利息而提前给投资者的补偿。企业应在债券的存续期内，分期摊销债券的折价，债券的利息支出加上折扣摊销，即为企业折价发行债券的利息费用。与债券溢价摊销的方法相同，债券折价的摊销也采用实际利率法。

实际利率法摊销折价，是以应付债券的期初摊余成本乘以实际利率，计算出实际利息费用，再以债券实际利息减去债券票面利息的差额作为债券折价的分摊数额。

实际利息费用=期初应付债券的摊余成本×实际利率

应付利息=应付债券的面值×债券票面利率

每期利息调整摊销金额=实际利息费用−应付利息

【做中学9−6】2015年1月1日，时达公司为建造厂房发行了期限为3年、面值为500 000元的债券，票面利率为4%，按单利计算，到期一次还本付息，发行价格为483 728元。当时的市场利率为5%。债券已发行完毕，款项收入银行存款户。该厂房以出包方式进行建造，2015年1月2日，支付工程款510 000元，借款不足部分用自有资金支付。厂房于2016年1月5日竣工，达到预定可使用状态，并交付使用。

根据上述资料，时达公司有关利息费用的计算见表9−3。

表9−3　债券折价摊销表（实际利率法）　单位：元

日　期	现金流出（a）	实际利息费用 （b）=（d）×5%	已偿还的本金 （c）=（a）−（b）	摊余成本余额 （d）=期初（d）+（b）
2015年1月1日				483 728
2015年12月31日	20 000	24 186	4 186	507 914
2016年12月31日	20 000	25 396	5 396	533 310
2017年12月31日	20 000	26 690	6 690*	560 000
合　计	60 000	76 272	16 272	—

*尾数调整：最后一年采用倒挤法：实际利息费用=560 000−533 310=26 690（元），摊销的利息调整=26 690−20 000=6 690（元）。

（1）2015年1月1日，发行债券时：

借：银行存款　483 728

　　应付债券——利息调整　16 272

　　贷：应付债券——面值　500 000

（2）2015年1月2日，支付工程款时：

借：在建工程　510 000

　　贷：银行存款　510 000

（3）2015年12月31日，确认利息费用时：

借：在建工程　24 186

　　贷：应付债券——应计利息　20 000

　　　　　　　——利息调整　4 186

（4）2016年1月5日，厂房竣工达到预定可使用状态时：

借：固定资产 534 186

　贷：在建工程 534 186

（5）2016年12月31日，确认债券利息时：

借：财务费用 25 396

　贷：应付债券——应计利息 20 000

　　　　　　——利息调整 5 396

（6）2017年12月31日，确认债券利息时：

借：财务费用 26 690

　贷：应付债券——应计利息 20 000

　　　　　　——利息调整 6 690

4.应付债券到期偿还的会计处理

【做中学9-7】沿用【做中学9-6】的资料，时达公司在债券到期还本付息时，应编制如下会计分录：

借：应付债券——面值 500 000

　　　　　——应计利息 60 000

　贷：银行存款 560 000

任务实施

针对“任务布置”中的经济业务，请写出相关处理程序。

请写出相关经济业务的会计分录。

任务3 长期应付款核算

任务布置

2017年1月1日，华盛公司向湘中公司承租生产线，租赁合同内容如下：

（1）租赁期从2017年1月1日起至2021年12月31日止，共5年；

（2）每年年末支付租金800万元；

（3）合同规定的利率为10%；

（4）生产线估计使用年限6年，租赁开始日公允价值为3 100万元，期满无净残值；

（5）租赁期届满，华盛公司享有优惠购买该生产线的选择权，购买价为25万元。

承租人华盛公司的有关情况如下：

（1）生产线占资产总额的30%以上，不需安装，从2017年1月1日起投入使用并按直线法计提折旧；

（2）最低租赁付款额现值的折现率采用合同规定的利率，折现额为3 048万元，进行该项租赁谈判和签订租赁合同过程中支付可直接归属于该租赁资产的手续费、印花税、律师费等30万元；

（3）未确认融资费用的分摊采用实际利率法；

（4）租赁期届满时，行使优惠购买选择权，并支付购买价款25万元。

请会计张红做出租赁开始日的账务处理。

相关原始凭证：

（1）公司与湘中公司、租赁公司三方签订的融资租赁合同、设备购买合同、售后服务合同。

（2）湘中公司提供的设备租金发票。

（3）支付给湘中公司（租赁公司）租金的银行回单。

（4）评估部门对生产线出具的价值评估报告，以确定其公允价值。

（5）租赁期间支付的手续费、印花税、律师费等的银行回单及发票。

（6）设备管理部门对生产线验收的入库单。

（7）行使购买权时，支付价款的银行回单及购买发票。

业务产生：企业需要增加生产线，但目前资金相对紧张，无法一次性付款，通过融物的方式对生产线分期付款，以融资租赁的方式取得生产线，可适当缓解资金压力。

知识准备

一、长期应付款概述

长期应付款，是企业除长期借款和应付债券以外的其他各种长期应付款项，包括应付融资租入固定资产的租赁费、以分期付款方式购入固定资产等发生的应付款项等。

二、长期应付款核算的账户设置

为了核算企业融资租入固定资产和以分期付款方式购入固定资产时应付的款项及其偿还情况，企业应设置“长期应付款”账户。该账户属于负债类账户，具体账户结构如下：

借方　　　　　　　　　　　　长期应付款　　　　　　　　　　　　贷方

企业归还的长期应付款	企业发生的长期应付款
	企业尚未归还的各种长期应付款

请注意　企业可按长期应付款的种类和债权人进行明细核算。

三、长期应付款的账务处理

（一）应付融资租赁款

应付融资租赁款是企业融资租入固定资产而发生的应付款，是在租赁开始日承租人应向出租人支付的最低租赁付款额。

融资租入固定资产时，在租赁期开始日，按应计入固定资产成本的金额（租赁开始日租赁资产公允价值与最低租赁付款额现值两者中较低者，加上初始直接费用），借记“在建工程”“固定资产”账户，按最低租赁付款额，贷记“长期应付款”账户，按发生的初始直接费用，贷记“银行存款”等账户，按其差额，借记“未确认融资费用”账户。按期支付融资租赁费时，借记“长期应付款——应付融资租赁款”账户，贷记“银行存款”账户。

（二）具有融资性质的延期付款

企业延期付款购买固定资产，如果延期支付的购买价款超过正常信用条件，实质上具有融资性质。具体来说，企业购入资产超过正常信用条件延期付款实质上具有融资性质时，应按购买价款的现值，借记“固定资产”“在建工程”等账户，按应支付的价款总额，贷记“长期应付款”账户，按其差额，借记“未确认融资费用”账户。

企业在信用期间内采用实际利率法摊销未确认融资费用时，应按摊销额，借记“在建工程”“财务费用”等账户，贷记“未确认融资费用”账户。

任务实施

针对“任务布置”中的经济业务，相关处理程序如下：

第一步：签订租赁合同。

根据公司生产部门的需要，需投放一套生产线，通过融资租赁分期付款方式购买，与湘中公司、租赁公司签订融资租赁合同、设备购买合同、售后服务合同。

第二步：支付首付款。

公司按照设备的购买合同以及与租赁公司签订的租赁合同中的约定，支付一定比例的首付款。

第三步：租赁公司支付余款。

根据合同约定，由租赁公司支付该设备的尾款，再由承租方分期支付给租赁公司。

第四步：支付租金。

公司按租赁合同的约定，分期支付租金，并计提相应的利息。

第五步：公允价值评估。

公司的专业评估部门对租赁的生产线出具价值评估报告，以确定其公允价值。

第六步：生产线投入使用。

在生产线投入使用前，设备管理部门做好全面的检验入库工作，检验合格后投入使用。

第七步：行使购买权。

租赁期届满时，行使优惠购买选择权，并支付购买价款。

第八步：索取发票。

公司根据租赁期间发生的费用、租金、设备款索取相应发票。

请写出相关经济业务的会计分录。

案例分析

请思考

企业为什么要进行债券融资？

文化企业债券融资：不挤银行的“独木桥”

当有的文化企业把银行贷款当作缓解资金压力的“救命稻草”，拼命去挤银行的“独木桥”时；当有的文化企业把上市当作企业发展的终极目标，千方百计地去挤IPO的“独木桥”时，一些文化企业却尝试着另辟蹊径，通过债券市场来解决资金难题，特别是那些有一定资产规模和信用等级的企业，更把债券这种直接融资方式作为解决资金瓶颈的主渠道。据中国银行间市场交易商协会统计，截至2014年1月，已注册发行债券的文化企业达112家，总发行金额为2 515.5亿元。

“华侨城是国内最早发行企业债券的文化企业，从2008年开始，累计已发债458亿元，现在带息负债的资金占企业总资金的40%。”据华侨城企业管理部总监何海滨介绍，债券融资对华侨城的帮助很大，使其利润总额从19亿元增长到目前的45亿元，年均增幅达到24%。华侨城的债券发行品种多、发行量大，满足了企业发展的资金需要。

案例分析
参考答案

资料来源：中国新闻网. 文化企业债券融资：不挤银行的“独木桥”[EB/OL]. [2014-09-04]. http://finance.qq.com/a/20140904/018888.htm.

思维导图

请根据本项目内在知识点的逻辑关系，制作思维导图。

项目十

所有者权益核算

项目导读

所有者权益，是指企业资产扣除负债后所有者享有的剩余权益。它在数量上等于资产减去负债后的余额（通常被称为净资产）。所有者权益的表现形式取决于企业的组织形式。对于独资企业和合作企业来说，所有者权益可以称为业主权益和合作人权益；对股份公司而言，则通常称为股东权益。企业为了进行正常的生产经营活动，必须要拥有一定数量的资金，因此，通过各种资金来源渠道筹集资金是企业生产经营活动的首要条件。企业取得资金的渠道主要有两条：一是债务资本筹资；二是权益资本筹资。负债和所有者权益统称为权益，二者均对企业资产具有要求权，但二者之间又存在着明显的区别，其主要区别如下：

（1）性质不同。所有者权益是所有者对企业剩余资产的要求权，这种权利在债权人对企业资产的要求权之后，而债权人对企业的资产具有优先要求权。

（2）权利不同。所有者享有参与利润分配、参与企业经营管理等多项权利，债权人只享有到期收回本金和利息的权利。

（3）偿还期限不同。在企业持续经营的情况下，所有者权益一般不存在收回的问题，不存在偿还日期，而负债有明确的到期偿还日期。

（4）风险不同。所有者能够获得多少收益，视企业的经营政策和盈利水平而定，风险较大；而不论是否盈利，企业均应向债权人支付利息，风险较小。

企业所有者权益的来源包括所有者投入的资本、资产增值和经营中获得的利润。具体而言，所有者权益包括实收资本（或股本）、其他权益工具、资本公积、其他综合收益、盈余公积和未分配利润等项目。其中，盈余公积和未分配利润又统称为留存收益，反映企业历年实现的净利润留存于企业的部分。

负债与所有者权益的区别

学习目标

1. 掌握实收资本的核算；
2. 掌握资本公积的来源及核算；
3. 掌握留存收益的核算；
4. 熟悉利润分配的内容；
5. 熟悉盈余公积和未分配利润的内容。

政策依据

《企业会计准则——基本准则》
《中华人民共和国公司法（2014）》
《中华人民共和国企业法人登记管理条例施行细则（2016）》
《企业会计准则——应用指南》

项目列报

本项目在资产负债表中的列示信息见表10-1。

表10-1　　本项目在资产负债表中的列示信息

资　产	期末余额	负债和所有者权益（或股东权益）	期末余额
		流动负债：	
		⋮	
		非流动负债：	
		⋮	
		所有者权益（或股东权益）：	
		实收资本（或股本）（=“实收资本”（股本））	
		资本公积（=“资本公积”，期末为负数的，以“-”号填列）	
		库存股（=“库存股”）	
		其他综合收益（=“其他综合收益”）	
		盈余公积（=“盈余公积”）	
		未分配利润（=“利润分配——未分配利润”明细科目的期末余额。期末余额为负数的，以“-”号填列）	
		所有者权益（或股东权益）合计	
		负债和所有者权益（或股东权益）总计	

任务1 实收资本核算

任务布置

2015年1月1日，华盛公司采取发起设立的方式成立公司，由发起人东海、南科、奥华一次性认购全部普通股10 000万股，每股面值为1元，其中，东海公司认购4 000万股，南科公司认购3 000万股，奥华公司认购3 000万股。股款已足额缴至专用账户。

请会计张红做出相关账务处理。

相关原始凭证：

（1）新公司设立的章程。

（2）成立新公司的决议，确认股权认购的明细。

（3）东海、南科、奥华实际认缴的银行回单。

（4）验资报告（可有可无）。

业务产生：东海、南科、奥华公司根据自身战略发展需要发起设立华盛公司，开展新的业务，并一次性认缴所认购的股权。

知识准备

一、实收资本概述

实收资本，是指投资者按照公司章程，或者合同、协议的约定，实际投入企业的资本。对于股份公司，投入资本表现为实际发行的股票的面值总额，称为股本；对于有限责任公司，投入资本表现为投资实际出资额，称为实收资本。实收资本一般情况下无须返还给投资者，可以长期使用，它是企业持续经营最稳定的物质基础。实收资本的构成比例或股东的股份比例，是确定所有者在企业所有者权益中份额的基础，也是企业进行利润或股利分配的主要依据，同时还是企业清算时确定所有者对净资产的要求权的依据。

我国《公司法》规定，股东可以用货币出资，也可以用实物、知识产权、土地使用权等可以用货币估价并可以依法转让的非货币财产作价出资；但是，法律、行政法规规定不得作为出资的财产除外。企业应当对作为出资的非货币财产评估作价，核实财产，不得高估或者低估作价。法律、行政法规对评估作价有规定的，从其规定。全体股东的货币出资金额不得低于有限责任公司注册资本的30%。不论以何种方式出资，投资者如在投资过程中违反投资合约或者协议约定，不按规定如期缴足出资额，企业可以依法追究投资者的违约责任。

二、实收资本核算的账户设置

为了核算和监督投资者投入资本的增减变动情况，真实反映所有者投入企业资本的状况，维护所有者各方面的权益，除股份有限公司以外，其他各类企业应设置“实收资本”账户，该账户属于所有者权益类账户，具体账户结构如下：

借方　　　　实收资本	贷方
本期企业按照法定程序报经批准减少的资本数额	①企业实际收到的投资者的出资额 ②资本公积、盈余公积转增的资本额
	企业实有资本数额

请注意　该账户可按照投资者进行明细核算。

三、实收资本的账务处理

实收资本业务的账务处理内容主要包括接受现金资产投资、接受非现金资产投资、实收资本（或股本）的增减变动。

所有者权益构成图

（一）接受现金资产投资

1.股份有限公司以外的企业接受现金资产投资

股份有限公司以外的企业接受现金资产投资，借记“银行存款”账户，按投资合同或协议约定的投资者在企业注册资本中所占份额的部分，贷记“实收资本”账户，按实际收到的金额与企业投资者在企业注册资本中所占份额的差额，贷记“资本公积”账户。

所有者权益核算图

【做中学10-1】2014年1月1日，长天、中信、华成共同投资设立时达有限责任公司，注册资本为2 000 000元，长天、中信、华成的持股比例分别为60%、25%和15%。按照章程规定，长天、中信、华成分别投入资本1 200 000元、500 000元和300 000元。时达公司已如期收到各投资者一次缴足的款项。时达公司应编制如下会计分录：

借：银行存款　　2 000 000

　　贷：实收资本——长天　　1 200 000

　　　　　　　　——中信　　500 000

　　　　　　　　——华成　　300 000

2.股份有限公司接受现金资产投资

股份有限公司发行股票时既可以按面值发行，也可以溢价发行（我国目前不允许折价发行）。股份有限公司在核实的股本总额及核定的股份总额的范围内发行股票时，应在实际收到现金资产时，借记“银行存款”等账户，按每股股票面值和发行股份总额的乘积计算的金额，贷记“股本”账户，实际收到的金额与股本之间的差额，贷记“资本公积——股本溢价”账户。股份有限公司发行股票发生的手续费、佣金等交易费用，应从溢价中抵扣，冲减资本公积（股本溢价）。

【做中学10-2】海天股份有限公司发行普通股10 000 000股，每股面值为1元，每股发行价格为5元。假定股票发行成功，股款50 000 000元已全部收到，不考虑发行过程中的税费等因素。根据上述资料，海天股份有限公司应编制如下会计分录：

借：银行存款　　50 000 000

　　贷：股本　　10 000 000

　　　　资本公积——股本溢价　　40 000 000

（二）接受非现金资产投资

1.接受投入固定资产

企业接受投资者作价投入的房屋、建筑物、机器设备等固定资产，应按投资合同或协议约定价值确定固定资产价值（但投资合同或协议约定价值不公允的除外）和在注册资本中应享有的份额。

【做中学10-3】2014年1月1日，时达公司于设立时收到中山公司作为资本投入的不需要安装的机器设备一台，合同约定该机器设备的价值为2 000 000元，增值税进项税额为340 000元（由投资方支付税款，并提供或开具增值税专用发票）。经约定，时达公司接受中山公司的投入资本为2 340 000元。合同约定的固定资产价值与公允价值相符，不考虑其他因素。时达公司应编制如下会计分录：

借：固定资产	2 000 000	
应交税费——应交增值税（进项税额）	340 000	
贷：实收资本——中山公司		2 340 000

2.接受投入材料物资

企业接受投资者作价投入的材料物资，应按照投资合同或协议约定价值确定材料物资价值（但投资合同或协议约定价值不公允的除外）和在注册资本中应享有的份额。

【做中学10-4】2014年1月1日，时达公司于设立时收到华天公司作为资本投入的原材料一批，投资协议约定该批材料的价值（不含可抵扣的增值税进项税额）为100 000元，增值税进项税额为17 000元（由投资方支付税款，并提供或开具增值税专用发票）。假设合同约定的价值与公允价值相符，不考虑其他因素，原材料按实际成本进行日常核算。时达公司应编制如下会计分录：

借：原材料	100 000	
应交税费——应交增值税（进项税额）	17 000	
贷：实收资本——华天公司		117 000

3.接受投入无形资产

企业收到以无形资产方式投入的资本，应按照投资合同或协议约定价值确定无形资产价值（但投资合同或协议约定价值不公允的除外）和在注册资本中应享有的份额。

【做中学10-5】2014年1月1日，时达公司于设立时收到中原公司作为资本投入的非专利技术一项，投资合同约定该非专利技术的价值为60 000元；同时收到华美公司作为资本投入的土地使用权一项，投资合同约定的价值为80 000元。假设时达公司接受该非专利技术和土地使用权符合国家注册资本管理的有关规定，可按合同约定作为实收资本入账，合同约定的价值与公允价值相符，不考虑其他因素。时达公司应编制如下会计分录：

借：无形资产——非专利技术	60 000	
——土地使用权	80 000	
贷：实收资本——中原公司		60 000
——华美公司		80 000

（三）实收资本（或股本）的增减变动

一般情况下，企业的实收资本应相对固定不变，但在某些特定情况下，实收资本也可能发生增减变化。我国企业法人登记管理条例规定，除国家另有规定外，企业的注册资金应当与实收资本相一致，当实收资本比原注册资金增加或减少的幅度超过20%时，应持资金使用证明或者验资证明，向原登记主管机关申请变更登记。如擅自改变注册资本或抽逃资金，要受到工商管理部门的处罚。

1.实收资本（或股本）的增加

一般企业增加资本主要有三个途径：接受投资者追加投资、资本公积转增资本和盈余公积转增资本。

（请注意）由于资本公积和盈余公积均属于所有者权益，用其转增资本时，如果是独资企业，比较简单，直接结转即可；如果是股份有限公司或有限责任公司，应该按照原投资者各自出资比例相应增加各投资者的出资额。

企业按规定接受投资者追加投资时，核算原则与投资者初次投入时相同。

企业采用资本公积或盈余公积转增资本时，应按转增的资本金额确认实收资本或股本。用资本公积转增资本时，借记“资本公积——资本溢价（或股本溢价）”账户，贷记“实收资本（或股本）”账户。用盈余公积转增资本时，借记“盈余公积”账户，贷记“实收资本（或股本）”账户。用资本公积或盈余公积转增资本时，应按原投资者各自出资比例计算确定各投资者相应增加的出资额。

【做中学10-6】沿用【做中学10-1】的资料，为扩大经营规模，经批准，时达公司的注册资本扩大为5 000 000元，长天、中信、华成按照原比例分别追加投资1 800 000元、750 000元和450 000元。时达公司如期收到长天、中信、华成追加的现金投资。时达公司应编制如下会计分录：

借：银行存款	3 000 000	
贷：实收资本——长天		1 800 000
——中信		750 000
——华成		450 000

【做中学10-7】沿用【做中学10-6】的资料，因扩大经营规模需要，经批准，时达公司按原出资比例将资本公积1 000 000元转增资本。时达公司应编制如下会计分录：

借：资本公积	1 000 000	
贷：实收资本——长天		600 000
——中信		250 000
——华成		150 000

【做中学10-8】沿用【做中学10-6】的资料，因扩大经营规模需要，经批准，时达公司按原出资比例将盈余公积1 000 000元转增资本。时达公司应编制如下会计分录：

借：盈余公积	1 000 000	
贷：实收资本——长天		600 000
——中信		250 000
——华成		150 000

2.实收资本（或股本）的减少

企业减少实收资本应按法定程序报经批准，股份有限公司采用收购本公司股票方式减资的，通过“库存股”账户核算回购股份的金额。回购股票（库存股）支付的对价和交易费用，应当减少所有者权益，不得确认为金融资产。减资时，按股票面值和注销股数计算的股票面值，借记“股本”账户，按注销库存股的账面余额，贷记“库存股”账户，按其差额借记“资本公积——股本溢价”账户。股本溢价不足冲减的，应贷记“盈余公积”“利润分配——未分配利润”账户。如果回购股票支付的价款低于面值总额，应按股票面值总额，借记“股本”账户，按所注销库存股的账面余额，贷记“库存股”账户，按其差额，贷记“资本公积——股本溢价”账户。

【做中学10-9】2017年1月31日，时达公司的股本为100 000 000元（面值为1元），资本公积（股本溢价）为30 000 000元，盈余公积为40 000 000元。经股东大会批准，时达公司以现金回购本公司股票20 000 000股并注销。假定时达公司按每股2元回购股票，不考虑其他因素。时达公司应编制如下会计分录：

（1）回购本公司股票时：

借：库存股	40 000 000	
贷：银行存款		40 000 000

库存股成本=20 000 000×2=40 000 000（元）

（2）注销本公司股票时：

借：股本	20 000 000	
资本公积——股本溢价	20 000 000	
贷：库存股		40 000 000

应冲减的资本公积=20 000 000×2−20 000 000×1=20 000 000（元）

【做中学10-10】沿用【做中学10-9】的资料，假定时达公司按每股3元回购股票，其他条件不变。时达公司应编制如下会计分录：

（1）回购本公司股票时：

借：库存股	60 000 000	
贷：银行存款		60 000 000

库存股成本=20 000 000×3=60 000 000（元）

（2）注销本公司股票时：

借：股本	20 000 000	
资本公积——股本溢价	30 000 000	
盈余公积	10 000 000	
贷：库存股		60 000 000

应冲减的资本公积=20 000 000×3−20 000 000×1=40 000 000（元）

由于应冲减的资本公积大于公司现有的资本公积，所以只能冲减资本公积30 000 000元，剩余的10 000 000元应冲减盈余公积。

【做中学10-11】沿用【做中学10-9】的资料，假定时达公司按每股0.9元回购股票，其他条件不变。时达公司应编制如下会计分录：

（1）回购本公司股票时：

借：库存股	18 000 000	
贷：银行存款		18 000 000

库存股成本=20 000 000×0.9=18 000 000（元）

（2）注销本公司股票时：

借：股本　　20 000 000

　　贷：库存股　　18 000 000

　　　　资本公积——股本溢价　　2 000 000

应增加的资本公积=20 000 000×1−20 000 000×0.9=2 000 000（元）

由于折价回购，股本与库存股本的差额2 000 000元应作为增加资本公积处理。

任务实施

针对“任务布置”中的经济业务，相关处理程序如下：

第一步：成立公司的决议。

根据公司股东会决议要求，以发展战略为基础，成立华盛公司。

第二步：制定公司章程。

按《公司法》及相关法律法规，制定新公司的公司章程。

第三步：东海、南科、奥华认购股权。

根据公司股东会决议的要求，以及公司章程中所规定的认购及缴纳投资款时间，及时将资金打入华盛公司的基本账户。

请写出相关经济业务的会计分录。

任务2　资本公积及其他综合收益核算

任务布置

2017年1月1日，华盛公司增资扩股，将注册资本由10 000万元增加到12 000万元。东海、南科、奥华同意投资者方太投入4 000万元，取得华盛公司25%的股份。

请会计张红做出相关账务处理。

相关原始凭证：

（1）原股东的股东大会决议。

（2）修改后的公司章程。

（3）评估公司的评估报告。

（4）聘请会计师事务所出具的验资报告。

（5）方太公司缴存投资款的银行回单。

业务产生：企业为引进新的战略投资者，以及扩大股本，对现注册资本进行增加，在扩资过程中产生的资本溢价。

知识准备

一、资本公积

（一）资本公积概述

资本公积，是指企业收到投资者出资额超出其在注册资本（或股本）中所占份额的部分，以及其他资本公积等。资本公积包括资本溢价（或股本溢价）和其他资本公积等。

资本溢价产生的原因是投资者超额缴入资本，股本溢价则是股份公司发行股票的价格超过股票面值产生的溢价。其他资本公积是指除净损益、其他综合收益和利润分配以外所有者权益的其他变动。如企业的长期股权投资采用权益法核算时，因被投资单位除净损益、其他综合收益和利润分配以外的所有者权益的其他变动，投资企业按应享有份额而增加或减少的资本公积。

企业根据国家有关规定实行股权激励的，如果在等待期内取消了授予的权益工具，企业应在进行权益工具加速行权处理时，将剩余等待期内应确认的金额立即计入当期损益，并同时确认资本公积。企业集团（由母公司及其子公司构成）内发生的股份支付交易，如结算企业是接受服务企业的投资者，应当按照授予日权益工具的公允价值或应承担负债的公允价值确认为对接受服务企业的长期股权投资，同时确认资本公积（其他资本公积）或负债。

1.资本公积与实收资本（或股本）的区别

（1）从来源和性质看。实收资本（或股本）是指投资者按照企业章程或合同、协议的约定，实际投入企业并依法进行注册的资本，它体现了企业所有者对企业的基本产权关系。资本公积是投资者的出资额超出其在注册资本中所占份额的部分，以及直接计入所有者权益的利得和损失，它不直接表明所有者对企业的基本产权关系。

（2）从用途看。实收资本（或股本）的构成比例是确定所有者参与企业财务经营决策的基础，也是企业进行利润分配或股利分配的依据，同时还是企业清算时确定所有者对净资产的要求权的依据。资本公积的用途主要是转增资本（或股本）。资本公积不体现各所有者的占有比例，也不能作为所有者参与企业财务经营决策或进行利润分配（或股利分配）的依据。

2.资本公积与留存收益的区别

资本公积的来源不是企业实现的利润，而是资本溢价（或股本溢价）等。留存收益是企业从历年实现的利润中提取或形成的留存于企业的内部积累，来源于企业生产经营活动实现的利润。

（二）资本公积核算的账户设置

为了反映资本公积的形成和使用情况，企业应设置“资本公积”账户。该账户属于所有者权益类账户，具体账户结构如下：

借方　　资本公积	贷方
资本公积的减少数	因投资者资本溢价（或股本溢价）或其他原因而增加的资本
	企业资本公积的结余数

请注意　企业应该按资本公积的来源设置“资本溢价（或股本溢价）”“其他资本公积”两个明细账户进行明细核算。

（三）资本公积业务的账务处理

资本公积的核算包括资本溢价（或股本溢价）的核算、其他资本公积的核算和资本公积转增资本的核算等内容。

1.资本溢价（或股本溢价）

（1）资本溢价。除股份有限公司外的其他类型的企业，在企业创立时，投资者认缴的出资额与注册资本一致，一般不会产生资本溢价。但在企业重组或有新的投资者加入时，常常会出现资本溢价。因为在企业进行正常生产经营后，其资本利润率通常要高于企业初创阶段，另外，企业有内部积累，新投资者加入企业后，对这些积累也要分享，所以新加入的投资者往往要付出大于原投资者的出资额，才能取得与原投资者相同的出资比例。投资者多缴的部分就形成了资本溢价。

【做中学10-12】中天有限责任公司由两位投资者投资200 000元设立，每人各出资100 000元。一年后，为扩大经营规模，经批准，中天有限责任公司的注册资本增加到300 000元，并引入第三位投资者加入。按照投资协议，新投资者需缴入现金110 000元，同时享有该公司1/3的资本份额。中天有限责任公司已收到该现金投资。假定不考虑其他因素。中天有限责任公司应编制如下会计分录：

借：银行存款	110 000	
贷：实收资本		100 000
资本公积——资本溢价		10 000

（2）股本溢价。股份有限公司是以发行股票的方式筹集股本的，股票可按面值发行，也可溢价发行，我国目前不允许折价发行。与其他类型的企业不同，股份有限公司在成立时可能会溢价发行股票，因而在成立之初，就可能会产生股本溢价。股本溢价的数额等于股份有限公司发行股票时实际收到的款额超过股票面值总额的部分。在按面值发行股票的情况下，企业发行股票取得的收入，应全部作为股本处理；在溢价发行股票的情况下，企业发行股票取得的收入，等于股票面值部分作为股本处理，超出股票面值的溢价收入应作为股本溢价处理。

提示　发行股票相关的手续费、佣金等交易费用，如果是溢价发行股票的，应从溢价中抵扣，冲减资本公积（股本溢价）；无溢价发行股票或溢价金额不足以抵扣的，应将不足抵扣的部分冲减盈余公积和未分配利润。

【做中学10-13】时达公司首次公开发行了普通股50 000 000股，每股面值为1元，每股发行价格为4元。时达公司与证券公司约定，按发行收入的3%收取佣金，从发行收入中扣除。假定收到的股款已存入银行。时达公司应编制如下会计分录：

收到证券公司转来的发行收入=50 000 000×4×（1−3%）=194 000 000（元）

应记入“资本公积”账户的金额=溢价收入−发行佣金=50 000 000×（4−1）−50 000 000×4×3%=144 000 000（元）

借：银行存款	194 000 000	
贷：股本		50 000 000
资本公积——股本溢价		144 000 000

2.其他资本公积

其他资本公积的形成主要是除资本溢价以外的交易或事项所产生的资本公积，其他资本公积不得用于转增资本或股本。其他资本公积主要由以下交易或事项形成：

（1）以权益结算的股份支付。对于以权益结算的股份支付，应在等待期内的每个资产负债表日，按计算确定的金额一方面增加成本费用，另一方面增加资本公积（其他资本公积）；在行权日，根据行权情况，确认股本和股本溢价，同时结转等待期内确认的资本公积（其他资本公积）。

（2）采用权益法核算的长期股权投资。企业对被投资单位的长期股权投资采用权益法核算的，在持股比例不变的情况下，对因被投资单位除净损益、其他综合收益和利润分配以外的所有者权益的其他变动，应按持股比例计算其应享有或应分担被投资单位所有者权益的增减数额。在处置采用权益法核算的长期股权投资时，应将原计入资本公积（其他资本公积）的相关金额转入投资收益。

【做中学10-14】时达公司于2016年1月1日向海天公司投资8 000 000元，拥有该公司20%的股份并对该公司有重大影响，因而对海天公司的长期股权投资采用权益法核算。2016年12月31日，海天公司除净损益、其他综合收益和利润分配之外的所有者权益增加了1 000 000元。假定除此以外，海天公司的所有者权益没有变化，时达公司的持股比例没有变化，海天公司资产的账面价值与公允价值一致。不考虑其他因素，时达公司应编制如下会计分录：

借：长期股权投资——海天公司　　200 000

　　贷：资本公积——其他资本公积　　200 000

3.资本公积转增资本

资本公积（资本溢价或股本溢价）主要用于转增资本，不得用于弥补亏损。按照《公司法》的规定，法定公积金（资本公积和盈余公积）转增资本时，所留存的该项公积金不得少于转增前公司注册资本的25%。经股东大会或类似机构决议，用资本公积转增资本时，应冲减资本公积，同时按照转增资本前的实收资本（或股本）的结构比例，将转增的金额记入“实收资本”（或“股本”）账户下各所有者明细分类账户。

二、其他综合收益

（一）其他综合收益概述

其他综合收益，是指企业根据企业会计准则规定未在当期损益中确认的各项利得和损失。其包括以后会计期间不能重分类进损益的其他综合收益和以后会计期间满足规定条件时重分类进损益的其他综合收益两类。

（二）其他综合收益核算的账户设置

为了反映其他综合收益的形成和使用情况，企业应设置“其他综合收益”账户。该账户属于所有者权益类账户，具体账户结构如下：

借方　　**其他综合收益**　　贷方

借方	贷方
①可供出售金融资产公允价值变动形成的损失 ②可供出售外币非货币性项目的汇兑差额形成的损失 ③权益法下被投资单位其他综合收益变动形成的损失 ④存货或自用房地产转换为采用公允价值模式计量的投资性房地产形成的损失 ⑤金融资产的重分类形成的损失	①可供出售金融资产公允价值变动形成的利得 ②可供出售外币非货币性项目的汇兑差额形成的利得 ③权益法下被投资单位其他综合收益变动形成的利得 ④存货或自用房地产转换为采用公允价值模式计量的投资性房地产形成的利得 ⑤金融资产的重分类形成的利得
	企业其他综合收益的结余数

（三）其他综合收益业务的账务处理

1.不能重分类进损益的其他综合收益项目

（1）重新计量设定受益计划净负债或净资产导致的变动。《企业会计准则第9号——职工薪酬》规定，有设定受益计划形式离职后福利的企业应当将重新计量设定受益计划净负债或净资产导致的变动计入其他综合收益，并且在后续会计期间不允许转回损益。在原设定受益计划终止时应当在权益范围内将原计入其他综合收益的部分全部结转至未分配利润。

（2）按照权益法核算因被投资单位重新计量设定受益计划净负债或净资产变动导致的权益变动，投资企业按持股比例计算确认的该部分其他综合收益，借（或贷）记“长期股权投资——其他综合收益”账户，贷（或借）记“其他综合收益”账户。投资单位在确定应享有或应分担的被投资单位其他综合收益的份额时，该份额的性质取决于被投资单位的其他综合收益的性质，即如果被投资单位的其他综合收益属于“以后会计期间不能重分类进损益”类别，则投资方确认的份额也属于“以后会计期间不能重分类进损益”类别。

2.可以重分类进损益的其他综合收益项目

（1）可供出售金融资产公允价值变动形成的利得。资产负债表日，可供出售金融资产公允价值发生变动时，一方面调整可供出售金融资产的账面价值，同时按其公允价值变动的金额计入其他综合收益。在该可供出售金融资产发生减值或终止确认时，应将该项其他综合收益转入当期损益（投资收益）。即可供出售金融资产公允价值变动形成利得时，应借记“可供出售金融资产——公允价值变动”账户，贷记“其他综合收益”账户。若形成损失，则编制相反的会计分录。

（2）金融资产重分类。企业将持有至到期投资转换为可供出售金融资产时，并以公允价值进行后续计量，重分类日该持有至到期投资的公允价值与其账面价值的差额，计入其他综合收益。在转换日，应借记“可供出售金融资产——成本”账户（金融资产转换当日的公允价值），贷记“持有至到期投资”账户（金融资产转换当日的账面价值），贷（或借）记“其他综合收益”账户（差额）。在该可供出售金融资产发生减值或终止确认时转出，计入当期损益。

（3）采用权益法核算的长期股权投资。采用权益法核算的长期股权投资，按照被投资单位实现的其他综合收益以及持股比例计算应享有或分担的金额，在调整增加或减少长期股权投资账面价值的同时，增加或减少其他综合收益。投资企业应按享有或分担的金额，借（或贷）记“长期股权投资——其他综合收益”账户，贷（或借）记“其他综合收益”账户。当处置采用权益法核算的该项长期股权投资时，应将原计入其他综合收益的金额转入当期损益。

【做中学10-15】时达公司持有中天公司30%的股份，能够对中天公司施加重大影响。当期中天公司因持有的可供出售金融资产公允价值的变动计入其他综合收益的金额为1 200万元。除该事项外，中天公司当期实现的净损益为6 400万元。假定时达公司与中天公司适用的会计政策、会计期间相同，投资时中天公司各项可辨认资产、负债的公允价值与其账面价值亦相同。双方在当期及以前期间未发生任何内部交易。不考虑所得税影响因素。

时达公司在确认应享有被投资单位所有者权益的变动时：

借：长期股权投资——损益调整 19 200 000
——其他综合收益 3 600 000
贷：投资收益（64 000 000×30%） 19 200 000
其他综合收益（12 000 000×30%） 3 600 000

任务实施

针对“任务布置”中的经济业务，相关处理程序如下：

第一步：召开原股东大会。

召开股东大会，同意投资者方太投资，成为公司新股东，做出股东大会决议。

第二步：修改公司章程。

按方太公司投资4 000万元，取得25%的股权，修改现有公司章程。

第三步：出具评估报告。

对公司现有的资产进行评估，确认净资产，评估方太公司投入资本溢价的合理性。

第四步：出具验资报告。

对方太公司缴存的投资款，聘请会计师事务所进行验资。

第五步：变更工商登记。

按公司所在地工商局的要求，提供公司增资并增加股东的相关资料，办理变更工商登记手续。

请写出相关经济业务的会计分录。

任务3 留存收益核算

任务布置

华盛公司的股本为10 000万元，每股面值为1元。2016年年初，未分配利润为5 000万元。2016年实现净利润2 000万元，经股东会批准，分别按10%和5%的比例计提法定盈余公积和任意盈余公积，向投资者分配现金股利800万元。2017年1月15日，华盛公司以银行存款支付了全部现金股利。

请会计张红做出相关账务处理。

相关原始凭证：

（1）自制的法定盈余公积和任意盈余公积计提表。

（2）发放现金股利的股东会决议。

（3）发放股利的银行回单。

业务产生：企业根据自身的业绩情况，对每年产生的利润，按一定比例计提法定盈余公积和任意盈余公积，按股东大会决议发放现金股利。

知识准备

一、留存收益概述

留存收益，是指企业从历年实现的利润中提取或形成的留存于企业的内部积累。因此，留存收益来源于企业生产经营活动所实现的利润（或亏损）。留存收益是所有者权益的组成部分，包括盈余公积和未分配利润两类。盈余公积，是指企业按照有关规定从净利润中提取的留存利润，其性质是对企业用途的指定，保证企业留有一定的积累，限制企业过分分配，以维护债权人的利益，促进企业的经营和发展。公司制企业的盈余公积包括法定盈余公积和任意盈余公积。法定盈余公积，是指企业按照规定的比例从净利润中提取的盈余公积。任意盈余公积，是指企业按照股东会或股东大会决议提取的盈余公积。未分配利润，是指企业实现的净利润经过弥补亏损、提取盈余公积和向投资者分配利润后留存在企业的、历年结存的利润。

留存收益构成图

企业提取的盈余公积经批准可用于弥补亏损、转增资本或发放现金股利或利润等。

按照《公司法》有关规定，公司制企业应按照净利润（减弥补以前年度亏损，下同）的10%提取法定盈余公积。非公司制企业法定盈余公积的提取比例可超过净利润的10%。法定盈余公积累计额已达注册资本的50%时，可以不再提取。值得注意的是，如果以前年度未分配利润有盈余（即年初未分配利润余额为正数），在计算提取法定盈余公积的基数时，不应包括企业年初未分配利润；如果以前年度有亏损（即年初未分配利润余额为负数），应先弥补以前年度亏损再提取盈余公积。

公司制企业可根据股东大会的决议提取任意盈余公积。非公司制企业经类似权力机构批准，也可提取任意盈余公积。法定盈余公积和任意盈余公积的区别在于其各自计提的根据不同，前者以国家的法律法规为依据，后者由企业的权力机构自行决定。

请注意 盈余公积不论是弥补亏损，还是转增资本，均属于所有者权益内部组成成分的转换，不会导致所有者权益总额的变动。

二、盈余公积核算

（一）盈余公积核算的账户设置

为了反映盈余公积的形成及使用情况，企业应设置“盈余公积”账户。该账户属于所有者权益类账户，具体账户结构如下：

借方　　**盈余公积**　　贷方

按规定用途使用的盈余公积数额	按一定标准提取的盈余公积数额
	企业盈余公积的结余数额

请注意 该账户可设置“法定盈余公积”和“任意盈余公积”明细账户进行明细核算。

（二）盈余公积业务的账务处理

1.提取盈余公积

企业按照规定提取盈余公积时，应通过“利润分配”和“盈余公积”等账户核算。

【做中学10-16】2016年12月30日，时达公司实现净利润5 000 000元，年初未分配利润为0。经股东大会批准，时达公司按净利润的10%提取法定盈余公积。假定不考虑其他因素。时达公司应编制如下会计分录：

借：利润分配——提取法定盈余公积 500 000

　　贷：盈余公积——法定盈余公积 500 000

2.盈余公积补亏

【做中学10-17】经股东大会批准，中天公司用以前年度提取的盈余公积弥补当年亏损，当年弥补亏损的数额为600 000元。假定不考虑其他因素。中天公司应编制如下会计分录：

借：盈余公积 600 000

　　贷：利润分配——盈余公积补亏 600 000

提示 根据税法、公司法等有关规定，企业弥补亏损的方法有三种：一是企业可用发生亏损后连续5年内实现的税前利润递延弥补；二是当企业发生的亏损在连续5年内仍不足弥补的，需用以后年度的税后利润来弥补；三是经投资者审议后用盈余公积弥补亏损。

3.盈余公积转增资本

【做中学10-18】因扩大经营规模需要，经股东大会批准，天美股份有限公司将盈余公积400 000元转增股本。假定不考虑其他因素。天美股份有限公司应编制如下会计分录：

借：盈余公积 400 000

　　贷：股本 400 000

4.用盈余公积发放现金股利或利润

【做中学10-19】2016年12月31日，时达公司的股本为50 000 000元（每股面值为1元），可供投资者分配的利润为5 000 000元，盈余公积为20 000 000元。2017年3月20日，股东大会批准了2016年度的利润分配方案，按每10股2元发放现金股利。时达公司共需要分派10 000 000元现金股利，其中动用可供投资者分配的利润5 000 000元、盈余公积5 000 000元。假定不考虑其他因素。时达公司应编制如下会计分录：

（1）宣告发放现金股利时：

借：利润分配——应付现金股利 5 000 000

　　盈余公积 5 000 000

　　贷：应付股利 10 000 000

（2）支付股利时：

借：应付股利 10 000 000

　　贷：银行存款 10 000 000

三、利润分配核算

（一）利润分配核算概述

利润分配，是指企业根据国家有关规定和企业章程、投资者协议等，对企业当年可供分配的利润所进行的分配。

可供分配的利润 = 当年实现的净利润（或净亏损）+ 年初未分配利润（或 - 年初未弥补亏损）+ 其他转入

根据《公司法》等有关规定，利润分配的顺序依次是：

1.弥补以前年度亏损

公司的法定公积金不足以弥补以前年度亏损的，在依照规定提取法定公积金之前，应当先用当年利润弥补亏损。

利润分配程序图

2.提取法定盈余公积

按照《公司法》有关规定，公司制企业应按照净利润（减弥补以前年度亏损，下同）的10%提取法定盈余公积，非公司制企业法定盈余公积的提取比例可超过净利润的10%。

3.提取任意盈余公积

公司制企业可根据股东大会的决议提取任意盈余公积。非公司制企业经类似权力机构批准，也可提取任意盈余公积。

4.向投资者分配利润或支付股利

公司弥补亏损和提取盈余公积后所余税后利润，有限责任公司股东按照实缴的出资比例分取红利，股份有限公司按照股东持有的股份比例分配，但股份有限公司章程规定不按持股比例分配的除外。

（二）利润分配核算的账户设置

为了反映核算和监督企业利润的分配（或亏损的弥补）和年终结转等业务，企业应设置“利润分配”账户。该账户属于所有者权益类账户，是“本年利润”账户的调整账户，具体账户结构如下：

利润分配

借方	贷方
①年终从“本年利润”账户转入的本年净亏损 ②提取法定盈余公积 ③提取任意盈余公积 ④向投资者分配利润等	①年终从“本年利润”账户转入的本年净利润 ②用盈余公积补亏的数额 ③年终从“提取法定盈余公积”“提取任意盈余公积”“应付现金股利或利润”等所属明细账户转入的余额
企业累积未弥补的亏损数额	企业累积未分配的利润数额

请注意　**该账户可设置“提取法定盈余公积”“提取任意盈余公积”“应付现金股利或利润”“盈余公积补亏”“未分配利润”等明细账户进行明细核算。**

（三）利润分配业务的账务处理

1.未分配利润

未分配利润，是指企业实现的净利润经过弥补亏损、提取盈余公积和向投资者分配利润后留存在企业的、历年结存的利润。从数量上看，未分配利润等于期初未分配利润，加上本年实现的净利润，减去提取盈余公积和利润分配以后的余额。这一数额即为“利润分配——未分配利润”账户的贷方余额，如果该账户年末为借方余额，则反映历年未弥补的亏损。年度终了，企业应将全年实现的净利润或发生的净亏损，自“本年利润”账户转入“利润分配——未分配利润”账户，并将“利润

利润分配的核算程序图

分配”账户所属其他明细账户的余额，转入“未分配利润”明细账户。结转后，“利润分配——未分配利润”账户如为贷方余额，表示累积未分配的利润数额；如为借方余额，则表示累积未弥补的亏损数额。

未分配利润与盈余公积不同，它没有指定特定用途，既可以用于扩大企业生产经营，也可以用于弥补亏损，还可以参与下年度的利润分配。相对于所有者权益的其他部分来说，企业对于未分配利润的使用有较大的自主权。

【做中学10-20】时达公司年初未分配利润为0，本年实现净利润2 000 000元，本年提取法定盈余公积200 000元，宣告发放现金股利800 000元，假定不考虑其他因素。时达公司应编制如下会计分录：

（1）结转净利润时：

借：本年利润　2 000 000

　贷：利润分配——未分配利润　2 000 000

如企业当年发生亏损，则应借记“利润分配——未分配利润”账户，贷记“本年利润”账户。

（2）提取法定盈余公积、宣告发放现金股利时：

借：利润分配——提取法定盈余公积　200 000

　　　　　——应付现金股利　800 000

　贷：盈余公积　200 000

　　　应付股利　800 000

（3）将“利润分配”账户所属其他明细账户的余额结转至“未分配利润”明细账户时：

借：利润分配——未分配利润　1 000 000

　贷：利润分配——提取法定盈余公积　200 000

　　　　　　——应付现金股利　800 000

结转后，如果“未分配利润”明细账户的余额在贷方，表示累积未分配的利润；如果余额在借方，则表示累积未弥补的亏损。在本例中，“利润分配——未分配利润”明细账户的余额在贷方，为1 000 000元（本年利润2 000 000-提取法定盈余公积200 000-应付现金股利800 000），即为时达公司本年年末的累积未分配利润。

2.弥补亏损

企业发生亏损时，应由企业自行弥补。弥补亏损的渠道主要有以下三条：

（1）用以后年度税前利润弥补。按照现行税收制度规定，企业发生亏损时，可以用以后年度实现的税前利润弥补，但税前利润弥补亏损的期间为连续5年。

（2）用以后年度税后利润弥补。企业发生的亏损经过5年未足额弥补，尚未弥补的亏损应用所得税后的利润弥补。

（3）以盈余公积弥补。企业以提取的盈余公积弥补亏损时，应当由公司董事会提议，并经股东大会批准。

企业以当年实现的利润弥补以前年度亏损时，不需要进行专门的会计处理。因为，企业在年末结账时，将实现的利润结转至“利润分配——未分配利润”账户的贷方，结转后自然抵减了借方的未弥补亏损。税前利润与税后利润弥补亏损的会计处理相同，两者的区别只是所计算的应交所得税不同。税法规定允许税前利润补亏的，亏损可以作为应税所得的调整数；而以税后利润补亏的，不能调整应税所得。

任务实施

针对“任务布置”中的经济业务，相关处理程序如下：

第一步：召开股东会。

召开股东会，按公司经营情况对法定盈余公积和任意盈余公积进行计提，并决定向投资者分配现金股利。

第二步：计提盈余公积。

按股东会决议计提法定盈余公积和任意盈余公积。

第三步：计提应付股利。

按股东会决议计提应发放的800万元现金股利。

第四步：发放现金股利。

按股东会决议的发放日期，向投资者发放现金股利。

请写出相关经济业务的会计分录。

案例分析

请思考

上市发行股票是企业筹集资金的唯一渠道吗？不同的渠道有哪些不同？

阿里为何在美国上市？

据媒体报道，阿里在美国上市，最多融资243亿美元，相当于1 300亿元人民币。如此优秀的公司，为什么不选择在A股上市？同样的还有百度、腾讯，好公司的股票总是不让A股投资者买。专栏媒体人士认为，一方面，阿里融资规模巨大，在A股当前的政策下除了央企巨头，民营企业想融到如此巨大的金额难度非常高；另一方面，A股目前仍是审核制，阿里这样的巨头想上市，IPO排队等个几年不说，还得让着有背景的国企，真正上市不知要等到何时。

现在国内互联网有三大巨头，分别是百度、阿里和腾讯，被业内人士合称为BAT，其他中小互联网公司，要么被这些巨头收购，要么和巨头合作，可以想象，这三大巨头是多么强大。它们还有一个共同的特点，都不在A股市场上市。众所周知，由于A股市场散户投资者众多，科技网络股平均市盈率高于国际主要股市，故发行价理应高于其他股市，同时这三大巨头的财务

案例分析
参考答案

报表根本不需要造假就能超过A股市场的发行要求，故其完全符合A股IPO的标准。于是可以推断，它们不在A股上市，是出于主观原因。

资料来源：佚名. 阿里为何在美国上市？[EB/OL]. [2014-09-16]. http://biz.zjol.com.cn/system/2014/09/16/020258470.shtml.

思维导图

请根据本项目内在知识点的逻辑关系，制作思维导图。

项目十一

收入核算

项目导读

在市场经济条件下，收入作为影响利润指标的重要因素，越来越受到企业和投资者等会计信息使用者的重视。作为企业利润的主要来源，收入的确认与计量直接关系到财务报表中利润信息的准确性。

收入，是指企业在日常活动中形成的、会导致所有者权益增加的、与所有者投入资本无关的经济利益的总流入。收入按企业从事日常活动的性质不同，分为销售商品收入、提供劳务收入和让渡资产使用权收入。收入按企业经营业务的主次不同，分为主营业务收入和其他业务收入。主营业务收入，是指企业为完成其经营目标所从事的经常性活动所实现的收入。如工业企业生产并销售产品、商业企业销售商品、咨询公司提供咨询服务、软件公司为客户开发软件、安装公司提供安装服务、商业银行对外贷款等实现的收入。其他业务收入，是指企业为完成其经营目标所从事与经常性活动相关的活动实现的收入。如工业企业对外出售不需用的原材料、对外转让无形资产使用权等所形成的经济利益的总流入，也构成企业的收入。

企业发生的既不属于经常性活动也不属于与经常性活动相关的其他活动，如工业企业处置固定资产、无形资产等形成的经济利益的注入不属于收入，应当作为利得确认为营业外收入。

收入可以按交易性质和在经营业务中的主次进行分类，具体如图 11-1所示。

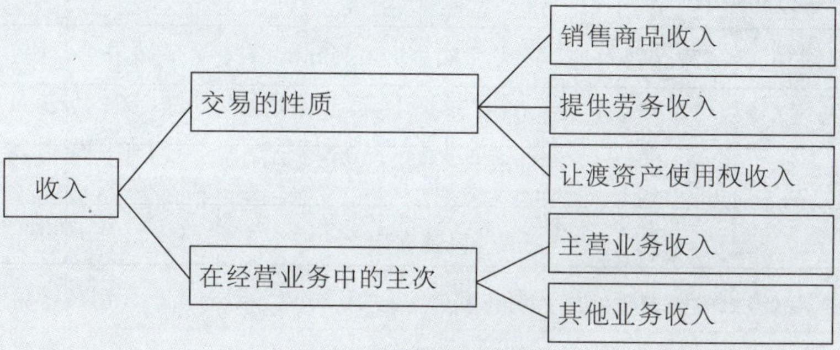

图 11-1　收入的分类

学习目标

1.掌握销售商品收入金额的确定；
2.掌握销售商品收入的账务处理；
3.掌握完工百分比法确认提供劳务收入的账务处理；
4.掌握让渡资产使用权的使用费收入的账务处理；
5.熟悉销售商品收入的确认条件；
6.熟悉劳务开始并完成于同一会计期间、劳务的开始和完成分属不同会计期间等情况下提供劳务收入的确认原则；
7.熟悉让渡资产使用权的使用费收入的确认和计量原则。

政策依据

《企业会计准则——基本准则》
《企业会计准则第14号——收入》
《企业会计准则——应用指南》
《企业内部控制应用指引第9号——销售业务》

项目列报

本项目在利润表中的列示信息见表11-1。

表11-1 本项目在利润表中的列示信息

项 目	本期金额	上期金额
一、营业收入（=“主营业务收入”和“其他业务收入”的发生额分析填列）		
减：营业成本（=“主营业务成本”和“其他业务成本”的发生额分析填列）		
税金及附加（=“税金及附加”的发生额分析填列）		
⋮		
二、营业利润		
⋮		

任务1　销售商品收入核算

任务布置

2017年1月21日，华盛公司销售给上海机械公司1 500吨线材，开出的增值税专用发票上注明的销售价格为540万元，增值税为91.8万元，款项尚未收到；该批产品的成本为350万元，华盛公司已将线材发出，纳税义务已发生。

请会计张红做出相关账务处理。

相关原始凭证：

（1）公司与上海机械公司签订的销售合同。

（2）经销售部门确认后仓库开具的发货单。

（3）给上海机械公司开具的增值税专用发票两联。

业务产生：将公司所生产的产品线材1 500吨销售给上海机械公司，形成一笔销售业务，财务部门按合同条款收款，并结转成本。

知识准备

一、销售商品收入概述

销售商品收入，是指企业通过销售商品实现的收入，如工业企业制造并销售产品、商业企业销售商品等实现的收入。

销售商品收入同时满足下列条件的，才能予以确认：

（一）企业已将商品所有权上的主要风险和报酬转移给购货方

企业已将商品所有权上的主要风险和报酬转移给购货方，是指与商品所有权有关的主要风险和报酬同时转移。与商品所有权有关的风险，是指商品可能发生减值或损毁等形成的损失；与商品所有权有关的报酬，是指商品增值或通过使用商品等形成的经济利益。企业已将商品所有权上的主要风险和报酬转移给购货方，构成确认销售商品收入的重要条件。

（二）企业没有保留商品的继续管理权和有效控制权

在通常情况下，企业售出商品后不再保留与商品所有权相联系的继续管理权，也不再对售出商品实施有效控制，商品所有权上的主要风险和报酬已经转移给购货方，通常应在发出商品时确认收入。如果企业在商品销售后保留了与商品所有权相联系的继续管理权，或能够继续对其实施有效控制，说明商品所有权上的主要风险和报酬没有转移，销售交易不能成立，不能确认收入。

（三）相关的经济利益很可能流入

企业在销售商品的交易中，与交易相关的经济利益主要表现为销售商品的价款。相关的经济利益很可能流入企业，是指销售商品价款收回的可能性大于不能收回的可能性，即销售商品价款收回的可能性超过50%。企业在销售商品时，如估计销售价款不是很可能收回，即使收入确认的其他条件均已满足，也不应当确认收入。

（四）收入的金额能够可靠地计量

收入的金额能够可靠地计量，是指收入的金额能够合理地估计。收入金额能否合理地估计是确认收入的基本前提，如果收入的金额不能够合理估计，就无法确认收入。企业在销售商品时，商品销售价格通常已经确定。但是，由于销售商品过程中某些不确定因素的影响，也有可能存在商品销售价格发生变动的情况。在这种情况下，新的商品销售价格未确定前通常不应确认销售商品收入。

（五）相关的已发生或将发生的成本能够可靠地计量

根据收入和费用配比原则，与同一项销售有关的收入和费用应在同一会计期间予以确认，即企业应在确认收入的同时或同一会计期间结转相关的成本。相关的已发生或将发生的成本能够可靠地计量，是指与销售商品有关的已发生或将发生的成本能够合理地估计。通常情况下，销售商品相关的已发生或将发生的成本能够合理地估计，如库存商品的成本、商品运输费用等。如果库存商品是本企业生产的，其生产成本能够可靠计量；如果是外购的，购买成本能够可靠计量。有时，销售商品相关的已发生或将发生的成本不能够合理地估计，此时企业不应确认收入，若已收到价款，应将已收到的价款确认为负债。

提示 收入确认的时间：

（1）采用预收货款方式销售商品的，在发出商品时确认收入。

（2）采用托收承付方式销售商品的，在发出商品且办妥托收手续时确认收入。

（3）采用交款提货方式销售商品的，在开出发票账单收到货款时确认收入。

（4）采用支付手续费委托代销方式销售商品的，在收到受托方开出的代销清单时确认收入。

二、销售商品收入核算的账户设置

企业销售商品满足收入确认条件时，应当按照从购货方已收或应收合同或协议价款的公允价值确定销售商品收入金额。企业在确定商品销售收入时，不考虑各种预计可能发生的现金折扣、销售折让。现金折扣在实际发生时计入当期财务费用，销售折让在实际发生时冲减当期销售收入。

为了核算销售商品、提供劳务等主营业务收入的增减变动情况，企业应当设置“主营业务收入”账户。该账户属于损益类账户，具体账户结构如下：

借方	主营业务收入 贷方
销货退回、销售折让对销售收入的冲减额	①已实现的商品销售收入 ②提供劳务实现的收入

请注意 期末，应将该账户的余额结转至“本年利润”账户的贷方，结转后该账户应无余额。该账户可按照主营业务的种类进行明细核算。

为了核算企业在销售商品、提供劳务及让渡资产使用权等日常活动中发生的实际成本，企业应当设置“主营业务成本”账户。该账户属于损益类账户，具体账户结构如下：

借方	主营业务成本 贷方
售出商品或劳务的成本	销售退回的商品或劳务的成本

请注意 期末，应将该账户的余额结转至“本年利润”账户的借方，结转后该账户应无余额。该账户可按照主营业务的种类进行明细核算。

为了核算企业日常活动中应负担的税金及附加，包括企业经营活动中发生的消费税、城市维护建设税、资源税和教育费附加等相关税费，企业应当设置“税金及附加”账户。该账户属于损益类账户，具体账户结构参见项目八。

请注意 期末，应将“税金及附加”账户的余额结转至“本年利润”账户的借方，结转后该账户应无余额。

三、销售商品收入业务的账务处理

销售商品收入的会计处理主要涉及一般销售商品业务、已经发出商品但不符合收入确认条件的销售业务、销售折让、销售退回、采用预收款方式销售商品、采用支付手续费方式委托代销商品等情况。

（一）一般销售商品收入业务

企业销售商品在符合收入确认的条件时，按照已收或应收合同或协议价款的公允价值确定销售商品收入的金额，并结转对应的销售成本。确认本期实现的商品销售收入时，应按实际收到或应收的价款，借记“银行存款”“应收账款”“应收票据”等账户，按实现的销售收入，贷记“主营业务收入”账户，按专用发票上注明的增值税税额，贷记“应交税费——应交增值税（销项税额）”账户。同时，借记“主营业务成本”“存货跌价准备”（销售存货所对应的跌价准备）账户，贷记“库存商品”账户。

【做中学11-1】2017年1月11日，时达公司采用托收承付结算方式销售一批商品，开出的增值税专用发票上注明的售价为50 000元，增值税税额为8 500元。商品已经发出，并已向银行办妥托收手续。该批商品的成本为12 000元。时达公司应编制如下会计分录：

	借方	贷方
（1）借：应收账款	58 500	
贷：主营业务收入		50 000
应交税费——应交增值税（销项税额）		8 500
（2）借：主营业务成本	12 000	
贷：库存商品		12 000

（二）商业折扣、现金折扣和销售折让业务

企业销售商品收入的金额通常按照从购货方已收或应收的合同或协议价款确定。在确定销售商品收入的金额时，应注意区分商业折扣、现金折扣和销售折让及其不同的账务处理方法。

1.商业折扣

商业折扣，是指企业为促进商品销售而给予的价格扣除。例如，企业为鼓励客户多买商品可能规定，购买10件以上商品给予客户9折的折扣（或10%off），或客户每买10件送

1件。此外，企业为了尽快出售一些残次、陈旧、冷清的商品，也可能降价（即打折）销售。

商业折扣在销售时即已发生，并不构成最终成交价格的一部分。企业销售商品涉及商业折扣的，应当按照扣除商业折扣后的金额确定销售商品收入金额。

2.现金折扣

现金折扣，是指债权人为鼓励债务人在规定的期限内付款而向债务人提供的债务扣除。现金折扣一般用符号“折扣率/付款期限”表示，例如，“2/10，1/20，N/30”表示：销货方允许客户最长的付款期限为30天，如果客户在10天内付款，销货方可按商品售价给予客户2%的折扣；如果客户在10天至20天内付款，销货方可按商品售价给予客户1%的折扣；如果客户在21天至30天内付款，将不能享受现金折扣。

现金折扣发生在企业销售商品之后，企业销售商品后现金折扣是否发生以及发生多少要视买方的付款情况而定，企业在确认销售商品收入时不能确定现金折扣金额。因此，企业销售商品涉及现金折扣的，应当按照扣除现金折扣前的金额确定销售商品收入金额。现金折扣实际上是企业为了尽快回笼资金而发生的理财费用，应在实际发生时计入当期财务费用。

在计算现金折扣时，还应注意销售方式是按不包含增值税的价款提供现金折扣，还是按包含增值税的价款提供现金折扣。两种情况下购买方享有的折扣金额不同。如：销售价格为1 000元的商品，增值税税额为170元，如不包含增值税，按1%折扣率计算，则购买方享有的现金折扣金额为10元；如果购销双方约定计算现金折扣时一并考虑增值税，则购买方享有的现金折扣金额为11.7元。

【做中学11-2】2017年1月10日，时达公司赊销一批商品，单位成本为10元，共20 000件。由于是大批量销售，所以给予客户10%的商业折扣。公司适用的增值税税率为17%。时达公司应编制如下会计分录：

（1）实现收入时：

借：应收账款	210 600	
贷：主营业务收入		180 000
应交税费——应交增值税（销项税额）		30 600

（2）收到款项时：

借：银行存款	210 600	
贷：应收账款		210 600

【做中学11-3】2017年1月8日，时达公司赊销一批商品，单位成本为10元，共20 000件。由于是大批量销售，所以给予客户10%的商业折扣。同时，增加优惠条件“2/10，1/20，N/30”。确认收入时，时达公司应编制如下会计分录：

借：应收账款	210 600	
贷：主营业务收入		180 000
应交税费——应交增值税（销项税额）		30 600

【做中学11-4】沿用【做中学11-3】的资料，2017年1月10日，时达公司收到客户回款时（假定现金折扣不考虑增值税），应编制如下会计分录：

借：银行存款	207 000	

借：财务费用　　3 600

　　贷：应收账款　　210 600

【做中学11-5】沿用【做中学11-3】的资料，2017年1月20日，时达公司收到客户回款时（假定现金折扣不考虑增值税），应编制如下会计分录：

借：银行存款　　208 800

　　财务费用　　1 800

　　贷：应收账款　　210 600

【做中学11-6】沿用【做中学11-3】的资料，2017年1月30日，时达公司收到客户回款时（假定现金折扣不考虑增值税），应编制如下会计分录：

借：银行存款　　210 600

　　贷：应收账款　　210 600

3.销售折让

销售折让，是指企业因售出商品质量不符合要求等原因而在售价上给予的减让。企业将商品销售给买方后，如买方发现商品在质量、规格等方面不符合要求，可能要求卖方在价格上给予一定的减让。

现金折扣、商业折扣比较图

销售折让如发生在确认销售收入之前，则应在确认销售收入时直接按扣除销售折让后的金额确认；已确认销售收入的售出商品发生销售折让，且不属于资产负债表日后事项的，应在发生时冲减当期销售商品收入，如按规定允许扣减增值税税额的，还应冲减已确认的应交增值税销项税额。

【做中学11-7】2017年1月12日，时达公司赊销一批商品给A客户，开出的增值税专用发票上注明的价款为50 000元，增值税税额为8 500元，该批商品的成本为12 000元。时达公司应编制如下会计分录：

（1）销售实现时：

借：应收账款　　58 500

　　贷：主营业务收入　　50 000

　　　　应交税费——应交增值税（销项税额）　　8 500

借：主营业务成本　　12 000

　　贷：库存商品　　12 000

客户收到货物后，发现部分商品质量不符合合同要求，但尚可使用，故提出10%的折让要求，时达公司经调查后确认情况属实，同意给予相应折让，开出红字增值税专用发票。

（2）发生销售折让时：

借：主营业务收入　　5 000

　　贷：应收账款　　5 850

　　　　应交税费——应交增值税（销项税额）　　850

（3）实际收到款项时：

借：银行存款　　52 650

　　贷：应收账款　　52 650

【做中学11-8】沿用【做中学11-7】的资料，假定发生销售折让前，因该项销售在货款收回上存在不确定性，时达公司未确认该批商品的销售收入，纳税义务也未发生；发生销售折让后2个月，A客户承诺近期付款。时达公司应编制如下会计分录：

(1) 发出商品时：

借：发生商品 12 000

贷：库存商品 12 000

(2) A客户承诺付款，时达公司确认销售收入时：

借：应收账款 52 650

贷：主营业务收入 45 000

应交税费——应交增值税（销项税额） 7 650

借：主营业务成本 12 000

贷：发生商品 12 000

(3) 实际收到款项时：

借：银行存款 52 650

贷：应收账款 52 650

（三）销售退回业务

企业销售商品除了可能发生销售折让外，还有可能发生销售退回。企业售出商品发生的销售退回，应分别不同情况进行会计处理：一是尚未确认销售收入的售出商品发生销售退回，应当冲减“发出商品”账户，同时，增加“库存商品”账户。二是已确认销售收入的售出商品发生销售退回的，除属于资产负债表日后事项外，一般应在发生时冲减当期销售商品收入，同时冲减当期销售商品成本。借记“主营业务收入”账户，按允许扣减当期销项税额的增值税税额，借记“应交税费——应交增值税（销项税额）”账户，按已付或应付的金额，贷记“应收账款”“银行存款”“应付账款”等账户；按退回商品的成本，借记“库存商品”账户，贷记“主营业务成本”账户。如果该项销售已发生现金折扣，应同时调整相关财务费用的金额。

【做中学11-9】2017年2月5日，时达公司收到乙公司因质量问题而退回的商品10件。每件商品的成本为210元。该批商品系时达公司于2017年1月10日出售给乙公司，每件售价为300元，货款尚未收到，时达公司尚未确认销售商品收入。因乙公司提出的退货要求符合销售合同约定，时达公司同意退货，并按规定向乙公司开具了增值税专用发票（红字）。验收退货入库时，时达公司应编制如下会计分录：

(1) 发出商品时：

借：发出商品 2 100

贷：库存商品 2 100

借：应收账款 510

贷：应交税费——应交增值税（销项税额） 510

(2) 发生销售退回（未确认收入的售出商品），增值税发票抵扣联也退回。

借：库存商品 2 100

贷：发出商品 2 100

借：应交税费——应交增值税（销项税额） 510

贷：应收账款 510

【做中学11-10】时达公司在2017年3月1日向乙公司销售一批商品，开出的增值税专用发票上注明的售价为5 000元，增值税税额为850元。该批商品的成本为2 600元。为及早收回货款，时达公司和乙公司约定的现金折扣条件为“2/10，1/20，N/30”。乙公司在2017年3月10日支付货款。2017年7月5日，该批商品因质量问题被乙公司退回，时达公司当日支付有关退货款。假定在计算现金折扣时不考虑增值税。时达公司应编制如下会计分录：

（1）2017年3月1日，销售实现时：

借：应收账款	5 850	
贷：主营业务收入		5 000
应交税费——应交增值税（销项税额）		850
借：主营业务成本	2 600	
贷：库存商品		2 600

（2）2017年3月10日，收到货款时：

借：银行存款	5 750	
财务费用（5 000×2%）	100	
贷：应收账款		5 850

（3）2017年7月5日，发生销售退回时：

借：主营业务收入	5 000	
应交税费——应交增值税（销项税额）	850	
贷：银行存款		5 750
财务费用		100
借：库存商品	2 600	
贷：主营业务成本		2 600

（四）采用预收款方式销售商品业务

在预收款销售方式下，销售方直到收到最后一笔款项才将商品交付购货方，表明商品所有权上的主要风险和报酬只有在收到最后一笔款项时才转移给购货方，销售方通常应在发出商品时确认收入，在此之前预收的货款应确认为预收账款。企业向供货单位预收款项时，借记“银行存款”账户，贷记“预收账款”账户；销售实现时，按实现的收入和应交的增值税销项税额，借记“预收账款”账户，按实现的营业收入，贷记“主营业务收入”账户，按增值税专用发票上注明的增值税税额，贷记“应交税费——应交增值税（销项税额）”账户；企业收到购货单位补付的款项时，借记“银行存款”账户，贷记“预收账款”账户；购货单位退回其多付的款项时，借记“预收账款”账户，贷记“银行存款”账户。

【做中学11-11】2017年1月17日，时达公司与乙公司签订协议，采用预收款方式向乙公司销售一批商品。该批商品的实际成本为600 000元。协议约定，该批商品销售价格为800 000元，增值税税额为136 000元；乙公司应在协议签订时预付60%的货款（按销售价格计算），剩余款项于2个月后支付。时达公司应编制如下会计分录：

（1）收到60%的货款时：

借：银行存款	480 000

贷：预收账款　480 000

（2）收到剩余货款及增值税税款并交付商品时：

借：预收账款　480 000

　　银行存款　456 000

　贷：主营业务收入　800 000

　　　应交税费——应交增值税（销项税额）　136 000

借：主营业务成本　600 000

　贷：库存商品　600 000

（五）委托代销商品业务

委托代销商品会计处理表

在支付手续费委托代销方式下，委托方在发出商品时，商品所有权上的主要风险和报酬并未转移给受托方，委托方在发出商品时通常不应确认销售商品收入，而应在收到受托方开出的代销清单时确认，同时将应支付的代销手续费计入销售费用；受托方应在代销商品销售后，按合同或协议约定的方式计算确定代销手续费，确认劳务收入。

受托方可通过“受托代销商品”、“受托代销商品款”或“应付账款”等账户，对受托代销商品进行核算。确认代销手续费收入时，借记“受托代销商品款”账户，贷记“其他业务收入”等账户。

【做中学11-12】2017年1月19日，时达公司委托丙公司销售商品200件，商品已经发出，每件成本为60元。合同约定丙公司应按每件80元对外销售，时达公司按售价的5%向丙公司支付手续费。2017年1月21日，丙公司对外实际销售100件，开出的增值税专用发票上注明的销售价款为8 000元，增值税税额为1 360元，款项已收到。时达公司收到丙公司开具的代销清单时，向丙公司开具一张相同金额的增值税专用发票。假定时达公司发出商品时纳税义务尚未发生；时达公司采用实际成本核算，丙公司采用进价核算代销商品。时达公司应编制如下会计分录：

（1）发出商品时：

借：委托代销商品　12 000

　贷：库存商品　12 000

（2）收到代销清单时：

借：应收账款　9 360

　贷：主营业务收入　8 000

　　　应交税费——应交增值税（销项税额）　1 360

借：主营业务成本　6 000

　贷：委托代销商品　6 000

借：销售费用　400

　贷：应收账款　400

代销手续费金额=8 000×5%=400（元）

（3）收到丙公司支付的货款时：

借：银行存款　8 960

　贷：应收账款　8 960

丙公司应编制如下会计分录：

(1) 收到商品时：

借：受托代销商品　16 000

　　贷：受托代销商品款　16 000

(2) 对外销售时：

借：银行存款　9 360

　　贷：应付账款　8 000

　　　　应交税费——应交增值税（销项税额）　1 360

(3) 收到增值税专用发票时：

借：应交税费——应交增值税（进项税额）　1 360

　　贷：应付账款　1 360

借：受托代销商品款　8 000

　　贷：受托代销商品　8 000

(4) 支付货款并计算代销手续费时：

借：应付账款　9 360

　　贷：银行存款　8 960

　　　　其他业务收入　400

（六）销售材料等存货业务

企业在日常活动中还可能发生对外销售不需用的原材料、随同商品对外销售单独计价的包装物等业务。企业销售原材料、包装物等存货也视同商品销售，其收入确认和计量原则比照商品销售处理。企业销售原材料、包装物等存货实现的收入以及结转的相关成本，通过“其他业务收入”“其他业务成本”账户核算。

为了核算企业除主营业务活动以外的其他经营活动实现的收入，包括销售材料、出租包装物和商品、出租固定资产、出租无形资产等实现的收入，企业应当设置“其他业务收入”账户。该账户属于损益类账户，具体账户结构如下：

借方　**其他业务收入**　贷方

借方	贷方
期末转入“本年利润”账户的其他业务收入	企业实现的各项其他业务收入

请注意　该账户可按照其他业务种类进行明细核算。

为了核算企业除主营业务活动以外的其他经营活动所产生的成本，包括销售材料的成本、出租固定资产的折旧额、出租无形资产的摊销额、出租包装物的成本或摊销额，企业应当设置“其他业务成本”账户。该账户属于损益类账户，具体账户结构如下：

借方　**其他业务成本**　贷方

借方	贷方
企业结转或发生的其他业务成本	期末转入“本年利润”账户的其他业务成本

请注意　该账户可按照其他业务种类进行明细核算。

【做中学 11-13】时达公司销售原材料一批，开出的增值税专用发票上注明的售价为

10 000元，增值税税额为1 700元，款项已由银行收妥。该批原材料的实际成本为9 000元。时达公司应编制如下会计分录：

（1）取得原材料销售收入时：

借：银行存款	11 700	
贷：其他业务收入		10 000
应交税费——应交增值税（销项税额）		1 700

（2）结转已销原材料的实际成本时：

借：其他业务成本	9 000	
贷：原材料		9 000

任务实施

针对"任务布置"中的经济业务，相关处理程序如下：

第一步：签订销售合同。

公司向上海机械公司销售1 500吨线材，与该公司签订销售合同。

第二步：仓库发货。

按销售合同的要求，仓库办理1 500吨线材的出库手续，并开具发货单。

第三步：财务开票。

根据审核无误的单据开具增值税专用发票，并加盖发票专用章。

第四步：结转成本。

按该批线材的实际成本结转销售成本。

请写出相关经济业务的会计分录。

任务2　提供劳务收入核算

任务布置

2017年1月3日，华盛公司与东海公司签订一项工程安装合同，工期为8个月。合同约定总安装费为1 000万元。合同约定，东海公司需分三次向华盛公司支付安装费。第一次为签订合同时，预付合同总金额的20%；第二次为2017年6月30日，预付合同总金额的60%；第三次为安装结束验收合格时，支付剩余安装费。截至2017年6月30日，发生的安装成本为210万元，估计还需要发生安装费390万元。华盛公司提供的劳务交易结果能够可靠估计，采用完工百分比法确认收入，按已发生成本占估计总成本的比例确认完工进度。

请会计张红做出相关账务处理。

请调查，此项业务会涉及哪些原始凭证？

业务产生：公司与东海公司签订一项为期8个月的安装工程合同，形成一笔提供劳务业务，财务部门按签订的合同条款进行收款，并结转成本。

知识准备

一、提供劳务收入概述

劳务收入，是指企业为客户提供劳务所取得的收入。企业提供劳务的种类很多，如旅游、运输、饮食、广告、咨询、培训、产品安装等。提供劳务主要是依靠企业的技术、设施等为客户提供非实物形态的服务。企业提供劳务收入的确认原则因劳务完成时间的不同而不同。

二、提供劳务核算的账户设置

劳务成本，是指企业对外提供劳务而发生的各项成本。企业应设置“劳务成本”账户，核算企业发生的各项劳务成本。房地产开发企业可将本账户改为“开发成本”账户。该账户属于成本类账户，具体账户结构如下：

借方　　　　**劳务成本**　　　　贷方

企业发生的各项劳务成本	结转劳务的成本
尚未完成或尚未结转的劳务成本	

请注意 该账户可按提供劳务种类进行明细核算。

三、提供劳务业务的账务处理

（一）在同一会计期间开始并完成的劳务收入

对于一次就能完成的劳务，或在同一会计期间内开始并完成的劳务，应在提供劳务交易完成时确认收入，确认的金额通常为从接受劳务方已收或应收的合同或协议价款，确认原则可参照销售商品收入的确认原则。

企业对外提供劳务，如属于企业的主营业务，所实现的收入应作为主营业务收入处理，结转的相关成本应作为主营业务成本处理；如属于主营业务以外的其他经营活动，所实现的收入应作为其他业务收入处理，结转的相关成本应作为其他业务成本处理。企业对外提供劳务发生的支出一般通过“劳务成本”账户予以归集，待确认为费用时，从“劳务成本”账户转入“主营业务成本”或“其他业务成本”账户。

对于一次就能完成的劳务，企业应在提供劳务完成时确认收入及相关成本。对于持续一段时间但在同一会计期间内开始并完成的劳务，企业应在为提供劳务发生相关支出时确认劳务成本，劳务完成时再确认劳务收入，并结转相关劳务成本。

【做中学11-14】时达公司于2017年1月10日接受一项设备安装业务，该安装业务可一次完成。合同总价款为10 000元，实际发生安装成本6 000元。假定安装业务属于时达公司的主营业务，不考虑相关税费。在安装完成时，时达公司应编制如下会计分录：

借：应收账款（或银行存款） 10 000
　　贷：主营业务收入 10 000
借：主营业务成本 6 000
　　贷：银行存款等 6 000

若上述安装业务需花费一段时间（不超过本会计期间）才能完成，则应在为提供劳务发生有关支出时：

借：劳务成本
　　贷：银行存款等

注：以上分录未写明金额，主要是由于实际发生成本6 000元是个总计数，而每笔归集劳务成本的分录金额不同，下同。

待安装完成确认所提供劳务的收入并结转该项劳务总成本时：

借：应收账款（或银行存款） 10 000
　　贷：主营业务收入 10 000
借：主营业务成本 6 000
　　贷：劳务成本 6 000

（二）劳务的开始和完成分属不同的会计期间

1.提供劳务交易结果能够可靠估计

如果劳务的开始和完成分属不同的会计期间，且企业在资产负债表日提供劳务交易结果能够可靠估计，应采用完工百分比法确认提供劳务收入。同时满足下列条件的，提供劳务交易的结果能够可靠估计：

（1）收入的金额能够可靠地计量。收入的金额能够可靠地计量，是指提供劳务收入的总额能够合理估计。通常情况下，企业应当按照从接受劳务方已收入或应收入的合同或协议价款确定提供劳务收入总额。随着劳务的不断提供，可能会根据实际情况增加或减少已收或应收的合同或协议价款，此时，企业应及时调整提供劳务收入总额。

（2）相关的经济利益很可能流入企业。相关的经济利益很可能流入企业，是指提供劳务收入总额收回的可能性大于不能收回的可能性。企业在确定提供劳务收入总额能否收回时，应当结合接受劳务方的信誉、以前的经验以及双方就结算方式和期限达成的合同或协议条款等因素，综合进行判断。通常情况下，企业提供的劳务符合合同或协议要求，接受劳务方承诺付款，就表明提供劳务收入总额收回的可能性大于不能收回的可能性。

（3）交易的完工进度能够可靠地确定。企业可以根据提供劳务的特点，选用下列方法确定提供劳务交易的完工进度：

①已完工作的测量。这是一种比较专业的测量方法，由专业测量师对已经提供的劳务进行测量，并按一定方法计算确定提供劳务交易的完工程度。

②已经提供的劳务占应提供劳务总量的比例。这种方法主要以劳务量为标准确定提供劳务交易的完工程度。

③已经发生的成本占估计总成本的比例。这种方法主要以成本为标准确定提供劳务交易的完工程度。只有反映已提供劳务的成本才能包括在已经发生的成本中，只有反映已提

供或将提供劳务的成本才能包括在估计总成本中。

（4）交易中已发生和将发生的成本能够可靠地计量。

劳务交易处理图

交易中已发生和将发生的成本能够可靠地计量，是指交易中已经发生和将要发生的成本能够合理地估计。企业应当建立完善的内部成本核算制度和有效的内部财务预算及报告制度，准确地提供每期发生的成本，并对完成剩余劳务将要发生的成本做出科学、合理的估计。

如果企业提供的劳务开始和完工分属不同的时期，而且企业在资产负债表日提供劳务交易结果能够可靠估计的，应采用完工百分比法确认提供劳务收入。完工百分比法是指按照提供劳务交易的完工进度确认收入与费用的方法。当期确认的合同收入和费用可用下列公式计算：

当期确认的合同收入=（合同总收入×完工进度）-以前会计年度累计已确认的收入

$$\text{当期确认的合同毛利}=\left(\text{合同总收入}-\text{合同预计总成本}\right)\times\text{完工进度}-\text{以前会计年度累计已确认的毛利}$$

$$\text{当期确认的合同费用}=\text{当期确认的合同收入}-\text{当期确认的合同毛利}-\text{以前会计年度预计损失准备}$$

在采用完工百分比法确认劳务收入的情况下，企业应按计算确定的劳务收入金额，借记“应收账款”“银行存款”等账户，贷记“主营业务收入”或“其他业务收入”等账户；发生劳务支出时，先通过“劳务成本”账户予以归集，借记“劳务成本”账户，贷记“银行存款”“应付职工薪酬”等账户；待确认为费用时，再结转劳务成本，借记“主营业务成本”或“其他业务成本”账户，贷记“劳务成本”账户。

【做中学11-15】2016年11月，时达公司与中联软件设计公司签订一项会计电算化软件设计合同，工期计划为2016年11月至2017年4月，合同总收入为180万元。至2016年12月31日，已收款70万元，已发生劳务成本（假定均为人员薪酬）67.5万元，估计仍需发生45万元。公司按照已经发生的成本占估计总成本的比例确定完工进度，时达公司应编制如下会计分录：

（1）收款时：

借：银行存款　　700 000

　　贷：预收账款　　700 000

（2）发生成本时：

借：劳务成本　　675 000

　　贷：应付职工薪酬　　675 000

2016年12月31日确定完工进度：

完工进度=67.5÷（67.5+45）×100%=60%

确认收入=180×60%=108（万元）

确认成本=（67.5+45）×60%=67.5（万元）

借：预收账款　　1 080 000

　　贷：主营业务收入　　1 080 000

借：主营业务成本　　675 000

　　贷：劳务成本　　675 000

2.提供劳务交易结果不能可靠估计

如果劳务的开始和完成分属不同的会计期间，且企业在资产负债表日提供劳务交易结果不能可靠估计，即不能同时满足上述四个条件的，不能采用完工百分比法确认提供劳务收入。此时，企业应当正确预计已经发生的劳务成本能否得到补偿，分别下列情况处理：

（1）已经发生的劳务成本预计全部能够得到补偿，应按已收或预计能够收回的金额确认提供劳务收入，并结转已经发生的劳务成本。

（2）已经发生的劳务成本预计部分能够得到补偿的，应按能够得到部分补偿的劳务成本金额确认提供劳务收入，并结转已经发生的劳务成本。

（3）已经发生的劳务成本预计全部不能得到补偿的，应将已经发生的劳务成本计入当期损益（主营业务成本或其他业务成本），不确认提供劳务收入。

【做中学11-16】时达公司于2016年12月25日接受乙公司委托，为其培训一批学员，培训期为6个月，2017年1月1日开学。协议约定，乙公司应向时达公司支付的培训费总额为60 000元，分三次等额支付，第一次在开学时预付，第二次在2017年3月1日支付，第三次在培训结束时支付。2017年1月1日，乙公司预付第一次培训费。至2017年2月28日，时达公司发生培训成本30 000元（假定均为培训人员薪酬）。2017年3月1日，时达公司得知乙公司经营发生困难，后两次培训费能否收回难以确定。假定不考虑相关税费，时达公司应编制如下会计分录：

（1）2017年1月1日，收到乙公司预付的培训费：

借：银行存款　　20 000
　　贷：预收账款　　20 000

（2）实际发生培训成本30 000元：

借：劳务成本　　30 000
　　贷：应付职工薪酬　　30 000

（3）2017年2月28日，确认提供劳务收入并结转劳务成本：

借：预收账款　　20 000
　　贷：主营业务收入　　20 000

借：主营业务成本　　30 000
　　贷：劳务成本　　30 000

时达公司已经发生的劳务成本30 000元预计只能部分得到补偿，即只能按预收款项得到补偿，应按预收账款20 000元确认劳务收入，并将已经发生的劳务成本30 000元结转入当期损益。

任务实施

针对“任务布置”中的经济业务，请写出相关处理程序。

请写出相关经济业务的会计分录。

任务3　让渡资产使用权收入核算

任务布置

2017年1月29日，华盛公司和湘中公司达成协议，允许湘中公司经营连锁店，华盛公司向湘中公司收取特许权费60万元。其中提供家具、柜台等收费20万元，其成本为18万元；提供初始服务，如帮助选址、培训人员、广告等收费30万元，发生成本20万元；提供后续服务收费10万元，发生成本5万元。假定款项在协议开始时一次付清。

请会计张红做出相关账务处理。

请调查，此项业务会涉及哪些原始凭证？

业务产生：此项经济业务是如何产生的？

一、让渡资产使用权收入概述

让渡资产使用权收入是指企业通过让渡无形资产等资产使用权的使用费收入，如出租固定资产取得的租金，进行债券投资收取的利息，进行股权投资取得的现金股利，商业银行对外贷款、租赁公司出租资产等实现的收入。

让渡资产使用权的使用费收入同时满足下列条件的，才能予以确认：

（1）相关的经济利益很可能流入企业。企业在确定让渡资产使用权的使用费收入金额是否很可能收回时，应当根据对方企业的信誉和生产经营情况、双方就结算方式和期限等达成的合同或协议条款等因素，综合进行判断。如果企业估计使用费收入金额收回的可能性不大，就不应确认收入。

（2）收入的金额能够可靠地计量。当让渡资产使用权的使用费收入金额能够可靠估计时，企业才能确认收入。让渡资产使用权的使用费收入金额，应按照有关合同或协议约定的收费时间和方法计算确定。如果合同或协议规定一次性收取使用费，且不提供后续服务的，应当视同销售该项资产一次性确认收入；提供后续服务的，应在合同或协议规定的有效期内分期确认收入。如果合同或协议规定分期收取使用费的，应按合同或协议规定的收款时间和金额或规定的收费方法计算确定的金额分期确认收入。

二、让渡资产使用权核算的账户设置

企业让渡资产使用权的使用费收入，一般通过“其他业务收入”账户核算；让渡资产计提的摊销额等，一般通过“其他业务成本”账户核算。

三、让渡资产使用权业务的账务处理

企业确认让渡资产使用权的使用费收入时，按确定的收入金额，借记“银行存款”“应收账款”等账户，贷记“其他业务收入”账户。企业对所让渡资产计提摊销以及所发生的与让渡资产有关的支出等，借记“其他业务成本”账户，贷记“累计摊销”等账户。

【做中学11-17】时达公司向乙公司转让某软件的使用权，一次性收取使用费60 000元，不提供后续服务，款项已经收回。假定不考虑相关税费，确认使用费收入时，时达公司应编制如下会计分录：

借：银行存款　　60 000

　　贷：其他业务收入　　60 000

【做中学11-18】时达公司于2017年1月1日向丙公司转让某专利权的使用权，协议约定转让期为5年，每年年末收到使用费200 000元。2017年，该专利权计提的摊销额为120 000元，每月计提金额为10 000元。假定不考虑其他因素和相关税费。时达公司应编制如下会计分录：

（1）2017年年末，确认使用费收入时：

借：应收账款（或银行存款）　　200 000

　　贷：其他业务收入　　200 000

（2）2017年每月计提专利权摊销额时：

借：其他业务成本　　10 000

　　贷：累计摊销　　10 000

任务实施

针对“任务布置”中的经济业务，请写出相关处理程序。

请写出相关经济业务的会计分录。

案例分析

请思考

巴菲特会从哪些方面分析营业收入增长率？

巴菲特如何分析营业收入

巴菲特分析利润表的第一个指标，在第一行，就是营业收入。

营业收入是利润表的第一个指标，也是最重要的一个指标。之所以说最重要，是因为营业收入是所有盈利的基础，是分析财务报表的起点。你到任何一所大学学习财务，分析预测公司未来的盈利，起点都是分析预测营业收入。我们一般只看营业收入一年的短期增长率，而巴菲特更关注的是长期增长率，他要看过去5年到10年甚至20年营业收入增长率是多少。

巴菲特收购R.C.Willey家具商场时，他发现CEO比尔1954年接手时年营业收入只有25万美元，1999年增长到3.42亿美元，45年增长1 368倍。

巴菲特收购Helzberg钻石商店时，研究了其财务报表后发现，这家公司从1915年创立时不过是堪萨斯市的一家商店，然而到1994年已发展成在全美23个州拥有134家分店的集团，营业收入也从1974年的1 000万美元增长到1984年的5 300万美元，1994年又增长到2.82亿美元。

巴菲特会从两个方面来分析营业收入增长率：

第一，营业收入增长率与盈利增长率比较，分析其增长的含金量。

营业收入只是手段，企业的真正目的是盈利。收入增长率与税前利润增长率比较，如果营业收入增长得很快，但利润增长得并不快，这可能就有问题了。巴菲特最喜欢的是税前利润比营业收入增长得快。

巴菲特关注营业收入，但更关注其含金量。他如此讽刺那些过于偏重于收入规模增长的大企业："大部分机构，包括商业机构及其他机构，衡量自己或者被别人衡量，以及激励下属管理人员，所使用的标准绝大部分是营业收入规模大小。问问那些名列财富500强的大公司的经理人，他们的公司排名第几位，他们回答的排名数字肯定是营业收入排名。他们可能根本都不知道，如果营业收入财富500强企业根据盈利能力进行排名的话，自己的公司会排名在第几位。

第二，营业收入增长率与市场占有率增长比较，分析竞争优势的变化。

巴菲特非常重视公司营业收入增长的同时，市场占用率有没有同步提高。衡量市场占有率，一是用营业收入，二是用销量。

巴菲特在1993年致股东的信中说："以营业收入衡量，可口可乐占全球软饮料市场的44%，吉列占全球剃须刀片市场的60%。"

巴菲特旗下的Fruit of the Loom在男士内衣市场上占有明显优势，根据Wal-Mart、Target等大卖场的统计，市场份额从2002年的44.2%提高到48.7%，已接近一半。在大卖场女士内衣市场的份额从2002年的13.7%上升

案例分析
参考答案

到2005年的24.7%，提高近一倍。

如果公司营业收入增幅相当大，但市场占有率下降，反而说明，公司营业收入增长率低于行业增长水平。相反，如果行业销售大幅下滑，公司销售照样大幅增长，市场占有率肯定会大幅提升。1990年，珠宝行业销售惨淡，巴菲特旗下的Borsheim珠宝店营业收入却上涨18%。

巴菲特强调，投资的关键是分析一家公司的竞争优势，尤其是竞争优势的可持续性。分析公司的市场占有率增长情况，是分析其持续竞争优势的一个重要指标。

巴菲特对营业收入增长的分析非常细致，他还会分析很多指标，以确定销售收入的效率，比如同店营业收入增长率、每平方米营业收入增长率，不同产品及不同的地区对营业收入增长的贡献等。

资料来源：刘建位. 巴菲特如何分析营业收入 [EB/OL]. [2009-10-31]. http://finance.qq.com/a/20091031/000739.htm.

思维导图

请根据本项目内在知识点的逻辑关系，制作思维导图。

项目十二

成本费用核算

项目导读

费用，是指企业在日常活动中发生的、会导致所有者权益减少的、与向所有者分配利润无关的经济利益的总流出。费用包括企业日常活动所产生的经济利益的总流出，主要指企业为取得营业收入进行产品销售等营业活动所发生的企业货币资金的流出，具体包括成本费用和期间费用。企业为生产产品、提供劳务等发生的可归属于产品成本、劳务成本等的费用，应当在确认销售商品收入、提供劳务收入等时，将已销售商品、已提供劳务的成本等计入当期损益。成本费用包括主营业务成本、其他业务成本、税金及附加等。

期间费用是指企业日常活动发生的不能计入特定核算对象的成本，而应计入发生当期损益的费用。期间费用在发生时直接计入当期损益。期间费用包括销售费用、管理费用和财务费用。

学习目标

1. 掌握营业成本的组成内容及核算；
2. 掌握税金及附加的内容及核算；
3. 掌握期间费用的内容及核算。

政策依据

《企业会计准则——基本准则》
《企业会计准则第14号——收入》
《企业会计准则——应用指南》
《企业产品成本核算制度》

项目列报

本项目在资产负债表中的列示信息见表12-1。

表12-1 本项目在资产负债表中的列示信息

资 产	期末余额	负债和所有者权益（或股东权益）	期末余额
流动资产：			
⋮			
存货［=“原材料”+“在途物资”+“材料采购”+“委托加工物资”+“周转材料”+“生产成本”+“库存商品”+（or-）“材料成本差异”+“发出商品”+“委托代销商品”+“受托代销商品”-“受托代销商品款”-“存货跌价准备”+（or-）“商品进销差价”］			
⋮			

本项目在利润表中的列示信息见表12-2。

表12-2 本项目在利润表中的列示信息

项 目	本期金额	上期金额
一、营业收入		
减：营业成本（=“主营业务成本”和“其他业务成本”的发生额分析填列）		
税金及附加（=“税金及附加”的发生额分析填列）		
销售费用（=“销售费用”的发生额分析填列）		
管理费用（=“管理费用”的发生额分析填列）		
财务费用（=“财务费用”的发生额分析填列）		
⋮		
二、营业利润		
⋮		

任务 1 生产成本核算

任务布置

2017年1月30日，华盛公司生产的圆钢、螺纹钢、线材三种产品中，根据“发料凭证汇总表”的记录，基本生产车间共耗用铁精粉5 000 000元（其中，2 000 000元用于生产圆钢，1 000 000元用于生产螺纹钢，1 000 000元用于生产线材），车间管理部门领用铁精粉30 000元。

请会计张红做出相关账务处理。

相关原始凭证：

（1）会计统计自制的发料凭证汇总表。

（2）各车间部门向仓库领取的领料单。

业务产生：各生产车间为制造圆钢、螺纹钢、线材三种产品而向仓库领取生产所消耗的原材料铁精粉，计算每月各产品的生产成本。

知识准备

一、生产成本概述

生产成本，是指企业在生产产品过程中所发生的材料费用、职工薪酬等，以及不能直接计入而按一定标准分配计入的各种间接费用。产品生产成本核算是对生产经营过程中实际发生的成本、费用进行计算，并进行相应的账务处理。最后计入本月各种产品生产成本，按成本项目反映完工产品和月末在产品成本的过程。

二、生产成本核算的账户设置

为了核算生产成本的发生和结转情况，企业应设置“生产成本”账户。该账户属于成本类账户，具体账户结构如下：

借方 **生产成本** 贷方

借方	贷方
企业发生的各项直接材料、直接人工和制造费用	期末生产完工并验收入库的产品、自制材料、自制工具的实际成本
企业尚未加工完成的在产品成本	

请注意 该账户可按照基本生产成本和辅助生产成本项目进行明细核算。

为了核算企业为进行工业性生产而发生的各项间接费用，企业应设置“制造费用”账户。该账户属于成本类账户，具体账户结构如下：

借方 **制造费用** 贷方

借方	贷方
企业发生的各项制造费用	按一定的分配方法和分配标准将制造费用在各成本计算对象间的分配结转

请注意 该账户可按照不同生产车间、部门和费用项目进行明细核算。

三、生产成本业务的账务处理

企业发生的各项生产费用，能确定由某一成本核算对象负担的，应当按照所对应的产品成本项目类别，直接计入产品成本核算对象的生产成本；由几个成本核算对象共同负担的，应当选择合理的分配标准分配计入。

（一）生产成本的归集与分配

对于发生的能直接归属于特定成本核算对象的直接材料、直接人工等直接费用，直接计入生产成本，借记“生产成本”账户，贷记“银行存款”“原材料”“应付职工薪酬”等账户。

对于无法直接判断其应归属的成本核算对象的间接费用，先在制造费用中归集，借记“制造费用”账户，贷记“银行存款”“原材料”“应付职工薪酬”“累计折旧”等账户。月度终了，再采用一定的方法在各成本核算对象之间进行分配，计入各成本核算对象的成本，借记“生产成本”账户，贷记“制造费用”账户。

（二）生产费用在完工产品与在产品间的分配

企业在生产过程中发生的生产费用，经过在各种产品之间进行分配和归集之后，应计入本月各种产品的成本，都已集中反映在“生产成本”账户及其所属各种产品成本明细账中。为了计算产品成本，还需要加上期初在产品费用，然后将其在本期完工产品和期末在产品之间进行分配，计算出本月产成品成本。

（三）完工产品成本的结转

在计算出当期完工产品成本后，对验收入库的产成品，应结转成本。结转本期完工产品成本时，借记“库存商品”等账户，贷记“生产成本”账户。

【做中学12-1】2017年1月20日，时达公司生产的甲产品、乙产品两种产品中，根据“发料凭证汇总表”的记录，基本生产车间共耗用材料500 000元（其中，300 000元用于生产甲产品，200 000元用于生产乙产品），车间管理部门领用材料3 000元。根据“工资结算汇总表”结算本月应付基本生产车间生产工人工资为112 000元（其中，生产甲产品工人的工资为70 000元，生产乙产品工人的工资为42 000元），应付车间管理人员工资为15 000元。假定甲、乙产品本月无其他耗费，均于本月末完工入库，且无月初在产品成本和月末在产品成本。假定本月制造费用18 000元，经分配，计入甲产品成本10 000元，计入乙产品成本8 000元。根据完工产品成本汇总表，本月甲产品完工成本为380 000元，乙产品完工成本为250 000元。时达公司应编制如下会计分录：

（1）领用原材料时：

借：生产成本——甲产品	300 000	
——乙产品	200 000	
制造费用	3 000	
贷：原材料		503 000

（2）分配工资时：

借：生产成本——甲产品　　70 000
　　　　　　——乙产品　　42 000
　　制造费用　　15 000
　　贷：原材料　　127 000

生产费用的归集和分配图

（3）分配制造费用时：
借：生产成本——甲产品　　10 000
　　　　　　——乙产品　　8 000
　　贷：制造费用　　18 000

完工产品和在产品的成本分配图

（4）结转本月完工产品成本时：
借：库存商品——甲产品　　380 000
　　　　　　——乙产品　　250 000
　　贷：生产成本——甲产品　　380 000
　　　　　　　　——乙产品　　250 000

任务实施

针对“任务布置”中的经济业务，相关处理程序如下：

第一步：领料单统计。

根据车间在仓库为生产各产品领用的原材料，统计出每月具体领用数量。

第二步：自制发料凭证汇总表。

按照领料单统计的数量，结合材料的采购成本，按生产产品分类汇总所耗的原材料。

第三步：结转生产成本。

根据发料凭证汇总表的数据，结转各车间生产产品的材料成本。

请写出相关经济业务的会计分录。

任务2　营业成本核算

任务布置

2017年1月30日，华盛公司当月实际应交增值税为4 500 000元，应交消费税为1 000 000元，适用的城市维护建设税税率为7%，教育费附加的征收率为3%。

请会计张红做出与城市维护建设税、教育费附加相关的账务处理。

相关原始凭证：根据税率，计提税金明细表。

业务产生：每月月底按照应缴纳的增值税、消费税，计提城市维护建设税与教育费附加。

知识准备

一、营业成本概述

营业成本，是指企业为生产产品、提供劳务等发生的可归属于产品成本、劳务成本等的费用。应当在确认销售商品收入、提供劳务收入等时，将已销售商品、已提供劳务的成本等计入当期损益。营业成本包括主营业务成本和其他业务成本。

主营业务成本，是指企业销售商品、提供劳务等经常性活动所发生的成本。企业一般在确认销售商品、提供劳务等主营业务收入时，或在月末，将已销售商品、已提供劳务的成本转入主营业务成本。

其他业务成本，是指企业确认的除主营业务活动以外的其他经营活动所发生的支出。其他业务成本包括销售材料的成本、出租固定资产的折旧额、出租无形资产的摊销额、出租包装物的成本或摊销额等。采用成本模式计量投资性房地产的，其投资性房地产计提的折旧额或摊销额，也构成其他业务成本。

税金及附加，是指企业经营活动应负担的相关税费，包括消费税、城市维护建设税、教育费附加和资源税等。

消费税是对生产、委托加工及进口应税消费品（主要指烟、酒、高档化妆品、高档次及高能耗的消费品）征收的一种税。消费税的计税方法主要有从价定率、从量定额及从价定率和从量定额复合计税三种。从价定率是根据商品销售价格和规定的税率计算应交消费税；从量定额是根据商品销售数量和规定的单位税额计算应交的消费税；复合计税是两者的结合。

城市维护建设税（以下简称城建税）和教育费附加是对从事生产经营活动的单位和个人，以其实际缴纳的增值税、消费税为依据，按纳税人所在地适用的不同税率计算征收的一种税。

资源税是对在我国境内开采国家规定的矿产资源和生产用盐单位、个人征收的一种税，按应税数量和规定的单位税额计算。如开采石油、煤炭、天然气企业需按开采的数量计算缴纳资源税。

房产税、车船税、城镇土地使用税、印花税等也在“税金及附加”账户中核算。

二、营业成本核算的账户设置

为了核算企业因销售商品、提供劳务或让渡资产使用权等日常活动而发生的实际成本，企业应当设置“主营业务成本”“其他业务成本”“税金及附加”账户。

三、营业成本业务的账务处理

（一）主营业务成本

企业应根据本月销售各种商品、提供的各种劳务等实际成本，计算应结转的主营业务成本，借记本账户，贷记“库存商品”“劳务成本”账户。采用计划成本或售价核算库存商品的，平时的营业成本按计划成本或售价结转，月末，还应结转本月销售商品应分摊的产品成本差异或商品进销差价。期末，应将本账户的余额转入“本年利润”账户，结转后本账户应无余额。

【做中学12-2】2017年1月20日，时达公司向乙公司销售一批产品，开出的增值税专用发票上注明的价款为100 000元，增值税税额为17 000元。时达公司已收到乙公司支付的款项117 000元，并将提货单送交乙公司。该批产品的成本为50 000元。时达公司应编制如下会计分录：

（1）销售实现时：

借：银行存款　　117 000

　　贷：主营业务收入　　100 000

　　　　应交税费——应交增值税（销项税额）　　17 000

借：主营业务成本　　50 000

　　贷：库存商品　　50 000

（2）期末，将主营业务成本结转至本年利润时：

借：本年利润　　50 000

　　贷：主营业务成本　　50 000

【做中学12-3】2017年3月10日，时达公司销售甲产品100件，单价为1 000元，单位成本为600元，增值税专用发票上注明的价款为100 000元，增值税税额为17 000元，购货方尚未付款，销售成立。当月20日，因产品质量问题购货方退货。时达公司应编制如下会计分录：

（1）销售产品时：

借：应收账款　　117 000

　　贷：主营业务收入　　100 000

　　　　应交税费——应交增值税（销项税额）　　17 000

借：主营业务成本　　60 000

　　贷：库存商品——甲产品　　60 000

（2）发生销售退回时：

借：主营业务收入　　100 000

　　应交税费——应交增值税（销项税额）　　17 000

　　贷：应收账款　　117 000

借：库存商品——甲产品　　60 000

　　贷：主营业务成本　　60 000

【做中学12-4】2017年3月末，时达公司计算的已销售甲、乙、丙三种产品的实际成本分别为10 000元、20 000元和25 000元。该公司月末结转已销甲、乙、丙产品成本时，应编制如下会计分录：

借：主营业务成本　　55 000

　　贷：库存商品——甲产品　　10 000

　　　　　　　　——乙产品　　20 000

　　　　　　　　——丙产品　　25 000

【做中学12-5】时达公司于2017年2月10日接受一项设备安装业务，假定安装业务属于该公司的主营业务，该公司在安装完成时收到款项，不考虑相关税费。

（1）如果该业务可一次完成，合同总价款为10 000元，实际发生安装成本7 000元。时达公司应编制如下会计分录：

借：银行存款　　10 000
　　贷：主营业务收入　　10 000
借：主营业务成本　　7 000
　　贷：银行存款等　　7 000

（2）如果上述安装业务需花费一段时间（不超过会计当期）才能完成，则应在发生劳务相关支出时，先记入"劳务成本"账户，安装业务完成时再转入"主营业务成本"账户，假如第一次发生劳务支出2 000元，应编制如下会计分录：

①第一次发生劳务支出时：
借：劳务成本　　2 000
　　贷：银行存款等　　2 000

②发生余下劳务支出时：
借：劳务成本　　5 000
　　贷：银行存款等　　5 000

③待安装完成确认所提供劳务的收入并结转该项劳务总成本时：
借：银行存款　　10 000
　　贷：主营业务收入　　10 000
借：主营业务成本　　7 000
　　贷：劳务成本　　7 000

（3）期末，将主营业务成本结转至本年利润时：
借：本年利润　　7 000
　　贷：主营业务成本　　7 000

【做中学12-6】时达公司为增值税一般纳税人，适用的增值税税率为17%，商品销售价格不含增值税，确认销售收入时逐笔结转销售成本。2016年12月份，时达公司发生如下经济业务：

（1）12月2日，向乙公司销售电子产品A，销售价款为6 000 000元，实际成本为5 400 000元。产品已发出，款项已存入银行。销售前，该产品已计提跌价准备50 000元。

电子产品A销售实现时：
借：银行存款　　7 020 000
　　贷：主营业务收入　　6 000 000
　　　　应交税费——应交增值税（销项税额）　　1 020 000
借：主营业务成本　　5 350 000
　　存货跌价准备　　50 000
　　贷：库存商品　　5 400 000

请注意　企业结转销售成本时，对于已计提存货跌价准备的，借记"存货跌价准备"账户，贷记"主营业务成本""其他业务成本"等账户。

（2）12月8日，收到丙公司退回的电子产品B并验收入库，当日支付退货款项并收到经税务机关出具的"开具红字增值税专用发票通知单"。该批产品系当年8月份售出并已确认销售收入，销售价格为2 000 000元，实际成本为1 200 000元。

电子产品B发生退货时：

借：主营业务收入　　2 000 000

　　应交税费——应交增值税（销项税额）　　340 000

　　贷：银行存款　　2 340 000

借：库存商品　　1 200 000

　　贷：主营业务成本　　1 200 000

（3）12月10日，与丁公司签订为期6个月的劳务合同，合同总价款为4 000 000元，待完工时一次性收取。至12月31日，实际发生劳务成本500 000元（均为职工薪酬），估计为完成该合同还将发生劳务成本1 500 000元。假定该项劳务交易的结果能够可靠估计，时达公司按实际发生的成本占估计总成本的比例确定劳务的完工进度；该劳务不属于增值税应税劳务。

按实际发生的成本占估计总成本的比例确定完工进度。

主营业务收入=4 000 000×［500 000÷（500 000+1 500 000）］=1 000 000（元）

借：应收账款　　1 000 000

　　贷：主营业务收入　　1 000 000

借：主营业务成本　　500 000

　　贷：劳务成本　　500 000

（4）12月31日，将本公司生产的电子产品C作为福利发放给生产工人，市场销售价格为900 000元，实际成本为400 000元。假定除上述资料外，不考虑其他相关因素。根据上述资料，时达公司应当编制如下会计分录：

发放福利时：

借：应付职工薪酬　　1 053 000

　　贷：主营业务收入　　900 000

　　　　应交税费——应交增值税（销项税额）　　153 000

借：主营业务成本　　400 000

　　贷：库存商品　　400 000

提示　将自产、委托加工的货物用于集体福利或个人消费，视同销售。即按照市场销售价格确认收入，确认增值税销项税额，并结转成本。

【做中学12-7】12月5日，时达公司向乙公司销售商品一批，开出的增值税专用发票上注明的价款为600 000元，增值税税额为102 000元，销售商品的实际成本为450 000元。提货单和增值税专用发票已交购货方，并收到购货方开出的银行承兑汇票。时达公司应编制如下会计分录：

借：应收票据　　702 000

　　贷：主营业务收入　　600 000

　　　　应交税费——应交增值税（销项税额）　　102 000

借：主营业务成本　　450 000

　　贷：库存商品　　450 000

期末，将主营业务成本结转至本年利润时：

借：本年利润　　450 000

　　贷：主营业务成本　　450 000

（二）其他业务成本

企业发生其他业务成本时，借记“其他业务成本”账户，贷记“原材料”“周转材料”“累计折旧”“累计摊销”“应付职工薪酬”“银行存款”等账户；期末，企业应借记“本年利润”账户，贷记“其他业务成本”账户。

【做中学12-8】2017年1月2日，时达公司销售一批原材料，开具的增值税专用发票上注明的售价为10 000元，增值税税额为1 700元，款项已由银行收妥。该批原材料的实际成本为5 000元。时达公司应编制如下会计分录：

（1）销售实现时：

借：银行存款　　11 700

　　贷：其他业务收入　　10 000

　　　　应交税费——应交增值税（销项税额）　　1 700

借：其他业务成本　　5 000

　　贷：原材料　　5 000

（2）期末，将其他业务成本结转至本年利润时：

借：本年利润　　5 000

　　贷：其他业务成本　　5 000

【做中学12-9】2017年1月1日，时达公司将自行开发完成的无形资产出租给另一家公司，该无形资产的成本为360 000元，双方约定的租赁期限为10年，时达公司每月应摊销3 000元（360 000÷10÷12）。时达公司应编制如下会计分录：

（1）每月摊销无形资产成本时：

借：其他业务成本　　3 000

　　贷：累计摊销　　3 000

（2）期末，将其他业务成本结转至本年利润时：

借：本年利润　　3 000

　　贷：其他业务成本　　3 000

【做中学12-10】2017年1月22日，时达公司销售产品一批，不含税售价为50 000元，随同产品出售但单独计价的包装物为1 000个，普通发票上注明的单价为10元，款尚未收到，成本为1 200元。

假设不考虑材料成本差异，该公司应编制如下会计分录：

（1）确认收入时：

借：应收账款　　68 500

　　贷：主营业务收入　　50 000

　　　　其他业务收入　　8 547

　　　　应交税费——应交增值税（销项税额）　　9 953

（2）结转出售包装物成本时：

借：其他业务成本　　1 200

　　贷：周转材料——包装物　　1 200

（3）期末，将其他业务成本结转至本年利润时：

借：本年利润　　1 200

　　贷：其他业务成本　　1 200

【做中学12-11】2017年1月11日，时达公司出租一幢办公楼给乙公司使用，已确认为投资性房地产，采用成本模式进行后续计量。出租的办公楼成本为36 000 000元，按直线法计提折旧，使用寿命为20年，预计净残值为零。按照合同规定，乙公司按月向时达公司支付租金。时达公司计提折旧时应编制如下会计分录：

借：其他业务成本　　150 000

　　贷：投资性房地产累计折旧　　150 000

每月应计提的折旧额=36 000 000÷20÷12=150 000（元）

（三）税金及附加

企业按规定计算确定的与经营活动相关的税费，借记“税金及附加”账户，贷记“应交税费”等账户。企业收到返还的消费税等原记入“税金及附加”账户的各种税金，应按实际收到的金额，借记“银行存款”账户，贷记“税金及附加”账户。期末，应将该账户余额转入“本年利润”账户，结转后该账户应无余额。

【做中学12-12】中兴化妆品生产企业为增值税一般纳税人，2017年1月15日，向某大型商场销售高档化妆品一批，开具增值税专用发票取得不含税销售额300 000元。该公司应编制如下会计分录：

（1）销售收入实现时：

借：银行存款　　351 000

　　贷：主营业务收入　　300 000

　　　　应交税费——应交增值税（销项税额）　　51 000

（2）计算应交消费税时：

应交消费税=300 000×15%=45 000（元）

借：税金及附加　　45 000

　　贷：应交税费——应交消费税　　45 000

（3）缴纳消费税时：

借：应交税费——应交消费税　　45 000

　　贷：银行存款　　45 000

【做中学12-13】2017年1月，时达公司当月实际应交增值税为350 000元，应交消费税为150 000元。该公司适用的城建税税率为7%，教育费附加的征收率为3%。

时达公司应编制与城建税、教育费附加有关的会计分录如下：

（1）计算应交城建税和教育费附加时：

应交城建税=（350 000+150 000）×7%=35 000（元）

应交教育费附加=（350 000+150 000）×3%=15 000（元）

借：税金及附加　　50 000

　　贷：应交税费——应交城市维护建设税　　35 000

　　　　　　　　——应交教育费附加　　15 000

（2）实际缴纳城建税和教育费附加时：

借：应交税费——应交城市维护建设税　　35 000
　　　　　——应交教育费附加　　15 000
　贷：银行存款　　50 000

任务实施

针对“任务布置”中的经济业务，相关处理程序如下：

第一步：计算增值税、消费税。

根据本月销售业务以及取得的发票，月底计算出本月应缴纳的增值税和消费税。

第二步：计提城建税、教育费附加。

按照本月计算的增值税、消费税，根据城建税与教育费附加的税率，计提本月应缴纳的税费。

请写出相关经济业务的会计分录。

任务3 期间费用核算

任务布置

2017年1月30日，华盛公司计提公司管理部门固定资产折旧5000 000元，摊销公司管理部门用无形资产成本800 000元，以银行存款支付广告费700 000元。

请会计张红做出相关账务处理。

相关原始凭证：

（1）月底自制的固定资产月度折旧表。

（2）月底自制的无形资产月度摊销表。

（3）支付广告费的发票。

（4）支付广告费的银行回单。

业务产生：每月月底公司对固定资产、无形资产都必须按公司制定的方法与年限计提折旧与摊销。

知识准备

一、期间费用概述

期间费用，是指企业本期发生的、不能直接或间接归入营业成本，而是直接计入当期损益的各项费用，包括管理费用、销售费用和财务费用等。费用的构成如图12-1所示。

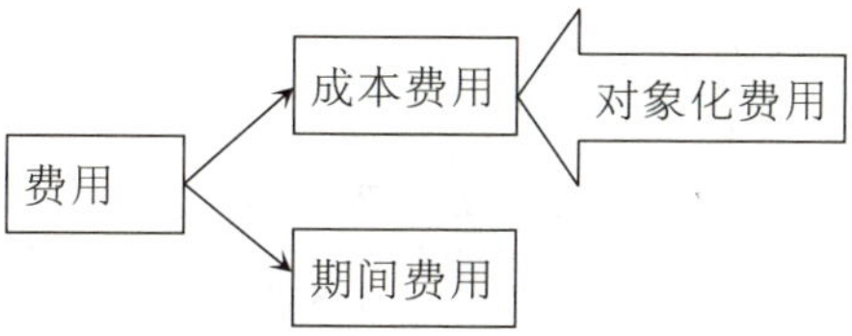

图 12-1　费用的构成

（提示）制造费用不属于期间费用，因为制造费用可能包含在存货成本中，如果存货未出售则不影响当期损益。

管理费用，是指企业为组织和管理生产经营发生的各种费用，包括企业在筹建期间内发生的开办费、董事会和行政管理部门在企业的经营管理中发生的以及应由企业统一负担的公司经费（包括行政管理部门职工工资及福利费、物料消耗、低值易耗品摊销、办公费和差旅费等）、行政管理部门负担的工会经费、董事会费（包括董事会成员津贴、会议费和差旅费等）、聘请中介机构费、咨询费（含顾问费）、诉讼费、业务招待费、技术转让费、研究费用、排污费等。企业生产车间（部门）和行政管理部门发生的固定资产修理费用等后续支出，也作为管理费用核算。

销售费用，是指企业销售商品和材料、提供劳务的过程中发生的各种费用，包括保险费、包装费、展览费和广告费、商品维修费、预计产品质量保证损失、运输费、装卸费等以及为销售本企业商品而专设的销售机构（含销售网点、售后服务网点等）的职工薪酬、业务费、折旧费等经营费用。企业发生的与专设销售机构相关的固定资产修理费用等后续支出也属于销售费用。销售费用是与企业销售商品活动有关的费用，但不包括销售商品本身的成本和劳务成本。销售商品的成本属于主营业务成本，提供劳务的成本属于劳务成本。

财务费用，是指企业为筹集生产经营所需资金等而发生的筹资费用，包括利息支出（减利息收入）、汇兑损益以及相关的手续费、企业发生的现金折扣等。

二、期间费用核算的账户设置

为了核算管理费用的发生和结转情况，企业应设置“管理费用”账户。该账户属于损益类账户，具体账户结构如下：

借方　　**管理费用**　　贷方

借方	贷方
企业发生的各项管理费用	期末转入“本年利润”账户的管理费用

（请注意）该账户可按照费用项目进行明细核算。

为了核算销售费用的发生和结转情况，企业应当设置“销售费用”账户。该账户属于损益类账户，具体账户结构如下：

借方　　**销售费用**　　贷方

借方	贷方
企业发生的各项销售费用	期末转入“本年利润”账户的销售费用

（请注意）该账户可按照费用项目进行明细核算。

为了核算财务费用的发生和结转情况，企业应当设置“财务费用”账户。该账户属于损益类账户，具体账户结构如下：

借方 **财务费用** 贷方

借方	贷方
企业发生的各项财务费用	①本期发生的、应冲减的财务费用（利息收入、汇兑收益） ②期末转入“本年利润”账户的财务费用

请注意 该账户可按照费用项目进行明细核算。

三、期间费用业务的账务处理

（一）管理费用

企业在筹建期间发生的开办费，包括人员工资、办公费、培训费、差旅费、印刷费、注册登记费等，借记“管理费用”账户，贷记“银行存款”账户；企业行政管理部门人员的职工薪酬，借记“管理费用”账户，贷记“应付职工薪酬”账户；企业行政管理部门发生的办公费、水电费、差旅费等以及企业发生的业务招待费、咨询费、研究费用等其他费用，借记“管理费用”账户，贷记“银行存款”“研发支出”等账户。期末，应将“管理费用”账户余额转入“本年利润”账户，借记“本年利润”账户，贷记“管理费用”账户。

【做中学12-14】时达公司于2017年1月5日为拓展产品销售市场发生业务招待费50 000元，用银行存款支付。该公司应编制如下会计分录：

借：管理费用——业务招待费	50 000	
贷：银行存款		50 000

【做中学12-15】时达公司于2017年1月22日就一项产品出口问题向有关专家进行政策咨询，以现金支付咨询费50 000元。该公司应编制如下会计分录：

借：管理费用——咨询费	50 000	
贷：库存现金		50 000

【做中学12-16】时达公司的行政部门2017年1月份共发生费用300 000元。其中：生产车间管理人员薪酬200 000元，行政部门专用办公设备折旧费45 000元，排污费38 000元（用现金支付），企业咨询费17 000元（用银行存款支付）。时达公司应编制如下会计分录：

借：管理费用	300 000	
贷：应付职工薪酬		200 000
累计折旧		45 000
库存现金		38 000
银行存款		17 000

【做中学12-17】时达公司于2017年1月31日将“管理费用”账户余额89 000元转入“本年利润”账户。该公司应编制如下会计分录：

借：本年利润	89 000	
贷：管理费用		89 000

（二）销售费用

企业发生销售费用时，借记“销售费用”账户，贷记“库存现金”“银行存款”“应付职工薪酬”“累计折旧”等账户；期末，应将“销售费用”账户余额转入“本年利润”账户，借记“本年利润”账户，贷记“销售费用”账户。

费用、成本核算流程图

【做中学12-18】时达公司于2017年1月1日发生商品维修费30 000元，用银行存款支付。该公司应编制如下会计分录：

借：销售费用——商品维修费　　30 000
　　贷：银行存款　　30 000

【做中学12-19】时达公司销售部2017年1月份共发生费用150 000元。其中：销售人员薪酬100 000元，销售部专用办公设备折旧费50 000元。该公司应编制如下会计分录：

借：销售费用　　150 000
　　贷：应付职工薪酬　　100 000
　　　　累计折旧　　50 000

【做中学12-20】时达公司于2017年1月20日用银行存款支付所销产品保险费5 000元，包装费3 000元。该公司应编制如下会计分录：

借：销售费用——保险费　　5 000
　　　　　　——包装费　　3 000
　　贷：银行存款　　8 000

【做中学12-21】时达公司于2017年1月28日计算出本月应付给为销售本企业商品而专设的销售机构的职工工资总额为50 000元。该公司应编制如下会计分录：

借：销售费用　　50 000
　　贷：应付职工薪酬　　50 000

【做中学12-22】时达公司于2017年1月31日将本月发生的销售费用12 000元结转入“本年利润”账户。该公司应编制如下会计分录：

借：本年利润　　12 000
　　贷：销售费用　　12 000

（三）财务费用

企业发生各项财务费用时，借记“财务费用”账户，贷记“银行存款”等账户；企业发生利息收入、汇兑收益时，应冲减财务费用。月终，企业应将借方归集的财务费用全部转入“本年利润”账户的借方，计入当期损益，期末结转后，该账户无余额。

【做中学12-23】时达公司于2017年1月1日用银行存款支付一季度应负担的短期借款利息2 400元。该公司应编制如下会计分录：

借：财务费用——利息支出　　2 400
　　贷：银行存款　　2 400

【做中学12-24】时达公司于2017年1月10日用银行存款支付银行承兑汇票手续费400元。该公司应编制如下会计分录：

借：财务费用——手续费　　400
　　贷：银行存款　　400

【做中学12-25】时达公司于2017年1月1日向银行借入生产经营用短期借款360 000元，期限为6个月，年利率为5%。该借款本金到期后一次归还，利息分月预提，按季支付。每月末，预提当月应计利息1 500元（360 000×5%÷12）。

该公司应编制如下会计分录：

借：财务费用——利息支出　　1 500

　　贷：应付利息　　1 500

【做中学12-26】2017年1月31日，时达公司将“财务费用”账户余额8 900元结转到“本年利润”账户。该公司应编制如下会计分录：

借：本年利润　　8 900

　　贷：财务费用　　8 900

任务实施

针对“任务布置”中的经济业务，相关处理程序如下：

第一步：计算本月固定资产折旧。

根据本月公司的固定资产情况，按公司制定的固定资产折旧方法与年限，计算本月的折旧额，编制固定资产月度折旧表。

第二步：计算本月无形资产摊销。

根据本月公司的无形资产情况，按公司确定的无形资产摊销年限，计算本月的摊销额，编制无形资产月度摊销表。

第三步：支付广告费。

公司为宣传产品而以银行存款支付广告费。

请写出相关经济业务的会计分录。

案例分析

请思考

面对这个庞大的机构以及20多万名员工，顺丰公司都有哪些管理工作？哪些费用支出？费用高了，利润就少，顺丰公司的会计如何帮助公司降低庞大的管理费用？

顺丰快递掌门人王卫的管理秘诀

王卫谦和低调，他介绍自己17岁离开学校，做过搬运工、清洁工，23岁创办顺丰，2014年20岁的顺丰已有21万名员工，快递部分年收入就有200多亿元，顺丰航空件的数量占国内货物空运量的17%。在这么漂亮的数字面前，王卫只是淡淡一句“运气还好啊”。

王卫的管理秘诀。一是，练好内功，先要平衡“五行”。王卫介绍了顺丰管理理论体系，五年战略计划下的经营五元素“质量、品牌、市场占有率、利润与抗风险”。王卫说：“犹如金木水火土是双生双克的关系，必须保持平衡，在某一环节上投入过多就会打破平衡。”而在五元素下还有极为细致层层分解的五元素行动方案，由每个部门制订与执行。二是，靠心法四诀，避免“走火入魔”。王卫说，顺丰管理理论体系只是企业管理的外功，练外功的同时还得有心法，要不然就会“走火入魔”。王卫的心法四诀包括：有爱心，与员工有同理心；有舍心，与员工慷慨分享；有狠心，出于爱与舍对员工严格要求；有恒心，长期坚持这样做下去。王卫的心法四诀包含了对生意的参透与对人性的领悟。

案例分析参考答案

资料来源：佚名. 顺丰快递掌门人王卫的管理秘诀 [EB/OL]. [2014-02-19]. http://edu.ifeng.com/shangxueyuan/ceo/detail_2014_02/19/33977529_0.shtml.

思维导图

请根据本项目内在知识点的逻辑关系，制作思维导图。

项目十三

利润核算

项目导读

企业作为独立核算的经济实体，其经营的目的就是以自身的经营收入来抵补发生的成本费用，从而实现盈利。企业只有获得尽可能多的利润，才能在激烈的市场竞争中谋求生存和发展。

利润，是指企业在一定会计期间的经营成果。利润包括收入减去费用后的净额、直接计入当期利润的利得和损失等。未计入当期利润的利得和损失扣除所得税影响后的净额计入其他综合收益项目。净利润与其他综合收益的合计金额为综合收益总额。利得是指由企业非日常活动所形成的、会导致所有者权益增加的、与所有者投入资本无关的经济利益的流入。损失是指由企业非日常活动所形成的、会导致所有者权益减少的、与向所有者分配利润无关的经济利益的流出。

(一) 营业利润

营业利润，是指企业在一定会计期间日常活动取得的收入减去费用后的净额。用计算公式表示如下：

营业利润=营业收入-营业成本-税金及附加-销售费用-管理费用-财务费用-资产减值损失+公允价值变动收益（-公允价值变动损失）+投资收益（-投资损失）

其中：营业收入是指企业经营业务所确认的收入总额，包括主营业务收入和其他业务收入。营业成本是指企业经营业务所发生的实际成本总额，包括主营业务成本和其他业务成本。资产减值损失是指企业计提各项资产减值准备所形成的损失。公允价值变动收益（损失）是指企业交易性金融资产等公允价值变动形成的应计入当期损益的利得（损失）。投资收益（损失）是指企业以各种方式对外投资所取得的收益（发生的损失）。

(二) 利润总额

利润总额，为税前会计利润，是企业营业利润加营业外收入减营业外支出后的金额。用计算公式表示如下：

利润总额=营业利润+营业外收入-营业外支出

其中：营业外收入是指企业发生的与其日常活动无直接关系的各项利得。营业外支出是指企业发生的与其日常活动无直接关系的各项损失。

（三）净利润

净利润，为税后利润，是利润总额减去所得税费用后的净额。用计算公式表示如下：

净利润=利润总额–所得税费用

其中：所得税费用是指企业确认的应从当期利润总额中扣除的所得税金额。

学习目标

1. 掌握利润的构成及其主要内容；
2. 掌握营业外收入、营业外支出的核算内容及账务处理；
3. 掌握应交所得税、所得税费用的计算及账务处理；
4. 熟悉本年利润的结转方法及账务处理。

政策依据

《企业会计准则——基本准则》
《关于印发修订〈企业会计准则第16号——政府补助〉的通知》（财会〔2017〕15号）
《企业会计准则第18号——所得税》
《企业会计准则——应用指南》
《中华人民共和国企业所得税法实施条例》
《小企业会计准则》

项目列报

本项目在资产负债表中的列示信息见表13-1。

表13-1 本项目在资产负债表中的列示信息

资　产	期末余额	负债和所有者权益（或股东权益）	期末余额
流动资产：		流动负债：	
⋮		⋮	
		应交税费（=“应交税费”期末转为债权的，以“–”号填列）	
		⋮	
非流动资产：		非流动负债：	
⋮		⋮	
递延所得税资产（=“递延所得税资产”）		递延所得税负债（=“递延所得税负债”）	
⋮		⋮	

本项目在利润表中的列示信息见表13-2。

表13-2 本项目在利润表中的列示信息

项 目	本期金额	上期金额
一、营业收入		
减：营业成本		
⋮		
二、营业利润		
加：营业外收入（=“营业外收入”的发生额分析填列）		
其中：非流动资产处置利得		
减：营业外支出（=“营业外支出”的发生额分析填列）		
其中：非流动资产处置损失		
三、利润总额（反映企业实现的利润；亏损总额，以“-”号填列）		
减：所得税费用（=“所得税费用”的发生额分析填列）		
四、净利润（反映企业实现的净利润；净亏损以“-”号填列）		
⋮		

任务1 营业外收支核算

任务布置

华盛公司生产一种先进的模具产品，按照国家相关规定，该公司的这种产品适用增值税先征后返政策，按实际缴纳增值税税额的70%返还。2017年6月，该公司实际缴纳增值税税额3 000 000元。2017年7月，该公司实际返还的增值税税额2 100 000元。请会计张红做出相关账务处理。

相关原始凭证：请调查，此项经济业务会涉及哪些原始凭证？

业务产生：请调查，此项经济业务是如何产生的？

知识准备

一、营业外收支概述

营业外收支，是指企业发生的与日常活动无直接关系的各项收支，这些收入和支出的偶发性很强，前后不发生联系，而且每项收入和支出往往是彼此孤立的。收入没有相应的成本和费用，支出没有相应的收入。在企业经营活动中，难免会遇到一些与企业经营无直接关系的经济业务，如发生自然灾害、非常事项或其他客观因素造成的财产损失，以及其他各种意外的收入和支出等。营业外收支虽然与企业生产经营活动没有多大关系，但从企业主体来考虑，同样带来收入或形成支出，从而增加或减少利润，对企业的利润总额及净利润产生影响。

二、营业外收支核算的账户设置

为了核算营业外收入的取得及结转情况，企业应设置“营业外收入”账户。该账户属于权益类账户，具体账户结构如下：

借方　　**营业外收入**　　贷方

借方	贷方
期末转入“本年利润”的营业外收入	本期发生的与日常经营活动无直接关系的各项利得

请注意　该账户可按照营业外收入项目进行明细核算。

为了核算营业外支出的发生及结转情况，企业应设置“营业外支出”账户。该账户属于权益类账户，具体账户结构如下：

借方　　**营业外支出**　　贷方

借方	贷方
本期发生的与日常经营活动无直接关系的各项损失	期末转入“本年利润”的营业外支出

请注意　该账户可按照营业外支出项目进行明细核算。

三、营业外收支业务的账务处理

（一）营业外收入

营业外收入，是指企业确认的与其日常活动无直接关系的各项利得。营业外收入并不是企业经营资金耗费所产生的，实际上是经济利益的净流入，不需要与有关的费用进行配比。

营业外收入主要包括非流动资产处置利得、政府补助、盘盈利得、罚没利得、捐赠利得、非货币性资产交换利得、债务重组利得、确实无法支付而按规定程序经批准后转作营业外收入的应付款项等。

其中：非流动资产处置利得包括固定资产处置利得和无形资产出售利得。

固定资产处置利得，是指企业出售固定资产所取得价款，或报废固定资产的材料价值和变价收入等，扣除被处置固定资产的账面价值、清理费用、与处置相关的税费后的净收益。无形资产出售利得，是指企业出售无形资产所取得价款，扣除被出售无形资产的账面价值、与出售相关的税费后的净收益。有关固定资产处置利得和无形资产出售利得的账务处理请参见本教材项目七的相关内容。

政府补助，是指企业从政府无偿取得货币性资产或非货币性资产形成的利得，不包括政府作为所有者对企业的资本投入。

盘盈利得，是指企业对现金等资产清查盘点时发生盘盈，报经批准后计入营业外收入的金额。

罚没利得，是指企业取得的各项罚款，在弥补由于对违反合同或协议而造成的经济损失后的罚款净收益。

捐赠利得，是指企业接受捐赠产生的利得。

非货币性资产交换利得、债务重组利得的确认和会计处理分别参照《企业会计准则第7号——非货币性资产交换》《企业会计准则第12号——债务重组》的有关规定。

1.非流动资产处置利得的账务处理

企业确认处置非流动资产利得时，借记“固定资产清理”“银行存款”“待处理财产损溢”“无形资产”“原材料”等账户，贷记“营业外收入”账户。

【做中学13-1】时达公司将固定资产报废清理的净收益8 000元转入营业外收入，应编制如下会计分录：

借：固定资产清理　　8 000

　　贷：营业外收入——非流动资产处置利得　　8 000

2.盘盈利得、捐赠利得的账务处理

企业将盘盈利得、捐赠利得确认为营业外收入时，借记“库存现金”“待处理财产损溢”等账户，贷记“营业外收入”账户。

【做中学13-2】2017年1月30日，时达公司在库存现金清查中盘盈200元现金，按管理权限报经批准后转入营业外收入，时达公司应编制如下会计分录：

（1）发现盘盈时：

借：库存现金　　200

　　贷：待处理财产损溢　　200

（2）经批准转入营业外收入时：

借：待处理财产损溢　　200

　　贷：营业外收入　　200

3.营业外收入期末的账务处理

期末，企业应将“营业外收入”账户的余额转入“本年利润”账户，借记“营业外收入”账户，贷记“本年利润”账户。结转后该账户应无余额。

【做中学13-3】2017年1月31日，时达公司本期营业外收入总额为180 000元，期末结转本年利润，时达公司应编制如下会计分录：

借：营业外收入　　180 000

　　贷：本年利润　　180 000

（二）营业外支出

营业外支出，是指企业发生的与其日常活动无直接关系的各项损失，主要包括非流动资产处置损失、公益性捐赠支出、盘亏损失、非常损失、罚款支出、非货币性资产交换损失、债务重组损失等。

其中：非流动资产处置损失包括固定资产处置损失和无形资产出售损失。

固定资产处置损失，指企业出售固定资产所取得价款，或报废固定资产的材料价值和变价收入等，抵补处置固定资产的账面价值、清理费用、处置相关税费后的净损失。无形资产出售损失，指企业出售无形资产所取得价款，抵补出售无形资产的账面价值、出售相关税费后的净损失。有关固定资产处置损失和无形资产出售损失的账务处理请参见本教材项目七的相关内容。

公益性捐赠支出，指企业对外进行公益性捐赠发生的支出。

盘亏损失，主要指对于财产清查盘点中盘亏的资产，查明原因并报经批准计入营业外支出的损失。

非常损失，指企业对于因客观因素（如自然灾害等）造成的损失，扣除保险公司赔偿后应计入营业外支出的净损失。

罚款支出，指企业支付的行政罚款、税务罚款，以及其他违反法律法规、合同协议等而支付的罚款、违约金、赔偿金等支出。

1.非流动资产处置损失的账务处理

企业确认非流动资产处置损失时，借记“营业外支出”账户，贷记“固定资产清理”“无形资产”等账户。

【做中学13-4】2016年1月1日，时达公司取得一项价值1 000 000元的非专利技术。2017年1月1日，公司将这项技术出售时已累计摊销100 000元，未计提减值准备，出售时取得价款900 000元，应交增值税为45 000元。不考虑其他因素，出售时应编制如下会计分录：

借：银行存款　　900 000
　　累计摊销　　100 000
　　营业外支出　　45 000
　　贷：无形资产　　1 000 000
　　　　应交税费——应交增值税（销项税额）　　45 000

2.盘亏、罚款支出的账务处理

企业将盘亏、罚款支出确认为营业外支出时，借记“营业外支出”账户，贷记“待处理财产损溢”“库存现金”等账户。

【做中学13-5】时达公司发生原材料意外灾害损失270 000元，经批准全部转作营业外支出。不考虑相关税费。应编制如下会计分录：

（1）发生原材料意外灾害损失时：

借：待处理财产损溢　　270 000
　　贷：原材料　　270 000

（2）批准处理时：

借：营业外支出　　270 000
　　贷：待处理财产损溢　　270 000

【做中学13-6】时达公司用银行存款支付税款滞纳金30 000元，应编制如下会计分录：

借：营业外支出 30 000

　　贷：银行存款 30 000

3.营业外支出期末的账务处理

期末，将“营业外支出”账户余额转入“本年利润”账户，借记“本年利润”账户，贷记“营业外支出”账户。结转后该账户应无余额。

【做中学13-7】时达公司本期营业外支出总额为840 000元，期末结转至本年利润，应编制如下会计分录：

借：本年利润 840 000

　　贷：营业外支出 840 000

任务实施

针对“任务布置”中的经济业务，请写出相关处理程序。

请写出相关经济业务的会计分录。

任务2 政府补助核算

任务布置

2017年7月1日，财政局拨付给华盛公司5000 000元财政拨款（同日到账），要求用于购买大型科研设备1台，并规定若有结余，留给企业自行支配。2017年7月31日，华盛公司购入大型设备（不需要安装），实际成本为4 800 000元，增值税为812 940元，使用寿命为10年。华盛公司于2019年7月31日出售了该设备，收到处置款600 000元、增值税102 000元。

请会计张红做出相关账务处理。

相关原始凭证：

（1）财政局的拨款文件。

（2）银行的到账回单。

（3）公司购入固定资产设备的发票。

（4）支付设备款的银行回单。

（5）固定资产验收入库单。

（6）固定资产出售时开具的发票。

（7）固定资产出售时收到款项的银行回单。

业务产生：企业由于科研投入，享有政府一定的补贴，向政府申请指定用途的补贴款，并用政府拨下来的款项采购指定的科研用途的固定资产。

知识准备

一、政府补助概述

世界上很多国家为了体现其在特定时期的经济政策，鼓励或扶持特定行业、地区或领域的发展，通常会制定一些政策法规对有关企业予以经济支持，如无偿拨款、贷款、担保、注入资本、提供货物或者服务、放弃或者不收缴收入等。

（一）政府补助的定义

政府补助，是指企业从政府无偿取得货币性资产或非货币性资产，但不包括政府作为企业所有者投入的资本。其中，政府包括各级人民政府以及政府组成部门（如财政、卫生等部门）、政府直属机构（如税务、环保等部门）等。联合国、世界银行等国际类似组织，也视同政府。

（二）政府补助的特征

1.来源于政府的经济资源

对于企业收到的来源于其他方的补助，有确凿证据表明政府是补助的实际拨付者，其他方只起到代收代付作用的，该项补助也属于来源于政府的经济资源。

2.无偿性

企业取得来源于政府的经济资源，不需要向政府交付商品或服务等对价。

请注意 下列各项适用其他相关会计准则：

（1）企业从政府取得的经济资源，如果与企业销售商品或提供服务等活动密切相关，且是企业商品或服务的对价或者是对价的组成部分，适用《企业会计准则第14号——收入》等相关会计准则。

（2）所得税减免，适用《企业会计准则第18号——所得税》。

（3）政府以投资者身份向企业投入资本，享有相应的所有者权益，不适用《企业会计准则第16号——政府补助》。

（三）政府补助的确认和计量

政府补助同时满足下列条件的，才能予以确认：

（1）企业能够满足政府补助所附条件；

（2）企业能够收到政府补助。

（四）政府补助的形式

1.财政拨款

财政拨款是政府为了支持企业而无偿拨付的资金。例如，财政部门拨付给企业用于购建固定资产或进行技术改造的专项资金，鼓励企业安置职工就业而给予的奖励款项，拨付企业的粮食定额补贴，拨付企业开展研发活动的研发经费等，均属于财政拨款。

2.财政贴息

财政贴息是指政府为支持特定领域或区域发展，根据国家宏观经济形势和政策目标，对承贷企业的银行贷款利息给予的补贴。

财政贴息主要有两种方式：一是财政贴息资金直接支付给受益企业；二是财政将贴息资金直接拨付贷款银行，由贷款银行以低于市场利率的优惠利率向企业提供贷款，受益企业按照实际发生的利率计算和确认利息费用。

3.税收返还

税收返还是指政府按照国家有关规定采取先征后返（退）、即征即退等办法向企业返还的税款，属于以税收优惠形式给予的一种政府补助，应确认为当期损益。

除了税收返还之外，税收优惠还包括直接减征、免征、增加计税抵扣额、抵免部分税额等形式。这类税收优惠体现了政策导向，但政府并未直接向企业无偿提供资产，因此不作为政府补助准则规范的政府补助处理。

4.无偿划拨非货币性资产

政府无偿划拨非货币性资产在实务中较少发生，有时会存在行政划拨土地使用权、天然起源的天然林等。

二、政府补助核算的账户设置

政府补助为货币性资产的，应当按照收到或应收的金额计量。政府补助为非货币性资产的，应当按照公允价值计量；公允价值不能可靠取得的，按照名义金额计量。

政府补助分为与资产相关的政府补助和与收益相关的政府补助。与资产相关的政府补助，是指企业取得的、用于购建或以其他方式形成长期资产的政府补助。与收益相关的政府补助，是指除与资产相关的政府补助之外的政府补助。

为了核算企业确认的应在以后期间计入当期损益的政府补助情况，企业应设置“递延收益”账户。该账户属于负债类账户，可按照政府补助的种类进行明细核算，具体账户结构如下：

借方	递延收益　　　　贷方
①在相关资产使用寿命内分配递延收益 ②在发生相关费用或损失的未来期间，应补偿的金额	①企业收到或应收的与资产相关的政府补助 ②与收益相关的政府补助，用于补偿企业以后期间相关费用或损失的，收到或应收的金额
	企业应在以后期间计入当期损益的政府补助金额

请注意 与企业日常活动相关但又不宜确认收入或冲减成本费用的政府补助，比如粮食保管费补贴，应计入其他收益。在利润表中的“营业利润”项目之上单独列报“其他收益”项目，明确了其与日常活动相关的地位。

三、政府补助业务的账务处理

（一）与资产相关的政府补助

与资产相关的政府补助，应当冲减相关资产的账面价值或确认为递延收益。与资产相关的政府补助确认为递延收益的，应当在相关资产使用寿命内按照合理、系统的方法分期计入损益。按照名义金额计量的政府补助，直接计入当期损益。

相关资产在使用寿命结束前被出售、转让、报废或发生毁损的，应当将尚未分配的相关递延收益余额转入资产处置当期的损益。

【做中学13-8】2017年1月1日，财政局拨付某企业3 000 000元补助款（同日到账），用于购买环保设备1台，并规定若有结余，留归企业自行支配。2017年2月28日，该企业购入设备（假定从2017年3月1日开始使用，不考虑安装费用），购置设备的实际成本为2 400 000元，使用寿命为5年，2020年2月28日，该企业出售了这台设备，取得价款500 000元。应编制如下会计分录：

（1）2017年1月1日，收到财政拨款，确认政府补助：

借：银行存款　　3 000 000
　　贷：递延收益　　3 000 000

（2）2017年2月28日，购入设备：

借：固定资产　　2 400 000
　　贷：银行存款　　2 400 000

（3）在该项固定资产使用期间（2017年3月至2020年2月），每个月计提折旧（按直线法计提折旧）和分配递延收益，则2020年2月28日，企业出售该设备：

已计提折旧=2 400 000÷5÷12×（10+12+12+2）=1 440 000（元）

已分配递延收益=3 000 000÷5÷12×（10+12+12+2）=1 800 000（元）

借：银行存款　　500 000
　　固定资产清理　　460 000
　　累计折旧　　1 440 000
　　贷：固定资产　　2 400 000

借：营业外支出　　460 000
　　贷：固定资产清理　　460 000

尚未分配的递延收益=3 000 000−1 800 000=1 200 000（元）

将尚未分配的递延收益直接转入当期损益：

借：递延收益　　1 200 000
　　贷：营业外收入　　1 200 000

（二）与收益相关的政府补助

与收益相关的政府补助，应当分情况按照以下规定进行会计处理：

（1）用于补偿企业以后期间的相关成本费用或损失的，确认为递延收益，并在确认相关成本费用或损失的期间，计入当期损益或冲减相关成本；

（2）用于补偿企业已发生的相关成本费用或损失的，直接计入当期损益或冲减相关成本。

【做中学13-9】时达公司完成政府下达技能培训任务，收到财政补助资金150 000元。时达公司应编制如下会计分录：

借：银行存款　　150 000
　　贷：营业外收入　　150 000

【做中学13-10】海运集团为一家农业产业化龙头企业，享受银行贷款月利率0.6%的地方财政贴息补助。2017年1月，海运集团从国家农业发展银行获半年期贷款10 000 000元，银行贷款月利率为0.6%，同时收到财政部门拨付的一季度贴息款180 000元。4月初，又收到二季度的贴息款180 000元。海运集团应编制如下会计分录：

（1）2017年1月，实际收到财政贴息时：

借：银行存款 180 000

　　贷：递延收益 180 000

（2）2017年1月、2月、3月，分别将补偿当月利息费用的补贴计入当期收益：

借：递延收益 60 000

　　贷：营业外收入 60 000

（注：2017年4—6月的会计分录与1—3月的相同）

（三）与资产和收益均相关的政府补助

政府补助的对象常常是综合性项目，可以既是包括设备等长期资产的购置，也包括人工费、购买服务费、管理费等费用化支出的补偿，这种政府补助与资产和收益均相关。对于同时包含与资产相关部分和与收益相关部分的政府补助，应当区分不同部分分别进行会计处理；难以区分的，应当整体归类为与收益相关的政府补助。

（四）与企业日常活动相关的政府补助

与企业日常活动相关的政府补助，应当按照经济业务实质，计入其他收益或冲减相关成本费用。与企业日常活动无关的政府补助，应当计入营业外收支。

请注意 企业和中介机构对从政府无偿取得货币性资产或非货币性资产的具体性质进行判断，分别计入营业收入、其他收益、营业外收入，或者冲减资产账面价值、成本费用。

（1）计入营业收入。企业因与第三方发生日常经营活动相关的交易，而从政府取得的收入，实际上可以认定为政府替第三方支付了部分对价，因此企业应当将从第三方和政府取得的收入合并计算，作为企业的营业收入。

（2）计入其他收益。与企业日常活动相关但又不宜确认收入或冲减成本费用的政府补助，作为其他收益。比如说，粮食保管费补贴。

（3）冲减资产账面价值。与资产相关的政府补助，应当冲减相关资产的账面价值或确认为递延收益。

（4）冲减成本。如果政府是针对企业低价销售进行补贴，则确认收入；如果政府是针对企业高价采购进行补贴，则冲减成本；如果都不是，而又确实与日常经营活动相关，则计入其他收益。

（5）冲减费用。将企业收到的政府补助冲减费用，主要是指贷款贴息的会计处理。合并合同利率与贴息率，直接按优惠利率反映在财务费用中。

任务实施

针对“任务布置”中的经济业务，相关处理程序如下：

第一步：收到财政拨款文件。

公司向政府申请财政专项拨款，政府同意后，收到财政拨款的文件。

第二步：收到款项。

根据政府的拨款文件，公司银行账户收到指定数额的财政拨款金额。

第三步：签订设备采购合同。

按照拨款文件中明确用途，采购大型科研设备一台，与设备生产厂家签订设备采购合同。

第四步：收到设备购买发票。

向设备生产厂家索取购买设备的增值税专用发票。

第五步：支付设备款。

根据相关领导审批同意的单据，出纳将购买设备的款项打入对方公司指定银行账户。

第六步：设备验收入库。

设备运抵公司，经相关部门验收入库，并填制验收入库单，按财务制度要求估计设备的残值、折旧方法。

第七步：设备出售签订销售合同。

按车间计划，对使用过的设备对外出售时，与购买方签订设备销售合同。

第八步：开具设备销售发票。

按设备销售合同，及对方公司提供的基本资料，开具销售设备的增值税专用发票。

第九步：收取货款。

按合同条款规定，及时向设备购买方收取款项。

请写出相关经济业务的会计分录。

任务3　所得税费用核算

任务布置

2017年1月31日，华盛公司取得营业收入6 000万元，营业成本3 600万元，税金及附加120万元，管理费用180万元（其中，业务招待费10万元），销售费用30万元（其中，广告费20万元），财务费用15万元，资产减值损失20万元，公允价值变动收益30万元，营业外收入100万元，营业外支出50万元（其中，工商罚款23.1万元），适用的企业所得税税率为25%，递延所得税资产期初余额10万元，期末余额30万元，递延所得税负债期初余额20万元，期末余额50万元。除以上资料外，不考虑其他因素。

请会计张红做出相关账务处理。

相关原始凭证：计提所得税表。

业务产生：企业每月按利润表的数据计算企业所得税，并按季度预缴税款。

知识准备

一、所得税费用概述

所得税，是以税法为依据，以课税为目的，以企业在一定期间内的生产经营所得和其他所得为课税对象的税种。在我国境内的所有企业，只要有应税所得，都应按规定缴纳企业所得税。所得税费用，是指应从当期利润总额中扣除的所得税费用。由于所得税法规与企业会计准则是基于不同目的，遵循不同原则分别制定的，因此，二者在收入和费用确认原则、资产和负债的计量标准等方面存在着一定的差异，导致企业在一定期间按税法规定计算的应纳税所得额与按会计准则要求确认的会计利润往往不一致。我国企业会计准则规定，对于所得税费用的确认，应采用资产负债表债务法。在资产负债表债务法下，所得税费用包括当期所得税费用和递延所得税费用两个部分，其中，当期所得税，是指当期应交所得税。递延所得税包括递延所得税资产和递延所得税负债。递延所得税资产，是指以未来期间很可能取得用来抵扣可抵扣暂时性差异的应纳税所得额为限确认的一项资产。递延所得税负债，是指根据应纳税暂时性差异计算的未来期间应付所得税的金额。资产负债表债务法核算的基本程序如图 13-1 所示。

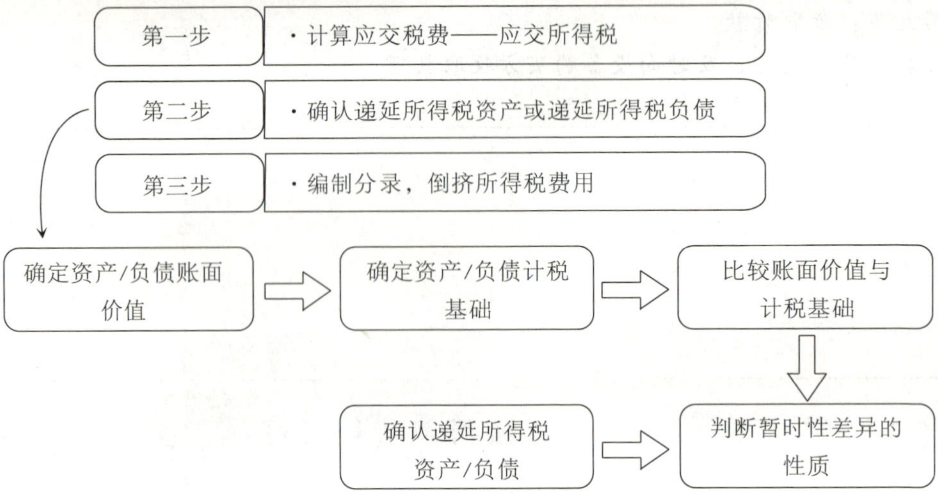

图 13-1　资产负债表债务法核算的基本程序

（一）当期所得税费用

应交所得税是指企业按照税法规定计算确定的针对当期发生的交易和事项，应交给税务部门的所得税金额，即当期应交所得税。应纳税所得额是在企业税前会计利润（即利润总额）的基础上调整确定的，其计算公式如下：

应纳税所得额=税前会计利润+纳税调整增加额-纳税调整减少额

当期所得税费用=当期应交所得税=应纳税所得额×当期适用的所得税税率

纳税调整增加额主要包括税法规定允许扣除项目中，企业已计入当期费用但超过税法规定扣除标准的金额（如超过税法规定标准的职工福利费、工会经费、职工教育经费、业务招待费、公益性捐赠支出、广告费和业务宣传费等），以及企业已计入当期损失但税法规定不允许扣除项目的金额（如税收滞纳金、罚金、罚款）。

纳税调整减少额主要包括按税法规定允许弥补的亏损和准予免税的项目，如前五年内未弥补亏损和国债利息收入等。

请注意 自 2017 年 1 月 1 日至 2019 年 12 月 31 日，将小型微利企业年应纳税所得额上限由 30 万元提高到 50 万元，符合这一条件的小型微利企业所得减半计算应纳税所得额并按 20%优惠税率缴纳企业所得税。自 2017 年 1 月 1 日到 2019 年 12 月 31 日，将科技型中小企业开发新技术、新产品、新工艺实际发生的研发费用在企业所得税税前加计扣除的比例，由50%提高至75%。

【做中学13-11】时达公司2017年度按企业会计准则计算的税前会计利润为19 800 000元，所得税税率为25%。时达公司全年实发工资、薪金为2 000 000元，职工福利费为300 000元，工会经费为50 000元，职工教育经费为100 000元；经查，时达公司当年营业外支出中有120 000元，为税收滞纳罚金。假定时达公司全年无其他纳税调整因素。

按税法规定，时达公司在计算当期应纳税所得额时，可以扣除工资、薪金支出2 000 000元，扣除职工福利费支出280 000元（2 000 000×14%），工会经费支出40 000元（2 000 000×2%），职工教育经费支出50 000元（2 000 000×2.5%）。时达公司有两种纳税调整因素：一是已计入当期费用但超过税法规定标准的费用支出；二是已计入当期营业外支出但按税法规定不允许扣除的税收滞纳金。这两种因素均应调整增加应纳税所得额。时达公司当期所得税计算如下：

纳税调整数=（300 000−280 000）+（50 000−40 000）+（100 000−50 000）+120 000
=200 000（元）

应纳税所得额=19 800 000+200 000=20 000 000（元）

当期所得税费用=应交所得税=20 000 000×25%=5 000 000（元）

【做中学13-12】时达公司2017年全年利润总额（即税前会计利润）为10 200 000元，其中包括本年收到的国债利息收入200 000元。所得税税率为25%。假定时达公司全年无其他纳税调整因素。

按照税法的有关规定，企业购买国债的利息收入免交所得税，即在计算应纳税所得额时可将其扣除。时达公司当期所得税计算如下：

应纳税所得额=10 200 000−200 000=10 000 000（元）

当期所得税费用=应交所得税=10 000 000×25%=2 500 000（元）

（二）递延所得税费用

递延所得税，是指由于资产、负债的账面价值与其计税基础不同产生的暂时性差异而确认的所得税费用。

1.暂时性差异

暂时性差异，是指资产或负债的账面价值与其计税基础之间的差异。资产的计税基础，是指企业收回资产账面价值的过程中，计算应纳税所得额时按照税法规定可以自应税经济利益中抵扣的金额，即某一项资产在未来期间计税时可以税前扣除的金额。负债的计税基础，是指负债的账面价值减去未来期间计算应纳税所得额时按照税法规定可予扣除的金额。

由于资产、负债的账面价值与其计税基础不同，产生了在未来收回资产或清偿负债的期间内，应纳税所得额增加或减少并导致未来期间应交所得税增加或减少的情况。根据暂时性差异对未来期间应纳税额影响的不同，分为应纳税暂时性差异和可抵扣暂时性差异。

（1）应纳税暂时性差异。应纳税暂时性差异，是指在确定未来回收资产或清偿负债期间的应纳税所得额时，将导致产生应税金额的暂时性差异。该差异在未来期间转回时会增加转回期间的应纳税所得额，增加未来期间的应交所得税。在该差异产生当期，应当确认相关的递延所得税负债。应纳税暂时性差异通常产生于下列情况：

①资产的账面价值大于其计税基础。一项资产的账面价值代表企业在持续使用及最终出售该资产时取得的经济利益的总额，而计税基础代表的是一项资产在未来期间可予税前扣除的金额。资产账面价值大于其计税基础，说明该项资产未来期间产生的经济利益不能全部在所得税税前扣除，而二者之间的差额需要纳税，从而产生应纳税暂时性差异。

②负债的账面价值小于其计税基础。一项负债的账面价值代表的是企业预计在未来期间清偿该项负债时的经济利益流出，而其计税基础代表的是账面价值在扣除税法规定未来期间允许税前扣除的金额之后的差额。因负债账面价值与其计税基础不同产生的暂时性差异，实质上是税法规定就该负债在未来期间可以税前抵扣的金额为负数，即应在未来期间应纳税所得额的基础上调增，增加未来期间的应纳税所得额和应交所得税，从而产生应纳税暂时性差异。

（2）可抵扣暂时性差异。可抵扣暂时性差异，是指在确定未来收回资产或清偿负债期间的应纳税所得额时，将导致产生可抵扣金额的暂时性差异。该差异在未来期间转回时会减少转回期间的应纳税所得额，减少未来期间的应交所得税。可抵扣暂时性差异通常产生于下列情况：

①资产的账面价值小于其计税基础。这种情形表明，资产在未来期间产生的经济利益少，按照税法规定允许税前扣除的金额多，则企业在未来期间可以减少应纳税所得额，形成可抵扣暂时性差异。

②负债的账面价值大于其计税基础。因负债账面价值与计税基础不同产生的暂时性差异，实质上是税法规定就该负债在未来期间可以税前抵扣的金额。一项负债的账面价值大于其计税基础，意味着未来期间按照税法规定与该负债相关的全部或部分支出可以自未来应税经济利益中扣除，减少未来期间的应纳税所得额和应交所得税，形成可抵扣暂时性差异。

【做中学13-13】时达公司2016年12月取得某项固定资产，原价为200万元，预计使用10年，会计上采用直线法计提折旧，预计净残值为零。假设税法规定类似固定资产采用加速折旧法计提的折旧可在税前扣除，计税时采用双倍余额递减法计提折旧，净残值为零。

2017年12月31日：

该固定资产的账面价值=200-20=180（万元）

该固定资产的计税基础=200-200×20%=160（万元）

该项固定资产在2017年年末的账面价值180万元与其计税基础160万元之间产生了20万元的差额，属于应纳税暂时性差异。

【做中学13-14】时达公司2017年12月销售商品且提供售后服务，确认190万元的销售费用，同时计入预计负债，当年度未发生任何维修支出。税法规定，有关商品售后服务相关的费用在实际发生时允许税前扣除。

2017年12月31日：

该预计负债的账面价值=190万元

该预计负债的计税基础=190－190=0（万元）

该项预计负债在2017年年末的账面价值190万元与其计税基础0之间产生了190万元的差额，属于可抵扣暂时性差异。

2.递延所得税资产与递延所得税负债

递延所得税资产产生于可抵扣暂时性差异，一般按照可抵扣暂时性差异和转回期间的税率计算确定。其计算公式为：

递延所得税资产=可抵扣暂时性差异×适用税率

递延所得税负债产生于应纳税暂时性差异，一般按照应纳税暂时性差异和转回期间的税率计算确定。其计算公式为：

递延所得税负债=应纳税暂时性差异×适用税率

3.递延所得税

递延所得税，即递延所得税资产及递延所得税负债的当期发生额，但不包括直接计入所有者权益的交易或事项及企业合并（商誉）的所得税影响。用公式表示即为：

$$\text{递延所得税}=(\text{期末递延所得税负债}-\text{期初递延所得税负债})-(\text{期末递延所得税资产}-\text{期初递延所得税资产})$$

（三）所得税费用

企业根据会计准则的规定，计算确定的当期所得税和递延所得税之和，即为应从当期利润总额中扣除的所得税费用。即：

所得税费用=当期所得税+递延所得税

二、所得税费用核算的账户设置

为了核算和监督企业所得税的上缴和结转等情况，企业应设置“所得税费用”“递延所得税资产”“递延所得税负债”“应交税费——应交所得税”等账户。

（一）“所得税费用”账户

该账户属于损益类账户，核算企业按规定应从当期利润中扣除的所得税费用。具体账户结构如下：

借方　　　　**所得税费用**	贷方
从当期损益中扣除的所得税费用	期末转入本年利润的所得税费用

请注意 该账户期末结转后无余额，可按“当期所得税费用”“递延所得税费用”进行明细核算。

（二）“递延所得税资产”账户

该账户属于资产类账户，核算企业确认的可抵扣暂时性差异产生的递延所得税资产，以及根据税法规定可用以后年度税前利润弥补的亏损及税款抵减产生的所得税资产。具体账户结构如下：

借方　　　　**递延所得税资产**	贷方
当期递延所得税资产的发生金额	当期递延所得税资产的转回金额
企业确认的递延所得税资产	

请注意 该账户可按可抵扣暂时性差异的项目进行明细核算。

（三）“递延所得税负债”账户

该账户属于负债类账户，核算企业确认的应纳税暂时性差异产生的递延所得税负债。具体账户结构如下：

借方 **递延所得税负债** 贷方

当期递延所得税负债的转回金额	当期递延所得税负债的发生金额
	企业确认的递延所得税负债

请注意 该账户可按应纳税暂时性差异的项目进行明细核算。

（四）“应交税费——应交所得税”账户

该账户属于负债类账户，核算企业应交未交的企业所得税。具体账户结构如下：

借方 **应交税费——应交所得税** 贷方

企业已缴纳的所得税	期末尚未缴纳的所得税
多交或尚未抵扣的税费	尚未缴纳的税费

请注意 该账户可按应交税费项目进行明细核算。

三、所得税费用业务的账务处理

企业应借记“所得税费用”“递延所得税资产”（或贷）账户；贷记“应交税费——应交所得税”“递延所得税负债”（或借）账户。期末，应将“所得税费用”账户的余额转入“本年利润”账户，借记“本年利润”账户，贷记“所得税费用”账户，结转后本账户应无余额。

【做中学13-15】沿用【做中学13-11】的资料，时达公司递延所得税负债年初数为400 000元，年末数为500 000元，递延所得税资产年初数为250 000元，年末数为200 000元。时达公司所得税费用计算如下：

递延所得税=（500 000−400 000）−（200 000−250 000）=150 000（元）

所得税费用=当期所得税+递延所得税=5 000 000+150 000=5 150 000（元）

时达公司应编制如下会计分录：

借：所得税费用	5 150 000	
贷：应交税费——应交所得税		5 000 000
递延所得税负债		100 000
递延所得税资产		50 000

任务实施

针对“任务布置”中的经济业务，相关处理程序如下：

第一步：计算税前利润。

根据公司的经营情况，计算税前利润。

第二步：确定调增与调减。

根据所得税汇算清缴原则，把招待费、广告费、减值损失等项目做好调增与调减，计算出调整后的应纳税所得额。

第三步：计算递延税款。

根据调整项目，计算出递延税款。

请写出相关经济业务的会计分录。

任务 4 本年利润核算

任务布置

2017 年 1 月，华盛公司各有关损益类账户结转前余额见表 13-3。该企业采用表结法，月末一次结转损益类账户，所得税税率为 25%。公司每月按会计利润计算应交所得税，并确定所得税费用，年度根据所得税汇算清缴再进行调整。公司预计会持续盈利，以后年度能够获得足够的应纳税所得额。

请会计张红做出相关账务处理。

表 13-3 损益类账户余额表

2017 年 1 月 31 日 单位：万元

账户名称	借或贷	结账前余额
主营业务收入	贷	5 800
其他业务收入	贷	200
公允价值变动损益	贷	30
投资收益	贷	60
营业外收入	贷	100
主营业务成本	借	3200
其他业务成本	借	400
税金及附加	借	120
销售费用	借	30
管理费用	借	180
财务费用	借	15
资产减值损失	借	20
营业外支出	借	50

相关原始凭证：期末损益类账户余额结转可不附原始凭证。

业务产生：请调查，此项经济业务是如何产生的？

知识准备

一、结转本年利润概述

会计期末结转本年利润的方法有表结法和账结法两种。

（一）表结法

在表结法下，各损益类账户每月月末只需结计出本月发生额和月末累计余额，不结转到“本年利润”账户，只有在年末时才将全年累计余额结转入“本年利润”账户。但每月月末要将损益类账户的本月发生额合计数填入利润表的本月数栏，同时将本月末累计余额填入利润表的本年累计数栏，通过利润表计算反映各期的利润（或亏损）。在表结法下，年中损益类账户无须结转入“本年利润”账户，从而减少了转账环节和工作量，同时并不影响利润表的编制及有关损益指标的利用。

（二）账结法

在账结法下，每月月末均需编制转账凭证，将在账上结计出的各损益类账户的余额结转入“本年利润”账户。结转后“本年利润”账户的本月余额反映当月实现的利润或发生的亏损，“本年利润”账户的本年余额反映本年累计实现的利润或发生的亏损。在账结法下，各月均可通过“本年利润”账户提供当月及本年累计的利润（或亏损）额，但增加了转账环节和工作量。

二、本年利润核算的账户设置

为了反映盈余公积的形成及使用和监督本年度净利润（或净亏损）情况，企业应设置“本年利润”账户。该账户属于所有者权益类账户，具体账户结构如下：

借方　　　　**本年利润**　　　　贷方

借方	贷方
①期末从“主营业务成本”“其他业务成本”“税金及附加”“销售费用”“管理费用”“财务费用”“资产减值损失”“营业外支出”等账户转入的金额 ②期末从“公允价值变动损益”“投资收益”账户转入的净损失	①期末从“主营业务收入”“其他业务收入”“营业外收入”等账户转入的金额 ②期末从“公允价值变动损益”“投资收益”账户转入的净收益
年终结转前期末余额：反映企业年初到本期末累计发生的净亏损	年终结转前期末余额：反映企业年初到本期末累计实现的净利润

请注意　该账户是一个汇总类账户。

三、本年利润业务的账务处理

会计期末，企业应将“主营业务收入”“其他业务收入”“营业外收入”等账户的余额分别转入“本年利润”账户的贷方，将“主营业务成本”“其他业务成本”“税金及附加”“销售费用”“管理费用”“财务费用”“资产减值损失”“营业外支出”“所得税费用”等账户的余额分别转入“本年利润”账户的借方。企业还应将“公允价值变动损益”“投资收益”账户的净收益转入“本年利润”账户的贷方，将“公允价值变动损益”“投资收益”账户的净损失转入“本年利润”账户的借方。结转后“本年利润”账户如为贷方余额，表示当年实现的净利润；如为借方余额，表示当年发生的净亏损。

年度终了，企业还应将“本年利润”账户的本年累计余额转入“利润分配——未分配利润”账户。如“本年利润”为贷方余额，借记“本年利润”账户，贷记“利润分配——未分配利润”账户；如为借方余额，作相反的会计分录。结转后“本年利润”账户应无余额。

【做中学13-16】时达公司2017年有关损益类账户的年末余额见表13-4，该企业采用表结法年末一次结转损益类账户，所得税税率为25%。

表13-4　　损益类账户余额表　　单位：元

账户名称	借或贷	结账前余额
主营业务收入	贷	143 500 000
其他业务收入	贷	500 000
公允价值变动损益	贷	1 000 000
投资收益	贷	3 000 000
营业外收入	贷	3 500 000
主营业务成本	借	113 000 000
其他业务成本	借	1 900 000
税金及附加	借	1 700 000
销售费用	借	4 800 000
管理费用	借	5 000 000
财务费用	借	3 600 000
资产减值损失	借	500 000
营业外支出	借	1 500 000

时达公司2017年年末结转本年利润应编制如下会计分录：

（1）将各损益类账户年末余额结转入“本年利润”账户。

①结转各项收入、利得类账户。

借：主营业务收入　　143 500 000
　　其他业务收入　　500 000
　　公允价值变动损益　　1 000 000
　　投资收益　　3 000 000
　　营业外收入　　3 500 000
　　贷：本年利润　　　　151 500 000

②结转各项费用、损失类账户。

借：本年利润 132 000 000

　　贷：主营业务成本 113 000 000

　　　　其他业务成本 1 900 000

　　　　税金及附加 1 700 000

　　　　销售费用 4 800 000

　　　　管理费用 5 000 000

　　　　财务费用 3 600 000

　　　　资产减值损失 500 000

　　　　营业外支出 1 500 000

（2）经过上述结转后，“本年利润”账户的贷方发生额合计151 500 000元减去借方发生额合计132 000 000元，即为税前会计利润19 500 000元。

（3）假设时达公司2016年度不存在所得税纳税调整因素。

（4）应交所得税=19 500 000×25%=4 875 000（元）

①确认所得税费用。

借：所得税费用 4 875 000

　　贷：应交税费——应交所得税 4 875 000

②将所得税费用结转入“本年利润”账户。

借：本年利润 4 875 000

　　贷：所得税费用 4 875 000

（5）将“本年利润”账户年末余额14 625 000元（151 500 000−132 000 000−4 875 000）转入“利润分配——未分配利润”账户：

借：本年利润 14 625 000

　　贷：利润分配——未分配利润 14 625 000

任务实施

针对“任务布置”中的经济业务，相关处理程序如下：

第一步：计算损益类账户余额。

根据公司本月的业务情况，统计出损益类账户的余额数据。

第二步：结转至本年利润。

将损益类账户余额结转至本年利润。

请写出相关经济业务的会计分录。

案例分析

请思考

当企业实际亏损的时候，虚造盈利给企业带来的好处是什么？企业实现的利润都用来做什么？有利润一定要进行利润分配吗？

东芝做假账做出 1 518 亿日元利润

日本企业在2015年事件频出，东芝造假该是诸多事件中最为引人注目的一个。

东芝有140年的历史，2008年以后持续地做假账，让企业凭空多出了1 518亿日元（约合人民币80亿元）的利润。东芝的问题最集中地表露出了日本企业目前的困境。

140年中，东芝也曾经出现过因被别国恶意抹黑而遭受名誉重大损失的情形，但这次已经不是谁在抹黑东芝，是东芝自己不得不承认，过去7年里在账务上做了假。

2013年8月，田中总裁对电视事业部明确地说："电视业务要是做不出盈利的话，这个部门就要废掉，这不是吓唬你们。""动用一切手段实现盈利！"在日本所有公司都不能让电视业务获利的时候，田中总裁严令东芝必须盈利。

半导体算是东芝投资很大的业务，但半导体需要不断追加投资，能隔几年投入数十亿美元的企业不多。不进行投资，就会在生产技术上落后于人。东芝的半导体说是盈利了，但实际上长年处于潜亏的状态。

核电就更不用说了。2011年的大地震，几乎让日本失去了扩建核电站的可能性，去国外建核电站，需要国家的支持。在已经失落了20年的日本，国家能给企业在核电上的支持不多。

想要保持盈利，实际上非常困难。日本综合电机企业发生亏损，已是司空见惯。

案例分析
参考答案

资料来源：陈言. 东芝2008年后持续做假账：凭空多出1518亿日元利润 [EB/OL]. [2015-07-27]. http://www.ceweekly.cn/2015/0727/120920.shtml.

思维导图

请根据本项目内在知识点的逻辑关系，制作思维导图。

项目十四

财务报表编制

项目导读

财务报告，是指企业对外提供的反映企业某一特定日期的财务状况和某一会计期间的经营成果、现金流量等会计信息的文件。财务报告包括财务报表和其他应当在财务报告中披露的相关信息和资料。

财务报告的目标，是向财务报告使用者提供与企业财务状况、经营成果和现金流量等有关的会计信息，反映企业管理层受托责任的履行情况，有助于财务报告使用者做出经济决策。财务报告使用者通常包括投资者、债权人、政府及其有关部门和社会公众等。

财务报表是对企业财务状况、经营成果和现金流量的结构性表述。一套完整的财务报表至少应当包括资产负债表、利润表、现金流量表、所有者权益（或股东权益，下同）变动表以及附注。资产负债表、利润表和现金流量表分别从不同角度反映企业的财务状况、经营成果和现金流量。

高质量的会计信息是保证会计决策有用的基石。从诸多企业经营的历史来看，不讲究诚信原则的企业，虽然可能暂时成功，但是无法长期地保持竞争力。所以，财务报表所揭示的会计信息应遵循会计准则和公认会计原则的基本要求。为了充分发挥会计信息的作用，确保信息质量，各会计主体单位必须按照一定的程序、方法和要求，编报合法、真实和公允的财务报表。

（1）为了确保财务报表编报的及时性，政府有关部门对各单位财务报表编报时间做出了明确的规定。

（2）企业应当以持续经营为基础，根据实际发生的交易和事项进行确认和计量，在此基础上编制财务报表。企业不应以附注披露代替确认和计量。

（3）财务报表项目的列报应当在各个会计期间保持一致，不得随意变更，除非会计准则要求改变，或主体的经营性质发生重大变化，改变后的列报能够提供更可靠、更相关的信息。

（4）企业应当考虑报表项目的重要性。财务报表某项目的省略或错报会影响使用者据此做出经济决策的，则该项目具有重要性。重要性应当根据企业所处的环境，从项目的性质和金额大小两方面予以判断。

（5）当期财务报表的列报，至少应当提供所有列报项目的上一可比期间的比较数据，以及与理解当期财务报表相关的说明。

（6）企业应当在所编制的财务报表中的显著位置至少披露下列内容：①编报企业的名称；②资产负债表日或财务报表涵盖的会计期间；③人民币金额单位；④财务报表是合并财务报表的，应予以标明。

此外，企业在列报财务报表时，应严格遵守资产、负债、所有者权益、收入和费用的定义和确认标准，如实反映企业的交易与其他经济事项，真实而公允地反映企业的财务状况、经营成果以及现金流量。在必要的情况下，企业还可以通过附注的形式来补充说明财务报表的内容以及财务报表不能反映的内容，进一步提高财务报表的真实性与公允性。

财务报告分类图

学习目标

1.掌握财务报告、财务报表的组成；
2.掌握资产负债表的内容、结构及其编制；
3.掌握利润表的格式、内容及其编制；
4.掌握现金流量表的格式、内容及其编制；
5.掌握所有者权益变动表的格式、内容；
6.掌握主要财务指标的概念和计算方法；
7.熟悉所有者权益变动表的编制；
8.熟悉附注的概念及其主要披露项目；
9.了解财务报告的目标和财务报表的分类；
10.了解资产负债表、利润表、现金流量表和所有者权益变动表的作用。

政策依据

《企业会计准则——应用指南》
《企业会计准则第30号——财务报表列报》
《企业会计准则第31号——现金流量表》
《企业会计准则第32号——中期财务报告》
《企业内部控制应用指引第14号——财务报告》

任务1 资产负债表编制

任务布置

中兴股份有限公司为增值税一般纳税人，适用的增值税税率为17%、所得税税率为25%；原材料采用实际成本进行核算。该公司2016年12月31日的资产负债表见表14-1。其中，"应收账款"账户的期末余额为2 400 000元，"坏账准备"账户的期末余额为5 400元，其他资产均未计提减值准备。"固定资产"账户的期末余额为6 600 000元，"累计折旧"账户的期末余额为1 800 000元。

2017年，中兴股份有限公司发生如下经济业务：

（1）1月5日，收到原材料一批，实际成本为800 000元，增值税进项税额为136 000元。材料已验收入库，货款已于上月预付。

（2）1月3日，用银行汇票支付采购材料价款，公司收到开户银行转来的银行汇票多余款收账通知，通知上填写的多余款为3 960元，支付材料价款及运费共550 000元，支付增值税进项税额148 040元，材料已验收入库。

（3）1月5日，从银行借入3年期借款6 000 000元用于购建办公楼，借款已存入银行账户。

（4）2月15日，销售A产品10 000件给甲公司，开出的增值税专用发票上注明的销售价款为4 000 000元，增值税销项税额为680 000元。折扣条件为"2/10，1/20，N／30"，当日收到款项并存入银行。销售产品的实际成本为2 500 000元。

（5）2月25日，购入不需安装的设备一台，收到的增值税专用发票上注明的设备价款为600 000元，增值税进项税额为102 000元，支付包装费和运费3 000元。款项均以银行存款支付，设备已交付使用。

（6）2月28日，当年2月15日销售给甲公司的A产品有600件有质量问题，经双方协商退回。用银行存款支付退货款项，退回的A产品验收入库，并按规定开出红字增值税专用发票。

（7）3月15日，公司将要到期的一张面值为1 200 000元的无息银行承兑汇票（不含增值税），连同解讫通知和进账单交银行办理转账。收到银行盖章退回的进账单一联。款项银行已收妥。

（8）4月1日，公司将交易性金融资产（全部为股票投资）兑现99 000元，该投资的成本为78 000元，公允价值变动为增值12 000元，处置收益为9 000元，不考虑增值税。

（9）5月10日，公司出售一项专利技术，售价为250 000元，款项存入银行。该项专利技术实际成本为500 000元，累计摊销额为380 000元，未计提减值准备。

（10）5月25日，购入工程物资一批用于建造办公楼，收到的增值税专用发票上注明的物资价款和增值税进项税额合计为585 000元，另支付其他相关费用15 000元，款项已通过银行转账支付。

（11）5月27日，工程应付工程人员工资1 200 000元，福利费168 000元。

（12）6月5日，取得交易性金融资产（股票投资），价款为618 000元，交易费用为12 000元，已用银行存款支付。

表 14-1　资产负债表　会企 01 表

编制单位：中兴股份有限公司　2016 年 12 月 31 日　金额单位：元

资产	期末余额	年初余额	负债和所有者权益（或股东权益）	期末余额	年初余额
流动资产：			流动负债：		
货币资金	8 437 800		短期借款	2 136 000	
以公允价值计量且其变动计入当期损益的金融资产	90 000		以公允价值计量且其变动计入当期损益的金融负债	0	
应收票据	1 476 000		应付票据	1 200 000	
应收账款	2 394 600		应付账款	4 736 800	
预付款项	936 000		预收款项	0	
应收利息	0		应付职工薪酬	1 652 000	
应收股利	0		应交税费	219 600	
其他应收款	30 000		应付利息	0	
存货	15 480 000		应付股利	0	
一年内到期的非流动资产	0		其他应付款	300 000	
其他流动资产	0		一年内到期的非流动负债	6 000 000	
流动资产合计	28 844 400		其他流动负债	0	
非流动资产：			流动负债合计	16 244 400	
可供出售金融资产	0		非流动负债：		
持有至到期投资	0		长期借款	3 600 000	
长期应收款	0		应付债券	0	
长期股权投资	1 500 000		长期应付款	0	
投资性房地产	0		专项应付款	0	
固定资产	4 800 000		预计负债	0	
在建工程	9 000 000		递延所得税负债		
工程物资	0		其他非流动负债	0	
固定资产清理	0		非流动负债合计	3 600 000	
生产性生物资产	0		负债合计	19 844 400	
油气资产	0		所有者权益（或股东权益）：		
无形资产	5 400 000		实收资本（或股本）	30 000 000	
开发支出	0		资本公积	0	
商誉	0		减：库存股	0	
长期待摊费用	0		其他综合收益	0	
递延所得税资产	0		盈余公积	600 000	
其他非流动资产	1 200 000		未分配利润	300 000	
非流动资产合计	21 900 000		所有者权益（或股东权益）合计	30 900 000	
资产总计	50 744 400		负债和所有者权益（或股东权益）总计	50 744 400	

法定代表人：　主管会计：　制表：　报出日期：年　月　日

（13）6月5日，公司出售一台不需用设备，收到价款1 800 000元。该设备原价为2 400 000元，已提折旧900 000元。该项设备已由购入单位运走，不考虑相关税费。

（14）6月25日，一项工程完工，交付生产使用，已办理竣工手续，固定资产入账价值为8 106 762元。

（15）6月30日，用银行存款支付广告费、产品展览费120 000元。

（16）11月30日，支付工资3 000 000元，其中包括支付在建工程人员的工资1 200 000元。

（17）11月30日，分配应支付的职工工资2 000 000元（不包括在建工程应负担的工资）。其中，生产人员工资1 790 000元，车间管理人员工资60 000元，行政管理部门人员工资90 000元，专设销售机构人员工资60 000元。

（18）11月30日，提取职工福利费280 000元（不包括在建工程应负担的福利费168 000元）。其中，生产工人福利费250 600元，车间管理人员福利费8 400元，行政管理部门人员福利费12 600元，专设销售机构人员福利费8 400元。

（19）11月30日，以银行存款支付生产车间水电费540 000元。

（20）12月15日，计提无形资产摊销360 000元。计提固定资产折旧600 000元，其中，生产车间计提折旧480 000元，管理部门计提折旧120 000元。计提固定资产减值准备180 000元。

（21）12月25日，计算并结转本期完工产品成本3 129 000元。没有期初在产品，本期生产的产品全部完工入库。

（22）12月25日，公司采用商业承兑汇票结算方式销售产品一批，开出的增值税专用发票上注明的销售价款为1 500 000元，增值税销项税额为255 000元，收到1 755 000元的商业承兑汇票一张，产品实际成本为900 000元。

（23）12月26日，公司将上述商业承兑汇票到银行办理贴现，贴现息为120 000元。

（24）12月26日，提取本期长期借款利息1 260 000元，其中在建工程应负担1 200 000元，其余计入当期损益，长期借款为分期付息。

（25）12月26日，支付长期借款利息1 260 000元及本金6 000 000元

（26）12月28日，公司本期产品销售应缴纳的教育费附加为10 000元。

（27）12月29日，用银行存款缴纳增值税500 000元、教育费附加10 000元。

（28）12月29日，上年度销售产品一批，开出的增值税专用发票上注明的销售价款为60 000元，增值税销项税额为10 200元，购货方开出商业承兑汇票。本期由于购货方发生财务困难，无法按合同规定偿还债务，经双方协议，公司同意购货方用产品抵偿该应收票据。用于抵债的产品市价为48 000元，适用的增值税税率为17%。

（29）12月31日，持有的交易性金融资产的公允价值为630 000元。

（30）12月31日，除计提固定资产减值准备180 000元造成固定资产账面价值与其计税基础存在差异外，不考虑其他项目的所得税费用影响。企业按照税法规定计算确定的应交所得税及递延所得税，并编制相应会计分录。

（31）12月31日，将各收支账户余额结转至“本年利润”账户。

（32）12月31日，将“利润分配”账户各明细账户的余额转入“未分配利润”明细账户，并结转至本年利润。

（33）12月31日，按照净利润的10%提取法定盈余公积。

（34）12月31日，用银行存款缴纳当年应交所得税。

请根据上述经济业务，编制中兴股份有限公司2017年12月31日的资产负债表。

知识准备

一、资产负债表概述

资产负债表，是反映企业在某一特定日期的财务状况的报表。资产负债表是静态报表。通过资产负债表，可以了解企业拥有或控制的经济资源及其分布情况；可以了解企业未来需要偿付的债务数额以及清偿时间；可以了解企业现有的投资者在企业资产总额中所占的份额，据以判断企业资本保值增值情况以及对负债的保障程度。同时，通过对资产负债表项目金额及其相关比率（流动比率、资产负债率）的分析，可以帮助报表使用者全面了解企业的财务状况，分析企业的债务偿还能力，从而为未来的经济决策提供信息。

我国企业的资产负债表采用账户式结构（具体格式见表1-1）。账户式资产负债表分左右两方，左方为资产项目，大体按资产的流动性大小排列，流动性大的资产如“货币资金”“以公允价值计量且其变动计入当期损益的金融资产”等排在前面，流动性小的资产如“长期股权投资”“固定资产”等排在后面。右方为负债和所有者权益（或股东权益，下同）项目，一般按要求清偿时间的先后顺序排列，“短期借款”“应付票据”“应付账款”等需要在一年以内或者长于一年的一个正常营业周期内偿还的流动负债排在前面，“长期借款”等在一年以上才需偿还的非流动负债排在中间，在企业清算之前不需要偿还的所有者权益项目排在后面。

企业衍生金融工具业务具有重要性的，应当在资产负债表资产项下“以公允价值计量且其变动计入当期损益的金融资产”项目和“应收票据”项目之间增设“衍生金融资产”项目，在资产负债表负债项下“以公允价值计量且其变动计入当期损益的金融负债”项目和“应付票据”项目之间增设“衍生金融负债”项目，分别反映企业衍生工具形成的资产和负债的期末余额。

账户式资产负债表中的资产各项目的合计等于负债和所有者权益各项目的合计，即资产负债表左方和右方平衡。因此，通过账户式资产负债表，可以反映资产、负债、所有者权益之间的内在关系，即“资产=负债+所有者权益”。

二、资产负债表编制说明

（一）“年初余额”栏填列

资产负债表各项目“年初余额”栏内各项数字，应根据上年末资产负债表的“期末余额”栏内所列数字填列，如果本年度资产负债表规定的各个项目的名称和内容同上年度不相一致，应对上年年末资产负债表各项目的名称和数字按本年度的规定进行调整，按调整后的数字填入本表“年初余额”栏内。

（二）“期末余额”栏填列

资产负债表各项目“期末余额”栏填列方法见表14-2。

表14-2　资产负债表各项目“期末余额”栏填列方法

填列方法		资产负债表项目举例
直接填列	根据总账账户余额填列	“以公允价值计量且其变动计入当期损益的金融资产”“投资性房地产（公允价值计量模式）”“固定资产清理”“递延所得税资产”“短期借款”“以公允价值计量且其变动计入当期损益的金融负债”“应付票据”“应付职工薪酬”“应交税费”“应付利息”“应付股利”“其他应付款”“专项应付款”“预计负债”“递延所得税负债”“实收资本（或股本）”“资本公积”“库存股”“盈余公积”等项目
间接填列	根据几个总账账户余额计算填列	“货币资金”“未分配利润”等项目
	根据有关明细账账户余额计算填列	“预收款项”“应付账款”“开发支出”“一年内到期的非流动资产”“一年内到期的非流动负债”等项目
	根据总账账户和明细账账户的期末余额分析计算填列	“长期待摊费用”“长期借款”“应付债券”“长期应付款”等项目
	根据有关总账账户与其备抵账户抵销后的净额填列	“应收票据”“应收股利”“应收利息”“其他应收款”“长期股权投资”“工程物资”“在建工程”等项目
	综合运用上述填列方法分析填列	“存货”“应收账款”“预付款项”“以摊余成本计量的金融资产”“长期应收款”“固定资产”“无形资产”“投资性房地产（成本计量模式）”等项目

三、资产负债表各主要项目的内容和填列方法

（一）“货币资金”项目

本项目反映企业在生产经营过程中处于货币形态的经营资金，包括库存现金、银行存款和其他货币资金，是企业资产中流动性较强的一种资产。本项目应根据“库存现金”“银行存款”“其他货币资金”三个总账账户期末余额的合计数填列。

【做中学14-1】时达公司2016年12月31日结账后的“库存现金”账户余额为10 000元，“银行存款”账户余额为4 000 000元，“其他货币资金”账户余额为1 000 000元。

2016年12月31日资产负债表中的“货币资金”项目金额 =10 000+4 000 000+1 000 000=5 010 000（元）

（二）“以公允价值计量且其变动计入当期损益的金融资产”项目

本项目反映企业持有的以公允价值计量且其变动计入当期损益的为交易目的所持有的债券投资、股票投资、基金投资、权证投资等金融资产。本项目应当根据“交易性金融资产”账户的期末余额填列。

【做中学14-2】时达公司2016年12月31日结账后的“交易性金融资产”账户余额为10 000元。

2016年12月31日资产负债表中的“以公允价值计量且其变动计入当期损益的金融资产”项目金额为100 000元。

请注意 由于企业以公允价值计量交易性金融资产，每期交易性金融资产价值的变动，无论上升还是下降，均已直接调整“交易性金融资产”账户金额，因此，企业应直接以“交易性金融资产”总账账户余额填列在资产负债表中。

（三）“应收票据”项目

本项目反映企业收到的未到期收款也未向银行贴现的商业承兑汇票和银行承兑汇票等应收票据余额，减去已计提的坏账准备后的净额。已向银行贴现和已背书转让的应收票据不包括在本项目内。本项目应根据“应收票据”总账账户期末余额减去“坏账准备”账户中有关应收票据计提的坏账准备期末余额后的金额填列。

（四）“应收账款”项目

本项目反映企业因销售商品、提供劳务等而应向购货单位和接受劳务单位收取的各种款项，减去已计提的坏账准备后的净额。本项目应根据“应收账款”和“预收账款”两个账户所属各明细账户的期末借方余额合计，减去“坏账准备”账户中有关应收账款计提的坏账准备期末余额后的金额填列。如“应收账款”账户所属明细账户期末有贷方余额，应在“预收款项”项目内填列。其计算公式如下：

“应收账款”项目=Σ“应收账款”账户所属各有关明细账户的期末借方余额+Σ“预收账款”账户所属各有关明细账户的期末借方余额-“坏账准备”账户中有关应收账款计提部分期末余额

【做中学14-3】时达公司2016年12月31日结账后“应收账款”账户所属各明细账户的期末借方余额合计为450 000元，贷方余额合计为220 000元，对应收账款计提的坏账准备为50 000元，假定“预收账款”账户所属明细账户无借方余额。

2016年12月31日资产负债表中的“应收账款”项目金额=450 000-50 000=400 000（元）

（五）“预付款项”项目

本项目反映企业按照购货合同规定预付给供应单位的款项，减去已计提的坏账准备后的净额。本项目应根据“预付账款”和“应付账款”两个账户所属各明细账户的期末借方余额合计，减去“坏账准备”账户中有关预付账款计提的坏账准备期末余额后的金额填列。如“预付账款”账户所属有关明细账户期末有贷方余额的，应在“应付账款”项目内填列。其计算公式如下：

“预付款项”项目=Σ“应付账款”账户所属各有关明细账户的期末借方余额+Σ“预付账款”账户所属各有关明细账户的期末借方余额-“坏账准备”账户中有关预付账款计提部分期末余额

（六）“应收利息”项目

本项目反映企业因持有交易性金融资产、持有至到期投资和可供出售金融资产等应收取的利息。企业购入到期还本付息债券应收的利息，不包括在本项目内。本项目应根据“应收利息”总账账户期末余额，减去“坏账准备”账户中有关应收利息计提的坏账准备期末余额后的金额填列。

（七）“应收股利”项目

本项目反映企业应收取的现金股利和应收取其他单位分配的利润。本项目应根据“应收股利”总账账户期末余额，减去“坏账准备”账户中有关应收股利计提的坏账准备期末余额后的金额填列。

（八）“其他应收款”项目

本项目反映企业除应收票据、应收账款、预付账款、应收股利、应收利息等经营活动以外的其他各项应收、暂付款项的净额。本项目应根据“其他应收款”总账账户的期末余额，减去“坏账准备”账户中有关其他应收款计提的坏账准备期末余额后的金额填列。

（九）“存货”项目

本项目反映企业期末在库、在途和在加工中的各项存货的可变现净值，包括各种材料、商品、在产品、半成品、包装物、低值易耗品、分期收款发出商品、委托代销商品等。工程物资不属于企业的存货，而是属于非流动资产。本项目应根据“材料采购（在途物资）”、“原材料”、“周转材料”、“库存商品”、“委托加工物资”、“委托代销商品”、“生产成本”和“劳务成本”等账户的期末余额合计，减去“代销商品款”和“存货跌价准备”账户期末余额后的金额填列。材料采用计划成本核算，以及库存商品采用计划成本或售价核算的企业，还应按加或减材料成本差异或商品进销差价后的金额填列。

【做中学14-4】时达公司采用计划成本核算材料，2016年12月31日结账后有关账户余额如下：“材料采购”账户余额为140 000元（借方），“原材料”账户余额为2 400 000元（借方），“周转材料”账户余额为1 800 000元（借方），“库存商品”账户余额为1 600 000元（借方），“生产成本”账户余额为600 000元（借方），“材料成本差异”账户余额为120 000元（贷方），“存货跌价准备”账户余额为210 000元。

2016年12月31日资产负债表中的“存货”项目金额=140 000+2 400 000+1 800 000+1 600 000+600 000−120 000−210 000=6 210 000（元）

（十）“一年内到期的非流动资产”项目

本项目反映企业将于一年内到期的非流动资产的金额，包括一年内到期的持有至到期投资、长期待摊费用和一年内可收回的长期应收款。本项目应根据上述账户分析计算填列。

（十一）“其他流动资产”项目

本项目反映企业除以上流动资产项目外的其他流动资产。本项目应根据有关账户的期末余额填列。其他流动资产价值较大的，应在附注中披露其内容和金额。

（十二）“可供出售金融资产”项目

本项目反映企业持有的可供出售金融资产的公允价值。本项目根据“可供出售金融资产”总账账户的期末余额减去提取的“可供出售金融资产减值准备”后的金额填列。

（十三）“持有至到期投资”项目

本项目反映企业持有至到期投资的摊余价值。本项目应根据“持有至到期投资”账户的期末余额减去一年内到期的投资部分和“持有至到期投资减值准备”账户的期末余额后的金额填列。

（十四）“长期应收款”项目

本项目反映企业持有的长期应收款的可收回金额。本项目应根据“长期应收款”账户的期末余额，减去“坏账准备”账户所属相关明细账户期末余额，再减去一年内可收回的部分以及“未确认融资收益”账户期末余额后的金额分析计算填列。

（十五）“长期股权投资”项目

本项目反映企业不准备在1年内（含1年）变现的各种股权性质的投资的账面余额，

减去减值准备后的净额。本项目应根据“长期股权投资”账户的期末余额，减去提取的“长期股权投资减值准备”账户的期末余额后的金额填列。

（十六）“投资性房地产”项目

本项目反映企业以投资为目的而拥有的土地使用权及房屋建筑物以及房地产开发企业出租的开发产品的净值。在成本计量模式下，本项目应根据“投资性房地产”账户的期末余额，减去“投资性房地产累计折旧”“投资性房地产减值准备”所属相关明细账户期末余额后的金额填列；在公允价值计量模式下，本项目应根据“投资性房地产”账户的期末余额直接填列。

（十七）“固定资产”项目

本项目反映企业的固定资产的净值。本项目应根据“固定资产”账户的期末余额，减去“累计折旧”“固定资产减值准备”账户期末余额后的金额填列。

【做中学14-5】时达公司2016年12月31日结账后的“固定资产”账户余额为1 000 000元，“累计折旧”账户余额为90 000元，“固定资产减值准备”账户余额为100 000元。

2016年12月31日资产负债表中的“固定资产”项目金额 =1 000 000−90 000−100 000=810 000（元）

（十八）“在建工程”项目

本项目反映企业尚未达到预定可使用状态的在建工程的价值。本项目应根据“在建工程”账户的期末余额，减去“在建工程减值准备”账户期末余额后的金额填列。

（十九）“工程物资”项目

本项目反映企业各项工程尚未使用的工程物资的实际成本。本项目应根据“工程物资”账户的期末余额，减去“工程物资减值准备”账户期末余额后的金额填列。

（二十）“固定资产清理”项目

本项目反映企业因出售、毁损、报废等原因转入清理但尚未清理完毕的固定资产的账面价值，以及固定资产清理过程中所发生的清理费用和变价收入等各项金额的差额。本项目应根据“固定资产清理”账户的期末借方余额填列。如“固定资产清理”账户期末为贷方余额，以“-”号填列。

（二十一）“无形资产”项目

本项目反映企业持有的各项无形资产的净值。本项目应根据“无形资产”账户的期末余额，减去“累计摊销”“无形资产减值准备”等账户期末余额后的金额填列。

（二十二）“开发支出”项目

本项目反映企业开发无形资产过程中发生的、能够资本化形成无形资产成本的支出。本项目应根据“研发支出”账户中所属的“资本化支出”明细账户的期末余额填列。

（二十三）“长期待摊费用”项目

本项目反映企业尚未摊销的摊销期限在1年以上（不含1年）的各种费用，如租入固定资产改良支出、大修理支出以及摊销期限在1年以上（不含1年）的其他待摊费用。长期待摊费用中在1年内（含1年）摊销的部分，应在本表“一年内到期的非流动资产”项目填列。本项目应根据“长期待摊费用”账户的期末余额减去将于1年内（含1年）摊销的数额后的金额填列。

(二十四)“递延所得税资产”项目

本项目反映企业确认的递延所得税资产。本项目应根据“递延所得税资产”账户期末余额分析填列。

(二十五)“其他非流动资产”项目

本项目反映企业除以上资产以外的其他长期资产。本项目应根据有关账户的期末余额填列。其他长期资产价值较大的,应在附注中披露其内容和金额。

(二十六)“短期借款”项目

本项目反映企业向银行或其他金融机构等借入尚未归还的1年期以下(含1年)的借款。本项目应根据“短期借款”总账账户期末余额填列。

【做中学14-6】**时达公司2016年3月1日向银行借入一年期借款320 000元,向其他金融机构借款230 000元,无其他短期借款业务发生。**

2016年12月31日资产负债表中的“短期借款”项目金额=320 000+230 000=550 000(元)

(二十七)“以公允价值计量且其变动计入当期损益的金融负债”项目

本项目反映企业承担的以公允价值计量且其变动计入当期损益、为交易目的所持有的金融负债。本项目应根据“交易性金融负债”账户的期末余额分析填列。

(二十八)“应付票据”项目

本项目反映企业为了抵付货款等而开出、承兑的尚未到期付款的应付票据,包括银行承兑汇票和商业承兑汇票。本项目应根据“应付票据”账户的期末余额填列。

(二十九)“应付账款”项目

本项目反映企业购买原材料、商品和接受劳务等而应付给供应单位的款项。本项目应根据“应付账款”和“预付账款”账户所属各有关明细账户的期末贷方余额合计填列。如“应付账款”账户所属各明细账户期末有借方余额,应在本表“预付款项”项目内填列。其计算公式如下:

$$\text{“应付账款”项目} = \sum\text{“应付账款”账户所属各有关明细账户的期末贷方余额} + \sum\text{“预付账款”账户所属各有关明细账户的期末贷方余额}$$

(三十)“预收款项”项目

本项目反映企业按合同规定预收的款项。本项目应根据“预收账款”和“应收账款”账户所属各有关明细账户的期末贷方余额合计填列。“预收账款”账户所属有关明细账户有借方余额的,应在本表“应收账款”项目内填列。其计算公式如下:

$$\text{“预收款项”项目} = \sum\text{“应收账款”账户所属各有关明细账户的期末贷方余额} + \sum\text{“预收账款”账户所属各有关明细账户的期末贷方余额}$$

(三十一)“应付职工薪酬”项目

本项目反映企业根据有关规定应付给职工的工资、职工福利、社会保险费、住房公积金、工会经费、职工教育经费、非货币性福利、辞退福利等各种薪酬。外商投资企业按规定从净利润中提取的职工奖励及福利基金,也在本项目列示。本项目应根据“应付职工薪酬”账户期末贷方余额填列。

(三十二)“应交税费”项目

本项目反映企业期末未交、多交或未抵扣的各种税费,包括增值税、消费税、所得税、资源税、土地增值税、城市维护建设税、房产税、城镇土地使用税、车船税、教育费附加等。企业代扣代交的个人所得税，也通过本项目列示。企业所缴纳的税金不需要预计应交数的，如印花税、耕地占用税等，不在本项目列示。本项目应根据“应交税费”账户的期末贷方余额合计填列。如“应交税费”账户期末为借方余额，以“-”号填列。

（三十三）“应付利息”项目

本项目反映企业应付未付的各种利息，包括分期付息到期还本的长期借款应支付的利息、企业发行的企业债券应支付的利息等。本项目应根据“应付利息”账户的期末贷方余额填列。

（三十四）“应付股利”项目

本项目反映企业尚未支付的现金股利或利润。企业分配的股票股利，不通过本项目列示。本项目应根据“应付股利”账户的期末余额填列。

【做中学14-7】时达公司年末向股东发放现金股利500 000元、股票股利100 000元，现金股利尚未支付。

2016年12月31日资产负债表中的“应付股利”项目的金额为500 000元。

请注意 企业发放的股票股利不通过“应付股利”账户核算，因此，资产负债表中“应付股利”项目金额即为尚未支付的现金股利金额，即500 000元。

（三十五）“其他应付款”项目

本项目反映企业所有应付和暂收其他单位和个人的款项。本项目应根据“其他应付款”账户的期末余额填列。

（三十六）“一年内到期的非流动负债”项目

本项目反映企业非流动负债中将于资产负债表日后1年内到期部分的金额，如将于1年内偿还的长期借款。本项目应根据“长期借款”“应付债券”等有关账户的期末余额分析计算填列。

（三十七）“其他流动负债”项目

本项目反映企业除以上流动负债以外的其他流动负债。本项目应根据有关账户的期末余额填列。其他流动负债价值较大的，应在附注中披露其内容及金额。

（三十八）“长期借款”项目

本项目反映企业借入尚未归还的1年期以上（不含1年）的各期借款。本项目应根据“长期借款”账户的期末余额，减去1年内到期部分的金额填列。

【做中学14-8】时达公司长期借款情况见表14-3。

表14-3　时达公司长期借款情况

借款起始日期	借款期限（年）	金额（元）
2016年1月1日	3	1 000 000
2015年1月1日	5	2 000 000
2013年6月1日	4	1 500 000

2016年12月31日资产负债表中“长期借款”项目金额=1 000 000+2 000 000=3 000 000（元）

请注意 公司应当根据“长期借款”总账账户余额4 500 000元（1 000 000+2 000 000+1 500 000），减去一年内到期的长期借款1 500 000元，作为资产负债表中“长期借款”项目的金额，即3000 000元。将在一年内到期的长期借款1 500 000元，应当填列在流动

负债下“一年内到期的非流动负债”项目中。

（三十九）“应付债券”项目

本项目反映企业发行的尚未偿还的各种长期债券摊余价值。本项目应根据“应付债券”账户的期末余额，减去将于1年内偿还的应付债券后的金额填列。

（四十）“长期应付款”项目

本项目反映企业除长期借款和应付债券以外的其他各种长期应付款。本项目应根据“长期应付款”账户的期末余额，减去“未确认融资费用”账户期末余额后的金额填列。如“长期应付款”账户的期末余额中有将于1年内（含1年）到期的长期应付款，应在“一年内到期的非流动负债”项目内单独反映。

（四十一）“预计负债”项目

本项目反映企业计提的各种预计负债的期末余额。本项目应根据“预计负债”账户的期末余额填列。

（四十二）“递延所得税负债”项目

本项目反映企业确认的递延所得税负债。本项目应根据“递延所得税负债”账户期末余额分析填列。

（四十三）“其他非流动负债”项目

本项目反映企业除长期借款、应付债券等项目以外的其他非流动负债。本项目应根据有关账户的期末余额填列。其他非流动负债项目应根据有关账户期末余额减去将于1年内（含1年）到期偿还数后的余额分析填列。非流动负债各项目中将于1年内（含1年）到期的非流动负债，应在“一年内到期的非流动负债”项目内反映。其他非流动负债价值较大的，应在附注中披露其内容和金额。

（四十四）“实收资本（或股本）”项目

本项目反映企业各投资者实际投入的资本（或股本）总额。本项目应根据“实收资本（或股本）”账户的期末余额填列。

（四十五）“资本公积”项目

本项目反映企业资本公积的期末余额。本项目应根据“资本公积”账户的期末余额填列。其中“库存股”项目按“库存股”账户余额填列。

（四十六）“其他综合收益”项目

本项目反映企业其他综合收益的期末余额。本项目应根据“其他综合收益”账户的期末余额填列。

（四十七）“盈余公积”项目

本项目反映企业盈余公积的期末余额。本项目应根据“盈余公积”账户的期末余额填列。

（四十八）“未分配利润”项目

本项目反映企业尚未分配的利润。本项目平时应根据“本年利润”和“利润分配”账户的余额计算填列；年终应根据根据“利润分配——未分配利润”明细账户余额填列。如为未弥补的亏损，在本项目内以“-”号填列。

【做中学14-9】**时达公司2016年12月31日的科目余额表见表14-4。时达公司2016年度除计提资产减值准备导致有关资产账面价值与计税基础之间产生可抵扣暂时性差异外，其他资产和负债的账面价值与其计税基础均相等。假定时达公司未来很可能获得足够的应**

纳税所得额用以抵扣可抵扣暂时性差异，适用所得税税率为25%。

表14-4　科目余额表

2016年12月31日　单位：元

账户名称	借方余额	账户名称	贷方余额
库存现金	8 220	短期借款	650 000
银行存款	517 680	交易性金融负债	0
交易性金融资产	482 000	应付票据	381 000
应收票据	30 000	应付账款	180 000
应收账款	272 840	预收账款	54 000
坏账准备	−27 280	应付职工薪酬	12 200
预付账款	32 000	应交税费	12 820
应收利息	0	应付利息	0
应收股利	0	应付股利	0
其他应收款	200	其他应付款	0
材料采购	12 400	长期借款	1 745 000
原材料	142 600	应付债券	0
周转材料	38 680	长期应付款	0
库存商品	426 680	专项应付款	0
发出商品	103 240	预计负债	0
存货跌价准备	−13 600	递延所得税负债	15 000
可供出售金融资产	245 800	实收资本（或股本）	3 000 000
持有至到期投资	0	资本公积	0
长期应收款	0	减：库存股	0
长期股权投资	670 000	其他综合收益	15 000
投资性房地产	0	盈余公积	129 410
固定资产	2 736 280	利润分配（未分配利润）	90 390
累计折旧	−421 040		
固定资产减值准备	−210 000		
在建工程	846 800		
工程物资	124 600		
固定资产清理	0		
无形资产	280 000		
累计摊销	−76 000		
研发支出	0		
长期待摊费用	0		
递延所得税资产	62 720		
合　计	6 284 820	合　计	6 284 820

根据上述资料，时达公司2016年12月31日的资产负债表见表14-5。

表14-5 资产负债表 会企01表

编制单位：时达公司 2016年12月31日 单位：元

资产	期末余额	年初余额（略）	负债和所有者权益（或股东权益）	期末余额	年初余额（略）
流动资产：			流动负债：		
货币资金	525 900		短期借款	650 000	
以公允价值计量且其变动计入当期损益的金融资产	482 000		以公允价值计量且其变动计入当期损益的金融负债	0	
应收票据	30 000		应付票据	381 000	
应收账款	245 560		应付账款	180 000	
预付款项	32 000		预收账款	54 000	
应收利息	0		应付职工薪酬	12 200	
应收股利	0		应交税费	12 820	
其他应收款	200		应付利息	0	
存货	710 000		应付股利	0	
一年内到期的非流动资产	0		其他应付款	0	
其他流动资产	0		一年内到期的非流动负债	0	
流动资产合计	2 025 660		其他流动负债	0	
非流动资产：			流动负债合计	1 290 020	
可供出售金融资产	245 800		非流动负债：		
持有至到期投资	0		长期借款	1 745 000	
长期应收款	0		应付债券	0	
长期股权投资	670 000		长期应付款	0	
投资性房地产			专项应付款	0	
固定资产	2 105 240		预计负债	0	
在建工程	846 800		递延所得税负债	15 000	
工程物资	124 600		其他非流动负债	0	
固定资产清理	0		非流动负债合计	1 760 000	
生产性生物资产	0		负债合计	3 050 020	
油气资产	0		所有者权益（或股东权益）：		
无形资产	204 000		实收资本（或股本）	3 000 000	
开发支出	0		资本公积	0	
商誉	0		减：库存股	0	
长期待摊费用	0		其他综合收益	15 000	
递延所得税资产	62 720		盈余公积	129 410	
其他非流动资产	0		未分配利润	90 390	
非流动资产合计	4 259 160		所有者权益（或股东权益）合计	3 234 800	
资产总计	6 284 820		负债和所有者权益（或股东权益）总计	6 284 820	

任务实施

针对“任务布置”中的经济业务，请写出相关处理程序。

请完成“任务布置”中中兴股份有限公司2017年相关经济业务的账务处理，并编制中兴股份有限公司2017年12月31日的资产负债表。

任务2　利润表编制

任务布置

请根据任务1“任务布置”中的经济业务，编制中兴股份有限公司2017年度的利润表。

知识准备

一、利润表概述

利润表，是反映企业在一定会计期间（月份、季度、年度）经营成果的财务报表。利润表是动态报表，通过利润表，可以反映企业在一定会计期间的收入、费用、利润（或亏损）的数额、构成情况；可以考核企业管理人员绩效的重要依据；可以帮助报表使用者全面了解企业的经营成果，分析企业的获利能力及盈利增长趋势，判断企业未来的发展趋势，从而为其做出经济决策提供依据。

利润表一般包括表首、正表两部分。其中，表首概括说明报表名称、编制单位、编制日期、报表编号、货币名称、计量单位等内容。利润表的报表编号为“会企02表”；正表是利润表的主体，反映形成经营成果的各个项目和计算过程。正表的格式一般有两种：单步式和多步式。单步式利润表是将当期所有的收入列在一起，将所有的费用列在一起，两者相减得出当期净损益。多步式利润表是通过对当期的收入、费用、支出项目按性质加以归类，按利润形成的主要环节列示一些中间性利润指标，如营业利润、利润总额、净利润，分步计算当期净损益。普通股或潜在普通股已公开交易的企业，以及正处于公开发行普通股或潜在普通股过程中的企业，还应当在利润表中列示每股收益信息。在我国，利润表采用多步式结构。利润表的具体格式见表1-3。

二、利润表的编制说明

（一）“上期金额”栏填列

利润表中“上期金额”栏内各项数字，应根据上期利润表“本期金额”栏内所列数字填列，如果上期利润表与本期利润表规定的项目名称和内容不相一致，应对上期利润表各项目的名称和数字按本期的规定进行调整，填入本表“上期金额”栏内。

（二）“本期金额”栏填列

利润表中“本期金额”栏反映各项目的本期实际发生数，主要有直接填列和间接填列等方法。直接填列，根据各损益类账户的本期发生额填列；间接填列，根据相关项目计算分析填列，如“营业收入”“营业成本”“营业利润”“利润总额”“净利润”等项目。

三、利润表各主要项目的内容和填列方法

（一）“营业收入”项目

本项目反映企业经营活动所确认的收入总额，主要包括主营业务收入和其他业务收入。本项目应根据“主营业务收入”和“其他业务收入”账户的发生额分析填列。

（二）“营业成本”项目

本项目反映企业经营活动发生的实际成本总额，主要包括主营业务成本和其他业务成本。本项目应根据“主营业务成本”和“其他业务成本”账户的发生额分析填列。

（三）“税金及附加”项目

本项目反映企业经营活动应负担的消费税、城市维护建设税、资源税、土地增值税、印花税、房产税、车船税、城镇土地使用税和教育费附加等。本项目应根据“税金及附加”账户的发生额分析填列。

（四）“销售费用”项目

本项目反映企业在销售商品过程中发生的包装费、广告费等费用和为销售本企业商品而专设的销售机构的职工薪酬、业务费等经营费用。本项目应根据“销售费用”账户的发生额分析填列。

（五）“管理费用”项目

本项目反映企业为组织和管理生产经营活动而发生的各项费用。本项目应根据“管理费用”账户的发生额分析填列。

（六）“财务费用”项目

本项目反映企业为筹集生产经营所需资金而发生的各项费用。本项目应根据“财务费用”账户的发生额分析填列。

（七）“资产减值损失”项目

本项目反映企业确认的各项资产发生的减值损失。本项目应根据“资产减值损失”账户的发生额分析填列。

（八）“公允价值变动损益”项目

本项目反映企业确认的交易性金融资产、交易性金融负债以及采用公允价值模式计量的投资性房地产等公允价值变动形成的应计入当期损益的利得或损失。本项目应根据“公允价值变动损益”账户的发生额分析填列；如为变动损失，以“-”号填列。

（九）“投资收益”项目

本项目反映企业以各种方式对外投资所取得的收益或发生的损失。本项目应根据“投资收益”账户的发生额分析填列；如为投资损失，以“-”号填列。

（十）“其他收益”项目

本项目反映与企业日常活动相关、但又不宜确认收入或冲减成本费用的政府补助。本

项目应根据“其他收益”账户的发生额分析填列。

(十一)“营业利润”项目

本项目反映企业实现的营业利润。如为亏损，本项目以“-”号填列。

(十二)“营业外收入”项目

本项目反映企业发生的与其生产经营无直接关系的各项收入。本项目应根据“营业外收入”账户的发生额分析填列。

(十三)“营业外支出”项目

本项目反映企业发生的与其生产经营无直接关系的各项支出。本项目应根据“营业外支出”账户的发生额分析填列。

(十四)“利润总额”项目

本项目反映企业实现的利润。如为亏损，本项目以“-”号填列。

(十五)“所得税费用”项目

本项目反映企业根据所得税准则确认的应从当期利润总额中扣除的所得税。本项目应根据“所得税费用”账户的发生额分析填列。

(十六)“净利润”项目

本项目反映企业实现的净利润。如为亏损，本项目以“-”号填列。将年报中的净利润数字与“本年利润”账户结转到“利润分配——未分配利润”账户的数字相核对，可以检查报表编制和账簿记录的正确性。

(十七)“每股收益”项目

本项目包括基本每股收益和稀释每股收益两项指标，反映普通股或潜在普通股已公开交易的企业，以及正处在公开发行普通股或潜在普通股过程中的企业的每股收益信息。

(十八)“其他综合收益的税后净额”项目

本项目反映企业根据企业会计准则规定未在损益中确认的各项利得和损失扣除所得税影响后的净额。

(十九)“综合收益总额”项目

本项目反映企业净利润与其他综合收益的合计金额。

【做中学 14-10】时达公司2016年度有关损益类账户本年累计发生净额见表14-6。

表14-6 2016年度有关损益类账户本年累计发生净额 单位：元

账户名称	借方发生额	贷方发生额
主营业务收入		3 600 000
主营业务成本	3 150 000	
其他业务收入		230 000
其他业务成本	184 200	
税金及附加	52 060	
销售费用	84 200	
管理费用	126 800	
财务费用	24 100	
资产减值损失	42 600	

续表

账户名称	借方发生额	贷方发生额
公允价值变动损益		40 000
投资收益		68 200
营业外收入		36 380
营业外支出		34 620
所得税费用	69 000	
其他综合收益（可供出售金融资产公允价值变动）	5 000 （所得税）	20 000

根据上述资料，编制时达公司2016年度利润表（见表14-7）。

表14-7 利润表 会企02表

编制单位：时达公司 2016年度 单位：元

项目	本期金额	上期金额
一、营业收入	3 830 000	（略）
减：营业成本	3 334 200	
税金及附加	52 060	
销售费用	84 200	
管理费用	126 800	
财务费用	24 100	
资产减值损失	42 600	
加：公允价值变动收益（损失以“-”号填列）	40 000	
投资收益（损失以“-”号填列）	68 200	
其中：对联营企业和合营企业的投资收益	0	
其他收益	0	
二、营业利润（亏损以“-”号填列）	274 240	
加：营业外收入	36 380	
减：营业外支出	34 620	
三、利润总额（亏损总额以“-”号填列）	276 000	
减：所得税费用	69 000	
四、净利润（净亏损以“-”号填列）	207 000	
五、其他综合收益的税后净额	15 000	
（一）以后不能重分类进损益的其他综合收益		

续表

项目	本期金额	上期金额
1.重新计量设定受益计划净负债或净资产的变动		
2.权益法下在被投资单位不能重分类进损益的其他综合收益中享有的份额		
……		
（二）以后将重分类进损益的其他综合收益		
1.权益法下在被投资单位以后将重分类进损益的其他综合收益中享有的份额		
2.可供出售金融资产公允价值变动损益	15 000	
3.持有至到期投资重分类为可供出售金融资产损益		
4.现金流量套期损益的有效部分		
5.外币财务报表折算差额		
……		
六、综合收益总额	222 000	
七、每股收益：		
（一）基本每股收益	（略）	
（二）稀释每股收益	（略）	

任务实施

针对“任务布置”中的经济业务，请写出相关处理程序。

请完成“任务布置”要求编制的中兴股份有限公司2017年度利润表。

任务3　现金流量表编制

任务布置

请根据任务1“任务布置”中的经济业务，编制中兴股份有限公司2017年度现金流量表。

知识准备

一、现金流量表概述

现金流量表，是反映企业在一定会计期间现金和现金等价物流入和流出的财务报表。现金流量表是动态报表，通过现金流量表，可以了解企业现金流量的影响因素；了解企业净利润的质量；评价企业的支付能力、偿债能力和周转能力；预测企业未来现金流量，为分析和判断企业的财务前景提供信息。

现金，是指企业库存现金以及可以随时用于支付的存款，包括库存现金、银行存款和其他货币资金（如银行汇票存款、银行本票存款、信用卡存款、信用证保证金存款和存出投资款）等，但不包括不能随时支取的定期存款。

现金等价物，是指企业持有的期限短、流动性强、易于转换为已知金额现金、价值变动风险很小的投资。期限短，一般是指从购买日起三个月内到期。现金等价物通常包括三个月内到期的债券投资等。

现金流量表是动态报表，有助于报表使用者了解企业现金流量的影响因素；了解企业净利润的质量；评价企业的支付能力、偿债能力和周转能力；预测企业未来现金流量，为分析和判断企业的财务前景提供信息。

现金流量，是指企业在某一期间内现金和现金等价物的流入和流出的数量。我国《企业会计准则第31号——现金流量表》，根据企业业务活动的性质和现金流量的来源，将企业一定期间产生的现金流量分为三类：经营活动产生的现金流量、投资活动产生的现金流量和筹资活动产生的现金流量。经营活动，是指企业投资活动和筹资活动以外的所有交易和事项，包括销售商品或提供劳务、购买商品或接受劳务、收到的税费返还、支付职工薪酬、支付的各项税费、支付广告费用等。投资活动，是指企业长期资产的购建和不包括在现金等价物范围内的投资及其处置活动，包括取得和收回投资、购建和处置固定资产、购买和处置无形资产等。筹资活动，是指导致企业资本及债务规模和构成发生变化的活动，包括发行股票或接受投入资本、分派现金股利、取得和偿还银行借款、发行和偿还公司债券等。

现金流量表一般包括表首、正表和补充资料三部分。其中，表首部分列示报表名称、编制单位、编制日期、报表编号、货币名称、计量单位等内容。现金流量表的报表正表是现金流量表的基本部分，主要反映现金流量的分类和每一类现金流量的流入量和流出量；补充资料是对正表部分的补充，可以起到与主表进行核对，全面揭示企业的理财活动的作用。

现金流量表采用报告式结构，以“现金流入-现金流出=现金流量净额”为基础，采取多步式，分别经营活动、投资活动和筹资活动，分项报告企业的现金流入量和流出量，最后汇总反映企业在某一期间现金及现金等价物的净增加额。我国企业现金流量表的具体格式参见表1-5。

二、现金流量表的编制说明

现金流量表的编制就是根据资产负债表和利润表、会计核算记录和业务发生情况进行的重分类，因此，编制现金流量表的过程就是将权责发生制下的会计资料调整为收付实现制下的现金流量的过程。现金流量信息要求分别经营活动、投资活动和筹资活动进行报告。

（一）直接法和间接法

现金流量表常见的编制方法有直接法和间接法。企业应当采用直接法反映经营活动产生的现金流量。现金流量表补充资料采用间接法反映经营活动产生的现金流量，是对现金流量表中采用直接法反映的经营活动现金流量的核对和补充说明。直接法，是指通过现金收入和现金支出的主要类别列示经营活动的现金流量。采用直接法编制经营活动产生的现金流量时，一般以利润表中的营业收入为起算点，调整与经营活动有关的项目增减变动，然后计算出经营活动的现金流量。采用直接法具体编制现金流量表时，可以采用工作底稿法或T形账户法，也可以根据有关账户记录分析填列。间接法，是指以净利润为起算点，调整不涉及现金的收入、费用、营业外收支等有关项目，据此计算并列报经营活动产生的现金流量的方法。

现金流量表的编制方法如图14-1所示。

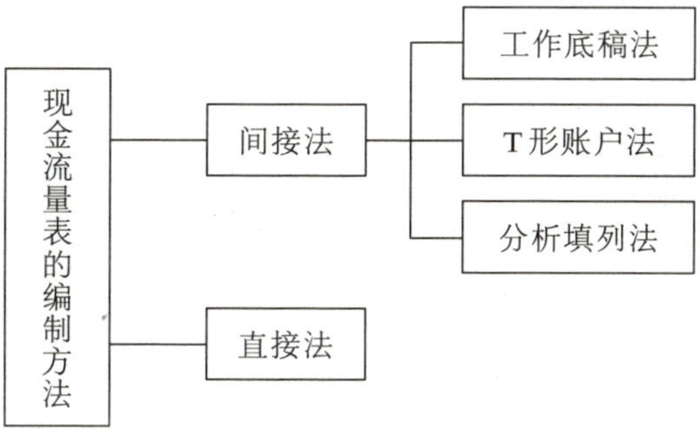

图14-1　现金流量表的编制方法

（二）工作底稿法

工作底稿法，是以工作底稿为手段，以利润表和资产负债表数据为基础，结合有关账户的账簿记录（主要是有关的明细资料和备查账簿），对利润表项目和资产负债表项目逐一进行分析，并编制调整分录，从而编制现金流量表的一种方法。现金流量表工作底稿的设计格式见表14-8。

工作底稿法的编制程序如下：

第一步，将资产负债表的期初数和期末数过入工作底稿的期初数栏和期末数栏。

第二步，对当期业务进行分析并编制调整分录。编制调整分录时，要以利润表项目为基础，从“营业收入”开始，结合资产负债表项目逐一进行分析。在调整分录中，有关现金和现金等价物的事项，并不直接借记或贷记现金，而是分别记入“经营活动产生的现金流量”“投资活动产生的现金流量”“筹资活动产生的现金流量”有关项目，借记表示现金流入，贷记表示现金流出。

第三步，将调整分录过入工作底稿中的相应部分。

第四步，核对调整分录，借方、贷方合计数均已经相等，资产负债表项目期初数加减调整分录中的借贷金额以后，也等于期末数。

第五步，根据工作底稿中的现金流量表项目部分编制正式的现金流量表。

表14-8 现金流量表工作底稿

项　目	期初数	调整分录		期末数
		借　方	贷　方	
一、资产负债表项目				
借方项目				
货币资金				
贷方项目				
⋮				
二、利润表项目	—			
主营业务收入	—			
⋮	—			
三、现金流量表项目	—			
（一）经营活动产生的现金流量	—			
⋮	—			
调整分录借贷合计	—			

（三）T形账户法

T形账户法，是以T形账户为手段，以利润表和资产负债表为基础，结合有关账户的记录，对现金流量表的每一个项目进行分析并编制调整分录，通过T形账户编制现金流量表的一种方法。

T形账户法的编制程序如下：

第一步，为所有的非现金项目（包括资产负债表项目和利润表项目）分别开设T形账户，并将各自的期末期初变动数过入各该账户。如果项目的期末数大于期初数，则将差额过入和项目余额相同的方向；反之，过入相反的方向。

第二步，开设一个大的"现金及现金等价物"T形账户，每边分为经营活动、投资活动和筹资活动三个部分，左边登记现金流入，右边登记现金流出。与其他账户一样，过入期末期初变动数。

第三步，以利润表项目为基础，结合资产负债表分析每一个非现金项目的增减变动，并据此编制调整分录。

第四步，将调整分录过入各T形账户，并进行核对，该账户借贷相抵后的余额与原先过入的期末期初变动数应当一致。

第五步，根据大的"现金及现金等价物"T形账户编制正式的现金流量表。

（四）分析填列法

分析填列法，是直接根据资产负债表、利润表和有关会计账户明细账的记录，分析计算出现金流量表各项目的金额，并据以编制现金流量表的一种方法。

三、现金流量表各主要项目的内容和填列方法

（一）现金流量表正表项目的填列说明

1.经营活动产生的现金流量

（1）“销售商品、提供劳务收到的现金”项目。本项目反映企业销售商品、提供劳务实际收到的现金（包括增值税销项税额）。本项目可以根据“库存现金”“银行存款”“应收账款”“应收票据”“预收账款”“主营业务收入”“其他业务收入”等账户的记录分析填列。

根据账户记录分析计算该项目的金额，用计算公式表示如下：

销售商品、提供劳务收到的现金=当期销售商品、提供劳务收到的现金+当期收回前期的应收账款和应收票据+当期预收的款项+当期收回前期核销的坏账损失-当期销售退回支付的现金

【做中学 14-11】时达公司本期销售一批商品，开出的增值税专用发票上注明的销售价款为2 800 000元，增值税销项税额为476 000元，以银行存款收讫；应收票据期初余额为270 000元，期末余额为60 000元；应收账款期初余额为1 000 000元，期末余额为400 000元；年度内核销的坏账损失为20 000元。另外，本期因商品质量问题发生退货，已经通过银行转账支付30 000元。

时达公司本期销售商品、提供劳务收到的现金计算如下：

本期销售商品收到的现金	3 276 000
加：本期收到前期的应收票据（270 000-60 000）	210 000
本期收到前期的应收账款（1 000 000-400 000-20 000）	580 000
减：本期因销售退回支付的现金	30 000
本期销售商品、提供劳务收到的现金	4 036 000

（2）“收到的税费返还”项目。本项目反映企业收到返还的各种税费，包括收到的增值税、消费税、关税、所得税、教育费附加等各种税费返还款。本项目可以根据“库存现金”“银行存款”“营业外收入”“其他应收款”等账户的记录分析填列。

（3）“收到其他与经营活动有关的现金”项目。本项目反映企业除了上述各项目以外所收到的其他与经营活动有关的现金，如罚款收入、经营租赁收到的租金、流动资产损失中由个人赔偿的现金等。若某项流入金额较大，应单独列示。本项目可以根据“库存现金”“银行存款”“营业外收入”等账户的记录分析填列。

（4）“购买商品、接受劳务支付的现金”项目。本项目反映企业购买材料、商品、接受劳务实际支付的现金（包括增值税进项税额）。本项目可以根据“库存现金”“银行存款”“应付账款”“应付票据”“预付账款”“主营业务成本”“其他业务成本”等账户的记录分析填列。

根据账户记录分析计算该项目的金额，用计算公式表示如下：

购买商品、接受劳务支付的现金=当期购买商品、接受劳务支付的现金+当期支付前期的应付账款和应付票据+当期预付的账款-当期因购货退回收到的现金

【做中学14-12】时达公司本期购买原材料，收到的增值税专用发票上注明的价款为150 000元，增值税进项税额为25 500元，款项已通过银行转账支付；本期支付应付票据100 000元；用银行汇票支付材料价款、收到银行转来银行汇票多余款收账通知，余款为2 340元，材料及运费为99 800元，其相应的增值税为16 966元；购买工程物资支付150 000元，货款已通过银行转账支付。

时达公司计算本期购买商品、接受劳务支付的现金如下：

本期购买原材料支付的价款	150 000
本期购买原材料支付的增值税进项税额	25 500
本期购买材料支付的价款	99 800
本期购买材料支付的增值税进项税额	16 966
加：本期支付的应付票据	100 000
购买商品、接受劳务支付的现金	392 266

（5）“支付给职工以及为职工支付的现金”项目。本项目反映企业实际支付给职工以及为职工支付的现金，包括工资、奖金、各种津贴和补贴等职工薪酬，以及为职工支付的其他费用。企业代扣代缴的职工个人所得税，也在本项目反映。本项目不包括支付给离退休人员的各项费用及支付给在建工程人员的薪酬。支付给离退休人员的费用，在“支付其他与经营活动有关的现金”项目中反映；支付的在建工程人员的薪酬，在“购建固定资产、无形资产和其他长期资产支付的现金”项目中反映。本项目可以根据“应付职工薪酬”“库存现金”“银行存款”等账户的记录分析填列。

根据账户记录分析计算该项目的金额，用计算公式表示如下：

支付给职工以及为职工支付的现金=本期产品成本及管理费用、销售费用中的职工薪酬（除非货币性薪酬）+应付职工薪酬项目（除在建工程人员薪酬）（期初余额-期末余额）

（6）“支付的各项税费”项目。本项目反映企业按规定支付的各种税费，包括企业本期发生本期支付、前期发生本期支付和本期预缴的各种税费，但不包括计入固定资产价值、实际支付的耕地占用税，也不包括本期退回的增值税、所得税。本项目可以根据“应交税费”“库存现金”“银行存款”等账户的记录分析填列。

（7）“支付其他与经营活动有关的现金”项目。本项目反映企业除上述各项外，支付的其他与经营活动有关的现金。本项目可以根据“库存现金”“银行存款”“管理费用”“营业外支出”等账户的记录分析填列。

2.投资活动产生的现金流量

（1）“收回投资收到的现金”项目。本项目反映企业出售、转让或到期收回除现金等价物以外的对其他企业的权益工具、债务工具和合营中的权益等投资收到的现金，不包括收回债务工具实现的投资收益、处置子公司及其他营业单位收到的现金净额。本项目可根据“可供出售金融资产”“持有至到期投资”“长期股权投资”“库存现金”“银行存款”等账户的记录分析填列。

【做中学14-13】时达公司某项权益性投资本金为5 000 000元，公司出售该投资，收回的全部投资金额为4 800 000元；某项债权性投资本金为3 500 000元，公司出售该投资，收回的全部投资金额为4 100 000元，其中600 000元是债券利息。

时达公司计算本期收回投资收到的现金如下：

收回权益性投资金额	4 800 000
加：收回债权性投资本金	3 500 000
收回投资收到的现金	8 300 000

（2）“取得投资收益收到的现金”项目。本项目反映企业除现金等价物以外对其他企业的权益工具、债务工具和合营中的权益投资分回的现金股利和利息等。现金等价物范围内的债券性投资，其利息收入在本项目反映。股票股利不在本项目反映。本项日可以根据“库存现金”“银行存款”“投资收益”等账户的记录分析填列。

（3）“处置固定资产、无形资产和其他长期资产收回的现金净额”项目。本项目反映企业出售、报废固定资产、无形资产和其他长期资产收到的现金（包括因资产毁损收到的保险赔偿款），减去为处置这些资产而支付的有关费用后的净额。如所收回的现金净额为负数，则应在“支付其他与投资活动有关的现金”项目反映。本项目可以根据“固定资产清理”“库存现金”“银行存款”等账户的记录分析填列。

（4）“处置子公司及其他营业单位收到的现金净额”项目。本项目反映企业处置子公司及其他营业单位所取得的现金，减去相关处置费用以及子公司及其他营业单位持有的现金和现金等价物后的净额。本项目可以根据“长期股权投资”“银行存款”“库存现金”等账户的记录分析填列。

（5）“收到其他与投资活动有关的现金”项目。本项目反映企业除上述各项目外，收到的其他与投资活动有关的现金流入。本项目可以根据“应收股利”“应收利息”“银行存款”“库存现金”等账户的记录分析填列。

（6）“购建固定资产、无形资产和其他长期资产支付的现金”项目。本项目反映企业本期购买或建造固定资产、取得无形资产和其他长期资产实际支付的现金，不包括为购建固定资产而发生的借款利息资本化部分，以及融资租入固定资产支付的租赁费。本项目可以根据“固定资产”“在建工程”“无形资产”“库存现金”“银行存款”等账户的记录分析填列。

（7）“投资支付的现金”项目。本项目反映企业取得除现金等价物以外的对其他企业的权益工具、债务工具和合营中的权益投资所支付的现金，以及支付的佣金、手续费等附加费用。本项目可以根据“可供出售金融资产”“持有至到期投资”“长期股权投资”“库存现金”“银行存款”等账户的记录分析填列。

（8）“取得子公司及其他营业单位支付的现金净额”项目。本项目反映企业购买子公司及其他营业单位购买出价中以现金支付的部分，减去子公司及其他营业单位持有的现金和现金等价物后的净额。本项目可以根据“长期股权投资”“库存现金”“银行存款”等账户的记录分析填列。

（9）“支付其他与投资活动有关的现金”项目。本项目反映企业除上述各项以外所支付的其他与投资活动有关的现金流出。本项目可以根据“应收股利”“应收利息”“银行存款”“库存现金”等账户的记录分析填列。

3.筹资活动产生的现金流量

（1）“吸收投资收到的现金”项目。本项目反映企业以发行股票、债券等方式筹集资金实际收到的款项，即发行收入减去直接支付给金融企业的佣金、手续费、宣传费、咨询费、印刷费等发行费用后的净额。本项目可以根据“实收资本（或股本）”“库存现金”“银行存款”等账户的记录分析填列。

（2）“取得借款收到的现金”项目。本项目反映企业举借各种短期、长期借款实际收到的现金。本项目可以根据“短期借款”“长期借款”“库存现金”“银行存款”等账户的记录分析填列。

（3）“收到其他与筹资活动有关的现金”项目。本项目反映企业除上述各项目外收到的其他与筹资活动有关的现金流入，如接受现金捐赠等。若某项流入金额较大，应单独列示。本项目可以根据“银行存款”“库存现金”“营业外收入”等账户的记录分析填列。

（4）“偿还债务支付的现金”项目。本项目反映企业偿还债务本金所支付的现金，包括偿还金融企业的借款本金、偿付企业到期的债券本金等，不包括企业支付的借款利息和债券利息。本项目可以根据“短期借款”“长期借款”“应付债券”“库存现金”“银行存款”等账户的记录分析填列。

（5）“分配股利、利润或偿付利息支付的现金”项目。本项目反映企业实际支付的现金股利、支付给其他投资单位的利润或用现金支付的借款利息、债券利息等。本项目可以根据“应付股利”“应付利息”“财务费用”“库存现金”“银行存款”等账户的记录分析填列。

（6）“支付其他与筹资活动有关的现金”项目。本项目反映企业除上述各项目外支付的其他与筹资活动有关的现金流出，如捐赠现金支出、融资租入固定资产支付的租赁费等。若某项流出金额较大，应单独列示。本项目可以根据“营业外支出”“长期应付款”“银行存款”“库存现金”等账户的记录分析填列。

4.汇率变动对现金及现金等价物的影响

本项目反映企业外币现金流量以及境外子公司的现金流量折算为人民币时，所采用的现金流量发生日的即期汇率或按照系统合理的方法确定的、与现金流量发生日即期汇率近似汇率折算的人民币金额与“现金及现金等价物净增加额”中的外币现金净增加额按期末汇率折算的人民币金额之间的差额。

本项目金额可采用简化方法倒挤得出，即通过现金流量表补充资料中“现金及现金等价物净增加额”数额与现金流量表中“经营活动产生的现金流量净额”“投资活动产生的现金流量净额”“筹资活动产生的现金流量净额”三项之和比较，其差额即为“汇率变动对现金及现金等价物的影响”项目的金额。

（二）现金流量表补充资料项目的填列说明

在我国，企业还应采用间接法反映企业经济活动产生的现金流量情况，在补充资料中披露将净利润（利润表中的“净利润”金额）调节为经营活动现金流量、不涉及现金收支的重大投资和筹资活动、现金及现金等价物净变动等信息，以对现金流量表中采用直接法反映的企业经营活动产生的现金流量进行核对和补充说明。

1.将净利润调节为经营活动现金流量

采用间接法列报经营活动产生的现金流量时，需要对四大类项目进行调整：一是实际没有支付现金的费用；二是实际没有收到现金的收益；三是不属于经营活动的损益；四是经营性应收应付项目的增减变动。

（1）“资产减值准备”项目，根据“资产减值损失”账户的记录分析填列。

【做中学 14-14】时达公司某年“资产减值损失”账户各明细账户累计发生额分别为：“计提的坏账准备”12 000元，“计提的存货跌价准备”18 000元，“计提的固定资产减值准备”50 000元。由此，“资产减值准备”项目填报的金额为80 000元（12 000+18 000+50 000）。

（2）“固定资产折旧”项目，根据“累计折旧”账户的贷方发生额分析填列。

（3）“无形资产摊销”和“长期待摊费用摊销”项目，可以根据“累计摊销”“长期待摊费用”账户的贷方发生额分析填列。

（4）“处置固定资产、无形资产和其他长期资产的损失（减：收益）”项目，根据“营业外收入”“营业外支出”等账户所属有关明细账户的记录分析填列。如为净收益，以“−”号填列。

（5）“固定资产报废损失”项目，根据“营业外收入”“营业外支出”等账户所属有关明细账户的记录分析填列。

（6）“公允价值变动损失”项目，根据“公允价值变动损益”账户的发生额分析填列。如为持有损失，在将净利润调节为经营活动现金流量时，应当加回；如为持有利得，在将净利润调节为经营活动现金流量时，应当扣除。

（7）“财务费用”项目，根据“财务费用”账户的借方发生额分析填列。如为收益，以“−”号填列。

（8）“投资损失（减：收益）”项目，根据利润表中“投资收益”项目的数字填列。如为投资收益，以“−”号填列。

（9）“递延所得税资产减少（减：增加）”项目，根据资产负债表“递延所得税资产”项目期初、期末余额分析填列。

（10）“递延所得税负债增加（减：减少）”项目，根据资产负债表“递延所得税负债”项目期初、期末余额分析填列。

（11）“存货的减少（减：增加）”项目，根据资产负债表中“存货”项目的期初数、期末数之间的差额填列；期末数大于期初数的差额，以“−”号填列。如果存货的增减变化过程属于投资活动，如在建工程领用存货，应当将这一因素剔除。

【做中学 14-15】时达公司某年资产负债表中列示“存货”项目期末余额为120 000元，期初余额为100 000元，其中本期因厂房扩建工程领用了企业所生产的产品，成本为50 000元。

由此，“存货的减少（减：增加）”项目的填报金额为30 000元（100 000−120 000+50 000）。

（12）“经营性应收项目的减少（减：增加）”项目，根据有关账户的期初、期末余额分析填列。如为增加，以“−”号填列。

（13）“经营性应付项目的增加（减：减少）”项目，根据有关账户的期初、期末余额分析填列。如为增加，以“−”号填列。

（14）“不涉及现金收支的重大投资和筹资活动的披露”项目，反映企业一定期间内影响资产或负债但不形成该期现金收支的所有投资和筹资活动的信息。

2.不涉及现金收支的重大投资和筹资活动

本项目反映企业一定期间内影响资产或负债但不形成该期现金收支的所有投资和筹资

活动的信息。

企业应当在补充资料中披露不涉及当期现金收支、但影响企业财务状况或在未来可能影响企业现金流量的重大投资和筹资活动，主要包括：债务转为资本，反映企业本期转为资本的债务金额；一年内到期的可转换公司债券，反映企业一年内到期的可转换公司债券的本息；融资租入固定资产，反映企业本期融资租入的固定资产。

3.现金及现金等价物净变动情况

本项目反映企业在一定会计期间现金及现金等价物的期末余额减去期初余额后的净增加额（或净减少额），是对现金流量表中“现金及现金等价物净增加额”项目的补充说明。本项目的金额应与现金流量表“现金及现金等价物净增加额”项目的金额核对相符。

【做中学14-16】沿用【做中学14-9】时达公司编制的2016年12月31日资产负债表和【做中学14-10】时达公司编制的2016年度利润表的资料，时达公司其他有关资料如下：

（1）交易性金融资产不属于现金等价物；本期购入A股票作为交易性金融资产，以银行存款200 000元支付买价（不考虑相关税费）；本期出售交易性金融资产（B股票），取得价款192 000元，该交易性金融资产的成本为180 000元，出售价款已存入银行。期末交易性金融资产因公允价值变动确认公允价值变动收益40 000元。可供出售金融资产变动均为公允价值变动所致。

（2）应收账款、应收票据、预收账款的增减变动仅与产成品的销售有关，且均以银行存款结算；采用备抵法核算坏账损失，坏账准备（应收账款）年初余额为23 700元，本年计提坏账准备3 580元。销售产成品均开出增值税专用发票。

（3）材料的增减变动均与购买材料或生产产品消耗材料有关。年初存货均为外购材料；年末存货仅为外购材料、库存产成品和发出商品（产品成本）。其中，库存产成品和发出商品成本为529 920元；外购材料成本为193 680元；存货跌价准备为13 600元（均为本年计提）。年末库存产成品和发出商品成本中，原材料为264 960元，职工薪酬（均为货币性薪酬）为185 472元，制造费用为79 488元（其中折旧费为42 500元，其余均为以货币资金支付的其他制造费用）。本年主营业成本均为已销产成品的成本，其中原材料为1 575 000元，职工薪酬（均为货币性薪酬）为1 102 500元，制造费用为472 500元（其中折旧费为252 500元，其余均为以货币资金支付的其他制造费用）。

（4）营业收入中，主营业务收入均为销售产品收入，其他业务收入均为销售材料收入。

（5）工程物资的增减变动均与购买工程物资和在建工程领用工程物资有关，购买工程物资均以现金支付。本期增加的在建工程支出中，领用工程物资147 600元，支付工程款120 000元，资本化利息为55 000元。

（6）1月1日，以银行存款135 530元购置设备一台，不需要安装，当日即投入使用。

（7）4月2日，出售一台管理用固定资产，该固定资产账面原价为85 000元，已计提折旧20 000元；以银行存款支付清理费用15 000元，收到变价收入116 380元，该固定资产已清理完毕。固定资产折旧年初余额为137 040元，本年计提折旧304 000元。

（8）无形资产本期摊销额为36 000元。

（9）借入短期借款450 000元，偿还短期借款200 000元；借入长期借款600 000元，偿还长期借款300 000元；长期借款年末余额中包括已计提确认的长期借款利息55 000元。

（10）应付票据、应付账款、预付账款的增减变动均与购买材料有关，均以银行存款结算。本期购买原材料均取得增值税专用发票。应交税费余额均为应交增值税。本年应交增值税借方发生额为643 100元，其中购买材料发生进项税额262 700元；已交税金为380 400元；贷方发生额为651 100元，均为销售产品和材料发生的增值税销项税额。

现金流入流出图

（11）应付职工薪酬（货币性薪酬）年初数、年末数均与投资活动和筹资活动无关，本年确认的职工薪酬均与投资活动和筹资活动无关。

（12）销售费用包括职工薪酬（货币性薪酬）52 000元，均以货币资金结算或形成应付债务。其中折旧费用为3 000元，其余均以银行存款支付。

（13）管理费用包括职工薪酬（货币性薪酬）65 000元，均以货币资金结算或形成应付债务。其中折旧费用6 000元，无形资产摊销36 000元，其余均以银行存款支付。

（14）财务费用包括以银行存款支付的银行转账结算手续费4 100元和短期借款利息费用20 000元。

（15）投资收益中，包括出售交易性金融资产取得的收益12 000元；从被投资单位B股份有限公司分得的现金股利56 200元，款项已存入银行，时达公司对B股份公司的长期股权投资采用成本法核算。

（16）营业外收入均为处置固定资产的利得，营业外支出均为以现金捐赠给灾区的款项。

（17）本年利润分配如下：提取10%的法定盈余公积20 700元；分配现金股利142 000元；均以银行存款支付。

（18）除上述所给资料外，有关债权债务的增减变动均以货币资金结算。

根据以上资料，时达公司2016年度现金流量表见表14-9。

表14-9 现金流量表

编制单位：时达公司 2016年度 单位：元

项目	本期金额	上期金额
一、经营活动产生的现金流量		
销售商品、提供劳务收到的现金	4 510 200	
收到的税费返还	0	
收到其他与经营活动有关的现金	0	
经营活动现金流入小计	4 510 200	
购买商品、接受劳务支付的现金	2 229 540	
支付给职工以及为职工支付的现金	1 398 632	
支付的各项税费	502 110	
支付其他与经营活动有关的现金	344 708	
经营活动现金流出小计	4 474 990	

续表

项目	本期金额	上期金额
经营活动产生的现金流量净额	35 210	
二、投资活动产生的现金流量		
收回投资收到的现金	192 000	
取得投资收益收到的现金	56 200	
处置固定资产、无形资产和其他长期资产收回的现金净额	101 380	
处置子公司及其他营业单位收到的现金净额	0	
收到其他与投资活动有关的现金	0	
投资活动现金流入小计	349 580	
购建固定资产、无形资产和其他长期资产支付的现金	498 930	
投资支付的现金	200 000	
取得子公司及其他营业单位支付的现金净额	0	
支付其他与投资活动有关的现金	0	
投资活动现金流出小计	698 930	
投资活动产生的现金流量净额	−349 350	
三、筹资活动产生的现金流量		
吸收投资收到的现金	0	
取得借款收到的现金	1 050 000	
收到其他与筹资活动有关的现金	0	
筹资活动现金流入小计	1 050 000	
偿还债务支付的现金	500 000	
分配股利、利润或偿付利息支付的现金	162 000	
支付其他与筹资活动有关的现金	0	
筹资活动现金流出小计	662 000	
筹资活动产生的现金流量净额	388 000	
四、汇率变动对现金及现金等价物的影响	0	
五、现金及现金等价物净增加额	73 860	
加：期初现金及现金等价物余额	452 040	
六、期末现金及现金等价物余额	525 900	

任务实施

针对“任务布置”中的经济业务，请写出相关处理程序。

请完成“任务布置”要求编制的中兴股份有限公司2017年度现金流量表。

任务4　所有者权益变动表编制

任务布置

请根据任务1“任务布置”中的经济业务，编制中兴股份有限公司2017年度所有者权益变动表。

知识准备

一、所有者权益变动表概述

所有者权益变动表，是指反映构成所有者权益的各组成部分当期增减变动情况的财务报表。所有者权益变动表是动态报表，可以为报表使用者提供所有者权益总量增减变动的信息，以及所有者权益增减变动的结构性信息，能够让报表使用者理解所有者权益增减变动的根源。我国企业所有者权益变动表的格式见表1-8。

所有者权益变动表在一定程度上体现了企业的综合收益。综合收益，是指企业在某一期间与所有者之外的其他方面进行交易或发生其他事项所引起的净资产变动。综合收益的构成包括两部分：净利润和直接计入所有者权益的利得和损失。其中，前者是企业已实现并以确认的收益，后者是企业未实现但根据会计准则已确认的收益。用计算公式表示如下：

综合收益=收入-费用+直接计入当期损益的利得和损失

所有者权益变动表一般包括表首和正表两部分。表首部分列示报表名称、编制单位、编制日期、报表编号、货币名称、计量单位等内容。所有者权益变动表的报表编号为“会企04表”；正表部分至少应当单独列示反映下列信息的项目：净利润；直接计入所有者权益的利得和损失项目及其总额；会计政策变更和差错更正的累积影响金额；所有者投入资本和向所有者分配利润等；按照规定提取的盈余公积；实收资本（或股本）、资本公积、盈余公积、未分配利润的期初和期末余额及其调节情况。

所有者权益变动表以矩阵的形式列示，横向列示导致所有者权益变动的交易或事项，即所有者权益变动的来源，对一定时期所有者权益的变动情况进行全面反映；纵向按照所有者权益各组成部分列示交易或事项对所有者权益各部分的影响。

二、所有者权益变动表的编制说明

（一）上年金额栏的填列说明

所有者权益变动表“上年金额”栏内各项数字，应根据上年度所有者权益变动表“本年金额”栏内所列数字填列。如果上年度所有者权益变动表规定的各个项目的名称和内容同本年度不相一致，应对上年度所有者权益变动表各项目的内容和数字按本年度的规定进行调整，填入所有者权益变动表“上年金额”栏内。

（二）本年金额栏的填列说明

所有者权益变动表“本年金额”栏内各项数字一般应根据“实收资本（或股本）”“资本公积”“盈余公积”“利润分配”“库存股”“以前年度损益调整”等账户的发生额分析填列。

三、所有者权益变动表的填列说明

（一）“上年年末余额”项目

本项目反映企业上年资产负债表中“实收资本（或股本）”“资本公积”“盈余公积”“未分配利润”项目的期末余额。

（二）“会计政策变更”和“前期差错更正”项目

它们分别反映企业采用追溯调整法处理的会计政策变更的累积影响金额和采用追溯重述法处理的会计差错更正的累积影响数。企业应当在上期期末所有者权益余额的基础上进行调整得出本期期初所有者权益，根据“盈余公积”“利润分配”“以前年度损益调整”等账户的发生额分析填列。

（三）“本年增减变动金额”项目

1.“综合收益总额”项目

本项目反映企业在某一期间除与所有者以其所有者身份进行的交易之外的其他交易或事项所引起的所有者权益变动，其金额为净利润和其他综合收益扣除所得税影响后净额的合计金额。

其中：“净利润”是指企业当年实现的净利润（或净亏损）金额；其他综合收益是指企业根据其他会计准则规定未在当期损益中确认的各项利得和损失。

2.“所有者投入和减少资本”项目

本项目反映企业当年所有者投入和减少的资本。其中：“所有者投入资本”项目，对应列在“实收资本（或股本）”和“资本公积”栏；“股份支付计入所有者权益的金额”项目，对应列在“资本公积”栏。

3.“利润分配”下各项目

它们反映当年对所有者（或股东）分配的利润（或股利）金额和按照规定提取的盈余公积金额，对应列在“未分配利润”和“盈余公积”栏。

4.“所有者权益内部结转”下各项目

它们反映不影响当年所有者权益总额的所有者权益各组成部分当年的增减变动。其中：“资本公积转增资本（或股本）”项目反映企业以资本公积转增资本（或股本）的金额；“盈余公积转增资本（或股本）”项目反映企业以盈余公积转增资本（或股本）的金额；“盈余公积弥补亏损”项目反映企业以盈余公积弥补亏损的金额。

任务实施

针对“任务布置”中的经济业务，请写出相关处理程序。

请完成“任务布置”要求编制的中兴股份有限公司2017年度所有者权益变动表。

任务5 附 注

任务布置

请上网了解一家上市公司2016年度财务报表，尤其了解附注的具体内容。

知识准备

一、附注概述

附注，是指对在资产负债表、利润表、现金流量表和所有者权益变动表等报表中列示项目的文字描述或明细资料，以及对未能在这些报表中列示项目的说明等。

附注是财务会计报告的重要组成部分，是对财务报表的补充说明，有助于企业财务报表使用者理解和使用会计信息。首先，附注拓展了企业财务信息的内容，打破了财务报表内容所受限制，例如，提供报表数据的形成来源及结构的分析性信息等；其次，附注突破了揭示项目必须用货币加以计量的局限性；再次，附注充分满足了企业财务会计报告使用者的要求，增进了会计信息的可理解性；最后，附注提高了会计信息的可比性，可以使不同行业或同一行业不同企业的会计信息的差异更具可比性，从而便于进行对比分析。

请注意 通过附注与资产负债表、利润表、现金流量表和所有者权益变动表列示项目的相互参照关系，以及对未能在报表中列示项目的说明，可以使财务报表使用者全面了解企业的财务状况、经营成果和现金流量情况。

二、附注的内容

附注应当披露财务报表的编制基础，相关信息应当与资产负债表、利润表、现金流量表和所有者权益变动表等报表中列示的项目相互参照。

企业应当按照如下顺序披露附注的内容：

（一）企业的基本情况

（1）企业的注册地、组织形式和总部地址；

（2）企业的业务性质和主要经营活动；

（3）母公司以及集团最终母公司的名称；

（4）财务报告的批准报出者和财务报告批准报出日；

（5）营业期限有限的企业，还应当披露有关营业期限的信息。

（二）财务报表的编制基础

财务报表的编制基础是指财务报表是在持续经营基础上还是非持续经营基础上编制的。企业一般在持续经营基础上编制财务报表，清算、破产属于非持续经营基础。

（三）遵循企业会计准则的声明

企业应当声明编制的财务报表符合企业会计准则的要求，真实、完整地反映了企业的财务状况、经营成果和现金流量等有关信息，以此明确企业编制财务报表所依据的制度基础。

（四）重要会计政策和会计估计

企业应当披露采用的重要会计政策和会计估计，不重要的会计政策和会计估计可以不披露。在披露重要会计政策和会计估计时，企业应当披露重要会计政策的确定依据和财务报表项目的计量基础，以及会计估计中所采用的关键假设和不确定因素。

会计政策的确定依据，主要是指企业在运用会计政策过程中所作的对报表中确认的项目金额最具影响的判断，有助于使用者理解企业选择和运用会计政策的背景，增加财务报表的可理解性。财务报表项目的计量基础，是指企业计量该项目采用的是历史成本、重置成本、可变现净值、现值还是公允价值，这直接影响使用者对财务报表的理解和分析。

在确定报表中确认的资产和负债的账面价值过程中，企业有时需要对不确定的未来事项在资产负债表日对这些资产和负债的影响加以估计，如企业预计持有至到期投资未来现金流量采用的折现率和假设。这类假设的变动对这些资产和负债项目的金额的确定影响很大，有可能会在下一个会计年度内做出重大调整，因此，强调这一披露要求，有助于提高财务报表的可理解性。

（五）会计政策和会计估计变更以及差错更正的说明

企业应当按照会计政策、会计估计变更和差错更正会计准则的规定，披露会计政策和会计估计变更以及差错更正的有关情况。

（六）报表重要项目的说明

企业对报表重要项目的说明，应当按照资产负债表、利润表、现金流量表、所有者权益变动表及其项目列示的顺序，采用文字和数字描述相结合的方式进行披露。报表重要项目的明细金额合计应当与报表项目金额相衔接，主要包括以下重要项目：

1.以公允价值计量且其变动计入当期损益的金融资产

企业应当披露以公允价值计量且其变动计入当期损益的金融资产的账面价值，并分别反映交易性金融资产和在初始确认时指定为以公允价值计量且其变动计入当期损益的金融资产。对于指定为以公允价值计量且其变动计入当期损益的金融资产，应当披露下列信息：

（1）指定的金融资产的性质；

（2）初始确认时对上述金融资产做出指定的标准；

（3）如何满足运用指定的标准。

2.应收款项

企业应当披露应收款项的账龄结构和客户类别以及期初、期末账面余额等信息。

3.存货

企业应当披露下列信息；

（1）各类存货的期初和期末账面价值；

（2）确定发出存货成本所采用的方法；

（3）存货可变现净值的确定依据，存货跌价准备的计提方法，当期计提的存货跌价准备的金额，当期转回的存货跌价准备的金额，以及计提和转回的有关情况；

（4）用于担保的存货账面价值。

4.长期股权投资

企业应当披露下列信息：

（1）对控制、共同控制、重大影响的判断；

（2）对投资性主体的判断及主体身份的转换；

（3）企业集团的构成情况；

（4）重要的非全资子公司的相关信息；

（5）对使用企业集团资产和清偿企业集团债务的重大限制；

（6）纳入合并财务报表范围的结构化主体的相关信息；

（7）企业在其子公司的所有者权益份额发生变化的情况；

（8）投资性主体的相关信息；

（9）合营安排和联营企业的基础信息；

（10）重要的合营企业和联营企业的主要财务信息；

（11）不重要的合营企业和联营企业的汇总财务信息；

（12）与企业在合营企业和联营企业中权益相关的风险信息；

（13）未纳入合并财务报表范围的结构化主体的基础信息；

（14）与权益相关资产负债的账面价值和最大损失敞口；

（15）企业是结构化主体的发起人但在结构化主体中没有权益的情况；

（16）向未纳入合并财务报表范围结构化主体提供支持的情况；

（17）未纳入合并财务报表范围结构化主体的额外信息披露。

5.投资性房地产

企业应当披露下列信息：

（1）投资性房地产的种类、金额和计量模式；

（2）采用成本模式的，投资性房地产的折旧或摊销，以及减值准备的计提情况；

（3）采用公允价值模式的，公允价值的确定依据和方法，以及公允价值变动对损益的影响；

（4）房地产转换情况、理由，以及对损益或所有者权益的影响；

（5）当期处置的投资性房地产及其对损益的影响。

6.固定资产

企业应当披露下列信息：

（1）固定资产的确认条件、分类、计量基础和折旧方法；

（2）各类固定资产的使用寿命、预计净残值和折旧率；

（3）各类固定资产的期初和期末原价、累计折旧额及固定资产减值准备累计金额；

（4）当期确认的折旧费用；

（5）对固定资产所有权的限制及金额和用于担保的固定资产账面价值；

（6）准备处置的固定资产名称、账面价值、公允价值、预计处置费用和预计处置时间等。

7.无形资产

企业应当披露下列信息：

（1）无形资产的期初和期末账面余额、累计摊销额及减值准备累计金额。

（2）使用寿命有限的无形资产，其使用寿命的估计情况；使用寿命不确定的无形资产，其使用寿命不确定的判断依据。

（3）无形资产的摊销方法。

（4）用于担保的无形资产账面价值、当期摊销额等情况。

（5）计入当期损益和确认为无形资产的研究开发支出金额。

8.应付职工薪酬

企业应当披露短期职工薪酬相关的下列信息：

（1）应当支付给职工的工资、奖金、津贴和补贴及其期末应付未付金额；

（2）应当为职工缴纳的医疗保险费、工伤保险费和生育保险费等社会保险费，及其期末应付未付金额；

（3）应当为职工缴存的住房公积金，及其期末应付未付金额；

（4）为职工提供的非货币性福利，及其计算依据；

（5）依据短期利润分享计划提供的职工薪酬金额及其计算依据；

（6）其他短期薪酬。

企业应当披露所设立或参与的设定提存计划的性质，计算缴费金额的公式或依据，当期缴费金额以及应付未付金额。

企业应当披露与设定受益计划有关的下列信息：

（1）设定受益计划的特征及与之相关的风险；

（2）设定受益计划在财务报表中确认的金额及其变动；

（3）设定受益计划对企业未来现金流量金额、时间和不确定性的影响；

（4）设定受益计划义务现值所依赖的重大精算假设及有关敏感性分析的结果。

企业应当披露支付的因解除劳动关系所提供辞退福利及其期末应付未付金额。

企业应当披露提供的其他长期职工福利的性质、金额及其计算依据。

9.应交税费

企业应当披露应交税费的构成及期初、期末账面余额等信息。

10.短期借款和长期借款

企业应当披露短期借款、长期借款的构成及期初、期末账面余额等信息。对于期末逾期借款，应分别贷款单位、借款金额、逾期时间、年利率、逾期未偿还原因和预期还款期等进行披露。

11.应付债券

企业应当披露应付债券的构成及期初、期末账面余额等信息。

12.长期应付款

企业应当披露长期应付款的构成及期初、期末账面余额等信息。

13.营业收入

企业应当披露营业收入的构成及本期、上期发生额等信息。

14.公允价值变动收益

企业应当披露公允价值变动收益的来源及本期、上期发生额等信息。

15.投资收益

企业应当披露投资收益的来源及本期、上期发生额等信息。

16.资产减值损失

企业应当披露各项资产的减值损失及本期、上期发生额等信息。

17.营业外收入

企业应当披露营业外收入的构成及本期、上期发生额等信息。

18.营业外支出

企业应当披露营业外支出的构成及本期、上期发生额等信息。

19.所得税费用

企业应当披露下列信息：

（1）所得税费用（收益）的主要组成部分；

（2）所得税费用（收益）与会计利润关系的说明。

20.其他综合收益

企业应当披露下列信息：

（1）其他综合收益各项目及其所得税影响；

（2）其他综合收益各项目原计入其他综合收益、当期转出计入当期损益的金额；

（3）其他综合收益各项目的期初和期末余额及其调节情况。

21.政府补贴

企业应当披露下列信息：

（1）政府补助的种类及金额；

（2）计入当期损益的政府补助金额；

（3）本期返还的政府补助金额及原因。

22.借款费用

企业应当披露下列信息：

（1）当期资本化的借款费用金额；

（2）当期用于计算确定借款费用资本化金额的资本化率。

（七）或有和承诺事项、资产负债表日后非调整事项、关联方关系及其交易等需要说明的事项

（八）有助于财务报表使用者评价企业管理资本的目标、政策及程序的信息

任务实施

针对“任务布置”中的经济业务，请写出附注的相关处理程序。

案例分析

请思考

自有股市以来，上市公司造假案从未间断过，为什么上市公司如此看中财务报表中的数据呢？财务报表中的数据可以随便编吗？

金亚科技曝多项财务数据造假　虚构货币资金2.21亿

金亚科技2016年1月18日发布一则公告，称经过7个月的自查，在2014年年报中，包括货币资金、应收账款、其他非流动资产、未分配利润、营收、净利润等9项会计科目存在重大会计误差，其中销售回款和采购付款会计处理有误，2014年度货币资金由3.45亿元调整为1.24亿元，调减2.21亿元；根据销售合同确认营业收入、营业成本、应收账款时未遵循谨慎性会计原则，当期虚增营业收入3 033.17万元，虚增净利润1 931.11万元，其他应收款则调增2.35亿元。

案例分析
参考答案

资料来源：佚名．金亚科技曝多项财务数据造假　虚构货币资金2.21亿 [EB/OL]．[2016-01-19]．http：//www.tibet.cn/news/china/1453166554938.shtml．

思维导图

请根据本项目内在知识点的逻辑关系，制作思维导图。

参考文献

[1] 财政部会计资格评价中心. 初级会计实务 [M]. 北京：中国财政经济出版社，2017.

[2] 陈强. 财务会计实务 [M]. 3版. 北京：高等教育出版社，2017.

[3] 陈强. 财务会计实务 [M]. 3版. 北京：清华大学出版社，2017.

[4] 陈强. 初级会计实务 [M]. 北京：人民邮电出版社，2016.